W0323236

Robert Sträuli / Paulus – der wiedergeborene Saul

Meiner Frau, meiner Mutter
und meinem Freund
Professor Dr.phil. Dr.h.c. Walther Hinz, Göttingen,
in Dankbarkeit

1. bis 15. Tausend
© 1991 ABZ Verlag, Zürich
Alle Rechte vorbehalten
Satz: ABZ Verlag, Zürich
Umschlaggestaltung: Peter Kunz, New York
Printed in Switzerland
ISBN 3 85516 009 0

Ich konnte mit euch, ihr Brüder,
nicht reden als mit Geistbegabten,
sondern als mit Fleischlichen,
als mit Unmündigen in Christus.

1. Kor. 3, 1

Vorwort

Es ist das Los der grössten Gestalten der Weltgeschichte, von der Mitwelt verkannt, von der Nachwelt missverstanden zu werden. Zu ihnen gehört auch der Apostel Paulus.

Dass Paulus auch heute noch missverstanden wird, erscheint auf den ersten Blick befremdlich; ist doch über wenige Menschen so viel geredet und geschrieben worden – und wird noch immer geschrieben und geredet – wie über Paulus. Auch fliessen über ihn die geschichtlichen Quellen reichlich. Lukas hat dem Paulus in seiner Apostelgeschichte breiten Raum gegönnt. Vor allem besitzen wir ja von Paulus dreizehn Briefe, mehrfach von grossem Umfang. Diese Briefe sind für die urchristliche Lehre von höchster Wichtigkeit, bilden sie doch die frühesten christlichen Zeugnisse überhaupt; denn die Evangelien entstanden erst nach Paulus.

So drängt sich die Frage auf: Warum soll es nicht möglich gewesen sein, aus diesem reichen Quellenstoff ein zutreffendes Bild der Persönlichkeit des Paulus zu entwerfen und den Inhalt seines Lebens und Wirkens umfassend und zuverlässig darzustellen? Den Gelehrten stand dafür ja die Zeit von fast zwei Jahrtausenden zur Verfügung!

Noch immer wird Paulus missverstanden – doch worauf gründet sich diese Feststellung?

Die moderne Theologie erklärt von den dreizehn Briefen des Paulus sechs – also fast die Hälfte – für unecht: Drei seiner Briefe bezeichnet sie als deuteropaulinisch, drei weitere als pseudopaulinisch. Auf diese feinen Unterscheidungen kommt es nicht an, sondern auf folgendes: Sechs von den dreizehn Briefen des Paulus seien – so wird behauptet und an unseren hohen Schulen gelehrt – erst nach seinem Tod entstanden.

Die frühe Christenheit war da anderer Meinung. Sie zögerte nicht, alle dreizehn Paulus-Briefe in das Neue Testament aufzunehmen. Dem grössten Gottesgelehrten nach Paulus, dem Origenes, galten im 3. Jahrhundert sämtliche dreizehn Briefe als zweifelsfrei echt.

Wie erklärt sich die bestürzende Kluft zwischen den Auffassungen der frühen Christenheit und denen der modernen Theologen?

In der Geschichtswissenschaft gelten die ältesten Zeugen grundsätzlich für verlässlicher als späte. Wir haben daher Grund, der frühen Christenheit eine genauere Geschichtskenntnis zuzubilligen, als ihr nach Meinung der heutigen Theologie zukommt. Ich führe in diesem Zusammenhang nur zwei Belege an.

Im Jahr 1987 bewies Heinz Warnecke, dass Paulus auf seiner Rom-Reise im Jahr 61/62 entgegen festgewurzelter allgemeiner Meinung nicht an der Insel Malta Schiffbruch erlitt, sondern an der Insel Kephallenia in der Adria. Diese Erkenntnis berichtigt den Lebenslauf des Paulus. Theologisch ist sie natürlich ohne Belang; aber durch diese Erkenntnis rückt mit einem Schlag der Titus-Brief des Paulus in ein völlig neues Licht. Er gehört nämlich zu den vermeintlich unechten Briefen des Apostels. In diesem Brief schreibt Paulus an seinen Mitarbeiter Titus auf Kreta, er werde wohl in Nikopolis überwintern; Nikopolis aber war die in der Nähe der Insel Kephallenia gelegene nächstwichtige Stadt. Also ist der Titus-Brief kein Phantasieerzeugnis späterer Zeit, sondern er fügt sich nahtlos in die Rom-Reise des Paulus ein. Es wird schwerhalten, den Titus-Brief weiterhin als unecht hinzustellen.

Ein zweiter Beleg für die Zuverlässigkeit frühchristlicher Quellen betrifft Jesu Sterbejahr. Dieses ist in der Fachwissenschaft noch immer strittig. Mehrheitlich wird dafür das Jahr 30 angesetzt; doch auch die Jahre 31 und 33 werden erwogen. Klemens von Alexandria, der Vorgänger des Origenes an der berühmten Christenschule dort, berichtet, Jesus sei 42 Jahre und 3 Monate vor dem Fall von Jerusalem und der Zerstörung des Tempels durch die Römer gestorben. Die Stadt wurde im Jahr 70 erobert. Demnach ist Jesus im Jahr 28 gekreuzigt worden.

Die zwei angeführten Beispiele für die Zuverlässigkeit der frühchristlichen Überlieferung sind aus einer Fülle ähnlicher Belege herausgegriffen. Worauf es uns hier ankommt, ist die Antwort auf die bedrückende Frage: Warum weicht die moderne Theologie in so vielen Fällen von den Zeugnissen des Urchristentums ab?

Die Antwort lautet meines Erachtens: Der neuzeitlichen Theologie ist auf weite Strecken das Verständnis für geistige Geschehnisse abhanden gekommen. Seit Rudolf Bultmann ist sie geneigt, alles Übersinnliche, Überirdische als Mythus abzutun, der für moderne Menschen unglaubwürdig sei. Dadurch wird indes nicht, wie behauptet wird, die Verkündigung Christi in unsere Zeit herübergerettet, sondern der christliche Glaube wird entgeistigt und damit hinfällig.

Robert Sträuli gibt im vorliegenden Buch dem Paulus zurück, was ihm gehört. Wo Paulus Geistiges lehrt, schenkt er ihm Vertrauen. Vieles Geistige, mehrfach als »Gottes Weisheit« umschrieben, wurde vom Apostel absichtlich verschlüsselt, indem er »in einem Geheimnis« davon sprach (1. Kor. 2, 7). Robert Sträuli entschlüsselt, behutsam forschend, diese Geheimnisse. Dabei kommen ihm seine voraufgehenden Studien über Origenes und über Salomo glücklich zustatten. Diese drei Werke bilden eine geistige Einheit. Durch sie ermöglicht der Verfasser den Lesern bisher ungeahnte Einsichten in Gottes Schöpfungs- und Heilsplan und in das wahre Sein und Wirken Christi. In seinem Buch über Paulus gewinnt selbst die irdische Geschichte des Paulus vergeistigtes Leben. Dessen menschliche und seelische Grösse ersteht bewunderungswürdig vor unserem inneren Auge.

Göttingen, den 20. September 1991 — *Walther Hinz*

Inhalt *Seite*

Einleitung

Das auf Paulus bezügliche Schrifttum ist unüberschaubar gross. Über keinen der Apostel Jesu wurde und wird so viel geschrieben wie über Paulus; doch obwohl die Quellen über ihn reichlich fliessen, ist das Bild seiner Persönlichkeit noch immer verschwommen – und verzeichnet.

Ausser den bekannten dreizehn *Briefen* des Paulus besitzen wir eine ausführliche und ungemein aufschlussreiche Beschreibung seines Lebens und Wirkens aus der Feder seines Freundes und Mitarbeiters, des griechischen Arztes Lukas aus Antiochia in Syrien. Lukas ist auch der Verfasser des nach ihm benannten Evangeliums. Seine Lebensbeschreibung des Paulus findet sich in der von ihm verfassten *Apostelgeschichte*. Deren inhaltliche Fülle ist bei weitem noch nicht ausgeschöpft.

Neben mehreren wichtigen Nachrichten über Paulus, die bei anderen antiken Autoren erhalten sind, liegen uns als Quelle über ihn die sogenannten *Paulus-Akten* vor. Diese Schrift gilt zwar als apokryph, das heisst, die in ihr aufgezeichneten geschichtlichen Erinnerungen sind von Legenden durchsetzt und umrankt. Gleichwohl enthalten die Paulus-Akten noch gewisse erstaunliche Einzelaufschlüsse.

Paulus war Jude und Pharisäer. Von Geburt war er römischer Bürger. Sein israelitischer Name war *Saul*. Ins volle Licht der Geschichte trat Paulus schon als Jüngling, indem er »wider die Jünger des Herrn Drohung und Mord schnaubte« (Apg. 9, 1). Nach dem Kreuzestod ihres Meisters hatten nämlich seine Jünger die jüdische Obrigkeit des Mordes am »Gesalbten Gottes« angeklagt – also am Messias und Christus (Apg. 7, 52).

Dann aber erschien dem Christenverfolger Paulus auf dem Weg nach Damaskus der Herr selbst. Dieses Erleben hat sich dem Gedächtnis der Christenheit unvergesslich eingeprägt. In Paulus bewirkte es einen grundstürzenden Sinneswandel. Aus einem erbarmungslosen Christenverfolger wurde Paulus ein glühender Vorkämpfer des Christentums.

Seinen Sinneswandel feiert die Christenheit als *die* 'Bekehrung'. 'Aus einem Saulus ein Paulus werden' wurde als geflügeltes Wort zum Inbegriff innerer Umkehr zum Guten. Man spricht in einem solchen Fall auch heute noch von einem 'Damaskus-Erlebnis', das einem Menschen widerfährt.

Als Paulus in Damaskus nach drei Tagen der Blindheit wieder sehend wurde, bekannte er sich sogleich und öffentlich als überzeugten Christen. Dadurch wurde er aus einem Verfolger ein Verfolgter; denn seine jüdischen Volksgenossen wollten ihn als Verräter am Judentum ermorden und so zum Schweigen bringen. Nur durch heimliche nächtliche Flucht aus Damaskus vermochte sich Paulus seinen Häschern zu entziehen.

Während der folgenden drei Jahre verbarg sich Paulus in der syrisch-arabischen Wüste. Dieser lange Aufenthalt in der Einsamkeit ist bisher nicht befriedigend erklärt worden. An Bekennermut hat es Paulus zeit seines Lebens nicht fehlen lassen; also war nicht Angst vor Verfolgung die Ursache seiner Weltflucht.

Als er diese beendet hatte, war aus dem einstigen Pharisäer Saulus der *Christenlehrer* Paulus geworden. Nach seinem eigenen Zeugnis war er während der drei Jahre seines Aufenthalts in der Wüste in der christlichen Heilslehre unterwiesen worden – aber nicht durch Menschen; sagt er doch selbst: »Das von mir verkündigte Evangelium habe ich nicht von einem Menschen empfangen noch gelernt, sondern durch Offenbarung Jesu Christi.« (Vgl. Gal. 1, 11f.)

Wie dies geschah, deutet Paulus an manchen Stellen seiner Briefe an, doch zurückhaltend, ja verschlüsselt. Auf diese Stellen werden wir noch im einzelnen zurückkommen; denn die drei Jahre zwischen der Flucht aus Damaskus und seinem Auftreten als Glaubenskämpfer bildeten für Paulus den schicksalhaften Mittel- und Angelpunkt seines Erdendaseins. Nur wenn wir diesen verstehen, erschliesst sich uns das wahre Wesen und Wirken des Paulus.

Bevor er seine Lehr- und Verkündigungstätigkeit aufnahm, zog er heimlich nach Jerusalem hinauf, um Petrus (Kephas) kennenzulernen. »Bei ihm blieb ich«, so schreibt Paulus, »fünfzehn Tage. Einen andern von den Aposteln jedoch sah ich nicht, ausgenommen Jakobus, den Bruder des Herrn.« (Gal. 1, 18f.) Paulus musste ja befürchten, von der jüdischen Geheimpolizei entdeckt zu werden, die in Jerusalem besonders tätig war.

Erst vierzehn Jahre später zog Paulus erneut nach Jerusalem hinauf, um am sogenannten Apostelkonzil teilzunehmen (Gal. 2, 1). Bei diesem entscheidend wichtigen Treffen der Apostel wurde die *Heidenmission* freigegeben. Dies geschah durch Aufhebung der bisher noch gültigen jüdischen Gesetzesbestimmung, die auch für Neubekehrte unter den Heiden die Beschneidung vorschrieb; denn gemäss 1. Mose 17, 10–14 erscheint die Beschneidung an der Vorhaut als Vorbedingung des Bundes mit Gott.

Erst durch diesen entscheidenden Beschluss des sogenannten Apostelkonzils wurde der Weg frei, auch Nichtjuden in Scharen für die christliche Lehre zu gewinnen. Dass er zustande kam, war das Verdienst des Paulus. Zunächst freilich bewirkte diese Massnahme eine verstärkte Verfolgung der Christen durch die Juden. Dies war besonders unter König Herodes Agrippa I. der Fall, der von 37 bis 44 regierte (Apg. 12, 1).

Dank dem Rechtsschutz, den Paulus als römischer Bürger genoss, vermochte er ein volles Menschenalter hindurch in Kleinasien, Syrien, Griechenland und Rom *Jesus* als den *Christus* zu verkündigen und dessen Evangelium zu predigen.

Allerdings wurde Paulus dabei ständig von der jüdischen Geheimpolizei verfolgt, und er hatte grosse Drangsale auszustehen. Als im Jahre 64 in Rom ein neuntägiger Brand wütete, schob Kaiser Nero die Schuld daran in heimtückischer Weise den Christen zu. Den damals einsetzenden entsetzlichen Christenverfolgungen scheint auch Paulus zum Opfer gefallen sein; genauere Kunde darüber haben wir freilich nicht.

Die Umwelt des Paulus

1. Das Römische Reich

Geboren wurde Paulus zur Zeit des Kaisers Augustus, der von 27 v.Chr. bis 14 n.Chr. regierte. Danach lebte Paulus unter den Kaisern Tiberius (14–37), Caligula (37–41), Claudius (41–54) und Nero (54 bis 68). Die Lebenszeit des Paulus fiel also unter die Herrschaft von insgesamt fünf römischen Kaisern. Um sein Leben und Wirken in ihrem geschichtlichen Zusammenhang betrachten und verstehen zu können, bedarf es zunächst eines Überblicks über die Umwelt des Paulus.

Unter Augustus bestand das Römische Weltreich aus zahlreichen, recht verschiedenartigen politischen Einheiten. Unter Roms Oberhoheit standen zunächst die römischen Bürger in Italien und in den römischen Städten der Provinzen. Dazu kamen die vielen griechischen Städte im Osten des Reiches; die phönikischen Städte an der syrischen und an der nordafrikanischen Küste; die sesshaften Stämme der Kelten in Gallien, der Iberer in Spanien und der Illyrer auf dem Balkan; ferner die Nomadenstämme im Wüstengürtel der Sahara und am Rand der Arabischen Wüste, und schliesslich die halb selbständigen Königreiche und Fürstentümer in Grenzgebieten des Reiches. Das Fürstentum Judäa wurde wenige Jahre vor der Geburt des Paulus eine römische Provinz und wurde seither von einem römischen Präfekten (Statthalter) regiert. Ein solcher war Pontius Pilatus (26–36 n.Chr.).

Die Römer pflegten jeden Widerstand gegen ihre Herrschaft im Keim zu ersticken. Während der drei Jahrhunderte vor Christus hatten sie viele Völker unterworfen und fügsam gemacht. Unter dem furchtbaren Druck ihrer Militärmacht hatten sich auch die griechischen Herrscher mehr oder weniger freiwillig Rom unterstellt.[1]

In der Zeit des Augustus, also seit 27 v.Chr., bis auf Vespasian, der von 69 bis 79 regierte, unterhielt das Römerreich ein stehendes Heer von 25 bis 30 Legionen mit je 5000 bis 6000 Mann. Diese 125000 bis

175000 Legionäre sorgten dafür, dass die über vierzig Millionen Menschen aus ehemals selbständigen Völkern mit eigenständiger Kultur Rom gefügig blieben. Jeder Aufstandsversuch eines Volkes stürzte dieses unausweichlich ins Verderben. Daher breitete sich allgemein das Gefühl aus, die römische Herrschaft sei eben unabänderlich. Notgedrungen fand man sich ab mit der *Roma aeterna*, dem 'Ewigen Rom'. So blieben die Bewohner des Reiches in aller Regel selbst dann gehorsame Untertanen Roms, wenn gerade keine römischen Truppen im Lande standen.[2]

Sogar an den Grenzen herrschte während des Jahrhunderts zwischen Augustus und Vespasian weitgehend Ruhe. Dies schuf aber Probleme mit dem unbeschäftigten Heer. Augustus versuchte, sie dadurch zu lösen, dass er seine Legionen ständig zu weiteren Eroberungen einsetzte. In keiner Epoche des Römerreiches wuchs dieses so stark an wie unter Augustus. Er unterwarf das nordwestliche Spanien, das Alpengebiet, das Alpenvorland und das ganze Binnenland des Balkans südlich der Donau.

Auch das Gebiet der Germanen zwischen Rhein und Elbe wollte Augustus erobern; doch dabei scheiterte sein Feldherr Varus mit seinen drei Legionen in der Schlacht im Teutoburger Wald im Jahre 9 n.Chr. Vergebens rief der Kaiser aus: »Varus, gib mir meine Legionen wieder!« Diese Niederlage zwang ihn, seine Eroberungszüge einzuschränken; aber Rom gab diese Politik keineswegs auf. Bis zur Zeit des Kaisers Domitian (81–96 n.Chr.) bildeten die am Rhein stationierten Legionen ein Expeditionskorps, das jederzeit zur Eroberung Germaniens bereitstand. Die Eroberung Britanniens, schon von Cäsar in den Jahren 55–54 v.Chr. begonnen, unter Claudius (41–54 n.Chr.) fortgesetzt und unter Domitian im Jahr 84 abgeschlossen, kennzeichnet Roms unersättlichen Eroberungsdrang. Dieser konnte längst nicht mehr mit dem Vorwand verbrämt werden, nur zur Verteidigung des Weltreiches zu dienen.[3]

Die durch die kaiserliche Zentralgewalt verbürgte innere Ruhe des Römerreiches wurde als *pax Romana*, als 'Römerfrieden', sprichwörtlich. Die wirtschaftliche Entwicklung erreichte eine ungeahnte Blüte. Die Verkehrswege, auf denen Menschen, Waren und Nachrichten durch das Riesenreich zogen, waren die sichersten und schnellsten seit den Zeiten des grossen Perserkönigs Darius (522 bis

486 v.Chr.). Das Strassennetz war dicht, gut unterhalten, durch Meilensteine gekennzeichnet und mit zahlreichen Rasthäusern versehen. Einheiten der Flotte und des Heeres schützten die Reisenden und ihre Güter vor Piraten und Strassenräubern.

Da im Römerreich jeder Freie jederzeit jeden besuchen konnte, rückten Länder und Städte näher zusammen. Die kaiserliche Kurierpost bewältigte auf dem Landweg über 200 Kilometer am Tag. Reisende konnten in grossen, bequemen Reisewagen leicht hundert

Antike Passstrasse bei Caesarea in Kappadokien

Kilometer am Tag zurücklegen; nachts fanden sie überall eine sichere Herberge. Reisen zur See verliefen meist noch bequemer und in der Regel sogar schneller. So dauerte beispielsweise die Reise von Rom nach Alexandria in Ägypten bei günstigem Wind nur wenig mehr als eine Woche.

Einem freien Mann des Römerreiches setzte für Reisen vom einen Ende des Reiches bis zum andern nur seine Geldbörse Schranken. Ohne Pass konnte er mit einer einzigen Währung von Britannien bis nach Palästina reisen, oder von Syrien bis an die Atlantikküste der Iberischen Halbinsel, oder von Ägypten bis nach Germanien. Einen solchen im wahren Wortsinn 'schrankenlosen' Verkehr hat es bis zum heutigen Tag nie wieder gegeben.

Der Handel brachte alle Waren in jeden Winkel des Reiches und machte auch an den Reichsgrenzen nicht halt, denn die Ein- und Ausfuhrzölle waren vergleichsweise niedrig; sie betrugen nur 25 Prozent des Warenwerts. Die verhältnismässig selten erhobenen Binnenzölle schwankten zwischen nur 2 und 5 Prozent.

So strömten aus den entlegensten Teilen der Erde Güter ins Römische Reich: Bernstein von der Ostsee, Honig und Felle aus dem Reich der Skythen in Südrussland, Seide aus China, Edelsteine, Baumwolle und Gewürze aus Indien, Weihrauch und Spezereien aus Arabien. Die begehrten Gewürze wurden mit Gold aufgewogen; die anderen Güter wurden zumeist im Tausch gegen Fertigwaren, wie Textilien, Glas, Keramik, Schmuck usw., erworben.

Grundvoraussetzungen für den blühenden Handel und Gewerbefleiss im Römerreich waren eine stabile Währung und ein reibungsloser Zahlungsverkehr.

Die Währung bestand aus Gold-, Silber-, Messing- und Kupfermünzen. Auf die Güte der Präge wurde streng geachtet; der Feingehalt der Münzen lag zwischen 95 und 100 Prozent. Die Goldmünze, der *Aureus*, wog 8 Gramm und hatte daher den heutigen Wert von ungefähr Fr. 160.– oder DM 180.–. Die grosse Silbermünze, der *Denar*, wog knapp 4 Gramm und galt, da 25 Denare auf den Aureus gingen, Fr. 6.40. Die kleine Silbermünze, der *Sesterz*, galt einen Vierteldenar, also Fr. 1.60. Seit Augustus wurde der Sesterz durch Münzen ersetzt, die zu vier Fünfteln aus Messing und zu einem Fünftel aus Zink bestanden. Auch eine halbe Messingmünze (*Dupondius*) wurde geprägt. Die grössere Kupfermünze hiess *As*; neben dem As waren auch noch kleinere Kupfermünzen im Umlauf.

Infolge der gleichbleibenden Güte der Währung setzte die Bevölkerung grosses Zutrauen in sie. Dadurch gedieh auch das Kreditwesen. Der Zinssatz schwankte in der Regel zwischen 5 und 9 Prozent; gesetzlicher Höchstsatz war 12 Prozent. Grosskaufleute und Bankiers gingen bald dazu über, ihren Zahlungsverkehr möglichst bargeldlos abzuwickeln.[4]

Die gewerblichen Betriebe im Römerreich waren zumeist Familienbetriebe, in denen neben Familienmitgliedern gelegentlich ein oder mehrere Sklaven oder auch freie Arbeiter beschäftigt waren. Berufszweige des Handels schlossen sich zu Gilden zusammen. Ein Netz von Zunftbeziehungen verknüpfte sie, besonders in Hafenstädten und grossen Binnenstädten.[5]

Paulus selbst entstammte einer Hafenstadt am Mittelmeer, nämlich der Stadt *Tarsos* in Kilikien (Apg. 21, 39), in der heutigen Türkei zwischen Adana und Mersin gelegen. Von Beruf war er Zeltmacher; als solcher verdiente er bei einem seiner Reiseaufenthalte seinen Unterhalt bei Freunden in der griechischen Hafenstadt Korinth (Apg. 18, 3).

Die *pax Augusta*, den 'Augustus-Frieden', erlebte die Familie des Paulus aber bloss ausserhalb des jüdischen Landes, das Pompejus im Jahre 63 v. Chr. unterworfen hatte. Im jüdischen Staat bestanden nämlich starke innere Spannungen, die sich Rom, eingedenk des Leitspruchs: »Mache uneins und herrsche!« klug zunutze machte. Mit dieser Politik bekam Rom das halsstarrige Volk der Juden (Apg. 7, 51) eisern in den Griff.

Paulus, obwohl Jude, war – wie schon erwähnt – als römischer Bürger geboren worden (Apg. 22, 27f.). Das römische Bürgerrecht war hochgeschätzt und heissbegehrt. Würde und Rechtsstellung eines *civis Romanus*, eines römischen Bürgers, erhielt ein freier Nichtrömer nur, wenn er sich um Rom Verdienste erworben hatte – oder das römische Bürgerrecht um hohen Preis erkaufte.

Ein römischer Bürger hatte im Reich eine Sonderstellung inne und genoss eine Reihe von Vorrechten. Beispielsweise durfte er bei Strafuntersuchungen weder gefesselt noch geschlagen oder gefoltert werden. Drohte ihm eine Kerkerstrafe oder gar die Todesstrafe, konnte er Berufung an den Kaiser einlegen und musste dann diesem vorgeführt werden. Wurde die Berufung verworfen, durfte die Todesstrafe nur durch das Schwert vollzogen werden.

Auf Grund seiner rechtlichen Sonderstellung durfte ein römischer Bürger sich viel mehr herausnehmen als ein sonstiger Freier oder ein blosser Freigelassener, von einem Sklaven ganz zu schweigen. Falsche Anschuldigungen brauchte er nicht zu fürchten; sie wurden eher dem Verleumder gefährlich. Nur zwei Anklagen konnten einem römischen Bürger gefährlich werden: Der Vorwurf der Majestätsbeleidigung und die Beschuldigung – gleichviel, ob begründet oder nicht –, er wolle die Staatsgewalt an sich reissen, also den Kaiser stürzen. Auf beidem stand die Todesstrafe.

Um den Glauben und die Kultausübung der Juden kümmerten sich die römischen Behörden nicht oder nur ausnahmsweise. Solange die Ausübung der römischen Herrschaft nicht eingeengt oder verhindert wurde, bestand fast uneingeschränkte geistige Freiheit und auch Redefreiheit.[6] Vorrang vor allem hatte die Bekundung einer einwandfreien Staatsgesinnung. Sie erforderte Opfer vor den Bildern des Kaisers und der Götter. Von dieser Vorschrift waren die Juden, solange ihr Staat Roms ergebener Vasall war, ausgenommen. Erst durch ihren Aufstand gegen die Römer im Jahr 66 n.Chr. büssten die Juden ihre Religions- und Kultfreiheit ein.

2. *Der Judenstaat*

Pompejus hatte im Jahre 63 v.Chr. Jerusalem erobert. Im Jahre 40 v.Chr. ernannte Rom den Idumäer (Edomiter) Herodes[7], dessen Vater Antipater und dessen Mutter die Nabatäerin Kypros war, zum König in Palästina. Es zwang ihn den Juden in einem von 39 bis 37 v.Chr. dauernden Krieg auf. Das war Roms Rache dafür, dass der Hohepriester Antigonos II., der letzte Hasmonäer, sich mit Hilfe der Parther gegen die Römer erhoben hatte und sich zum König von Judäa ausrufen liess. Mit der gewaltsamen Einsetzung Herodes' I. sollte die Macht des Hohen Rates am Tempel zu Jerusalem, die sich bis in die kleinsten Verästelungen des politischen Lebens auswirkte, ins Mark getroffen werden.

Für die Juden war es ein Greuel und die denkbar grösste Schmach, ausgerechnet einen *Edomiter* als König aufgezwungen zu erhalten; denn unvergessen war bei ihnen, dass die Edomiter mit den Babyloniern, die im Jahre 587 v.Chr. Jerusalem zerstörten, gemeinsame Sache gemacht hatten – beteten sie doch seither: »Gedenke, o Herr, der Söhne Edoms wegen des Tages von Jerusalem, als sie schrien[8]: "Nieder, nieder mit ihr [der Stadt] bis auf den Grund!"« (Ps. 137, 7.) Nicht einmal durch Anwendung der Folter konnten die Juden dazu gebracht werden, Herodes ihren König zu nennen. Dies berichtet der jüdische Geschichtsschreiber Flavius Josephus, der im Jahr 37 oder 38 n.Chr. in Jerusalem geboren wurde und ums Jahr 100 in Rom starb. Herodes liess auch gleich nach seiner Thronbesteigung fünfundvierzig führende Juden umbringen.[9]

Herodes war sich sehr wohl bewusst, dass seine Einsetzung zum König in Palästina für die Juden eine Schmach und Schande war. Infolgedessen liess er, um sich vor Anschlägen zu schützen, seine Paläste aufs stärkste befestigen. Die literarische Überlieferung durch Flavius Josephus[10] und die Überreste des befestigten Winterpalastes von *Masada*, den Herodes hoch über dem Toten Meer erbauen liess, sind sprechende Zeugnisse dafür, wie sehr sich Herodes als Edomiter und römischer Zwingherr verschanzen musste. Im ersten römisch-jüdischen Krieg (66–73 n.Chr.) hatten romfeindliche Juden, sogenannte Zeloten, die Burg Masada in ihre Gewalt gebracht. Dieses letzte Bollwerk des jüdischen Aufstandes fiel erst nach grossangelegter und langwieriger Belagerung durch die Römer.[11]

Herodes I. liess es sich angelegen sein, seine nichtjüdische Herkunft und Geisteshaltung möglichst zu übertünchen. Auch wollte er um keinen Preis eine Volkserhebung gegen sich heraufbeschwören, wie sie im Jahre 164 v.Chr. dem Judas Makkabäus gelungen war.

Um sich bei den Priestern einzuschmeicheln und die von ihm verhängten Fron- und Steuerlasten erträglich erscheinen zu lassen, begann Herodes im Winter des Jahres 20/19 v.Chr. mit einem gewaltigen Um- und Neubau des Tempels von Jerusalem. Dabei wurde die Tempelplattform allein schon auf das Doppelte vergrössert. Auch zur Zeit Jesu wurde noch am Tempel gebaut; abgeschlossen wurde die Bautätigkeit erst im Jahre 62 n.Chr. unter dem römischen Statthalter Albinus.[12] Der Tempelbau zog sich also über achtzig Jahre hin. Überreste der Stützmauer dienen noch immer als jüdische Klagemauer. Der Tempel selbst sei jedoch, so berichtet Flavius Josephus, keineswegs riesenhaft gewesen; denn die beiden Hauptgebäude des von Herodes in der Jerusalemer Oberstadt errichteten Königspalastes hätten ihn in den Schatten gestellt.[13]

Als Herodes I. Anfang April des Jahres 4 v.Chr. gestorben war, teilte Kaiser Augustus das jüdische Land unter dessen Söhne auf. Archelaos erhielt das halbe Königreich mit dem Titel eines Ethnarchen oder 'Volksfürsten'. Sein Herrschaftsgebiet begann im südlichen Idumäa, also bei einer Linie südlich von Gaza bis hin nach Masada; es umfasste ganz Judäa und Samaria. Die andere Hälfte teilte

Augustus in zwei Tetrarchien oder 'Vierfürstentümer'. Der Herodes-Sohn Herodes Antipas erhielt Peräa (Transjordanien) und Galiläa; er war also Jesu Landesherr. Die Tetrarchie des Herodes-Sohnes Philippus umfasste die Landschaften nördlich von Peräa auf der Ostseite des Jordangrabens sowie »das Land um Innano«.[14]

In den Jahren 41–44 herrschte der Herodes-Enkel Herodes Agrippa I. über das gesamte jüdische Land. Auf ihn folgte – mit eingeschränktem Herrschaftsbereich – im Jahr 50 sein um 28 n.Chr. geborener, in Rom erzogener Sohn Herodes Agrippa II. Diesem wurde der verhaftete Paulus vorgeführt. Da dieser als römischer Bürger in seiner Strafsache Berufung an den Kaiser eingelegt hatte, setzte sich Statthalter Festus mit Herodes Agrippa II. ins Einvernehmen, um »die Anschuldigungen anzugeben« und damit die Begründung der Überführung des Paulus nach Rom zu finden (Apg. 25, 23–27).

3. Das Judentum

Alle Geschichte ist in Wahrheit *Heilsgeschichte*. Kein Volk war sich dessen so bewusst wie die Israeliten. Kein anderes Volk hat so wie sie alle Höhen und Tiefen ihrer Geschichte als Auswirkung göttlicher Verheissung betrachtet. Jeder Israelit wusste sich als Angehöriger jenes Volkes, das sich Jahwe durch Abraham erwählt hatte und auf das der Messias als Spross des Hauses David herabkommen werde. Der Israelit wusste aber auch, dass Jahwe sein Volk züchtigte, sobald es seine Gebote übertrat und die eigene Gerichtsbarkeit höher stellte als Jahwes Gerechtigkeit – doch würde solche Züchtigung niemals zur unwiderruflichen Verwerfung des Volkes Israel führen können (vgl. Kapitel 9–11 des Römerbriefs).

Den Zenit ihres geistigen und irdischen Lebens erreichten die Israeliten unter König *Salomo*, der im Jahre 926 v.Chr. starb. Dann setzte der Niedergang ein. In unaufhaltsamer, von Norden nach Süden vorrückender Flut überfiel die Israeliten Verweltlichung und Abkehr vom Glauben an Jahwe.

Jahwes Vergeltung blieb nicht aus. In den Jahren 732 bis 722 v.Chr. eroberten die Assyrerkönige Tiglath-Pileser III. und Salmanassar V. das nördliche Israel. Wie sie verschleppte Sargon II. im Jahr 720 zahlreiche Israeliten in die Verbannung nach Assyrien[15]; sie kehrten nie mehr in ihre Heimat zurück... Dabei hatte Jahwe das auserwählte

Tiglath-Pileser III., Relief aus Nimrud, British Museum London

Volk doch eindringlich gewarnt! Einer seiner Getreuen verkündete diese Warnung zu bleibender Erinnerung in dichterischer Form:

»Tastet meine Gesalbten nicht an, und tut meinen Propheten kein Leid!« (Ps. 105, 15.)[16]

Doch der Abfall von Jahwe setzte sich fort. Diese verhängnisvolle Entwicklung gipfelte in der von König Manasse befohlenen Zersägung des grossen Propheten *Jesaja* bald nach dem Jahr 694 v.Chr.[17] Als auch der Süden Israels mit Jerusalem als Mittelpunkt treulos geworden war, kam es im Jahr 597 v.Chr. zur ersten Eroberung Jerusalems durch die Babylonier. Nun wurden auch Israeliten aus Juda im Süden Israels in die Verbannung verschleppt. Unter den ersten nach Babylonien Verschleppten befand sich Israels Prophet *Ezechiel.* Im Jahr 587 v. Chr. eroberte der Babylonierkönig Nebukadnezar II. Jerusalem abermals, zerstörte die Stadt und den Tempel und führte den Grossteil der jüdischen Bevölkerung in die Babylonische Gefangenschaft. Als die Juden auch Ezechiel – ihren zweiten grossen Propheten – umgebracht hatten[18], war das Mass ihrer Schuld voll. Die Gefangenschaft der Juden währte ein halbes Jahrhundert, und es trat bis zu Johannes dem Täufer kein Prophet mehr so öffentlich hervor.

Die wahrhaft frommen Juden zweifelten nicht daran, dass die von Jahwe über sie verhängte schwere Strafe gerecht war. Sie haderten nicht mit Gott und der Welt. Ein solcher frommer Jude begegnet uns in der Person des Tobit in dem nach ihm und nach seinem Sohn Tobias genannten Buch der Bibel.

Tobit war in noch jungen Jahren samt seiner Frau von den Assyrern gefangen und in deren Stadt Ninive am östlichen Tigrisufer verbracht worden. Seine darob erbitterte Frau schalt seinen Glauben an die göttliche Gerechtigkeit: »Wo sieht man denn die Belohnung deiner Almosen und deiner guten Werke?« (Tob. 2, 14.) Doch Tobit betete, davon unbeirrt: »Gerecht bist du, o Herr, und alle deine Werke und Wege sind Erbarmen und Wahrheit. Du übst in Ewigkeit wahrhaftiges und gerechtes Gericht. Gedenke du meiner und sieh mich [gnädig] an! Strafe mich nicht für meine Übertretungen und Verfehlungen, noch für das, worin meine Väter vor dir gesündigt haben! Sie waren deinen Geboten ungehorsam; darum hast du uns dem Raub, der Gefangenschaft und dem Tod preisgegeben und uns zum Spottlied für alle Völker gemacht, unter die wir zerstreut sind. Und auch jetzt sind deine zahlreichen Richtersprüche wahrhaft, die du wegen meiner eigenen Sünden und der meiner Väter an mir vollziehst, haben wir doch deine Gebote nicht gehalten und sind nicht in Wahrheit vor dir gewandelt. So handle denn du an mir nach deinem Wohlgefallen!« (Tob. 3, 1–6.)

Als der grosse Perserkönig Kyrus Babylonien erobert hatte, erlaubte er im Jahr 538 v.Chr. den Juden, aus der Babylonischen Gefangenschaft nach Palästina heimzukehren. Grosskönig Darius I. (522–486) stiftete ihnen sogar den Wiederaufbau des Tempels in Jerusalem, der im Jahre 515 v.Chr. eingeweiht wurde. Doch wie haben die Juden *Jahwe* diese Wohltaten gedankt? Indem sie ihren Glauben noch weiter verweltlichten! Weltlich gesinnte Priester rissen im Tempel die Macht an sich und gingen in ihrer Verbohrtheit daran, Jahwes Wort gemäss ihrer eigenen geistlosen Sinnesart umzudeuten und die biblische Überlieferung dementsprechend weiter zu verfälschen.

Dadurch wurde die *geistige Scheidewand*, welche so viele Jahrhunderte hindurch die gläubigen Israeliten streng von ihren heidnischen Nachbarvölkern und von deren den Dämonen geweihten Götzenopfern abgesondert hatte, zunehmend durchlöchert und abgetragen. Als Folge davon büssten die Juden ihre einstige geistig-jenseitige Glaubensschau ein. An deren Stelle traten nun starre Kultbräuche und eigenmächtig verweltlichte Gesetzesvorschriften. Das Judentum versteinerte geistig.

Dem Volk Israel war einst verheissen worden, ein von Gott entsandter Messias werde eine neue, bessere Zeit, nämlich das Gottesreich, heraufführen. Unter Salomo hatten die Israeliten noch gewusst, dass diese Heilsverheissung sich auf Geistiges bezog, nicht auf Weltliches. Jetzt war dies vergessen. Selbst fromme Juden konnten sich den Messias nur noch als einen Weltherrscher vorstellen, der Israels äusseren Glanz, wie er unter Salomo bestanden hatte, wiederherstellen würde – den *geistigen* Glanz der Herrschaft Salomos hatten sie völlig aus den Augen verloren.

Zum Glück büssten die Priester am Tempel zu Jerusalem gegen Anfang des 3. vorchristlichen Jahrhunderts ihr Monopol der schriftlichen Überlieferung des Alten Testaments ein – ein Monopol, das sie nur allzuoft zur Entstellung der Bibel ausgenutzt hatten; denn damals wurden die ältesten Schriften der Bibel, vor allem die fünf

Bücher Mose, aus dem Hebräischen ins *Griechische* übersetzt, und so konnten nun auch Hellenen sie lesen. Jene Griechen, deren Glaubenshaltung vom Geist eines Pythagoras und eines Platon geprägt war, verstanden sich nämlich sehr wohl noch auf die geistig-jenseitige Sprache der Bibel – seit dem 6. vorchristlichen Jahrhundert erwarteten auch diese Hellenen einen Erlöser.

Durch die philosophisch-religiöse Prägung des Pythagoras hatte sich dieser Erlöserglaube über Kleinasien, Hellas und Sizilien hin ausgebreitet. Nach Origenes berichtet Hermippos »in seinem ersten Buch über die Gesetzgeber, dass Pythagoras seine Philosophie *von den Juden zu den Griechen* gebracht habe«.[19]

So erfahren wir von Flavius Josephus, dass in der syrischen Stadt Antiochia die Juden ständig zahlreiche Griechen für ihren jüdischen Glauben gewonnen und sie damit »gewissermassen zu Mitgliedern der Judengemeinde« gemacht hätten.[20] Tatsächlich hatten jene Hellenen, weil ihre Glaubenshaltung von den Lehren eines Pythagoras und Platon geprägt war, mit den Juden nicht nur deren Erlöserglauben gemein, sondern auch den Glauben an den *einen* Gott.[21] Auf Grund noch weiterer Übereinstimmungen in der Glaubenshaltung geistig gereifter Griechen mit der ihrigen betrachteten die Juden solche Griechen – nach Josephus – »gewissermassen« als Glaubensbrüder, nicht mehr als Heiden. Andrerseits verband die Juden – sieht man von ihrem mosaischen Kult einmal ab – mit den erwähnten Hellenen der Glaube an das Vorhandensein einer guten und einer bösen Geisterwelt sowie an eine Vergeltung der Erdentaten des Menschen in einem künftigen geistigen Leben.

Bezeichnenderweise wurde die griechische Übersetzung des Alten Testaments, die sogenannte *Septuaginta*, nicht, wie man eigentlich erwarten würde, von einem Juden veranlasst, sondern von einem Griechen, genauer: von einem hellenischen Makedonen, nämlich von König Ptolemaios I., der von 304 bis 283 v.Chr. über Ägypten regierte.[22] Die Bezeichnung Septuaginta (lateinisch 'siebzig') rührt daher, dass Ptolemaios siebzig sprachkundige Gelehrte beauftragt hatte, unabhängig voneinander für die hochberühmte Bibliothek in Alexandria das Alte Testament – das heisst zumindest den Pentateuch (die fünf Bücher Mose) – aus dem Hebräischen ins Griechische zu übersetzen. Die Septuaginta wird daher in der Fachwelt häufig einfach mit LXX, also der römischen Zahl 70, bezeichnet. Dem König Ptolemaios I. lag besonders daran, durch Heranziehung zahlreicher Gelehrter eine möglichst zuverlässige Übersetzung der hebräischen Bibel zu erhalten. Auch war er darum bemüht, dass möglichst alle Unstimmigkeiten im Text behoben werden sollten.

Stimmt nun die griechische Septuaginta inhaltlich mit dem auf uns gekommenen hebräischen Bibeltext überein? Keineswegs; vielmehr erweisen zahlreiche Abweichungen, dass die Priester am Tempel von Jerusalem auch in der Zeit nach 300 v. Chr. ihren »Lügengriffel« (Jer. 8, 8) nicht aus der Hand legten.[23]

Dass Juden sich die Auffassung von Griechen anhörten, um zu erfahren, wie *diese* die Bibel verstanden und auslegten, musste bei den Schriftgelehrten auf zornige Ablehnung stossen. Mit dieser Haltung schlossen sich ihnen im 2. Jahrhundert v. Chr. die *Chassidim* an. Dieses hebräische Wort bezeichnet 'Eifrigfromme'; später wurden sie 'Pharisäer' genannt. Sie forderten unerbittlich, man müsse sich strengstens von allem fernhalten, was nicht zum Mosaischen Gesetz gehöre.

Galt es freilich, eine einflussreiche Persönlichkeit für das Judentum zu gewinnen, waren gerade die Pharisäer schnell bei der Hand; dann war ihnen keine Mühe zuviel. Jesus warf ihnen dies vor mit den Worten: »Wehe euch, ihr Schriftgelehrten und Pharisäer, ihr Heuchler, die ihr über Land und Meer zieht, um einen einzigen Judengenossen zu gewinnen; doch wenn er es geworden ist, macht ihr aus ihm einen Sohn der Hölle, einen doppelt so schlimmen, als ihr selbst es seid!« (Mat. 23, 15.)

Dieses Pharisäertum brachte das Judentum seit dem 1. vorchristlichen Jahrhundert im Römerreich zunehmend in Verruf.[24] Paulus geisselte dieses Heuchlertum unter seinen Volksgenossen in seinem Brief an die Römer (2, 21–23): »*Du*, der du andere belehrst, belehrst dich ja selber nicht! *Du*, der du anderen predigst, man dürfe nicht stehlen, stiehlst ja selber! *Du*, der du anderen einschärfst, man dürfe nicht ehebrechen, brichst selber die Ehe! *Du*, dem die Götzen ein Greuel sind, raubst aber deren Tempel aus! *Du*, der du dich der Einhaltung des Gesetzes rühmst, entehrst Gott, indem du das Gesetz übertrittst!«

So begegnen uns im damaligen Judentum einfache, tief fromme

Menschen neben Scheingelehrten und übelsten Frömmlern. Diesen krassen Gegensatz dürfen wir nie aus den Augen verlieren, wenn es darum geht, das Judentum in all seinen Höhen und Tiefen zu würdigen.

Verbreitung des Judentums

Juden gab es in den meisten Provinzen des Römischen Reiches. Am zahlreichsten waren sie natürlich in Palästina und in dessen angrenzenden Ländern Syrien und Ägypten. Judenkolonien sind in allen Mittelmeerprovinzen bezeugt, ferner an den Küsten des Schwarzen und des Kaspischen Meeres, in Mauretanien und Äthiopien. Im Raum ostwärts von Syrien, also in Assyrien, Babylonien und Medien, siedelten zahlreiche Juden. Auch in Kleinasien und in Rom selbst waren Juden auffallend stark vertreten.

Zahlenmässig lassen sich die damaligen Juden allerdings nur unzureichend erfassen. Mehrfach findet man Schätzungen von vier Millionen in folgender vermuteter Verteilung: je eine Million in Syrien und Ägypten, eine halbe Million in Palästina, die restlichen eineinhalb Millionen in den sonstigen Siedlungsgebieten. Da die Gesamtbevölkerung des Römerreiches im Sterbejahr des Augustus, also im Jahr 14 n. Chr., 54 Millionen betragen haben soll, wäre der Anteil der Juden an ihr mit etwas über 7 Prozent anzusetzen.[25]

Diese Schätzungen erscheinen entschieden als zu hoch gegriffen.[26] Weder dürften sich die Juden durch übergrosse Fruchtbarkeit ausgezeichnet haben, noch ist es wahrscheinlich, dass ihre Missionstätigkeit so erfolgreich gewesen war, wie dies jene Zahlen voraussetzen; denn spätestens vom 2. vorchristlichen Jahrhundert an hatten der starre jüdische Kult und das damit verbundene Brauchtum eine fast undurchdringliche Trennungsmauer zwischen Juden und Nichtjuden aufgerichtet. Gegen eine erfolgreiche Missionstätigkeit der Juden spricht auch die Tatsache, dass sie im allgemeinen nicht sonderlich beliebt waren. Flavius Josephus sah sich sogar veranlasst, eigens eine Streitschrift zu verfassen, um die vielen »böswilligen Verleumdungen« zu widerlegen, durch welche das Judentum herabgewürdigt werde.[27]

Glaubwürdig sind hingegen die überlieferten Zahlen hinsichtlich der Juden in der Stadt Rom. Kaiser Tiberius liess im Jahr 19 n.Chr. alle

Juden aus Rom ausweisen. Die waffenfähigen unter ihnen – viertausend an der Zahl – wurden zwangsrekrutiert und nach Sardinien verschickt. Dies berichten sowohl der römische Geschichtsschreiber Tacitus (geboren um 55 n.Chr., gestorben um 117) als auch sein etwas älterer Zeitgenosse Flavius Josephus.[28] Tiberius hob diesen Befehl nach dem Sturz seines Günstlings Sejanus im Jahre 31 n.Chr. wieder auf; doch im Jahr 49 n.Chr. befahl Kaiser Claudius die Ausweisung der Juden aus Rom erneut.

Viertausend waffenfähige Juden entsprechen einer Gesamtzahl von 12 000 bis 15 000 Menschen.[29] Dies dürfte in der Tat die Zahl der jüdischen Bevölkerung Roms zur Zeit des Paulus gewesen sein. Wenn Rom damals wirklich eine Gesamtbevölkerung von eineinhalb Millionen besessen haben sollte[30], wäre dies etwa ein Prozent gewesen.

Eine weitere Zahlenangabe überliefert der jüdische Religionsphilosoph Philon von Alexandria (geboren 15/10 v. Chr., gestorben 45/50 n. Chr.). Er schätzte (in *Flaccum* 6) die Gesamtzahl der Juden in Ägypten »bis an die Grenzen von Äthiopien« auf nicht weniger als hundert Myriaden; das wäre eine Million gewesen. Seiner frei gesinnten Geisteshaltung entsprechend, wird Philon jedoch in diese Zahl nicht nur die »Juden nach dem Gesetz« einbezogen haben, sondern auch die stammverwandten semitischen Ägypter, soweit sie bibelgläubig waren, und ausserdem die bibelgläubigen Hellenen.

Schon der führende Dogmenhistoriker Adolf von Harnack hatte darauf hingewiesen, dass die Juden ausserhalb Palästinas bloss zum Teil wirkliche Juden waren.[31] Dieser Beurteilung können wir uns nur anschliessen; denn hätte die Zahl der »Juden nach dem Gesetz« ausserhalb Palästinas tatsächlich Millionen betragen, hätten sie Jerusalem an den jüdischen Festtagen buchstäblich überschwemmt. Die 'Festreisen' zum Tempel waren bei den »Juden nach dem Gesetz« tief eingewurzelter Brauch[32], und ihre Verbindung zum Mutterland Palästina war eng[33]; doch es gibt keinerlei Kunde davon, dass Jerusalem bei hohen Festen durch Riesenscharen von Pilgerreisenden überflutet worden wäre.

Zwar ist in der Apostelgeschichte des Lukas (6, 1) von griechischsprachigen Juden in Jerusalem die Rede; diese unterschieden sich also von den aramäischsprachigen heimischen Juden. Auch werden in der

Apostelgeschichte (6, 9) Gruppen nichtpalästinischer Juden sowie vereinzelt (8, 27) Juden aus fernen Ländern mit Namen erwähnt. Diese Quellenbelege bestätigen mittelbar jedoch lediglich deren begrenzte Anzahl.

Also bleiben von den angeblichen Millionen von Juden in ausserpalästinischen Gebieten nur insgesamt kleine Gruppen übrig, die die Bindung an den Tempel zu Jerusalem aufrechterhielten. Andrerseits gab es jedoch offenbar zahlreiche Menschen, die eine dem jüdischen Glauben verwandte religiöse Überzeugung besassen und deswegen häufig den Juden zugerechnet wurden.

Für die Priester am Tempel zu Jerusalem galt indes als Jude nur, wer es »nach dem Gesetz« war, also nach der Thora, den fünf Büchern des Mose – wobei hinzuzufügen ist: nach jener Thora, die sie (die Priester) entstellt, verfälscht und als alleingültig vorgeschrieben hatten. Juden dieser Art mussten sich demgemäss dem Schriftdiktat der Priester unterwerfen und ihre Abgaben an den Tempel in Jerusalem entrichten. Neu bekehrte Heiden, die sich mit ihrem Übertritt zum jüdischen Glauben diesen Zwangsforderungen unterwarfen, wurden gleichwohl von den 'echten Juden' verächtlich nur als 'Proselyten' bezeichnet.[34] Das griechische Wort *prosélytos* bedeutet wörtlich 'Hergelaufener', war also alles andere als ein Ruhmestitel...

Doch wer von der Bibel innerlich ergriffen war, brauchte zum Glück deswegen nicht ein »Jude nach dem Gesetz« zu werden – im Gegenteil! Frei von den Fesseln des erstarrten Judentums, vermochte ein solcher im Griechentum jene Antwort auf viele Fragen zu finden, die die Bibel in ihrer damaligen Gestalt ihm nicht mehr befriedigend zu geben vermochte. Solche frei denkende gläubige Menschen gab es im Hellenentum offenbar in erheblicher Anzahl. Sie waren es offensichtlich, die jenes weite Feld darstellten, auf dem später die Saat des Evangeliums aufging und Früchte trug.

Paulus freilich war kein solcher Freidenkender, sondern ein »Jude nach dem Gesetz«. Ja er bezeichnete sich selbst sogar als einen »*Pharisäer* nach dem Gesetz« (Phil. 3, 5), also als einen streng nach dem Mosaischen Gesetz lebenden Juden. Er pflegte daher wenn immer möglich an den hohen jüdischen Festtagen nach Jerusalem zu pilgern.

Glaubensrichtungen im Judentum

Beim Studium der Geschichte vergangener Epochen ist es eine der schwierigsten Aufgaben, die zu jener Zeit wirksamen Glaubensrichtungen zu unterscheiden und darzustellen. Dies gilt ganz besonders für eine so geschichtsträchtige Epoche, wie es die Zeit des Paulus war – wurde sie doch durch das Leben und Wirken Jesu bis in ihre Grundfesten erschüttert.

Im Römerreich haben wir bei unserer Betrachtung offensichtlich zu unterscheiden zwischen einer grossen Zahl von Menschen, die glaubensmässig dem Judentum bloss mehr oder weniger nahestanden, und einer wesentlich geringeren Anzahl von Juden, die es mit dem Mosaischen Gesetz ernst und streng nahmen.

Die schätzungsweise drei Millionen Menschen, die dem Judentum lediglich mehr oder weniger nahestanden, bildeten kein einheitliches Ganzes, sondern teilten sich in *zwei Hauptgruppen*.

Die eine Hauptgruppe war durch ihre *volksmässige Zugehörigkeit* bestimmt. In dieser standen nach Sitten und Gebräuchen die Semiten den Juden am nächsten. Syrer und Araber übten ebenfalls die Beschneidung[35], und sie assen auch kein Schweinefleisch – beides trifft noch heute zu. Semiten konnten also sehr leicht für Juden gelten. Einen Beleg dafür bringt Tertullian (in seiner Schrift Ad nationes, I 13): Es gebe im Judentum Heiden, die zwar nach wie vor ihre Götzen verehrten, im übrigen aber gemäss den jüdischen Satzungen lebten.

Die zweite Hauptgruppe vereinte der *Glaube an ein künftiges Heil*, wie die Bibel es offenbart. Dieser Gruppe gehörten die frei denkenden Juden sowie jene Griechen an, deren Glaubensvorstellungen vom Geist eines Pythagoras und eines Platon geprägt waren.

Im 2. vorchristlichen Jahrhundert gerieten diese Juden und Hellenen in Palästina zwischen die Fronten des hellenistischen Seleukidenreiches einerseits und der streng gesetzesgebundenen Juden andererseits. Nachdem der seleukidische Despot Antiochos IV. unter der jüdischen Bevölkerung ein Blutbad angerichtet hatte (1. Makk. 2, 38), hatten sich die Gesetzesjuden unter Führung der Schriftgelehrten und der Chassidim zusammengeschlossen und gegen die Seleukiden mit Erfolg erhoben (1. Makk. 2, 42–44). Zwischen diesen Fronten wurden die griechenfreundlichen Juden Palästinas aufgerieben.

Überreste der Schreibstube von Qumran

Ihre einstige Gemeinsamkeit überlebte in Palästina offenbar nur noch im Schrifttum der Essener-Juden (Qumran!), die sich vom Tempel in Jerusalem losgelöst hatten. Ausserhalb Palästinas hingegen erhielten sich die religiösen Bande zwischen Juden und jenen Griechen, die aus der Geistesschule eines Pythagoras und Platon stammten. Der schon erwähnte jüdische Religionsphilosoph Philon von Alexandria bezeugt diese fortbestehenden Glaubensbande besonders einprägsam.

Woher rührte diese gemeinsame religiöse Überzeugung von Juden und Griechen? Kunde davon überliefert Origenes aus dem 3. Jahrhundert in seiner gegen Kelsos (Celsus) gerichteten Streitschrift (I 15). Sein Gewährsmann wiederum war Hermippos. Dieser berichtete – wir zitieren Origenes – »in seinem ersten Buch über die Gesetzgeber, dass Pythagoras seine Philosophie *von den Juden zu den Griechen* gebracht habe«. Dies war im beginnenden 6. vorchristlichen Jahrhundert geschehen. Nachdem der Ägypterkönig Ptolemaios I. die Bibel ins Griechische hatte übersetzen lassen, konnten jene Hellenen ihr von Pythagoras und Platon überliefertes jüdisches Glaubenserbe in der *Septuaginta* selber nachlesen, überdenken und geistig vertiefen.

Dass seit der Zeit des Pythagoras, also seit dem 6. Jahrhundert v. Chr., die Erwartung eines Erlösers im Griechentum weit verbreitet war, haben wir bereits erwähnt. Die religiösen Überzeugungen der hohen Griechen ähnelten denen der Juden jedoch noch in ganz anderer und überraschender Weise. Der grösste Philosoph der Hellenen, Platon (427–347 v. Chr.), bezeugte nämlich folgende, bei einem Griechen völlig unerwartete Glaubenswahrheit: Der Bildner des wunderbaren Weltalls ist der *Sohn Gottes*; der über allen waltende *Gott ist sein Vater*.[36]

Dieser einzige Sohn aus Gott war für den hochgesinnten Griechen nicht nur der Schöpfungsmittler, sondern zugleich *der* Mittler zwischen Gott und den Menschen überhaupt. Er legte ihm ehrfurchtsvoll den griechischen Namen *Logos* bei, der (wörtlich) *das Wort* bedeutet. Platon verstand darunter *'das Wort Gottes'* schlechthin. Gottes Offenbarungen galten diesem wahrhaft gläubigen Griechen als heilig; deshalb sprach er vom *hierós lógos*, vom *'heiligen Wort'*.

Wenn also eine solche Übereinstimmung zwischen hellenischen und jüdischen Glaubensvorstellungen bestand, warum – so lässt sich fragen – kam es dann im Palästina des 2. vorchristlichen Jahrhunderts zur Verfolgung der Juden durch die hellenistischen Seleukidenherrscher?

Diese Verfolgung – wie schon angedeutet – löste jene Erhebung der Juden gegen die Seleukiden aus, wie sie in den beiden Büchern der Makkabäer beschrieben wird. Anlass war das von Antiochos IV. unter den Juden angerichtete Blutbad. Da die Juden Palästinas ihre Abgaben an den Tempel abführten statt an ihn, den damaligen Oberherrn des jüdischen Landes, verfügte Antiochos IV. eine Strafexpedition, durch die er das Judentum zugleich an seiner Wurzel, nämlich in seiner Religion, vernichtend zu treffen gedachte.

Hätte der Seleukide sich damit begnügt, die Tempelsteuern der

Juden abzuschaffen und ihren Kultus zu verbieten, wobei es wesentlich auf das Verbot der Beschneidung hinausgelaufen wäre, hätte er wahrscheinlich das von ihm angestrebte Ziel erreicht, nämlich seine Reichslande wirtschaftlich und kulturell zu vereinheitlichen. Deswegen wäre es noch nicht zu jener todesmutigen Erhebung gekommen, die zum Sieg der Makkabäer führte. Allein, Antiochos IV. war wie jeder Gewaltmensch zugleich ein Erzheide, und daher forderte er von den Juden die Einführung der Götzenopfer. Dazu aber waren die Israeliten unter keinen Umständen bereit. In langwierigen und verlustreichen Kämpfen behaupteten sie sich unter der Führung des Judas Makkabäus. Dieser eroberte im Jahre 164 v.Chr. Jerusalem zurück; danach wurde im Tempel zu Jerusalem wieder *Jahwe* verehrt – wenigstens dem Namen nach...

Im Hellenentum begegnen uns aber nicht nur gewalttätige Machtmenschen wie Antiochos IV., die vom Geiste eines Pythagoras und eines Platon nicht das geringste auch nur ahnten – im Gegenteil ihre Lehren bekämpften –, sondern auch zahlreiche *Scheinphilosophen*. Der um 480 v.Chr. geborene Protagoras begründete die *Sophistik*; sie wurde und ist noch immer der Inbegriff von Scheinwissen und Spitzfindigkeit. Platon hat die Spiegelfechterei der Sophisten entlarvt und ihr Götzenwesen der Verachtung preisgegeben.

Ein halbes Jahrtausend später traten die *Neuplatoniker* in Erscheinung – aber es waren die alten Sophisten, nur jetzt in Platons Gewand gehüllt. Im 3. Jahrhundert n.Chr. wurde Plotin (205–270) der bekannteste Verfechter des Neuplatonismus; seine Lehrmeinung schoss damals ungeheuer ins Kraut. Plotin entstellte die Lehre Platons zu einer Allvergottung. Dadurch büsste das *Wort Gottes*, der *Logos*, seine wahre Wesenheit als Persönlichkeit ein. Plotin machte aus ihm in gekünstelter Weise ein unkörperliches, völlig eigenschaftsloses Etwas jenseits von allem Denken und Sein, das durch 'Ausstrahlung' (Emanation) aus dem Ur-Einen hervorgehe.[37] Damit wurde der Sohn Gottes allem vernunftmässigen Denken und Erkennen entzogen; *er*, den Platon und die Bibel als Schöpfungsmittler verstanden hatten, also als den im Auftrage Gottes wirkenden Weltenschöpfer, versank jetzt in mystisches Dunkel...[38]

So weit war es in der uns beschäftigenden Epoche allerdings noch nicht gekommen. Damals wusste der religiöse Mensch noch, dass mit dem *Wort Gottes* – dem *Logos* – eine Persönlichkeit gemeint ist. Auch die im griechischen Geist gebildeten Juden gehörten zur Gruppe dieser gläubigen Menschen. Ihr berühmtester Vertreter ist der bereits erwähnte jüdische Religionsphilosoph Philon von Alexandria. Für ihn war der *Logos* sowohl im Sinn von *Wort Gottes* als auch im Sinn von *göttlicher Vernunft* die von Gott ausgegangene Mittlerpersönlichkeit[39] und damit also der Weltschöpfer. Philon ist der hervorragendste Vertreter frei denkender Juden im Geiste Platons; aber er war anerkanntermassen in seiner Denkhaltung und in seiner religiösen Überzeugung kein Einzelfall.[40] Ihnen allen war gemeinsam die Erwartung eines Erlösers.

Freilich, gross war ihre Anzahl nicht. Sie beschränkte sich auf religiöse Griechen im Geiste eines Pythagoras und Platon und auf jene Juden, deren Glaube noch vom Geist der Propheten geprägt war. Die grosse Masse des Volkes gehörte weder hüben noch drüben zu ihnen.

Am zahlreichsten fanden sich Menschen mit dieser religiösen Grundüberzeugung im griechischen Kernland. Als dünne Schicht im Hellenismus waren sie aber auch vom Schwarzen Meer bis hin nach Spanien und von Ägypten bis nach Südfrankreich verbreitet. *Sie* waren die Menschen, die für die Verkündigung der Apostel Jesu Christi aufgeschlossen waren. Deshalb – und nur deshalb – vermochte das Christentum die antike Welt zu gewinnen.

Vergegenwärtigt man sich die gemeinsame religiöse Grundanschauung so vieler Griechen und Juden, dann lösen sich gewisse in der Wissenschaft überaus eifrig erörterte Rätsel von selbst. Diese Rätsel erwuchsen aus der irrigen Annahme, die Apostel Johannes und Paulus seien *griechisch-platonisch* beeinflusst gewesen.

Der Sachverhalt ist vielmehr dieser: Des Herrn Lieblingsjünger Johannes war in seiner Spätzeit auf die griechische Insel Patmos verbannt worden (Off. 1, 9). Im Prolog des von ihm verfassten Evangeliums verkündete er den *Logos* als Schöpfungsmittler (Joh. 1, 1–3), nämlich den eingeborenen Sohn Gottes als den Christus, der in Jesus von Nazareth Mensch geworden (Joh. 1, 14) und nach seinem Sieg über den Widersacher (vgl. Off. 19, 11–21) aus dessen Totenreich wieder emporgestiegen war. Indem Johannes diese ihm durch Christus offenbarte Wahrheit verkündete, konnte er sich dabei zwanglos der Ausdrucksweise eines Platon bedienen; denn dieser Grosse des Geistes hatte die Wahrheit einst – mittelbar oder unmittelbar – von Juden erfahren, die noch aus dem Geiste ihres Königs und Propheten Salomo lebten. (Zum Näheren hierzu verweise ich auf mein Buch *Salomo – die Königsquelle.*) Also beeinflusste nicht Platon den Apostel Johannes, sondern beide schöpften aus derselben Quelle der Wahrheit.

Dasselbe gilt für Paulus. Auch für ihn war der *Logos* (Ps. 107, 20) selbstverständlich der als Mensch gekreuzigte Christus (1. Kor. 1, 23 und 2, 2).[41] Folgerichtig bezeichneten auch die Evangelisten Matthäus (13, 19), Markus (2, 2 und 4, 14–20) und Lukas (Apg. 6, 2 und 4; 15, 7) Christus als den *Logos*, als das *Wort Gottes.*[42] Auch alle Jünger Jesu betrachteten Christus, Gottes eingeborenen Sohn, der als Jesus von Nazareth Mensch geworden war, als das *Wort.*

Freilich war damals – es sei wiederholt – die Masse der Hellenen nicht religiös im Geiste eines Platon. Dasselbe galt für die Juden. Darum kennzeichnet Paulus den durchschnittlichen Juden als »aufgeblasen von dem Sinn seines Fleisches« und als im Glauben tot; diese Juden hielten sich aber für auserwählt, weil sie an der Vorhaut beschnitten seien (vgl. Kol. 2, 13.18.23).

Für einen Juden, der sich dem Mosaischen Gesetz verpflichtet fühlte, war dieses *das Gesetz* schlechthin. Gemeint sind dabei vor allem die fünf Bücher Mose. An sie schliessen sich in der Bibel die älteren Geschichtswerke und die Prophetenbücher an; sie werden von den Juden zusammengefasst als 'die Propheten'. Die sogenannten poetischen Schriften, die Bücher Esther und Daniel, die Priesterschriften Esra und Nehemia sowie die Bücher der Chronik bezeichnen die Juden als 'die Schriften'. Sie haben also 'das Gesetz', 'die Propheten' und 'die Schriften'; für den streng mosaischen Juden gilt im Grunde jedoch nur 'das Gesetz'.[43]

Allerdings versteht er die fünf Bücher Mose, den *Pentateuch*, nur noch bedingt als 'Wort Jahwes' oder 'Offenbarung Jahwes'. Im grossen ganzen hält sich der strenggläubige Jude zum einen an die Person Moses als des Verkünders des Wortes Jahwes, zum andern an das, was er undeutlich die 'Überlieferung der Alten' nennt. In Wirklichkeit meint er mit ihr das, was der Zeitgeist der Priester am Tempel zu Jerusalem zum 'mündlichen Gesetz' erhob, nämlich die sogenannte Mischna als grundlegenden Bestandteil des späteren Talmud.[44]

Indem der Apostel Johannes im Prolog zu seinem Evangelium den *Logos* als Weltschöpfer verkündete, schlug er damit für den gläubigen Hellenen die Brücke zu der Erkenntnis, dass der Weltschöpfer kein anderer ist als der *Jahwe* der Juden und der *Christus* der Christen; doch da die Juden aus Jahwe Gott selbst gemacht hatten, wurde für sie *Mose* zum Mittler zwischen Gott und den Menschen. Damit verwarfen sie den Weltschöpfer als Mittler. Dies brachte sie in Gegensatz zu den Griechen platonischen Geistes und zu den hellenistischen Juden; denn für sie war allein der *Logos* Mittler zwischen Gott und den Menschen.

In Wahrheit ist *Jahwe* der *Weltschöpfer Christus*, durch den nach dem Willen des Vaters alles geworden ist (Kol. 1, 15f.). Dies lehrten später die grossen griechischen Christenlehrer, im besonderen und am klarsten *Origenes*.[45]

Die Gruppierungen des Judentums

Die einflussreichste Gruppe im damaligen Judentum bildeten die Pharisäer und die Schriftgelehrten.

Der hebräische Name der Pharisäer, *Peruschim*, bedeutet wörtlich 'die sich Absondernden'. Sie gingen aus jener jüdischen Gruppierung hervor, die wir als die Chassidim oder 'Eifrigfrommen' bereits kennenlernten.[46] Die Chassidim hatten nach anfänglichem Zögern mit den Schriftgelehrten, den *Soferim*, am Tempel zu Jerusalem gemeinsame Sache gemacht und die Seleukiden bekämpft. An der Seite der Schriftgelehrten gelangten die Chassidim zu grossem Einfluss und wurden im damaligen Judentum *die* Religionslehrer (vgl. Apg. 5, 34).

Die Pharisäer als Nachfolger der Chassidim verlangten Gesetzeskenntnis und Gesetzestreue. Sie glaubten an Engel und Geister, an eine Auferstehung von den Toten (Apg. 23, 8; Mat. 9, 34), an eine Vergeltung im zukünftigen Leben[47] sowie an das Kommen des Messias. Sie traten für einen vom Opferkult am Tempel unabhängigen Gottesdienst ein.[48] Die Pharisäer lehrten verschiedentlich noch den Geistglauben ihrer Väter.[49] Als sie sich aber mit den Schriftgelehrten zusammengeschlossen hatten, zogen sie wie diese jene Anweisungen, die einst Jahwe durch die Propheten, im besonderen durch Mose, den Israeliten gegeben hatte, stark ins Weltliche (Mat. 23, 25f.).

Dadurch reihten sich die Pharisäer ein in die grosse Schar derer, die sich nur zum Schein an die Lehre Jahwes hielten (Mat. 15, 5–9; Mark. 7, 3–6). Dennoch gaben sie sich nach aussen hin als fromm (Luk. 15, 2 und 16, 15) und sonderten sich vom 'gewöhnlichen Volk' ab, das nach ihrer Meinung das Gesetz Moses viel zu nachlässig befolgte. Obwohl ihre Umgangssprache in Palästina das Aramäische war, mussten die Pharisäer auch das Hebräische beherrschen, da sie sich ja als Lehrer jenes 'Gesetzes' aufspielten, wie sie es den fünf Büchern Mose entnahmen.

Wohl stand mit der *Septuaginta* inzwischen eine griechische Übersetzung des Alten Testaments zur Verfügung; allein, deren Wortlaut *unterschied* sich, wie wir schon früher andeuteten, in so manchen Punkten vom hebräischen Urtext jener Spätzeit.[50]

Diese Unterschiede hatten zwei Ursachen: Zum einen rührten sie davon her, dass die griechischen Übersetzer an gewisse Vorstellungen und Begriffe des jüdischen Glaubens ein von diesen abweichendes Verständnis herantrugen; zum andern gingen die Abweichungen der beiden Fassungen darauf zurück, dass die Israeliten sich zunehmend verweltlicht hatten und demzufolge die Priester eben ihren »Fälschergriffel« nicht aus der Hand gelegt, sondern den hebräischen Bibeltext weiterhin entstellt hatten. Beim Vergleich der um 250 v. Chr. vorliegenden *Septuaginta* mit dem hebräischen Bibeltext des 2. nachchristlichen Jahrhunderts treten nach den auf uns gekommenen Handschriften diese Verfälschungen deutlich zutage.[51]

Infolge ihrer fortschreitenden Verweltlichung und ihres falschen mosaischen Starrsinns wurden die Pharisäer zu Söhnen von *Prophetenmördern*. Schonungslos warf Jesus ihnen dies vor: »Wehe euch, ihr Schriftgelehrten und Pharisäer, ihr Heuchler, dass ihr die Gräber der Propheten baut und die Grüfte der Gerechten schmückt und sagt: "Hätten wir in den Tagen unsrer Väter gelebt, wir hätten uns nicht mit ihnen am Blute der Propheten schuldig gemacht." Somit stellt ihr euch selbst das Zeugnis aus, dass ihr Söhne derer seid, die die Propheten getötet haben. Und ihr, ihr macht nur das Mass eurer Väter voll!« (Mat. 23, 29–32.) Folgerichtig wurden die Pharisäer zu

Anstiftern der Verurteilung Jesu zum Kreuzestod und danach zu Urhebern der Christenverfolgungen (Apg. 22, 4).

Der Gegensatz zwischen Propheten und Pharisäern bekundete sich in ihren Worten *und* Taten. Die *Propheten* verkündeten ihre Botschaft frei und anerkannten nur eine einzige Autorität: die Jahwes. Nur *sein* ihnen geoffenbartes Wort verkündeten sie, und für dieses Wort standen sie mit ihrem Leben ein. Ihre Verkündigungen begannen mit den Worten: »So spricht Jahwe.« Oder: »Es erging an mich das Wort Jahwes.« Die *Pharisäer* hingegen klammerten sich an den toten Buchstaben. Sie legten den Bibeltext so aus, wie es ihnen jeweils beliebte, indem sie Schriftworte aus ihrem Zusammenhang rissen und dann behaupteten: »So steht es geschrieben!« Fanden sie keine passende Textstelle, mit der sie ihre weltlichen Auslegungen stützen konnten, nahmen sie ihre Zuflucht zu der Behauptung: »So haben die Weisen gelehrt!«[52]

Als dann später auch das Christentum sich unaufhaltsam verweltlichte, machte sich auch in ihm das Pharisäertum breit – dies gilt bis auf den heutigen Tag ...

Die *Schriftgelehrten* als zweite Gruppierung im damaligen Judentum rühmten sich ihrer tiefschürfenden Kenntnis des 'Gesetzes' – so wie *sie* dieses auffassten. Sie waren die *Juristen* der Juden.

Auch sie stützten sich auf entstellte und gefälschte Überlieferungen (vgl. Ez. 34, 19). Auf die Schriftgelehrten bezog sich vor allem das Wort des Propheten Jeremia (8, 8) vom »Lügengriffel der Abschreiber«. Jesus warf ihnen vor: »Ihr Heuchler, trefflich hat über euch Jesaja geweissagt: "Dieses Volk ehrt mich mit den Lippen, doch ihr Herz ist weit weg von mir. Vergeblich aber verehren sie mich, indem sie Lehren vortragen, welche Gebote von Menschen sind."« (Mat. 15, 7f.) Die Schriftgelehrten verachteten das Gesetz noch schamloser als selbst die Pharisäer, indem sie sich ihnen gegenüber auf ihre angeblich reichere und ältere Tradition beriefen. Gemeinsam mit den pharisäischen Priestern waren die Schriftgelehrten für die Prophetenmorde verantwortlich gewesen.

Mit der Zerstörung des Tempels durch die Römer im Jahr 70 n. Chr. verloren die Schriftgelehrten zwangsläufig ihre einstige Stellung und büssten allmählich auch an Macht ein – aber nicht gänzlich; denn auch in der Zeit, als die Juden aus Jerusalem verbannt worden waren, fällten die Schriftgelehrten Urteile, die auf ihrer falschen Auslegung des Gesetzes fussten; ja sie verhängten sogar weiter Todesurteile.[53]

Für das Schriftgelehrtentum gilt dasselbe, was vorhin vom Pharisäertum festgestellt wurde: Es besteht bis auf den heutigen Tag fort...

Die *Sadduzäer* als dritte Gruppierung des damaligen Judentums waren gewissermassen die 'Aufgeklärten' unter den Juden. Sie belächelten spöttisch den Glauben an Engel, Geister und eine Auferstehung (Apg. 23, 8). Die Erlösung durch den Messias erwarteten sie nicht als eine geistige, sondern als eine äusserliche, weltliche.

Nach der Zerstörung des Tempels verloren die Sadduzäer zwar ihre Bedeutung als politisch führende Gruppe, nicht aber als Träger und Verbreiter einer bestimmten Weltanschauung. Diese hat das Judentum allmählich ganz durchdrungen und ist in ihm noch heute massgebend.[54]

Innerhalb des Christentums entsprechen den Sadduzäern von einst die Namenchristen. Sie halten zwar am Brauchtum der Kirche fest, lehnen jedoch den Glauben an eine lebendige jenseitige Welt mehr oder weniger unverblümt ab.[55]

Eine vierte Gruppierung bildeten die *Essener*. Sie hatten sich spätestens im 1. vorchristlichen Jahrhundert vom Tempel in Jerusalem losgesagt. Sie bewahrten den festen Glauben an die Wirklichkeit von Engeln und Geistern, an ein Weiterleben der menschlichen Seele in einem anderen, feinstofflichen Körper, an eine jenseitige Vergeltung der Erdentaten des Menschen und an das Kommen des Messias. Auch waren die Essener vom vorgeburtlichen Sein der Seele überzeugt, also von ihrer Präexistenz[56]; für sie war die jenseitige Welt – aus der der Mensch kommt und in die er zurückkehrt – etwas Lebendiges.

Es findet sich eine noch bemerkenswertere Aussage über die Essener bei Flavius Josephus[57], nämlich dass die Essener nach Gott in höchstem Masse den Gesetzgeber vom Sinai[58] verehrt hätten. Sie unterschieden also zu Recht zwischen Gott (*El*) und Jahwe. In Jahwe hatten die Essener den *höchsten Engel des Himmels* erkannt, der in der Bibel zuweilen »der Engel Gottes«, meist aber »der Engel des Herrn« genannt wird.

Diese klare Unterscheidung zwischen Gott und Jahwe/Christus

lehrten um 100 v. Chr. auch die Magharier.[59] Leider besitzen wir vom Glauben dieser jüdischen Gruppierung keine nähere Kunde.

Ausser diesen Gruppierungen gab es im damaligen Judentum die Schar jener frommen Frauen und Männer, welche die Herzenstugenden der Bescheidenheit und Demut besassen. Freilich werden wir uns diese Schar nicht allzu zahlreich denken dürfen. Oberstes Ziel dieser wahrhaft Frommen war nicht, sich Gelehrtenweisheit zu erringen, und schon gar nicht, ein *selbst*gerechtes Leben zu führen. Ihnen ging es vielmehr darum, mit Gottes Hilfe *gott*gefällig zu leben, mochte dies auch viel Selbstüberwindung kosten, Leid und Entbehrungen mit sich bringen und obendrein den Hohn und Spott der Mitmenschen erregen. Für diese Frommen bestand der Dienst an Gott im Dienst am Mitmenschen, vor allem am gottesfürchtigen.

Solche vorbildliche Menschen begegnen uns in den Eltern Jesu, in Elisabeth (Luk. 1, 40) und Zacharias, den Eltern Johannes' des Täufers, in Maria von Magdala, in der Mutter der Zebedäus-Söhne Johannes und Jakobus (Mat. 27, 56), in diesen beiden selbst (Luk. 5, 10) und in Petrus. Sie waren die Bannerträger der wahren Frömmigkeit Alt-Israels. Gerade sie wurden daher durch Jesus in ihrem Innersten ergriffen. Sie waren als erste bereit, ihm zu folgen (Luk. 5, 10), und sie blieben auch nach Jesu schmachvollem Kreuzestod ihrem Meister, trotz ihrer Gefährdung an Leib und Leben, treu ergeben.

Das geistige Zentrum Jerusalem

Religiöser Mittelpunkt des Judentums war Jerusalem mit seinem Tempel. Den ersten, von Salomo errichteten und im Jahr 947 v. Chr. eingeweihten Tempel hatte der babylonische König Nebukadnezar II. (605–562) im Jahre 587 v. Chr. zerstören und schleifen lassen; ja er liess sogar noch den Felsgrund abtragen, auf dem Salomo den Tempel erbaut hatte... Der persische Grosskönig Kyrus (559–530) hatte rund 50 Jahre später die Juden nicht nur aus der Babylonischen Gefangenschaft heimkehren lassen, sondern ihnen auch das gesamte Tempelgerät zurückerstattet, das Nebukadnezar II. aus Jerusalem geraubt und nach Babel verschleppt hatte. Der medische Schatzmeister Mithradata des persischen Grosskönigs händigte dem Sesbazzar, einem Fürsten von Juda, »an goldenem und silbernem Gerät« folgendes aus: 30 goldene Becken und Becher, 2029 silberne Becken und 2410 silberne Becher und weiteres goldenes und silbernes Gerät. Sorgfältig berichtet dies die *Priester*schrift des Esra (1, 8–11). Allein, von der Bundeslade und vom siebenarmigen Leuchter, also von den grössten und kostbarsten – weil zugleich *geistigen* – Schätzen des ersten Tempels, findet sich bei Esra kein Wort. Das kennzeichnet die Priester am zweiten Tempel und beleuchtet das erschreckende Ausmass ihrer Verweltlichung.

Die aus Akazienholz kunstvoll gefertigte *Bundeslade* enthielt die steinernen Gesetzestafeln mit den Zehn Geboten, die Mose einst von Jahwe auf einem Berg im Sinai ausgehändigt bekommen hatte. Das zweite Buch der Makkabäer (2, 1–5) berichtet, *wo* die Bundeslade verblieben war. Der Prophet Jeremia hatte sie, ehe Jerusalem durch den Babylonierkönig erobert wurde, durch ausgewählte Männer in Sicherheit bringen lassen. Er versteckte die Bundeslade in einer geräumigen Höhle auf jenem Berg, von dem aus Mose einst das von Jahwe den Israeliten verheissene Land hatte schauen dürfen. Es war die Höhe Pisga auf dem Berg Nebo, Jericho gegenüber (5. Mose 34,

Totes Meer mit Berg Nebo im Hintergrund

1), etwa 16 Kilometer ostwärts der Stelle, wo der Jordan ins Tote Meer einmündet.

Nach der Überführung der Bundeslade kündete Jeremia: »Der genaue Ort soll unbekannt bleiben, bis Gott sein Volk wieder zusammenbringen und ihm gnädig sein wird. Dann wird der Herr das [was Jeremia schilderte] sichtbar machen, und die Herrlichkeit des Herrn wird in der Wolke erscheinen, so wie sie sich zu Moses Zeit offenbarte und so wie damals, als Salomo darum betete, dass die Stätte [der Aufbewahrung der Gesetzestafeln] in besonderer Weise geheiligt werden möge.« (2. Makk. 2, 7f.)

Der vom persischen Grosskönig Darius den Juden aus Steuergeldern der Satrapie Syrien und Palästina (Esra 6, 13) gestiftete zweite Tempel wurde zwar im Jahr 515 v.Chr. eingeweiht; doch die *geistige Helle*, die von dem einst von Salomo erbauten ersten Tempel ausgestrahlt hatte, war dem zweiten Tempel nie mehr beschieden – im Gegenteil. Der Grund dafür war die immer erneut zu betonende Verweltlichung der Priester zu Jerusalem. Sie fügten dem ältesten Textbestand des Alten Testaments, der in der Fachwissenschaft mit dem Sigel *J* (Jahwist) bezeichnet wird, sowie dem etwas jüngeren Textbestand mit dem Sigel *E* (Elohist) eigenmächtig einen dritten Überlieferungsstrang *P* (die Priesterschriften) hinzu.[60]

Diese 'fleischlich gesinnten' Priester aus der Zeit nach der Babylonischen Gefangenschaft machten den zweiten Tempel – und daran erkennen wir sie! – geradezu zu einem Schlachthaus.[61] Täglich wurden im Tempel Tiere geschlachtet (Esra 6, 9), obwohl Jahwe durch seine Propheten dem Volke Israel immer wieder das Gegenteil eingeschärft hatte. Schon David hatte gesungen: »Schlachtopfer und Speiseopfer gefallen dir [Jahwe] nicht!« (Ps. 40, 7; vgl. auch Ps. 51, 18.) Durch Jeremia kündete Jahwe: »Ich habe euren Vätern nichts von Schlachtopfern gesagt!« (Jer. 7, 22.) Durch Hosea (6, 6) fügte Jahwe hinzu: »An Liebe [und Gotteserkenntnis] habe ich Wohlgefallen, nicht an Schlachtopfern!«

Doch dadurch liessen sich die Priester nicht davon abhalten, im Tempel wahre Schlachtorgien zu veranstalten. Anstatt dreimal im Jahr auch den Armen den Genuss von Fleisch zu ermöglichen, wie Salomo dies getan hatte, verzehrten diese Priester jeweils die besten Stücke der geschlachteten Tiere selber, verbrannten ihr Fett und forderten die Armen auf, zumindest Tauben zu opfern. Deshalb hielten sich im Tempel auch immer Taubenhändler auf (vgl. Mat. 21, 12).

So wurde aus dem zweiten Tempel ein übelriechender, in geistiges Dunkel gehüllter Ort. Er unterschied sich praktisch bloss noch dem Namen nach von den Götzentempeln der Nachbarvölker. Nicht ohne Grund hatte Jesus den Juden vorgeworfen, sie machten den Tempel zu einer Räuberhöhle! (Mat. 21, 13.)[62]

Das einzige lichte, geistige Band, das die damaligen Juden noch in der Wahrheit zusammenhielt, bestand darin, dass sie den Namen *Jahwe* als einzigen hochhielten und neben ihm keine anderen angeblichen Gottheiten verehrten. *Diese* Gemeinsamkeit ersehnte und erstrebte der wahrhaft gläubige Jude; in dieser Gemeinsamkeit fühlte er sich geborgen – sie mochte er nicht missen. Deshalb – auch aus Demut, und weil er befürchtete, die Priester könnten ihn aus dieser Gemeinsamkeit verbannen – sah er über die priesterlichen Machenschaften hinweg – und schwieg ...

Zum Tempel pilgerte die ganze jüdische Familie, um dort die hohen Feste zu feiern, besonders das Passafest um die Frühlingszeit (vgl. Luk. 2, 41). Auch reiste man zum Tempel nach Jerusalem, um dort den neugeborenen ersten Sohn darzustellen (vgl. Luk. 2, 22f.).

Diese Sitte war so entstanden: Nachdem Jahwe die Israeliten aus der ägyptischen Knechtschaft befreit hatte, forderte er Mose auf: »Weihe mir *alle* Neugeburt! *Mir* soll alles Neugeborene [wieder] gehören!« (Vgl. 2. Mose 13, 2.)

Den tiefen Sinn dieses Gebotes Jahwes begriffen die späteren Juden jedoch nicht mehr.[63] Als erstes machten die Priester aus der *Neu*geburt eine *Erst*geburt und verkannten dadurch, dass *alles* Neugeborene in Menschen- und Tierwelt Jahwe geheiligt werden sollte. Später wurde Jahwes Gebot von den Priestern sogar dahin verfälscht: Alles Erstgeborene männlichen Geschlechts ist priesterliches Eigentum und muss ausgelöst werden, sobald der neugeborene Junge 31 Tage alt ist.[64] Der Auslösungsbetrag musste in klingender Silbermünze entrichtet oder durch Hingabe eines Wertgegenstandes beglichen werden[65] – dafür gab es ja die Wechsler im Tempel! (Mat. 21, 12.)

Auch zur Aufnahme des zwölf Jahre alt gewordenen Sohnes in die jüdische Kultgemeinde (hebräisch Bar-Mizwa, 'Sohn des Gebots') musste die Familie zum Passafest nach Jerusalem reisen (vgl. Luk. 2,

Thora tragender Bar-Mizwa, 'Sohn des Gebots'

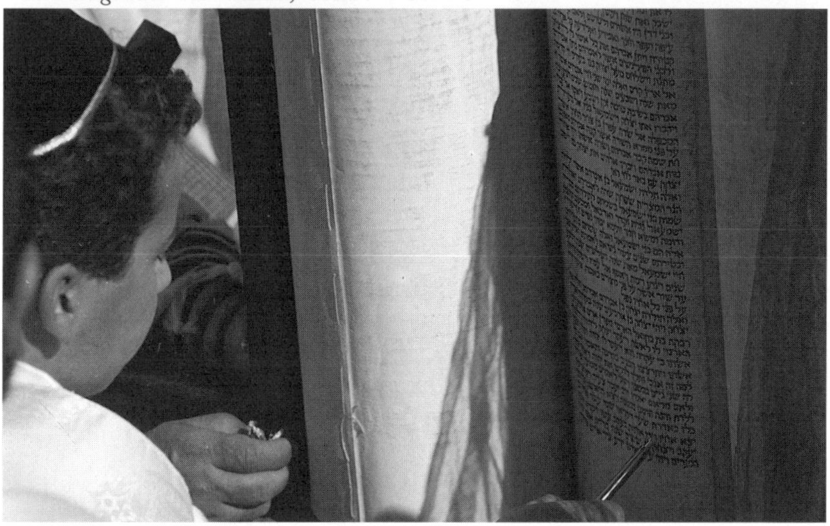

Thora lesender Bar-Mizwa

22). Von diesem Alter an – dem dreizehnten Lebensjahr – war der junge Israelit für die Einhaltung des 'Gesetzes' selber verantwortlich. Um sein vermeintliches Verständnis des 'Gesetzes' nachzuweisen, wurde der Zwölfjährige – spätestens seit dem Mittelalter der Dreizehnjährige – aufgefordert, aus der Thora vorzulesen; auch durfte und darf er Fragen zur Schrift stellen.[66] Tat dies der Zwölfjährige in dogmatisch heiklen Fragen der Schrift wirklich und erlaubte er sich, die ihm gegebenen Antworten anzufechten, erregte dies unliebsames Aufsehen und löste bei den Eltern Bestürzung aus – so sehr fürchtete man die Macht der Pharisäer und Schriftgelehrten! (Vgl. Luk. 2, 46–49.)

Diese Macht war in der Tat sehr gross. Die Vorschriften der Pharisäer und Schriftgelehrten mussten strengstens befolgt werden. Dies war für den einfachen Israeliten, der oft kaum das Nötigste zum Leben besass, harte Mühsal und zugleich erniedrigend. Man bedenke nur, was an Leistungen erbracht werden musste: Ausser dem ausnahmslos eingeforderten Zehnten aller Einkünfte musste er den erstgeborenen Sohn 'auslösen'; er musste die Reinheitsgebote halten – dies mochte noch hingehen – und dazu noch die Speisegesetze. Nicht zuletzt wurde durch die priesterlichen Gebote die *Frau* in einer ihr Ansehen beeinträchtigenden Weise herab- und zurückgesetzt.

Das Judentum in der Entscheidung

Der Tempel zu Jerusalem war also zum eigentlichen Stein des Anstosses für die wahrhaft gläubigen Israeliten geworden. Folgerichtig ging von *ihnen* der geistige Aufstand gegen das von Schriftgelehrten und Pharisäern beherrschte Judentum aus. Deshalb sagten sich spätestens vom ersten vorchristlichen Jahrhundert an die Essener-Juden vom Tempel in Jerusalem los und entzogen sich seinem Einflussbereich. Teils liessen sie sich in Damaskus nieder, teils siedelten sich die Priester unter ihnen in der Wüste bei Qumran am Toten Meer an. Durch den Auszug der Essener blieb der Tempel in Jerusalem zunächst allerdings noch unangefochten.

Hort des inneren Aufstandes im Judentum wurde, nach Qumran, vor allem Damaskus. Später breitete sich diese geistige Erhebung –

in Form des Christentums – über Syrien und Kleinasien bis nach Hellas hin aus. Funken dieses Aufstandes sprangen von da sogar nach Rom über und erreichten so auch den Westen des Römerreiches. Dies wird nur verständlich, wenn man sich die Zeugnisse vor Augen hält, aus denen erhellt, wie inbrünstig damals ein *Erlöser* erwartet wurde – nicht nur im Judentum und bei den Griechen, sondern auch bei anderen Völkern.[67]

Die brutale, nackte Gewalt, die von Rom aus das ganze Weltreich umklammerte, erweckte in den Menschen Empfindungen der Kälte, der Öde, des Verlassenseins. Daraus entsprang eine um so innigere Sehnsucht nach Erlösung aus dieser Knechtschaft. Gläubige Menschen waren sich dessen bewusst, dass ihre Unterjochung unter Gewalt und Ausbeutung ihre Wurzeln, ihre Ursache, im *Geistig-Jenseitigen* hatte. Als dann aber der Erlöser wirklich kam, selber jedoch das Opfer brutalster Gewalt wurde, fiel es den allermeisten der Geknechteten schwer, in Jesus Christus den Erlöser zu erblicken. Sie vermochten ja nicht zu erkennen, dass der Erlöser seine Aufgabe auf Erden gerade dadurch erfüllt hatte, dass er die Gewalt der Hölle *als Mensch* durch sein unerschütterliches Gottvertrauen überwand und damit, beispielhaft für alle Zeiten, höchstes Zeugnis dafür ablegte, dass *er* in Wahrheit der verheissene, so sehnlichst erwartete Erlöser und »Gesalbte Gottes« war.

Manch ein Mensch ist von nackter Gewalt nur dann beeindruckt, wenn sie ihn selber trifft; er ist also für jene Gewalt unempfindlich, die einen Mitmenschen heimsucht. Ein solcher Mensch wurde daher auch nicht von der an Jesus begangenen Schandtat beeindruckt – im Gegenteil: Er empfand Jesu Kreuzestod als eine Schande für *diesen*, nicht für seine Mörder. Hier schieden sich die Geister.

Pharisäer, Schriftgelehrte und Sadduzäer konnten ihrer ganzen Wesensart nach Jesus unmöglich als den Messias anerkennen. Die Essener-Juden scheinen für seine Lehre eher empfänglich gewesen zu sein. Aber von keinem der Apostel und Jünger Jesu erfahren wir, dass er einer der drei vorerwähnten Gruppierungen im Judentum angehört hätte – *Paulus* allein ausgenommen. In ihm vollzog sich ein grundstürzender Wandel seiner Gesinnung, als die Blindheit, mit der er die Christen verfolgte, handgreiflich ihn selber schlug. Dieses Erleben und seine anschliessende dreijährige Zeit innerer Einkehr, die er vielleicht nicht einmal ganz freiwillig antrat, brachten Paulus zur Einsicht in die Wahrheit des Glaubens an Christus.

Wir erwähnten Damaskus als nach Qumran zweite Stätte inneren Aufstandes gegen das verweltlichte Judentum. Zwar scheint kein Apostel oder Jünger Jesu der Gruppe der Essener-Juden angehört zu haben; doch ist in diesem Zusammenhang die sogenannte *Damaskus-Schrift* bedeutsam; denn ihr Inhalt ist innerlich verwandt mit dem der übrigen Schriftrollen aus den Höhlen von Qumran – also war die nach Damaskus ausgewanderte Essener-Schar mit ihren Glaubensbrüdern in Qumran in Verbindung geblieben. Beide Gruppen standen ja mit den Tempelbehörden von Jerusalem auf dem Kriegsfuss.

Daher ist es nicht verwunderlich, dass man im Auftrag des Tempels von Jerusalem den Paulus ausgerechnet nach Damaskus entsandte, um dortige Anhänger der Glaubensrichtung des gesteinigten Stephanus zu verhaften und zur Aburteilung nach Jerusalem zu schaffen (Apg. 9, 2). Die jüdischen Machthaber von Jerusalem befürchteten – sicher zu Recht –, die Essener-Opposition in Damaskus könnte durch Zustrom hellenisch-christlicher Juden gefährlich anwachsen. Daher galt es für die Schriftgelehrten und Pharisäer, einem möglicherweise ausbrechenden Aufstand grösseren Ausmasses gegen ihre Tempelmacht vorzubeugen.

Die christlichen Tempelgegner aus Damaskus nach Jerusalem zu verschleppen stellte freilich eine Amtsanmassung dar, die für die Tempelbehörden gefährlich werden konnte. In aller Regel wurde ja die Bestrafung für Vergehen gegen das 'Gesetz' gleich an Ort und Stelle vollzogen. Paulus musste dies später mehrfach am eigenen Leib erleben – wurde er doch nicht weniger als fünfmal zu der jüdischen Gesetzesstrafe der 39 Hiebe verurteilt (2. Kor. 11, 24). Sie wurde an ihm vollzogen, obwohl er römischer Bürger war und daher eine solche Bestrafung nach römischem Gesetz nicht hätte ausgesprochen, geschweige denn vollzogen werden dürfen.

4. Tarsos

Auf unseren Rundblick über die geschichtliche, kulturelle und religiöse Umwelt des Paulus folge noch ein letzter Abschnitt über dessen Heimatstadt Tarsos.

Paulus wurde nach seinem eigenen Zeugnis in Tarsos geboren

(Apg. 21, 39). Die heute türkische Stadt liegt in der kilikischen Küstenebene am Südhang des gewaltigen Taurusgebirges. Zwar ist das heutige Tarsus fünfzehn Kilometer vom Mittelmeer entfernt; einst jedoch, vor seiner Verlandung, war Tarsos durch den schiffbaren Kydnos mit dem Mittelmeer verbunden.[68] So war die Stadt einerseits ein sicherer Hafen des östlichen Mittelmeers; andrerseits erschloss ihre Lage am Südfuss einer Passstrasse des Taurusgebirges dessen Holzreichtum für den Mittelmeerhandel.

Die durch die ganze Antike hindurch bedeutungsvolle Stadt geht auf eine alte kilikische Siedlung zurück. Kilikien gehörte spätestens seit dem 16. vorchristlichen Jahrhundert zum Reich der Hethiter. Von dem hethitischen Fürstentum Kue, dem biblischen Koa, heisst es im ersten Buch der Könige (10, 28): »Die Einfuhr der Pferde für Salomo erfolgte von … Koa her; die Händler des Königs holten sie aus Koa gegen bare Bezahlung.« Dieser Pferdehandel scheint sehr rege gewesen zu sein.[69]

Damals legten offenbar die berühmten *Tharsis*-Schiffe des Königs Salomo in der Flussmündung des Kydnos[70] an, und sie gaben wohl auch der Siedlung *Tarsos* ihren Namen.[71] Auf jeden Fall hatte Tarsos bereits im 10. vorchristlichen Jahrhundert mit Israel in Beziehung gestanden; ja es hatte den Händlern des Königs Salomo offenbar das Recht der Niederlassung gewährt (vgl. 1. Kön. 10, 28). Aus dieser Handelsniederlassung scheint eine jüdische Kolonie herangewachsen zu sein. Ihr haben sich die von Palästina eingereisten Eltern des Paulus angeschlossen.[72]

Nach den Zeiten assyrischer und persischer Herrschaft wurde Tarsos im Jahr 333 v. Chr. von Alexander dem Grossen erobert und erlebte unter dem hellenistischen Herrscherhaus der Seleukiden (305–175) seine Hochblüte. Dies bezeugt ein ums Jahr 1863 gehobener Schatz, der vermutlich vor der Eroberung der Stadt durch die persischen Sassaniden im Jahr 260 n. Chr. vergraben worden war.[73]

Im Jahr 102 v. Chr. hatte Rom Anspruch auf Kilikien erhoben und es als Provinz *Cilicia* seinem Reich eingegliedert; doch erst im Jahr 67 v.Chr. unterwarf Pompejus die Provinz endgültig dem Römerreich. Wegen der Treue ihrer Bewohner gegenüber Cäsar wurde Kilikien von Antonius und Augustus ausgezeichnet.

Zur Zeit des Paulus bestand die Bevölkerung von Tarsos aus einer

Mischung von Kleinasiaten, Griechen und Juden. Das geistige Leben, vom Hellenismus geprägt, war höchst rege. Tonangebend waren die einheimischen Philosophen, Grammatiker und Dichter. Die Studierenden, die ausschliesslich Einheimische waren, sollen an Eifer die Studierenden von Athen und Alexandria übertroffen haben, berichtet der griechische Geograph und Geschichtsschreiber Strabon (geboren um 63 v. Chr., gestorben um 28 n. Chr.).[74]

Nach übereinstimmendem Urteil der antiken Zeugnisse kam keine der übrigen Städte Kilikiens Tarsos an Grösse und Reichtum gleich. Also war es in mehrfacher Hinsicht berechtigt, dass Paulus seine Geburtsstadt als eine »nicht unberühmte Stadt« bezeichnete (Apg. 21, 39); überliefert ist uns dieses Wort durch seinen »Mitarbeiter Lukas« (Philem. 24), den Evangelisten und Verfasser der Apostelgeschichte. Obwohl das antike Tarsos dichter bebaut war als das heutige Tarsus, übertraf es dessen Stadtfläche bei weitem. Im Süden und Norden besass das antike Tarsos zusätzlich ausgedehnte Gartenviertel, die ihm den Ruf einer Gartenstadt einbrachten.[75]

Angelegt war die Stadt im Stil der griechischen Kolonistenstädte, nämlich geometrisch. Rechtwinklig sich kreuzende Strassen durchzogen schachbrettartig die ganze Stadt, die von einer schützenden Mauer umsäumt war. In sie einbezogen waren öffentliche Gebäude und Plätze, nämlich Tempel, Gymnasien, Theater, Stadien, Ringerschulen, eine Pferde- und Wagenrennbahn sowie Marktplätze. Gepflasterte und von Säulenhallen und Läden eingefasste Strassen, Bäder, Aquädukte und Brücken waren weitere Merkmale des Stadtbildes von Tarsos. Zur Zeit des Paulus stand die Stadt noch in ungebrochener Blüte.[76]

Mit Lebensmitteln und sonstigen Gütern versorgte sich Tarsos kraft seines Gewerbefleisses, durch seinen Handel mit den Siedlungen der fruchtbaren Küstenebene Kilikiens südlich vom heutigen Adana und aus den Erträgen der Forstwirtschaft in den Bergen des Taurus; denn Holz war im Orient zu allen Zeiten stark begehrt.[77]

Die Lebensdaten des Paulus

Ehe wir eine Lebensbeschreibung des Paulus zu geben versuchen, die mit dem nächsten Kapitel beginnt, sollen seine Lebensdaten zusammengestellt werden, um eine Übersicht über seinen Lebenslauf zu gewinnen. Dabei müssen notgedrungen Erkenntnisse der späteren Kapitel vorweggenommen werden.

Zeitliche Anhaltspunkte

Das Quellenmaterial liefert uns für das Leben des Paulus nur zwei zeitliche Anhaltspunkte.

Der erste Anhaltspunkt leitet sich vom *Sterbedatum Jesu* her. Dieses ist in der Fachwissenschaft allerdings noch immer umstritten. Als Jahr der Kreuzigung wurde bisher vorwiegend das Jahr 30 erwogen, mehrfach aber auch die Jahre 31 und 33. Neueste Forschungen haben diese Daten als irrig erwiesen und als Sterbedatum Jesu den 27. April des Jahres 28 gesichert.[1]

Die Steinigung des Stephanus, die der Jüngling Saulus miterlebte, erfolgte allen Anzeichen nach recht bald nach Jesu Kreuzestod. Nach Lukas (Apg. 7, 52) warf Stephanus in seiner Verteidigungsrede den Mitgliedern des Hohen Rates vor, ihre Vorfahren hätten die Propheten getötet, die das Kommen des Messias verkündeten – »dessen Verräter und Mörder ihr jetzt geworden seid«. Die Zeitangabe *jetzt* deutet darauf hin, dass Stephanus noch *vor* der Auffahrt des Herrn, die am Donnerstag, den 7. Juni des Jahres 28 geschah (vgl. Apg. 1, 3), gesteinigt wurde.

Wir müssen aber auch davon ausgehen, dass der Herr dem Saulus unweit Damaskus noch *vor* seiner Auffahrt ebenfalls erschien; denn Paulus selbst schrieb später, nachdem er aufgezählt hatte, welchen Personen der auferstandene Herr erschienen war: »Zuletzt aber von allen erschien er – gleichsam als der Fehlgeburt – auch mir.« (1. Kor. 15, 8.)

Eine auf diesen Zeugnissen fussende zeitliche Abfolge des Lebens des Paulus bestätigt übrigens das Jahr 28 als das Sterbejahr Jesu, wie aus dem Folgenden erhellen wird.

Den zweiten zeitlichen Anhaltspunkt im Leben des Paulus liefert der Prozess, den Juden in Korinth vor dem römischen Statthalter Gallio gegen den Apostel anstrengten (Apg. 18, 12). Das Jahr der Statthalterschaft des Gallio über die Provinz Achaia gewinnen wir aus einer Inschrift aus Delphi. Sie erwähnt, Kaiser

Inschrift des Gallio

Claudius habe während der Amtszeit des Prokonsul Gallio im Orakelwesen einen Entscheid zugunsten von Delphi gefällt. Aus dieser Inschrift ist daher zu folgern, dass Gallio, der Bruder des Philosophen Seneca, in Korinth Statthalter war.[2] Eine im Jahr 1858 erschienene Claudius-Biographie ermittelt auf Grund von römischen Verwaltungsangaben die Amtszeit des Gallio in Korinth auf das Jahr 51/52.[3]

Lukas berichtet (Apg. 18, 11f.), Paulus habe sich bereits eineinhalb Jahre in Korinth aufgehalten gehabt, ehe er dem Prokonsul Gallio vorgeführt wurde. Schon zu Beginn seines Aufenthalts in Korinth habe Paulus einen Juden namens Aquila kennengelernt, der aus dem Pontus [dem Schwarzmeergebiet] stammte und vor kurzem zusammen mit seiner Frau Priscilla[4] eingetroffen war; denn Claudius hatte angeordnet, dass alle Juden Rom zu verlassen hätten (Apg. 18, 1f.).

Der römische Geschichtsschreiber Sueton (lebte um 70 bis um 140 n. Chr.) berichtet in seinem Werk »Leben der Cäsaren« von diesem Vertreibungsbefehl des Kaisers Claudius[5]; ein Datum nennt er jedoch nicht. Der Kirchenschriftsteller und Geschichtsschreiber Orosius datierte im 5. Jahrhundert die Judenvertreibung ins 9. Jahr des Claudius, also in die Zeit zwischen dem 25. Januar 49 und dem 24. Januar 50.[6]

Alle diese Daten stimmen mit unserem zweiten Fixpunkt gut überein. Der Statthalterwechsel erfolgte in aller Regel Ende Juni.[7] Aquila und Priscilla wurden zusammen mit anderen Judenchristen im Jahr 49 aus Rom verbannt, segelten nach Korinth und trafen später dort Paulus. Da die dortigen Juden höchstwahrscheinlich den Paulus sehr bald nach dem Amtsantritt des Gallio vor dessen Gericht schleppten, wurde der Apostel wohl noch im Sommer des Jahres 51 oder 52 aus Korinth verbannt. Sein Aufenthalt dort hatte also ungefähr eineinhalb Jahre gedauert, wie Lukas vermeldet.

Der Lebenslauf des Paulus in Umrissen

Von unseren beiden Fixpunkten ausgehend, lässt sich der Lebenslauf des Paulus in Umrissen wie folgt zeichnen:

Da Saulus bei der Steinigung des Stephanus, die wir in die Zeit zwischen Kreuzigung und Auffahrt Jesu verlegen, noch ein *Jüngling* war (Apg. 7, 58), betrug sein Alter damals ungefähr achtzehn Jahre. Dies ergibt für die Zeit seiner Geburt etwa das Jahr 10 n. Chr.

Seine durch die Erscheinung des Herrn bewirkte innere Umkehr setzen wir – wie oben begründet – noch vor der Auffahrt an, verlegen sie also in die erste Woche Juni des Jahres 28.

Anschliessend hielt sich Paulus drei Jahre lang – also bis ins Jahr 31 – in der syrisch-arabischen Wüste auf. »Darauf, nach drei Jahren, zog ich nach Jerusalem hinauf, um Kephas [Petrus] kennenzulernen, und blieb bei ihm fünfzehn Tage.« So berichtet Paulus selbst in seinem Brief an die Galater (1, 18). Um nicht aufzufallen, dürfte er für die Reise nach Jerusalem das Wochenfest gewählt haben, an dem jeweils grosse Scharen von Pilgern zum Tempel zogen. Im Jahr 31 fiel das Wochenfest – fünfzig Tage nach dem jüdischen Passafest, unser Pfingsten – auf den 14. Juni.[8] Ausser mit Petrus traf Paulus in Jerusalem nur noch mit dem Herrenbruder Jakobus zusammen. Ende Juni 31 dürfte er Jerusalem wieder verlassen haben.

»Nach Verlauf von vierzehn Jahren zog ich abermals nach Jerusalem hinauf.« (Gal. 2, 1.) So lange also hatte die erste Missionsreise des Paulus gedauert. Anlass der Jerusalem-Reise war das *Aposteltreffen*.[9] Dieses dürfte ebenfalls zur Zeit des Wochenfestes stattgefunden haben, also um die Mitte Juni des Jahres 44.

Die zweite Missionsreise des Paulus fand ihren Abschluss durch seine vorerwähnte Verbannung aus Korinth im Sommer oder Herbst des Jahres 51 oder 52. Gemeinsam mit Priscilla und Aquila reiste er nach Syrien und von da zum drittenmal nach Jerusalem, um die eingesammelten Spenden der dortigen Urgemeinde zu überbringen. Die zweite Missionsreise hatte demnach um die sieben Jahre gedauert.

Der vierte, letzte Besuch des Paulus in Jerusalem fiel in das Jahr 59 und endete mit seiner Gefangennahme dort. Seine dritte Missionsreise hatte somit auch um die sieben Jahre gedauert. Nach zweijähriger Haft in Caesarea (Apg. 24, 27) an der Mittelmeerküste wurde er, weil er Berufung an den Kaiser eingelegt hatte, nach Rom übergeführt, wo er im Jahr 62 eintraf. Nach zweijähriger Haft in Rom wurde Paulus hingerichtet, wahrscheinlich im Jahr 64.

Zeittafel:

Um 10 n. Chr.	Geburt in Tarsos
Juni 28	Aus Saulus wurde Paulus
28–31	Aufenthalt in der syrisch-arabischen Wüste
Juni 31	Besuch beim Apostel Petrus und beim Herrenbruder Jakobus in Jerusalem
Juni 44	Aposteltreffen in Jerusalem
Herbst 51/52	Dritter Besuch in Jerusalem
Juni 59	Vierter Besuch in Jerusalem, Verhaftung
61/62	Überführung nach Rom
64	In Rom getötet

Das Lebensalter des Paulus

Ausgehend von einem wahrscheinlichen Geburtsjahr 10 n.Chr. war der »Jüngling« Saulus (Apg. 7, 58) im Jahr 28, dem Jahr der Kreuzigung Jesu, achtzehn Jahre alt. Im Jahr 31, bei seinem ersten Besuch in Jerusalem, war Paulus etwa einundzwanzig Jahre alt, beim Aposteltreffen des Jahres 44 etwa vierunddreissig, bei seinem dritten Besuch in Jerusalem (51 oder 52 n.Chr.) etwa zweiundvierzig. Im Alter von etwa vierundfünfzig Jahren, als im Jahr 64 Neros Christenverfolgung ausbrach, starb Paulus in Rom. Über einen Zeitraum von sechsunddreissig Jahren hatte er Jesus als den Christus verkündet.[10]

Bei der Ermittlung des Lebensalters des Paulus ist ein scheinbarer Stein des Anstosses die Tatsache, dass er sich während der Zeit seiner Kerkerhaft in Rom als »alten Mann« bezeichnete. Als er dies in seinem Brief an Philemon (Vers 9) schrieb, war er nach unserer Berechnung immerhin ungefähr 53 Jahre alt. Geht man jedoch, wie zumeist in der Fachwissenschaft, bei Jesus von einem Sterbejahr 30 aus, und verlegt man die Bekehrung des Saulus in eine Zeit etwa drei Jahre danach[11], so wäre Paulus höchstens 48 Jahre alt geworden. Um einen so niedrigen Ansatz zu vermeiden, müsste man dabei das klare Zeugnis des Lukas über den »Jüngling« Paulus (Apg. 7, 58) zur Zeit der Steinigung des Stephanus missachten; damit verliesse man jedoch den Boden der Geschichtswissenschaft.

Gemäss unseren Überlegungen hat sich Paulus als »alten Mann« bezeichnet, als er immerhin schon 53 oder gar 54 Jahre alt war. Für heutige Begriffe mag ein solches Lebensalter noch als verhältnismässig jung gelten; doch ist dabei folgendes zu bedenken: Von dem Augenblick an, da sich Paulus zu Jesus als dem Christus bekannte und für ihn zum Glaubensstreiter wurde, also ungefähr von seinem achtzehnten Lebensjahr an, wurde er unablässig verfolgt und erlitt er unsägliche Qualen und Drangsale. Siebenmal wurde er eingekerkert[12], fünfmal erduldete er die furchtbare Geisselung der 39 Hiebe, und dreimal wurde er mit Ruten gezüchtigt. Weiter: »Einmal bin ich gesteinigt [und für tot gehalten] worden, dreimal habe ich Schiffbruch erlitten, einen Tag und eine Nacht habe ich auf dem tiefen Meer [treibend] zugebracht.«(2. Kor. 11, 25.) Die bewegende Schilderung dessen, was er alles durchmachen musste, geht noch lange fort. Wir brechen hier ab und fragen: Wer würde sich als Dreiundfünfzigjähriger *nicht* bereits alt fühlen, hätte er all die Beschwernisse, Mühsale und Schmerzen erleiden müssen, die das Los des Paulus waren?

Selbst wenn er sich angesichts all der Strapazen in Rom als alter Mann fühlte, muss er über eine ganz ausserordentliche körperliche Widerstandskraft verfügt haben – sonst wäre er schon früher seiner Erdenmühsal erlegen.

Die Jugendzeit

1. Herkunft und Kindheit

Paulus war also um das Jahr 10 n. Chr. in Tarsos geboren worden, und dort scheint er auch seine Jugend verbracht zu haben. Dementsprechend war die Sprache, in der er aufwuchs, das Griechische, damals Sprache der Gebildeten und zugleich Weltsprache – und in der Tat: Paulus sprach Griechisch; sein eigener Bericht (Apg. 21, 37) gibt davon Kunde.

Trotzdem war die Welt der Griechen nicht die Welt des Paulus. Er war ja geborener *Jude*. Seine Muttersprache dürfte das Hebräische[1] – vielleicht mit aramäischem Einschlag – gewesen sein. Zwar war das Hebräische damals fast ausgestorben; doch die Schriftgelehrten und Pharisäer als führende religiöse Lehrmeister des Judentums beherrschten sie noch. Die Eltern des Paulus waren aber *Pharisäer*. Lukas berichtet zudem ausdrücklich (Apg. 26, 14), der auferstandene Herr habe Paulus vor Damaskus in *hebräischer* Sprache angeredet – also durfte sich Paulus völlig zu Recht als »Hebräer von Hebräern« (Phil. 3, 5) bezeichnen, im Unterschied zu den aramäischsprachigen Juden; denn hebräisch sprachen die Juden zur Zeit des Paulus nicht einmal mehr in ihrem eigenen Land. Als sie aus der Babylonischen Gefangenschaft heimkehrten, brachten sie die aramäische Verkehrssprache des Ostens mit nach Palästina und behielten diese ein Jahrtausend hindurch bei. Daher musste bei der altgewohnten Schriftlesung in den Synagogen der hebräische Bibeltext anschliessend stets, Vers um Vers, ins Aramäische übersetzt werden. Aus diesen Übertragungen entstanden die aramäischen *Targume* oder 'Übersetzungen'; sie sind nach der griechischen *Septuaginta* die wichtigsten Bibelübersetzungen. Die ältesten dieser Targume fand man in den Höhlen von Qumran beim Toten Meer.

Dem Paulus als hebräischsprachigem Juden – und sich dadurch von den aramäischsprachigen Juden absonderndem Pharisäer – waren in seiner sprachlichen Entfaltung Grenzen gesetzt. In der Tat sagte Paulus von sich, er sei *nicht* redegewandt (2. Kor. 11, 6). War er es aber nicht selten doch, dann nach seinem eigenen Zeugnis nur deshalb, weil ihm die Worte von einem Geist Gottes eingegeben wurden (1. Kor. 14, 6). Dann sprach er »in Zungen der Engel« (1. Kor. 13, 1) mit der charismatischen Gabe der »Rede aus Eingebung« (1. Kor, 13, 2).

Dass es solches *geistgewirktes Sprechen* gibt – wobei der Mensch die ihm eingegebenen Worte mit seinem inneren Ohr vernimmt, aber bei vollem Bewusstsein bleibt, das heisst das sprechende Geistwesen sich des Menschen, der sich der Durchgabe nicht immer bewusst ist, als eines Mittlers bedient –, war nicht nur den Pharisäern wohlbekannt, sondern auch bei den damaligen Juden allgemein unbestritten.

Wo Paulus von »Zungenreden« spricht, meint er geistgewirkte Durchgaben in einer fremden, den Anwesenden unbekannten Sprache. Dieses »Zungenreden« ist in grossem Stil bezeugt beim Pfingstgeschehen des Jahres 28, als jeder der elf Apostel, von einem heiligen Geist erfüllt, anfing in einer fremden Sprache zu reden, »wie der Geist ihnen auszusprechen eingab« (Apg. 2, 4). Solches »Zungenreden« in den frühchristlichen Gemeinden hatte lediglich den Zweck, zweifelnde Zuhörer davon zu überzeugen, dass hier nicht der als Mittler dienende Mensch es war, der sich äusserte, sondern tatsächlich ein Geistwesen.

Die grosse Frage für die Anwesenden war dabei, ob das sich bekundende Geistwesen ein *Engel* war (vgl. Apg. 23, 9) oder ein *böser Geist* (vgl. Joh. 10, 20), also ein Himmelsgeist oder ein höllischer Dämon. Darum hatte der Apostel Johannes den Gemeinden so dringend ans Herz gelegt: »Prüfet die Geister, ob sie von Gott kommen! Daran erkennt ihr einen Geist Gottes: Jeder Geist, der bekennt, dass Jesus Christus als Mensch gekommen ist, stammt von Gott; jeder Geist, der Jesus nicht bekennt, ist ein Geist des Widersachers.« (Vgl. 1. Joh. 4, 1–3.)

Für Paulus und die gläubigen Juden seiner Zeit stand es unbedingt fest: Es gibt einerseits eine lebendige Himmelswelt, andrerseits das Totenreich des Widersachers. Bei den Totengeistern unterschied man die Geister verstorbener Menschen im *Scheol* (Unterwelt; *Hades* der Griechen) und die eigentlichen Dämonen oder Teufelsgeister. Strittig war bei den gläubigen Juden, die eine geistgewirkte Bekundung miterlebten, einzig und allein, ob das sich bekundende Geistwesen ein echter oder ein falscher 'Prophet' war. Dies im Einzelfall zu unterscheiden ist bis auf den heutigen Tag ein Problem geblieben.

Die Eltern des Paulus lebten als Pharisäer (Apg. 23, 6) streng nach dem jüdischen Gesetz (vgl. Apg. 22, 3). Zwar gab es damals auch jüdische Eiferer, die in jeder nichtjüdischen Herrschaft die Macht der Dämonen am Werke sahen; dies waren die schon einmal erwähnten Zeloten. Todesverachtend hatten sie sich sogar gegen die übermächtigen Römer erhoben. Zu den Zeloten gehörten die Eltern des Paulus aber sicherlich nicht, waren sie auf Grund ihres römischen Bürgerrechts (Apg. 22, 27f.) doch selber Römer. Auch schickten sie Paulus zu einem Pharisäer gemässigter Richtung in die Schule, nämlich zu *Gamaliel*, dem berühmtesten Lehrer des damaligen Judentums (Apg. 22, 3).

Wie der Vater des Paulus zur Rechtsstellung eines römischen Bürgers kam, wissen wir nicht. Im Hinblick auf seine jüdische Abkunft und im besonderen auf seine Eigenschaft als Hebräer und Pharisäer kann er schwerlich Freigelassener eines vornehmen Römers gewesen sein. Auch dürfte die Annahme ausscheiden, er habe sich als freier Mann im Dienste Roms solche Verdienste erworben, dass ihm ehrenhalber das römische Bürgerrecht verliehen wurde. So bleibt am wahrscheinlichsten die Vermutung, der Vater des Paulus habe sich die Würde eines *civis Romanus*, eines römischen Bürgers, erkauft; denn alle Anzeichen deuten darauf hin, dass er begütert war. Dafür sprechen sein hoher jüdischer Stand und die Tatsache, dass er seinen Sohn Paulus nach Jerusalem zum berühmtesten Pharisäer seiner Zeit in die Schule schicken konnte.

Paulus war von Beruf *Zeltmacher*. Als solcher betätigte er sich in Korinth eineinhalb Jahre hindurch im 'Betrieb' des Aquila und der Priscilla (Apg. 18, 2f.). Da damals die Gewerbe in Familienbetrieben angesiedelt waren und der Sohn in aller Regel das Gewerbe seines Vaters erlernte, dürfte der Vater des Paulus selber Zeltmacher gewesen sein. Da er offensichtlich vermögend war, wird er zugleich im Zelthandel tätig gewesen sein. Vielleicht war er in Tarsos sogar Inhaber einer Zeltmanufaktur oder einer Zelttuchweberei. Anfertigung von Textilien *und* der Handel mit ihnen sind altjüdische Tradition, die noch heute lebendig ist.

Überreste einer antiken Ladenstrasse (Ostia)

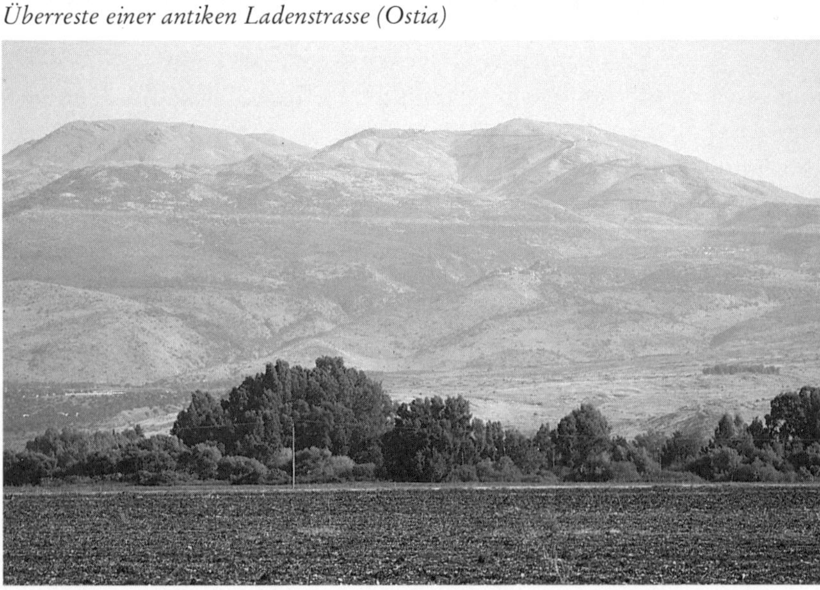

Nordgaliläa mit Berg Hermon im Hintergrund

Grundstoff der damaligen Zelte war Ziegenhaartuch. Für ebendiesen Stoff, der zu Zeltdecken verarbeitet wurde[2], war Kilikien bekannt.[3] Man kann sich also gut vorstellen, dass die Eltern von Paulus in der Hafenstadt Tarsos eine einschlägige Basarauslage besassen und zugleich eine Manufaktur betrieben; so konnten sie durch Handel und Gewerbefleiss zu Wohlstand kommen.

Einer vermutlich auf Origenes zurückgehenden Notiz[4] bei Hieronymus[5] ist zu entnehmen, dass die Eltern des Paulus aus Gischala im nördlichen Galiläa stammten, von wo sie nach Tarsos zwangsumgesiedelt wurden; infolge der Verwüstungen in der ganzen Provinz Galiläa durch die römischen Truppen verstreuten sich die Bewohner über die ganze Welt, und die Eltern des Paulus wurden nach Tarsos verschleppt. Obwohl hier manches der Phantasie des Hieronymus entsprungen sein mag – solches kann man bei ihm häufig feststellen[6] –, bleibt glaubwürdig, dass die Eltern des Paulus aus Gischala in Nordgaliläa stammten und wegen der Unruhen nach Tarsos verschlagen wurden; denn sogleich nach dem Tode Herodes' I. (4 v.Chr.) und während dem Erbnachfolgestreit waren in verschiedenen Teilen des Landes Unruhen ausgebrochen, die sich gegen die Herrschaft der Herodianer richteten, aber auch gegen die Oberherrschaft der Römer.[7]

Für einen Zeltmacher und Juden war der Norden von Galiläa ein Gebiet, das ihm geradezu idealen Wohnsitz bot: Zum einen lebte er dort im Land seiner Väter; zum andern war er den arabischen Nomaden des Reiches der Nabatäer nahe, denen er seine Zelte verkaufen konnte. Auch dies spricht für die Richtigkeit der Notiz des Hieronymus über die Herkunft der Eltern des Paulus.

Vermutlich lebten in Nordgaliläa zur Zeit des Paulus noch Angehörige seiner Sippe. Dies konnte für ihn bedeutsam geworden sein, als er nach seinem Damaskus-Erlebnis flüchten musste. Seinen Verfolgern entkam er in das Niemandsland der syrisch-arabischen Wüste. Von da aus konnte er vorübergehend in Nordgaliläa Zuflucht finden, ohne befürchten zu müssen, von der jüdischen Geheimpolizei aufgegriffen zu werden. So würde auch verständlich, warum Paulus auf den Missionsreisen, die er von Jerusalem aus unternahm, über den beschwerlichen Landweg nach Antiochia zog und nicht den bequemeren Schiffsweg von Caesarea nach Syrien wählte.

2. *Warum hiess Paulus ursprünglich Saulus?*

Der ursprüngliche israelitische Name des Paulus war *Saulus*; das ist die latinisierte Form des hebräischen *Saul*. Der Name bedeutet 'der Erbetene'. Saul war der Name des berühmten ersten Königs über Israel; das Volk hatte ihn als solchen vom Propheten Samuel *erbeten* (1. Sam. 8, 10).

Allein, Saul war den hohen Anforderungen, die das Königsamt an ihn stellte, nicht gewachsen und wurde schwermütig. Ein böser Geist setzte ihm stark zu (1. Sam. 16, 14–23), da er Jahwe ungehorsam geworden war. In einer aussichtslosen Schlacht gegen die Philister wurden die Israeliten vernichtend geschlagen. Sauls drei Söhne fielen; er selbst wurde verwundet. Um einem qual- und schmachvollen Tod durch die Hand der Philister zuvorzukommen, liess er sich von einem Amalekiter mit seinem eigenen Schwert den Todesstoss versetzen. Als die Philister seine Leiche fanden, *spiessten sie diese auf einen Pfahl* (2. Sam. 1, 9f.; 1. Sam. 31, 2–10).

Gemäss Mose (5. Buch 21, 22f.) wurde ein Mensch, der ein todeswürdiges Verbrechen begangen hatte, hingerichtet und an einen Pfahl gehängt; er galt als von Gott verflucht. Ein ganzes Jahrtausend hindurch wagte daher kein Israelit, seinen Sohn auf den Namen *Saul* zu taufen; nur die Eltern des Paulus machten davon eine Ausnahme. Was mag sie dazu bewogen haben, den Bann zu brechen und ihrem Sohn erstmals wieder den Namen *Saul* zu geben?

Hier rühren wir an den tiefen, verborgenen Kern, von dem aus sich uns das wahre Wesen des Paulus zu erschliessen vermag.

Ein Engel befahl im Jahr 8 vor Beginn unserer Zeitrechnung dem Zacharias, er solle den ihm verheissenen Sohn – den künftigen Täufer – *Johannes* nennen (Luk. 1, 13). Er war der wiedergeborene Elia (Mat. 11, 14). Dem Josef erschien im Jahr 7 vor Beginn unserer Zeitrechnung ein Engel des Herrn im Traum und hiess ihn, dem Kind der Maria den von Jahwe bestimmten Namen *Jesus* zu geben (Mat. 1, 21).

Sollte es nicht denkbar sein, dass um das Jahr 10 unserer Zeitrechnung ein Engel des Herrn dem Vater des Paulus auftrug, seinem Sohn den Namen *Saul* zu geben? Als strenggläubiger Jude würde er dieses

Gebot bestimmt auch erfüllt haben. Bezeichnenderweise schrieb Paulus später denn auch, Gott habe ihn von seiner Mutter Leib an »ausgesondert und durch seine *Gnade* berufen« (Gal. 1, 15).

Daher liegt es nahe, anzunehmen, dass Saulus von seinen Eltern so genannt wurde, weil er der *wiedergeborene König Saul* von einst war.

Geht man davon aus, erscheint ein rätselhafter Satz des Paulus (2. Kor. 12, 7) plötzlich in ganz neuem Licht. Er schrieb von der hohen Offenbarung, die ihm durch Christus zuteil wurde, und fügte hinzu: »Damit ich dadurch nicht überheblich werde, wurde mir *ein Pfahl ins Fleisch* gegeben.«[8] Auch dem König Saul wurde ja einst ein Pfahl ins Fleisch gegeben. Besass Paulus eine ahnende Rückerinnerung an sein Erdenleben vor einem Jahrtausend?

Eine weitere Verknüpfung des Apostels Paulus mit dem König Saul erblicken wir im Umstand, dass beide dem Stamm *Benjamin* angehörten (1. Sam. 9, 1f.; Röm. 11, 1 und Phil. 3, 5).

Als Christus dem Saulus unweit Damaskus erschien, redete er ihn mit seinem hebräischen Namen *Saul* an und sprach das geheimnisvolle Wort: »Es ist schwer für dich, gegen den Stachel auszuschlagen.« (Apg. 26, 14.) Diese Wendung war sprichwörtlich und erscheint schon im 5. vorchristlichen Jahrhundert in der Tragödie *Agamemnon* des Aischylos.[9] Das Sprichwort meint ein Tier, das unwillig gegen den mit einem Stachel versehenen *Stock* des Viehtreibers ausschlägt. Wir erblicken in dem 'Stock' eine verdeckte Anspielung auf den »Pfahl«, der uns hier beschäftigt.

Christus deutete offenbar dem Paulus an, er werde jenem »Pfahl«, der sein Schicksal seit einem Jahrtausend zeichne, auch in diesem Erdenleben nicht entrinnen – Paulus werde also jenes Los teilen müssen, das auch er selbst, Christus, als Mensch Jesus am Kreuz erlitt; denn nach jüdischer Vorstellung, wie sie der Talmud (Sanhedrin 43a) bewahrt, wurde Jesus »an den Pfahl gehängt«, eingedenk der Vorschrift in 5. Mose 21, 22f.

Daraus darf jedoch nicht gefolgert werden, Christus habe dem Paulus einen Kreuzestod vorhergekündet – als römischer Bürger konnte er nur durch Enthaupten hingerichtet werden. Durch den Kreuzestod Christi ist aber der »Pfahl« aus einem Zeichen der angeblichen Verfluchung durch Gott zum hohen Sinnbild der *Erlö-*

sung umgewandelt worden. Darum schrieb Paulus zu Recht: »Christus hat uns vom Fluch des Gesetzes losgekauft, indem er *für uns* [Juden] zum 'Fluch' geworden ist – denn es steht geschrieben: "Verflucht ist jeder, der am Holzpfahl hängt."« (Gal. 3, 13.)

Das Wort, das Christus bei seiner Erscheinung an Paulus richtete, ist somit zweisinnig und tief bedeutungsvoll: Es verkündet Paulus, sein Lebensweg werde leidvoll sein, aber ihm dadurch Erlösung bringen.

Alle diese Zusammenhänge enthüllen ein geheimnisvolles geistiges Band zwischen dem König Saul von einst und dem Apostel Paulus. Zugleich offenbart sich ein überirdisches Band, das Paulus mit Jesus Christus verknüpft, der »ans Holz gehängt« wurde.

Wenn Paulus in seinen Briefen vom »Kreuz Christi« spricht, geht aus dem Zusammenhang fast immer deutlich hervor, dass ihm dabei nicht das irdische Kreuz vorschwebt, an dem Jesus starb, sondern die *Bedeutung* des Kreuzes als Inbegriff für unschuldig und standhaft erlittene Schmach und Qual. Der so in seiner Seele zutiefst Verletzte wird *göttliche Heilung* erfahren, indem er anschliessend durch Gottes Kraft erhöht wird.

Einem Ungläubigen musste solches als Torheit erscheinen. Paulus erwiderte darauf: »Denn das Wort vom Kreuz ist zwar denen, die [noch] verlorengehen, eine Torheit; uns aber, die wir gerettet werden, ist es eine *Kraft Gottes*.« (1. Kor. 1, 18.)

Hält man sich die tiefgründigen geistigen Bande vor Augen, die den Saul von einst mit dem Saulus der Zeit Jesu verknüpfen, und bedenkt man die furchtbare Schmach, die der einst zum König von Israel gesalbte Saul erlitt, und im Gegensatz dazu die gnadenvolle Erhöhung, die Saulus dadurch erfuhr, dass *Gottes Sohn* als der auferstandene Herr in eigener Person ihn zur Glaubensumkehr bewog, drängt sich die Schlussfolgerung auf: *Paulus war der wiederverkörperte einstige Gesalbte Israels.* Diese Erkenntnis bestimmte den Titel des vorliegenden Buches.

Die im Geiste Pythagoras' und Platons verankerten religiösen Griechen glaubten an Wiedergeburt im Sinne von mehrfachen Erdenleben. Diese Wiedergeburt darf nicht mit Seelenwanderung verwechselt werden.[10] Nicht an Wiedergeburt oder Reinkarnation glaubten natürlich die Sadduzäer, wohl aber jene gläubigen Juden, die mit ihrem Propheten Maleachi (4, 5) den Messias zu der Zeit erwarteten, da Elia wiedergeboren werden würde.

Ein klares Zeugnis für mehrfache Erdenleben findet sich im alten Palästina allerdings nur an einer einzigen Stelle, nämlich im *Buch der Weisheit* (2, 1–5).[11] Dort betont *Salomo* mit aller Deutlichkeit, wer behaupte, es gebe keine Wiederholung irdischer Lebenszeiten, der sage dies nur aus seinem *verkehrten* Sinn heraus! Salomos Worte lauten:

Sie [die Ungläubigen] sagen bei sich selbst
in ihrem verkehrten Sinn:
"Kurz und kummervoll ist unser Leben ...
Denn durch Zufall sind wir entstanden,
und nachher werden wir sein,
als wären wir nie gewesen ...
Denn ein vorüberziehender Schatten
ist unsere Lebenszeit,
und ist sie zu Ende,
so gibt's keine Wiederholung;
es ist besiegelt, und keiner
kann's [zu neuem Leben] wenden."

Die klare Aussage Jesu zur Wiedergeburt in mehrfachen Erdenleben, die in seinem Gespräch mit Nikodemus enthalten ist (Joh. 3, 3), wird, weil sie nicht in das abendländische Weltbild passt, kurzerhand auf eine lediglich im Geistigen stattfindende Wiedergeburt umgemünzt, obwohl die töricht klingende, aber spöttisch gemeinte Gegenfrage des Nikodemus klar erkennen lässt, dass Jesus eine irdische Wiedergeburt meinte. Jesu Aussage lautet: »Wahrlich, wahrlich, ich sage dir: Wenn jemand nicht aus Wasser und Geist geboren wird, kann er nicht in das Reich Gottes gelangen. Was aus dem Fleisch geboren ist, das ist Fleisch, und was aus dem Geist geboren ist, das ist Geist.« Auf das ungläubige Erstaunen des Nikodemus hin fügte Jesus hinzu (Joh. 3, 7): »Wundre dich daher nicht, dass ich dir sagte: Gerade ihr [Pharisäer] müsst von neuem geboren werden.« Dass Jesus eine irdische Wiedergeburt meinte, erhellt aus seinem weiteren Satz (Joh. 3, 12): »Wenn ich von irdischen Dingen [wie den mehrfachen Erdenleben] geredet habe, und ihr glaubt dem nicht, wie werdet ihr glauben, wenn ich von himmlischen Dingen zu euch rede?«

Abschliessend kommen wir noch einmal auf den Namen des Paulus zurück. *Paulus* war der römische Beiname des Saulus und bedeutet 'der Kleine'.[12] Er war also der Jüngste oder Benjamin. Keineswegs besagt der Beiname, Paulus sei klein von Wuchs gewesen. Diese Legende entstand offensichtlich durch mangelnde geistige Sicht, die den Namen *Paulus* einfach im irdisch-weltlichen Sinn als den 'Kleinen' auffasste.[13] Dass Saulus nach seinen geistigen Erlebnissen nur noch den Namen *Paulus* führte, dürfte die Frucht ebendieser übersinnlichen Erfahrungen gewesen sein. Auf diese werden wir noch ausführlich einzugehen haben.

3. Die Jugendzeit

Saulus verlebte seine Kindheit anscheinend in Tarsos; doch erzogen und geschult wurde er in Jerusalem. Dort wurde er nach Lukas »zu den Füssen Gamaliels unterwiesen nach der Strenge des Gesetzes der Väter« (Apg. 21, 39 und 22, 3).

Dieser Gamaliel war Rabbi Gamaliel I., auch 'der ältere (oder alte) Gamaliel' genannt. Er war nicht nur, wie bereits angedeutet, der berühmteste Lehrer im Jerusalem seiner Zeit, sondern zugleich Mitglied des Hohen Rates oder Sanhedrins (Synedrions), der obersten Behörde am Tempel von Jerusalem in religiösen, gerichtlichen und politischen Belangen. Lukas schildert Gamaliel als einen gemässigten Pharisäer und als einen »beim ganzen Volk angesehenen Gesetzeslehrer« (Apg. 5, 34).

Wann genau Saulus Schüler Gamaliels wurde, ist unbekannt. Als Paulus nach seinem letzten Aufenthalt in Jerusalem verhaftet und nach Caesarea am Mittelmeer übergeführt worden war, sagte er vor Gericht aus: »Jeder Jude kennt meinen Lebenslauf von meiner Jugend an; denn er hat sich von Anfang an inmitten meines Volkes und in Jerusalem abgespielt.« (Apg. 26, 4.) Andrerseits schrieb Paulus an die Galater (1, 22), er sei den Christen gewordenen Juden in Judäa nach seinem ersten Besuch *als Christ* in Jerusalem noch unbekannt gewesen.

Daraus ist zu entnehmen, dass sein Lebenslauf eben erst später allgemein bekannt wurde; berühmt wurde er durch sein Wirken also erst allmählich – dann freilich kannte ihn jeder Jude. Wohl hatte sich Saulus schon in seiner Jugend in Jerusalem aufgehalten; aber damals war er in Judäa keineswegs ein bekanntes Gesicht.[14] Da er sich als Jüngling von etwa achtzehn Jahren in Jerusalem aufhielt und in der Zeit davor am Unterricht des Gamaliel teilgenommen hatte, dürfte er frühestens mit zwölf Jahren nach Jerusalem gekommen sein.

Möglicherweise weilte Saulus von ungefähr seinem zwölften Jahr an *nicht ununterbrochen* in Jerusalem; denn wir erfahren unter anderem von einer Gruppe von Juden aus Kilikien, die es sich offenbar leisten konnten, so oft nach Jerusalem zu reisen, dass sie dort bekannt waren (Apg. 6, 9). In der Tat war es nicht sonderlich beschwerlich, von Tarsos nach Caesarea zu segeln und von dort – sei es im Wagen, sei es beritten – nach Jerusalem hinaufzuziehen. Juden kamen ja noch von viel weiter her nach Jerusalem, um dort Gott im Tempel anzubeten. Als Beispiel sei nur der Schatzmeister der Königin von Äthiopien angeführt, der auf der Heimkehr von Jerusalem in seinem Wagen laut im Buch Jesaja las – freilich ohne zu verstehen, was er da sprach (Apg. 8, 28).

Es war sehnlicher Wunsch eines jeden Gesetzesjuden, möglichst alljährlich zu einem der hohen jüdischen Feste nach Jerusalem zu reisen. Daher stammt der unter Juden seit alters gebräuchliche Verabschiedungswunsch: »Auf Wiedersehen im nächsten Jahr in Jerusalem!« Tatsächlich wurde zu hohen jüdischen Festtagen selbst aus entlegenen Teilen der Welt nach Jerusalem gewallfahrtet (vgl. Apg. 2, 5–11). Besonders galt dies für das jüdische Wochenfest, das unserem Pfingsten entspricht, also fünfzig Tage nach dem Passafest.[15] Solche Wallfahrten boten zugleich günstige Gelegenheit, Neuigkeiten aus aller Welt zu erfahren und Geschäftsbeziehungen anzuknüpfen.

Behält man diese Umstände im Blick, erscheint es, weil seine Familie allem Anschein nach vermögend war, sehr wohl denkbar, dass Saulus zusammen mit seinem Vater jeweils zur Zeit des Wochenfestes nach Jerusalem angereist kam, um den Sommer über bei Gamaliel in die Schule zu gehen. Da es in Jerusalem im Winter feucht und kühl, im Sommer dagegen noch angenehm warm ist, empfahl sich ein solcher Schulbetrieb. Kamen Schüler zu Schiff angereist, wie vermutlich bei Saulus, drängte sich eine solche Schuleinteilung förmlich auf; denn die Schiffahrt auf dem Mittelmeer setzte etwa im Mai ein, und im Oktober, vor den Novemberstürmen, wurde sie jeweils wieder eingestellt.

Reiste der Vater dann, von Jerusalem kommend, über Syrien nach Tarsos heim, konnte er unterwegs seine Zelte absetzen und von Kilikien aus mit neuer Ware abermals auf Geschäftsreise gehen, diesmal vielleicht in umgekehrter Richtung. In diesem Fall nahm er wohl den Sohn wieder mit heim, der während des Sommersemesters die Religionsschule des Gamaliel besucht hatte.

Dies würde auch erklären, weshalb sich Paulus auf seinen Missionsreisen als so reisegewandt erwies. Da er vor seiner zweiten und dritten Missionsreise von Jerusalem aus über Syrien nach Kilikien zog (Gal. 1,21; Apg. 15,41), geschah dies offenbar aus alter Gewohnheit. Auf diesem Reiseweg kannte er sich bestens aus, sowohl hinsichtlich der Unterkunfts- und Verdienstmöglichkeiten als auch bezüglich der Synagogen, in denen er das Evangelium predigen konnte.

Paulus hatte eine Schwester, die vermutlich älter war als er. Auch sie hatte der Vater anscheinend mehrfach nach Jerusalem mitgenommen – vielleicht reiste nicht selten die ganze Familie dorthin. Jedenfalls finden wir diese Schwester später in Jerusalem verheiratet (Apg. 23, 16).

4. Das Schicksalsjahr des Jünglings Saulus

Da das 'Schulsemester' bei Gamaliel, wie wir darlegten, wahrscheinlich erst nach dem jüdischen Wochenfest begann, befand sich Saulus noch nicht in Jerusalem, als die Pharisäer und Schriftgelehrten des Hohen Rates Jesus den Prozess machten und bei Pontius Pilatus am Tag vor dem Passafest seine Kreuzigung erwirkten. Hätte er sich damals schon in Jerusalem aufgehalten, und wäre er dabeigewesen, hätte er selbst oder auch Lukas diesen Umstand sicherlich erwähnt. Dies ist in der Fachwelt allgemeine Auffassung.

Wir teilen jedoch nicht die allgemeine Auffassung, Saulus sei erst ein Jahr oder gar erst mehrere Jahre nach Jesu Kreuzigung nach Jerusalem gekommen; wir gehen vielmehr davon aus, dass er zwar erst *nach* dem Passafest, aber doch schon geraume Zeit *vor* dem Wochenfest dort eingetroffen war. Wie schon früher betont, muss nämlich die Steinigung des Stephanus bald nach Jesu Kreuzestod erfolgt sein. Diese Annahme ist zwingend, weil Saulus der letzte war, dem der auferstandene Herr – noch *vor* seiner Auffahrt – erschien

(1. Kor. 15, 8). Diese ereignete sich vierzig Tage nach seiner Auferstehung, die am dritten Tag nach seinem Kreuzestod erfolgte, also am Donnerstag, dem 7. Juni des Jahres 28 unserer Zeitrechnung.

Somit wurde Stephanus innerhalb dieser vierzig Tage gesteinigt. Dies geschah, wie zu zeigen sein wird, an einem Sabbattag, wahrscheinlich am 26. Mai 28. Brach Saulus einige Tage danach gen Damaskus auf, wohin es ungefähr acht Tagereisen waren, musste sein

In Caesarea gefundener Stein (heute im Israel Museum) mit der Inschrift: »Tiberieum [Po]ntius Pilatus [Praef]ectus Iuda[ea]e«

Damaskus-Erlebnis am Donnerstag, dem 7. Juni – also am Auffahrtstag Christi – erfolgt sein, da ihm der Herr ja als letztem erschienen war (1. Kor. 15, 8; Apg. 1, 3).

Christus erschien, nachdem er nach seinem Sieg über den Widersacher aus dem Totenreich wieder emporgestiegen war, seinen Aposteln – gemäss den Berichten der Evangelien – insgesamt viermal. Er vermochte seinen Geistesleib wieder zu materialisieren, so dass er sich den Seinen in Menschengestalt zeigen, zu ihnen sprechen, ja sogar mit ihnen Speise zu sich nehmen konnte.[16]

Das erstemal erschien der Herr den Aposteln – in Abwesenheit von Thomas (Joh. 20, 24) – am Sonntag, dem 29. April des Jahres 28, am späten Abend, nachdem aus Emmaus die beiden Jünger zu den Aposteln nach Jerusalem zurückgeeilt waren (Luk. 24, 33–36).

Beim zweitenmal war auch der Zweifler Thomas zugegen; das geschah acht Tage später (Joh. 20, 26), also wohl am 7. Mai.

Christus forderte die Apostel auf, nach Galiläa zu gehen; dort kam es zur dritten Begegnung (Mat. 28, 9f.; Joh. 21, 1–14). Vier Apostel waren am See Genezareth dabei; sieben scheinen in Jerusalem zurückgeblieben zu sein.

Die vierte Begegnung geschah in Jerusalem am Tag von Christi Auffahrt, also am Donnerstag, dem 7. Juni 28 (am gleichen Tag, an dem Saulus sein Damaskus-Erlebnis hatte). *Damals* – so müssen wir annehmen – sprach der auferstandene Herr jene Worte, die Lukas berichtet, aber mit der ersten Begegnung zusammenbringt (Luk. 24, 49): »Siehe, ich sende die Verheissung meines Vaters auf euch; ihr aber bleibt in der Stadt, bis ihr angetan sein werdet mit der Kraft aus der Höhe.«[17] Mit anderen Worten: Die Apostel sollten Jerusalem nicht verlassen, sondern das Pfingstgeschehen abwarten. Dies ereignete sich am Sonntag, dem 17. Juni 28. An jenem Morgen waren sie alle an einem Ort versammelt, »und plötzlich entstand vom Himmel her ein Brausen, wie wenn ein gewaltiger Wind daherfährt, und erfüllte das ganze Haus, worin sie sassen. Und es erschienen wie Zungen von Feuer, die sich zerteilten und sich auf jeden unter ihnen niederliessen. Sie wurden alle von einem heiligen Geist erfüllt und fingen an, in andern Zungen zu reden, wie der Geist ihnen auszusprechen gab.« (Apg. 2, 2–4.) Diese Erscheinung stellt die 'Ausgiessung' des heiligen Geistes dar, wie sie Lukas – der Verfasser der Apostelgeschichte – wahrnahm oder sie ihm geschildert wurde. Bei vollem Tageslicht ist eine solche Erscheinung offenbar hell wie eine Wolke, bei Nacht oder in einem dunkleren Raum gleicht sie Feuer. So hört sich dies auf jeden Fall bei 2. Mose 13, 21f. an, wo »am Tag« von einer Wolkensäule gesprochen wird und »des Nachts« von einer Feuersäule, welche die Israeliten bei ihrem Auszug aus Ägypten begleitete. Indem die Apostel je von einem heiligen Geist erfüllt wurden, vermochten sie plötzlich in fremden Sprachen zu sprechen, »wie der Geist ihnen auszusprechen eingab« (Apg. 2, 4). Von nun an waren die Apostel »angetan mit der Kraft aus der Höhe« (Luk. 24, 49).

Die Steinigung des Stephanus

Wie fügt sich nun Saulus in dieses Geschehen ein? Seine erste Handlung wird bei der Steinigung des Stephanus geschildert. Saulus hütete nämlich die Kleider der Zeugen, auf deren Aussagen hin die Verurteilung erfolgt war; denn sie hatten die ersten Steine zu werfen.

Warum haben sie ihre Gewänder zu Füssen eines »Jünglings namens Saulus« (Apg. 7, 58) niedergelegt und sie durch ihn bewachen lassen? (Apg. 22, 20.) Offenbar hatten sie noch *Sabbatgewandung* getragen, und diese durfte durch ihre Betätigung als Vollstrecker des Steinigungsurteils nicht 'unrein' werden.

Hieraus folgern wir, dass Stephanus in Jerusalem an einem Sabbat Jesus als den Christus verkündete, wahrscheinlich am 26. Mai des Jahres 28. Da aber an einem Sabbat nicht gearbeitet werden durfte – auch eine Steinigung war 'Arbeit' –, ist weiter zu folgern, dass diese erst nach Sabbatende erfolgte, somit nach 18 Uhr; denn gemäss dem jüdischen Kalender begann der neue Tag mit dem Abend, nicht um Mitternacht. Dann wäre nach jüdischer Zeitrechnung die Steinigung des Stephanus bereits am Tag *nach* dem Sabbat geschehen, als es schon dunkel war …

Der Hergang war folgender gewesen: Die Jünger Jesu hatten zur Verstärkung der Apostel sieben Männer aus ihrer Mitte ausgewählt, darunter als ersten »Stephanus, einen Mann voll Glaubens und heiligen Geistes« (Apg. 6, 5). In der Synagoge, wo jeder aus der Bibel vorlesen und das Gelesene auslegen konnte, widerlegte Stephanus die Glaubensmeinungen einflussreicher Gruppen von Juden, unter anderen auch solcher aus Kilikien, dem Heimatland des Paulus (Apg. 6, 9f.).

Wie später auch Paulus (1. Kor. 10, 4) lehrte Stephanus, dass *Christus* es war, der durch die Propheten des Alten Bundes zum Volke Israels sprach (vgl. Apg. 7, 30–38).[18] Hellenistische Juden, die den hohen Sinn des *Logos* erfassten, konnten dem zustimmen, aber nicht Gesetzesjuden. Diese widersprachen dem Stephanus heftig, die Gemüter erhitzten sich, und so war es für die Schriftgelehrten ein leichtes, das Volk gegen Stephanus aufzuhetzen und ihn vor dem Hohen Rat zu verklagen.

Zu seiner Verteidigung trug Stephanus seinen Glauben zunächst auf solche Weise vor, dass man vom Gesetz her eigentlich nichts dagegen einwenden konnte; er verteidigte sich also geschickt (Apg. 7, 2–50). Als er aber nach dem Auftreten der Zeugen erkannte, dass seine Verurteilung beschlossene Sache war, geisselte er die Pharisäer und Schriftgelehrten mit den Worten:

»Ihr, die ihr halsstarrig und an Herzen und Ohren unbeschnitten seid, ihr widerstrebt allezeit dem heiligen Geist [Jahwe/Christus] – wie eure Väter, so auch ihr. Welchen der Propheten haben eure Väter nicht verfolgt? Und sie haben die getötet, welche von dem Kommen des Gerechten vorhergekündet hatten, dessen Verräter und Mörder ihr *jetzt* geworden seid – ihr, die ihr das Gesetz auf Weisung von Engeln empfangen und es doch nicht gehalten habt!« (Apg. 7, 51–53.)

Hier ist eine Zwischenbemerkung einzuschalten. Bei unserer Darstellung weichen wir insofern von Lukas ab, als dieser in seiner Apostelgeschichte die Steinigung des Stephanus in eine nicht näher bestimmte Zeit *nach* Pfingsten verlegt. Dem steht aber die klare Aussage des Stephanus entgegen, der den Anklägern vorwarf, sie hätten den verheissenen Messias *jetzt* verraten und ermordet. Dieses Geschehen kann also unmöglich um Monate später angesetzt werden; vielmehr herrschte im damaligen Jerusalem eine durch die Kreuzigung Jesu zutiefst aufgewühlte, hasserfüllte Stimmung gegen alle, die mit Jesus verbunden waren – ein Hass, der durch das schlechte Gewissen vieler noch verschärft wurde. Nur angesichts einer solchen Stimmung wütenden Hasses wird auch begreiflich, dass der Hohe Rat nicht davor zurückschreckte, an Stephanus ein Todesurteil vollstrecken zu lassen, wozu er doch – nach eigenem Eingeständnis im Falle Jesu – gemäss römischem Gesetz nicht befugt war und was er also auch bei Stephanus nicht tun durfte.

Das zweite zwingende Argument dafür, die Steinigung des Stephanus in die Zeit bald nach Jesu Kreuzigung zu verlegen, ist die Aussage des Paulus, er sei der letzte gewesen, dem der auferstandene Herr noch erschienen sei. Dies kann aber nur innerhalb jener vierzig Tage geschehen sein, da der auferstandene Herr noch in Erdnähe weilte, also *vor* seiner Heimkehr ins Reich des Vaters.

Beide Argumente haben wir schon früher angeführt; es ist jedoch angebracht, sie zu wiederholen, weil die Berichterstattung der Apostelgeschichte hier einen anderen zeitlichen Rahmen ansetzt, wir aber Lukas im allgemeinen als zuverlässigen Berichterstatter schätzen lernten. Dass sein zeitlicher Rahmen in diesem Fall nicht stimmt, dürfte aber nicht die Schuld des Lukas sein, sondern auf spätere 'Bearbeiter' zurückgehen.[19]

Doch nun zurück zu Stephanus. Seine Anklagen brachten den Zorn der Schriftgelehrten und Pharisäer zur Weissglut. »Sie knirschten mit den Zähnen wider ihn.« (Apg. 7, 54.) Als Stephanus dann gar noch visionär ausrief: »"Ich sehe die Himmel geöffnet und den Sohn des Menschen zur Rechten Gottes stehen"[20], schrien sie mit lauter Stimme, hielten sich die Ohren zu und stürmten einmütig auf ihn los, stiessen ihn zur Stadt hinaus und steinigten ihn. Und die Zeugen legten ihre Kleider zu den Füssen eines Jünglings namens Saul nieder.« (Apg. 7, 56–58.)

Ganz unversehens und ohne sein eigenes Zutun wurde so Saulus zum Beihelfer bei dem an Stephanus begangenen Meuchelmord; denn meuchlings musste die Bluttat geschehen, weil der Hohe Rat bekanntlich nicht befugt war, eine Todesstrafe zu verhängen. Wenn also ruchbar wurde, wer die Steiniger waren, mussten diese, falls sie nicht römische Bürger waren, damit rechnen, dass die römische Gerichtsbarkeit sie mit weit brutaleren Gewaltmitteln zur Rechenschaft ziehen würde.

Natürlich mussten die Vorwürfe des Stephanus den jungen Pharisäer Saulus empören, auch wenn er sie nur durch Hörensagen erfuhr. »Saulus aber hatte Wohlgefallen an seiner Tötung.« (Apg. 8, 1; 22, 20.) Sogleich wollte er selbst mit Hand anlegen und die Christen verfolgen. Offenbar beteiligte er sich noch in derselben Nacht an solchen Verfolgungen, indem er in die Häuser anderer Jünger Jesu eindrang und Männer und Frauen gefangensetzte (Apg. 8, 1 und 3).

Da seine Familie wahrscheinlich im nördlichen Galiläa beheimatet war, ehe sie nach Tarsos auswanderte, kann es nicht verwundern, dass Saulus 'schnaubte', als er erfuhr, dass es auch in dem seiner Heimat benachbarten Damaskus Anhänger von Jesus gebe. »Er ging zum Hohenpriester und erbat sich von ihm Briefe nach Damaskus.« (Apg. 9, 1f.) Dabei handelte es sich um Steckbriefe, die zugleich Haftbefehle waren; selbstverständlich verstiessen auch sie gegen die römische Rechtsordnung. Saulus sollte die Christen, »Männer sowohl als Frauen«, gefesselt heimlich nach Jerusalem schaffen, damit sie dort ebenfalls in aller Heimlichkeit verurteilt und getötet würden.

Gerade weil die jüdische Obrigkeit die furchtbare römische Strafgerichtsbarkeit genau kannte, die bei so schweren Verstössen gegen die Rechtsordnung des Römerreiches angewandt wurde, war ihr für eine so gefährliche und heimtückische Unternehmung eine Schar Jugendlicher willkommen, die den Schriftgelehrten in kindlicher Treuherzigkeit fanatisch ergeben waren. Diese Burschen mögen sich in ihrer jugendlichen Einfalt besonders stolz gefühlt haben, vom Hohen Rat selber zu einer solchen Unternehmung ermächtigt worden zu sein (vgl. Apg. 9, 14). Parallelen dazu beobachten wir in der Geschichte aller Zeiten bis auf den heutigen Tag...

Der junge Pharisäer Saulus war besonders auf die Verfolgung griechischsprachiger Juden erpicht, also jener Gebildeten, die es wagten, das jüdische Gesetz anzuzweifeln, wie dies offenbar auch Stephanus getan hatte (vgl. Apg. 6, 14); denn diese Juden werden gemäss ihrem Verständnis des *Logos* – so wie Stephanus und später auch Paulus – gelehrt haben, dass *Christus* und nicht Gott selber es war, der durch die Propheten Alt-Israels sprach. Gegen Juden mit solcher Glaubensauffassung ging der Hohe Rat erbarmungslos vor.

Das Schlimmste war in den Augen des Hohen Rates, wenn ein Jude das jüdische Gesetz in Zweifel zog. Gegenüber den Aposteln Petrus und Johannes, die das 'Gesetz' nicht anzweifelten, übte der Hohe Rat Nachsicht (vgl. Apg. 4, 13f.), wie Rabbi Gamaliel sie angeraten hatte. Es verlohnt anzuhören, was Gamaliel, der Lehrer des Saulus, im Hohen Rat zur Entlastung von Johannes und Petrus vorbrachte und was Lukas festgehalten hat:

»Ihr israelitischen Männer, überlegt euch bei diesen Leuten [den Christen] gut, was ihr tun wollt! Denn vormals trat Theudas auf[21], der sich für etwas Besonderes ausgab und dem eine Anzahl Männer, gegen vierhundert an der Zahl, anhing; der wurde erschlagen, und alle, die ihm gefolgt waren, wurden zersprengt und zunichte gemacht. Nach diesem trat der Galiläer Judas in den Tagen der Volkszählung [wohl unter dem Legaten Quirinius im Jahr 7 vor Beginn unserer Zeitrechnung] auf und brachte eine Volksschar dazu, unter seiner Führung einen Aufruhr zu machen; auch er kam um, und alle, die ihm folgten, wurden zerstreut. Jetzt sage ich euch: Steht von diesen Leuten ab und lasset sie gewähren! Denn sollte dieses Vorhaben oder dieses Werk von Menschen stammen, so wird es zunichte werden; stammt es aber von Gott, so werdet ihr sie nicht vernichten können. Ihr könntet sonst sogar als solche erfunden werden, die wider Gott streiten.« (Apg. 5, 35–39.)

Daraufhin wurden die beiden Apostel nicht, wie sie befürchtet hatten, gesteinigt (vgl. Apg. 5, 26). Sie wurden jedoch ausgepeitscht, erlitten also offenbar die furchtbare Strafe der 39 Geisselhiebe. Mit dem Verbot, künftig nicht mehr »auf Grund des Namens Jesu zu reden«, liess der Hohe Rat die beiden Apostel frei (Apg. 5, 40).

Die Schriftgelehrten am Tempel zu Jerusalem – das wissen wir von Jeremia – haben seit etwa dem 7. vorchristlichen Jahrhundert in der Tat das 'Gesetz', nämlich die fünf Bücher Mose, durch ihren »Lügengriffel« (Jer. 8, 8) verfälscht; doch wenn Stephanus dieses Gesetz nicht mehr als Gottes Gesetz anerkannte, sondern es als Menschenwerk brandmarkte, musste dies einem jeden Pharisäer ein wahrer Greuel sein. Dies gilt im besonderen auch für Saulus, der nach der Strenge des Gesetzes der Väter unterrichtet worden und zudem ein Eiferer für Gott war (Apg. 22, 3).

Daher kann es nicht verwundern, dass die flammende Ansprache des Stephanus vor dem Hohen Rat den Jüngling Saul empörte und seine Abscheu gegenüber den Christen aufs höchste erregte. Sein Eifer um das jüdische Gesetz, um die Thora, machte aus Saulus einen Christenverfolger. In der Thora findet der gläubige Jude bis auf den heutigen Tag die Offenbarung seines Lebenssinns, die Grundlage seines Selbstverständnisses. Die Thora ist für ihn die Urkunde des Bundes zwischen Gott und seinem Volk und zugleich das Gebot, in diesem Bund zu verbleiben. Nimmt man dem Juden die Thora, entwurzelt man ihn.

Das Damaskus-Erlebnis des Saulus

»Doch es gefiel Gott« – um mit den Worten des Paulus (Gal. 1, 15f.) zu reden –, »seinen Sohn an mir zu offenbaren.« Die Apostelgeschichte des Lukas enthält darüber drei Berichte (Apg. 9, 3–9; 22, 6–11; 26, 12–18), die wir in einen zusammenziehen.

»Als ich mit Vollmacht und Erlaubnis der Hohenpriester nach Damaskus reiste« – so lesen wir bei Lukas über Paulus – »und in die Nähe von Damaskus kam, geschah es, dass mich um Mittag plötzlich vom Himmel her ein helles Licht umstrahlte und mich und meine Begleiter heller als der Glanz der Sonne umleuchtete. Da stürzten wir alle zur Erde nieder, und ich hörte eine Stimme in hebräischer Sprache zu mir sagen: "Saul, Saul, was verfolgst du mich? Es ist schwer für dich, gegen den Stachel auszuschlagen." Meine Begleiter [gemeint sind einzelne] aber sahen zwar das Licht, doch die Stimme dessen, der zu mir redete, hörten sie nicht. Da fragte ich: "Wer bist du, Herr?" Da sprach der Herr: "Ich bin Jesus von Nazareth, den du verfolgst. Doch steh auf und stelle dich auf deine Füsse! Denn dazu bin ich dir erschienen, dich zu bestimmen zum Diener und Zeugen dessen, wie du mich gesehen hast, und dessen, wie ich dir [künftig] erscheinen werde. Und ich werde dich retten vor dem Volk und vor den Heiden, unter die ich dich sende, um ihnen die Augen zu öffnen, damit sie sich von der Finsternis zum Licht und von der Gewalt des Satans zu Gott bekehren, auf dass sie durch den Glauben an mich Vergebung der Sünden und ein Erbteil unter den Geheiligten empfangen. Geh nun hinein in die Stadt, und es wird dir gesagt werden, was du tun sollst." Da ich aber von dem Glanz jenes Lichtes nicht sehen konnte, wurde ich von meinen Begleitern an der Hand geführt und kam so nach Damaskus.«

Paulus konnte drei Tage lang nicht sehen; er ass und trank nicht. In seinem Kummer über die Erblindung betete Paulus inständig, Gott möge ihm doch sein Augenlicht zurückgeben, auch wenn er gefehlt habe durch Verfolgung der Anhänger jenes, der ihm erschienen war. Paulus bereute bitterlich. Darauf widerfuhr ihm ein erlösender Traum: Ein Mann namens Ananias werde ihn aufsuchen, ihm die Hände auflegen und ihn so wieder sehend machen (Apg. 9, 11f.).

Als dies geschah, fiel es Paulus wie Schuppen von den Augen. Jetzt ward es ihm zur Gewissheit, dass es wirklich der Messias gewesen war, den er verfolgt hatte, und dass nicht etwa ein böser Geist ihn mit Blindheit geschlagen hatte. Als sich in Paulus die geistige Verblendung auflöste, gewann er damit zugleich sein Augenlicht wieder ...

Wie dankbar war Paulus dafür, und wie aufrichtig seine Reue! Denn er hielt sein Versprechen, indem er Jesus als den Christus in seinem Herzen pries und sich taufen liess. Damals erlebte er in sich, wie er an Titus (3, 5) schrieb, »eine Erneuerung kraft heiligen Geistes« und erkannte so Jesus als *den* Sohn Gottes (Apg. 9, 20), als den verheissenen Gesalbten Gottes, den Messias und Christus. Aus dem jungen Pharisäer Saul war jetzt der Christ Paulus geworden.

Doch damit liess er es nicht bewenden, sondern Paulus leistete Wiedergutmachung. Er, bisher ein Pharisäer 'nach dem Gesetz', gab seine Verfehlung öffentlich zu und verkündete in den Synagogen von Damaskus den von den Pharisäern und Schriftgelehrten gekreuzigten Jesus als den Sohn Gottes und Messias.

Welcher Bekennermut gehörte dazu! Was für betroffene Gesichter werden seine einstigen jüdischen Glaubensbrüder in Damaskus gemacht haben! Und was für eine Aufregung mag, als die Kunde davon nach Jerusalem gelangt war, unter den Pharisäern und Schriftgelehrten entstanden sein! Anstatt seine nach Damaskus mitgebrachten Steckbriefe und Vollmachten vorzuweisen, gemäss denen alle, die den Namen Jesu anriefen, gefesselt und dem Hohenpriester vorgeführt werden sollten, predigte Paulus jetzt selber im Namen Jesu und verkündete ihn als den Messias! Fassungslos mögen sich seine Auftraggeber gefragt haben: »Ist das wirklich der Saul, der so eifrig in Jerusalem mitgeholfen hat, die Anhänger Jesu zu verfolgen? Kann solches möglich sein?«

Es verstrichen einige Tage, bis sich die Juden in Damaskus wieder gefasst hatten. Dann aber wurde rasch beschlossen, Paulus auf der Stelle umzubringen, koste es, was es wolle. Der Statthalter des Nabatäerkönigs Aretas IV. (9 v.Chr. bis 39/40 n.Chr.) wurde dazu bewogen, dass dem Paulus an allen Toren von Damaskus aufgelauert wurde, um ihn zu töten. Offenbar hatten die Juden ein grosses

Kopfgeld auf seine Ergreifung ausgesetzt. Doch Paulus wurde vor dem gegen ihn geplanten Anschlag gewarnt. Daher liess er sich des Nachts von Jüngern Jesu durch eine Öffnung in der Stadtmauer in einem Korb hinabseilen (Apg. 9, 23–25; 2. Kor. 11, 32f.) und flüchtete in die Wüste.[22] Dies geschah in der Zeit zwischen dem dritten Tag nach Christi Auffahrt und dem Pfingstgeschehen, also zwischen dem 10. und 17. Juni des Jahres 28.

5. Paulus reift in der Wüste zum Manne

Wo sich Paulus in den Weiten der syrisch-arabischen Wüste verbarg, wissen wir nicht. Am ehesten kommt dafür das Randgebiet nahe dem nabatäischen Ort Bostra in Frage. Für seine Verfolger war

Wüste mit Wadi (westlich En Tamar, Araba)

Paulus wie vom Erdboden verschwunden, und das war ja der unmittelbare Zweck seiner Flucht aus Damaskus. In der Wüste ging es zunächst einfach ums blosse Überleben.

Der ungefähr dreijährige Aufenthalt des Paulus in der Einsamkeit hatte indessen einen grossen, geistigen Hauptzweck, welcher der Aussenwelt verborgen blieb.

Das umwälzende Ereignis vor Damaskus war doch die *Berufung* des Paulus durch Christus selbst! Diese Berufung war dazu bestimmt, Weltgeschichte zu machen, und Paulus hat diese Bestimmung auch erfüllt.

Um seiner Berufung gerecht werden zu können, musste Paulus in eine hohe Schule genommen werden. *Das* war der den Menschen verborgene, wahre Zweck seines dreijährigen Aufenthalts in der Einöde, hatte doch Jesus selber sich wiederholt in die Stille abgelegener Gebiete begeben, um sich mit seinem Vater zu verbinden. Die stille Abgeschiedenheit der Wüste bot Paulus Gelegenheit, sich in das Geistige zu versenken und innere Einkehr zu halten. Diese wiederum ermöglichte es den von Christus selber entsandten und angeleiteten Boten Gottes, Paulus in die Wahrheiten des Heils- und Erlösungsplanes einzuweihen – versteht es sich doch von selbst, dass dem Paulus nach seinem Damaskus-Erlebnis viele Fragen auf der Seele brannten. Sein Wissensdurst sollte gestillt werden; aber *himmlische* Wahrheiten werden dem Menschen nicht einfach in den Schoss gelegt. Paulus musste sich zuerst und vielleicht lange Zeit hindurch in Geduld üben. Er musste beweisen, dass er selbst unter grössten Entbehrungen, die sein Wüstenaufenthalt zwangsläufig mit sich brachte, in seinem neu gewonnenen Glauben an Christus nicht schwankend wurde.

Wohl bot ihm sein erlernter Beruf als Zeltmacher einen Broterwerb; dieser dürfte aber sehr karg bemessen gewesen sein, weil er ja aus Sicherheitsgründen gezwungen war, die Menschen zu meiden. Er mag sich bei Einsiedlern, die selber kaum etwas besassen, durch Tausch das zum Leben Nötigste eingehandelt haben; sobald aber Fremde auftauchten, musste er das Weite suchen. Was er damals durchmachte, fand später seinen Widerhall im zweiten Brief an die Korinther (11, 26f.); denn in der Wüste erlebte er mehr als je sonst »Mühsal und Beschwerden, oftmals in durchwachten Nächten, in Hunger und Durst, häufig in Fasten, in Kälte und Blösse«. Hier, in der Nähe der Nabatäer, hauste er »in Gefahren durch Räuber«, die ihm das Wenige entrissen, das ihm zum nackten Leben blieb.

Wir sagten, viele Fragen hätten dem Paulus auf der Seele gebrannt. Origenes spricht ausdrücklich vom Wissensdurst, von dem Paulus erfüllt gewesen sei, und begründet das (princ. IV 3, 14) so: »Er wollte nämlich die Tiefen der göttlichen Weisheit aufspüren "vermittels des Geistes [im Menschen], der alles – selbst die Tiefen Gottes – durchforscht".« (So Paulus in 1. Kor. 2, 10.) Unter der »göttlichen Weisheit« ist – verschlüsselt – Christus zu verstehen; Origenes sagt also, Paulus habe sich bemüht, Christi Wesen zu enträtseln; aber er fährt dann fort: »Gleichwohl vermochte Paulus zu diesem seinem Ziel, nämlich zur innersten Erkenntnis Christi, nicht vorzudringen. Deshalb rief er in staunender Verzweiflung aus [Röm. 11, 33]: "O welch eine Tiefe des Reichtums und der Weisheit und der Erkenntnis Gottes!"«[23]

Als Paulus diesen Stossseufzer niederschrieb, lagen zwei aussergewöhnliche, seine Seele zutiefst aufwühlende *geistige* Erlebnisse schon hinter ihm. Er berichtet davon mit folgenden Worten:

»Ich will auf Erscheinungen und Offenbarungen des Herrn zu sprechen kommen. Ich weiss von einem Menschen in Christus, dass vor vierzehn Jahren – ob im Leibe, weiss ich nicht, ob ausser dem Leibe, weiss ich nicht; Gott weiss es – der Betreffende bis in den *dritten Himmel* entrückt wurde. Und ich weiss von dem betreffenden Menschen – ob im Leibe, ob ohne den Leib, weiss ich nicht; Gott weiss es –, dass er in das *Paradies* entrückt wurde und unaussprechliche Worte hörte, die ein Mensch nicht sagen darf.« (2. Kor. 12, 1–4.)

Offensichtlich handelt es sich hier um zwei zeitlich verschiedene Erlebnisse ungleichen Ranges. Die Entrückung in den dritten Himmel erscheint als eine höhere übersinnliche Erfahrung als die Entrückung in das Paradies; zu dieser macht Paulus keine zeitliche Angabe. Das Paradies erscheint als eine geistige Sphäre noch in Erdnähe. Darauf deuten Jesu Worte am Kreuz zum bussfertigen Schächer: »Noch heute wirst du mit mir im Paradiese sein!« (Luk. 23, 43.) Christus hat dieses Paradies nach vierzig Tagen verlassen, um ins himmlische Reich heimzukehren. Auf Grund dieser Erwägungen dürfte die Entrückung des Paulus in das Paradies die frühere seiner beiden übersinnlichen Erfahrungen gewesen sein. Möglicherweise war sie der krönende Abschluss seiner geistigen Schulung während des dreijährigen Aufenthalts in der syrisch-arabischen Wüste, der im Jahr 31 endete.

Die Entrückung des Paulus in den dritten Himmel geschah nach seinen auf uns gekommenen Worten vierzehn Jahre vor der Abfassung seines zweiten Korintherbriefes, den er ums Jahr 54 schrieb, somit noch *vor* dem Aposteltreffen des Jahres 44 in Jerusalem, nämlich um das Jahr 40 – also während der zweiten Hälfte seiner ersten Missionsreise.

Wir kommen auf diesen so ganz besonders aufschlussreichen Bericht des Paulus gleich anschliessend zurück. Für den Augenblick halten wir nur fest: Trotz seines erschütternden Erlebens im geistigen Reiche Christi war es dem *Menschen* Paulus eben nicht möglich, die »unaussprechlichen Worte« nachzusprechen, die er dort vernahm. Anders ausgedrückt: Es war dem *Menschen* Paulus nicht vergönnt, das Wesen Christi zu ergründen; er vermochte nur in staunender Bewunderung zu verharren. Sie durchdrang und prägte seine Seele aufs stärkste für immer. Aus dieser Bewunderung für Christus erwuchs dem Paulus als alleiniges Heilsziel *das Sein in Christus*. Dieses Sein in Christus lehrte er als Voraussetzung der Gotteskindschaft.

Für Albert Schweitzer blieb dies »das grosse Rätsel der Lehre Pauli«, wie er in seinem Werk *Die Mystik des Apostels Paulus* schrieb.[24] »Das Nächstliegende und Natürlichste, von uns aus gesehen, wäre gewesen, dass Paulus die von Jesus verkündete und im Urchristentum geltende Gotteskindschaft ins Mystische ausgedacht und zum Sein in Gott vertieft hätte. Er lässt sie aber so stehen, wie er sie überkommen hat, und bildet daneben die Mystik des Seins in Christo aus, als bedürfe die Gotteskindschaft einer Begründung durch das Sein in Christo. Paulus ist der einzige christliche Denker, der nur Christus-Mystik kennt.«[25]

In der Tat lehrte Paulus ein Sein *in Christus* und *durch ihn* in Gott. »In *ihm* leben, weben und sind wir; wir sind seines Geschlechts!« kündete Paulus (Apg. 17, 28). »Denn *in ihm* [Christus] beschloss *er* [Gott], die ganze Fülle wohnen zu lassen und *durch ihn* alles mit sich zu versöhnen.« (Kol. 1, 19f.) Dieses »alles« umfasst wirklich die Gesamtheit der von Gott abgefallenen Geschöpfe, also auch den Urheber des Abfalls von einst – den Satan, Christi Widersacher. Diesen bezeichnet Paulus auch als den geistig-leibhaften »Tod«. Dank Christi Erlösungstat wird als letzter auch Luzifer, »der verlorene Sohn«, das Herz übervoll von Reue, ins Haus des Vaters zurückkehren.

Mit solcher Lehre hebt sich Paulus grundstürzend von der sogenannten Gottesmystik ab.[26] Wie kam Paulus dazu?

Prüft man seine auf uns gekommenen Briefe sorgfältig, stellt man folgendes fest: Zwischen dem ihn beseelenden hohen *Geist*, der sich an vielen Stellen seiner Briefe bekundet, und dem *Menschen* Paulus, wie er uns an anderen Stellen begegnet, besteht eine grosse Kluft. Auch seine jahrzehntelange Geistesschulung durch die Gotteswelt vermochte diese Kluft nicht zu schliessen. Wohl wandelte sich durch sie der Mensch Paulus vom Pharisäer zum Christen; aber er schaffte es nicht, »aus seiner Haut zu schlüpfen«, das heisst: Die stark jüdisch geprägten Züge seines Wesens vermochte er nicht zu überwinden. Sein Geist war willig, aber sein 'Fleisch' verdunkelte stellenweise seine geistige Sicht. Resigniert sprach er deswegen die schmerzlichen, aber treffenden Worte: »Unser Erkennen ist Stückwerk, und unser Reden aus Eingebung bleibt Stückwerk.« (1. Kor. 13, 9.)

Für diesen Zwiespalt in der Seele des Paulus führen wir nur zwei Beispiele an.

Der *Geist* Paulus durchschaute mit grösster Klarheit, wie doppelbödig das jüdische Gesetz seiner Zeit geworden war; aber der *Mensch* Paulus vermochte sich eben doch nicht ganz aus den Verspannungen des 'Gesetzes' zu lösen. So blieb in ihm, ohne dass er dies bemerkte, die Zurücksetzung der Frau noch wirksam.

Zum andern: Der Geist Paulus wusste und lehrte: »Es wird gesät ein natürlicher Leib; es wird auferweckt ein geistiger Leib.« (1. Kor. 15, 44.) Für den *Geist* Paulus war Christus der Inbegriff ewigen Lebens, war dessen Widersacher Luzifer der Inbegriff des 'Todes' als Trennung von Gott. Dem *Menschen* Paulus hingegen haftete noch immer die Vorstellung einer Auferstehung der Toten in Fleisch und Bein an. Auf jeden Fall betrachtete er den seinen Jüngern erschienenen Christus, der durch Materialisation seines Geistleibes für Menschen sicht- und anfassbar geworden war, fälschlich als das leibliche Urbild eines von den Toten Auferstandenen.

Der Grund für die Vermengung und Verwischung des geistig

Wahrnehmbaren mit dem irdisch-menschlich Wahrnehmbaren bei Paulus war das in seinem Erleben greifbar wirklich gewordene Jenseits (vgl. 2. Kor. 5, 8), so dass er nach seinem eigenen, oben angeführten Zeugnis nicht mehr wusste, ob er sich bei seinen geistigen Erlebnissen innerhalb oder ausserhalb seines Erdenkörpers befunden hatte. Dass dabei sein Geist aus dem irdischen Leib zeitweilig 'ausgetreten' war, wurde ihm nicht klar.

Paulus lebte über weite Strecken hin in zwei Welten gleichzeitig – so wie in Wahrheit wir alle –; aber im Gegensatz zu ihm sind wir uns dessen in aller Regel nicht bewusst. Paulus hatte eben bei seiner Entrückung in das Paradies die geistige, feinstoffliche Welt überwältigend deutlich wahrgenommen. Um so schmerzlicher empfand er als Mensch, welche Mühe es bereitet, Geistiges ins Erdendasein 'herüberzubringen' und in Worten zu schildern.

Indem wir dies bedenken, ahnen wir die tiefe innere Spannung, in der Paulus lebte. Wir fühlen mit ihm die Mühen, die er sogar bei Gesinnungsgenossen ständig aufwenden musste, um sich ihnen verständlich zu machen – eben weil die geistige Schau seiner Zuhörer noch verdunkelt war. Das ist der Grund dafür, dass Paulus zu Lebzeiten dauernd missverstanden wurde; seine Briefe bezeugen dieses Missverstehen auf herzbewegende Weise. Aus demselben Grund wird Paulus bis auf den heutigen Tag erschreckend missverstanden: Einerseits bringt man ihm in theologischen Kreisen besondere Wertschätzung entgegen und wird der Eindruck erweckt, als verstehe man ihn bis ins letzte; andrerseits bestreiten aber dieselben Kreise die Existenz von Engeln und Geistwesen. Demzufolge wird deren Einwirkung auf den Menschen, von der Paulus so eindringlich Zeugnis gibt, einfach abgestritten, und deshalb wird dann behauptet, dass Paulus bei seinen angeblichen geistigen Erlebnissen das Opfer von Sinnestäuschungen war.[27] Wie aber kann man – in den wichtigsten Glaubensfragen! – einem Manne vertrauen, der von Halluzinationen heimgesucht wurde?

Die geistige Herkunft des Paulus

Wer das Bestehen einer geistigen jenseitigen Welt *nicht* anzweifelt und daher auch dem Paulus bei seinen übersinnlichen Erlebnissen *keine* Sinnestäuschung unterstellt, stösst bei ihm gleichwohl auf mancherlei Fragen, die Antwort fordern.

Kehren wir zum Entrückungserlebnis des Paulus zurück. Eine sich dort erhebende Frage lautet: Warum wurde Paulus ausgerechnet in den »*dritten* Himmel« entrückt?

Die Beantwortung dieser Frage setzt eine heute fast gänzlich verlorengegangene Kenntnis der himmlischen Ordnung voraus. Sie wird bereits in meinem Buch *Salomo – die Königsquelle* ausführlich beschrieben, kann aber hier nur in grossen Zügen umrissen werden.

Auszugehen ist dabei vom siebenarmigen Leuchter der Israeliten, der die himmlische Ordnung widerspiegelt. Er ist nämlich das Symbol des *Lebensbaumes Jahwe/Christus* (Spr. 3, 18); denn Gottes eingeborener Sohn hat als König der Himmelswelt im Auftrag des Vaters die himmlische Ordnung und durch sie die ganze Schöpfung ins Dasein gerufen. Paulus deutet im Römerbrief (11, 17–23) verschlüsselt, wie von weit her, auf diesen Lebensbaum Jahwe/Christus hin: Die Engel, die am Abfall teilhatten, verloren ihre Eigenschaft als Zweige am Lebensbaum Christi; aber durch Gottes Güte und Gnade sollen sie, wenn sie zu Gehorsam und Glauben zurückfinden, wieder in den Lebensbaum »eingepfropft« (Röm. 11, 17) werden – dank der Erlösungstat Christi.

Am siebenarmigen Leuchter symbolisiert der Mittelstamm eben *Christus*. Vom Stamm gehen nach beiden Seiten hin je drei Äste aus. Sie versinnbildlichen die *sechs Erzengel*, die drei Paare oder Duale bilden. Von diesen drei Erzengelpaaren stammen alle geistigen Wesen ab – also auch wir. Ihren geistigen Leib verdanken alle Geschöpfe Christus; den in ihre Seele eingebetteten Geistfunken, der ihnen ewiges Leben verbürgt, gab ihnen Gott selber.

Am siebenarmigen Leuchter symbolisieren die beiden äusseren Äste oder Arme das *erste* Erzengelpaar: zur Rechten den 'Lichtträger', der durch seinen Abfall zum Widersacher wurde, zur Linken sein weibliches Dualwesen, Raphael. Die nächsten beiden Äste oder Arme, zur Mitte hin, versinnbildlichen das *zweite* Erzengelpaar: rechts Gabriel, links sein weibliches Dualwesen, das mit Luzifer zusammen aus dem Himmel verstossen wurde. Das Ästepaar zuinnerst, dem 'Stamm' am nächsten, versinnbildlicht das *dritte* Erzengelpaar: rechts Michael, links sein ebenfalls mit Luzifer zusammen in die Hölle gestürztes weibliches Dualwesen.

Die drei Erzengelpaare standen einst, vor dem Abfall, den drei 'Häusern' vor, aus denen sich die himmlische Ordnung zusammensetzt. Der von Paulus erlebte »dritte Himmel« meint also das *dritte Haus* der göttlichen Ordnung, dem der Erzengel *Michael* vorsteht; ebendiesem dritten Haus gehörte also auch Paulus an.[28]

Auf dem siebenarmigen Leuchter zeigen Blütenknospen an den sechs Ästen oder Armen die unmittelbaren Nachkommen der drei Erzengelpaare an. An den beiden äusseren Ästen finden sich jeweils *sechs* solche Knospen, an den beiden mittleren jeweils *vier*, an den beiden Ästen zuinnerst jeweils *zwei*. Zusammen sind dies *zwölf* Nachkommenpaare; es sind die himmlischen Fürsten ersten Grades.

Sie hatten ihre irdische Entsprechung in den *zwölf Stämmen* des auserwählten Volkes Israel. Zum Ersten Haus gehörten die Stämme Ruben, Simeon, Levi, Juda, Issachar und Sebulon. Zum Zweiten Haus gehörten die Stämme Dan, Naphthali, Gad und Asser. Zum Dritten Haus gehörten die Stämme Joseph und *Benjamin*.[29] Zum letztgenannten Stamm gehörte *Paulus* – und ein Jahrtausend früher *Saul*.

Paulus war also in den »dritten Himmel« entrückt worden, weil er als Angehöriger des Stammes Benjamin einst dem Dritten Haus der himmlischen Ordnung angehörte, bis er durch seine Teilnahme am Abfall Luzifers aus ihr verstossen wurde. In der Entrückung durfte er seine einstige geistige Heimat im Reich des Vaters wieder schauen. Ihm wurde im Lichte der ihm so zuteil gewordenen Offenbarung klar: Er, Paulus, gehörte dem Lebensbaum Christus an, von dem ja alle drei Häuser als 'Äste' ausgehen. Er begriff nun die ganze tiefe Bedeutung gerade des Mittelstamms am siebenarmigen Leuchter. Diese Erkenntnis sprach er in den schon angeführten Worten aus: »In ihm [Christus und durch diesen in Gott] leben und weben und sind wir; wir sind seines Geschlechts.«

Das Symbol des siebenarmigen Leuchters zeigt zugleich, dass das Dritte Haus, versinnbildlicht durch die beiden Arme zuinnerst, Christus am nächsten steht. Also besteht auch eine besonders innige Bindung des Stammes Benjamin zu Christus, an der Paulus teilhat. So gesehen, leuchtet ein, dass gerade für den Benjaminiten Paulus das

Sein in Christus eine alles andere überragende Bedeutung besass. Uns dünkt: Hier schimmert seine innige himmlische Bindung zu Christus *ihrer geistigen Natur gemäss* durch.

Wir gehen noch einen Schritt weiter. Bedenken wir, mit welchem todesverachtenden Mut sich Paulus nach der ihm zuteil gewordenen Erscheinung Christi bei Damaskus zum Verkünder von Jesus als des Sohnes Gottes und des Messias machte, erscheint es denkbar, dass der Geist des Paulus in Wahrheit der Geist des jüngsten unmittelbaren Sprosses des jüngsten der drei Häuser der himmlischen Ordnung war. Mit anderen Worten: Paulus könnte der Mensch gewordene jüngste Sohn des Erzengels Michael gewesen sein. Darauf gedenken wir zurückzukommen.

Worum es uns ging, war folgendes: Die geistigen Erlebnisse des Paulus waren keine Sinnestäuschung, sondern Wahrheit. Diese Wahrheit bildete den Eckstein im Leben des Paulus. Nur wer *davon* ausgeht, vermag zu einem wirklichen Verständnis des Menschen Paulus und des Inhalts seiner Verkündigung vorzudringen.

Die geistigen Erlebnisse des Paulus bedeuteten nicht nur Wendepunkt und Wegleitung in seinem eigenen Leben – an ihnen scheiden sich auch die Geister bis auf den heutigen Tag! Man kann nicht einen Grossteil der christlichen Predigt gerade auf Paulus als den zeitlich ältesten Zeugen des Christentums gründen – denn seine Briefe sind älter als die Evangelien – und zugleich seine geistigen Erlebnisse, die seine Verkündigung erst ermöglichten, als Sinnestäuschungen abtun. Erneut sei in diesem Zusammenhang an die Worte erinnert, die Paulus den Galatern so entschieden und eindringlich schrieb (1, 11f.): »Ich tue euch nämlich kund, ihr Brüder, dass das von mir verkündigte Evangelium nicht von menschlicher Art ist; denn ich habe es auch nicht von einem Menschen empfangen noch gelernt, sondern als Offenbarung durch Jesus Christus!«

Paulus hat sich, wenn man es so ausdrücken darf, als *Mensch* in gewissen Dingen geirrt; aber *geistig* war er ein völlig gesunder Mensch und keinen Sinnestäuschungen unterworfen. Nur vermochte er eben nicht *sämtliche* Irrtümer zu durchschauen, in deren Gestrüpp er aufgewachsen war. Das ist menschlich und verzeihlich.

Die grosse Wandlung vom eingefleischten Pharisäer zum tief gläubigen Christen vollzog sich bei Paulus gleichzeitig mit seiner Reifung vom Jüngling zum Mann. Er erlebte sie in den drei Jahren seiner Wüsteneinsamkeit. Mit etwa einundzwanzig Jahren trat Paulus sein Apostelamt an, nachdem er aus der Einöde zunächst noch einmal nach Damaskus zurückgekehrt war (Gal. 1, 17). Erst danach zog er nach Jerusalem hinauf zu Petrus. Hierauf machte er sich mit wahrem Feuereifer daran, den ihm von Christus erteilten Auftrag zu erfüllen.

Als *Berufener* hatte Paulus die Wüste aufgesucht, um sich unterweisen zu lassen; er verliess sie – das Wort in seinem höheren Sinn verstanden – als *Prophet*; denn was den elf Aposteln an Pfingsten des Jahres 28 widerfahren war, war nun auch ihm zuteil geworden: Auch ihm ward ein Geist Gottes beigegeben (vgl. 1. Kor. 7, 40).

Der Apostel

1. Des Paulus erste Begegnung mit den Aposteln in Jerusalem

Dieses vierte Kapitel entwirft ein Bild des Lebens und Wirkens des Paulus als Apostel Jesu Christi. Wir schliessen dabei an die drei Jahre an, die Paulus in der syrisch-arabischen Wüste verbrachte (Gal. 1, 17f.). Es war die so bedeutungsvolle Zeit seines Umlernens und der Einübung im Glauben. Paulus betont ausdrücklich, er sei damals »nicht mit Fleisch und Blut zu Rate« gegangen (Gal. 1, 16), also nicht von Menschen unterwiesen worden; vielmehr hielt er in diesen drei Jahren in der Stille der Wüste innere Einkehr – er ging also mit seiner Seele zu Rate. So sehr entfloh er dabei im Geiste den irdischen Gefilden, dass er später nicht mehr zu sagen imstande war, *wie* er diesen Zustand der Versenkung erlebte, »ob im Leibe, ob ausser dem Leibe« (2. Kor. 12, 3).

Danach suchte er, wie schon berichtet, zuerst wieder Damaskus auf (Gal. 1, 17).[1] Dies geschah gemäss unserer Chronologie im Jahre 31, und zwar, wie noch zu zeigen sein wird, etwa drei Wochen vor dem jüdischen Wochen- oder Erntefest, unserem Pfingsten. Jetzt war Paulus nicht mehr der junge Heisssporn wie vor drei Jahren, sondern erwachsen und ein gereifter Mann, der mit Umsicht zu Werke ging. Auch sein Äusseres dürfte sich verändert haben; nicht nur war er jetzt wahrscheinlich von Gestalt grösser als damals, sondern seine Erscheinung, sein Antlitz waren von den Spuren der Entbehrungen des Wüstenaufenthalts gezeichnet.

Paulus war also nicht mehr ohne weiteres wiederzuerkennen. Daher konnte er sich in Damaskus unbemerkt nach dem Stand der Dinge erkundigen. Dem Anschlagbrett an der Synagoge oder auf Erkundigung hin konnte er entnehmen, ob und in welchem Umfang die Tempelbehörden von Jerusalem noch nach ihm fahndeten. Auch konnte er bei der Synagoge erfahren, welches Datum man hatte und zu welchem Zeitpunkt die Feste im Tempel in diesem Jahr stattfanden.

Als nächstes wird Paulus an seine Eltern geschrieben und den Brief der römischen Post übergeben haben. Vermutlich teilte er ihnen mit, es gehe ihm gut; er gedenke, bald in Tarsos zu sein und ihnen alles zu erzählen, was seit dem Wochenfest vor drei Jahren vorgefallen war. Zweifellos wussten seine Eltern, dass ihr Saul den Tempelbehörden in Jerusalem als Verräter galt, den sie in ihre Gewalt zu bringen und zu töten versuchten. Wahrscheinlich aber wussten die Eltern nicht, wo er sich aufhielt und wie es ihm erging. Deshalb waren sie in grosser Sorge um ihn, und dies konnte Paulus nicht gleichgültig sein.

Zum Abschluss der drei Jahre, nachdem es Gott »gefallen hatte«, ihm »seinen Sohn zu offenbaren«, zog Paulus von Damaskus aus hinauf nach Jerusalem, um *Petrus* kennenzulernen (Gal. 1, 15f. und 18). Er nennt ihn mit dessen aramäischem Namen *Kephas*; beide Namen bedeuten 'Fels'. Allen Anzeichen nach zu schliessen, geschah diese Reise zur Zeit des bevorstehenden Wochenfestes, zu dem sich alljährlich die grösste Anzahl Juden aus aller Welt in Jerusalem einzufinden pflegte. Für Paulus war dies der günstigste Zeitpunkt, um unerkannt nach Jerusalem gelangen und sich dort eine Zeitlang aufhalten zu können.

Dankbar folgen wir in diesem Kapitel auf weite Strecken hin dem Bericht unseres Gewährsmannes, des Arztes Lukas aus Antiochia.[2] Dabei wird sich herausstellen, welch wertvoller, zuverlässiger und zugleich vornehm bescheidener Berichterstatter Lukas war. Wie arm wären wir ohne seine Aufzeichnungen über Paulus, die in der Apostelgeschichte enthalten sind! Dank Lukas wissen wir über Paulus mehr als über irgendeine sonstige führende Gestalt aus den Anfängen des Christentums.

Ums Jahr 49 stiess Lukas in der Troas, dem Gebiet des sagenhaften antiken Troja, zu Paulus und begleitete ihn auf dessen zweiter Missionsreise bis Philippi in Mazedonien. Rund zehn Jahre später, zur Zeit der dritten Missionsreise, kam Lukas in Philippi erneut zu Paulus (vgl. Apg. 20, 6); er begleitete ihn bis zu dessen letztem Aufenthalt in Jerusalem (Apg., Kap. 21), wo Paulus von den Römern verhaftet, nach Caesarea übergeführt und dort zwei Jahre lang eingekerkert wurde. Offenbar betreute Lukas den Apostel während der Haft. Als Paulus dann nach Rom verbracht wurde, begleitete ihn Lukas auch dorthin (Apg. 27, 1).

Also wich Lukas während der letzten irdischen Lebensjahre des Paulus nicht mehr von seiner Seite – also berichtet der Arzt aus Antiochia hierüber als Augenzeuge! Während dieser Zeit erfuhr er gewiss aus dem Munde des Paulus selbst, was dieser Gottesstreiter alles hatte durchmachen müssen. Allem Anschein nach zeichnete Lukas diese Aussagen jeweils gleich und möglichst wörtlich auf. Später fasste er seine umfangreichen Aufzeichnungen zu einem Ereignisbericht zusammen, den er kapitelweise seinem Freund Theophilos zukommen liess (vgl. Luk. 1, 3; Apg. 1, 1). Der war offensichtlich ein begüterter Christ, von dem Lukas erwarten durfte, dass er dafür sorgte, sein literarisches Werk vervielfältigen und verbreiten zu lassen. Diese Erwartung erfüllte sich auch; denn nach dem Evangelium des Lukas ging auch die Apostelgeschichte, sein zweites Werk, in die Geschichtsschreibung ein.

Doch nun wieder zurück nach Jerusalem.

Obwohl die Apostel in Jerusalem vollzählig versammelt waren, gelang es Paulus zunächst nicht, sie kennenzulernen, nur Petrus ausgenommen; denn keiner *traute* ihm, ja viele Jünger Jesu fürchteten sich immer noch vor ihm (Apg. 9, 26). Für sie war er noch immer jener Saul, der während der Schreckenstage vor drei Jahren die Gemeinde aufs schwerste heimgesucht hatte, indem er in die Häuser der Christen eindrang, Männer und Frauen fortschleppte und sie der Tempelbehörde auslieferte (Apg. 8, 3). Solches hatten die Jünger am eigenen Leibe erfahren; der damals ausgestandene Schrecken steckte ihnen noch immer in den Gliedern. Obwohl sie vom Sinneswandel des Saulus vernommen hatten und obwohl dieser dem Petrus seinen Wandel zum Paulus selber beteuerte, blieben sie misstrauisch.

Da erschien offenbar namens und im Auftrag des Herrn ein Engel[3] einem Jünger, der von den Aposteln Barnabas genannt wurde. Der Name bedeutet 'Sohn prophetischen Zuspruchs', weist also darauf hin, dass Barnabas geistbegabt und für Offenbarungen empfänglich war. Barnabas stammte aus Zypern, war also griechischsprachig. Der Gottesbote bestätigte dem Barnabas, Paulus sei tatsächlich mit allem Nachdruck in Damaskus im Namen Jesu Christi aufgetreten. Daraufhin nahm Barnabas den Paulus bei sich auf, führte ihn zu Petrus und zum Herrenbruder Jakobus und berichtete ihnen, was ihm offenbart worden war (Apg. 9, 27).

Paulus blieb nun fünfzehn Tage bei Petrus in Jerusalem. Er traf dort jedoch, wie er nachdrücklich betont (Gal. 1, 18f.), ausser diesem und dem Herrenbruder Jakobus keinen der Apostel. Alle anderen Apostel und Jünger misstrauten dem Paulus ganz offensichtlich weiterhin, trotz der Aussage des Barnabas. Ja eine Gruppe griechischsprachiger Juden unternahm sogar einen Anschlag gegen Paulus, um ihn aus Rache zu töten (Apg. 9, 29), obwohl das Gesetz Gottes solches ausdrücklich verbot (vgl. 3. Mose 19, 18).

Als Paulus einmal ins Gebet vertieft war, vernahm er die Stimme seines Herrn, die ihn aufforderte, Jerusalem schleunigst zu verlassen; denn man werde hier sein Zeugnis, dass er ihm erschienen war, nicht annehmen – daher solle er das an ihn ergangene Wort eben den Nichtjuden verkündigen (vgl. Apg. 22, 17f. und 21). Petrus und der Herrenbruder Jakobus billigten die Absicht des Paulus, Jerusalem zu verlassen, und »die Brüder« begleiteten ihn bis nach Caesarea hinab ans Mittelmeer. Dort bestieg Paulus ein Schiff, das ihn nach Tarsos

Überreste des antiken Hafens von Caesarea

heimbrachte – zur Erleichterung der christlichen Gemeinden in ganz Judäa, Galiläa und Samarien (Apg. 9, 29–31). Vierzehn Jahre sollten verstreichen, ehe Paulus erneut nach Jerusalem hinaufzog; auch dann tat er dies nur, weil ihm eine entsprechende Offenbarung zuteil geworden war (Gal. 2, 1f.).

Obwohl Paulus sich fünfzehn Tage bei dem wohl nur wenig älteren Petrus aufhielt und obwohl beide unbezweifelbar die beherztesten Streiter Jesu waren, kam es allem Anschein nach zwischen den beiden zu keinem tieferen Meinungsaustausch. Paulus sprach ja Griechisch und Hebräisch, wahrscheinlich aber nur wenig Aramäisch; Petrus als Fischer aus Galiläa beherrschte höchstwahrscheinlich nur seine aramäische Muttersprache – ebenso wohl Jakobus. Einen Dolmetscher vermochten sie nicht aufzutreiben, da sich alle übrigen Apostel und Jünger vor Paulus fürchteten. Einen Dolmetscher ausserhalb der Gemeinde beizuziehen kam nicht in Frage; die Gefahr, dass er Paulus an die Tempelbehörden verraten würde, war zu gross.

Die Muttersprache der Jünger Jesu, die Zeugen seines Wirkens waren, war wohl fast durchwegs das Aramäische; sie beherrschten vom Lateinischen und Griechischen höchstens ein paar Brocken – Johannes ausgenommen, der wohl schon in seiner Jugend des Griechischen mächtig war. Gerade die Jünger der ersten Stunde vermochten aber allem Anschein nach ihre leicht ablehnende Zurückhaltung gegenüber Paulus nie ganz zu überwinden. Hieraus wird verständlich, dass Paulus so wenig über das Leben Jesu geschrieben hat; denn auf Zeugnisse aus dritter Hand wollte er sich begreiflicherweise nicht einlassen. Von den vier Evangelien war allen Anzeichen nach zu Lebzeiten des Paulus noch keines in Umlauf; jedenfalls nimmt er in keinem seiner Briefe auf ein Evangelium Bezug. Daher sind die Briefe des Paulus die frühesten Zeugnisse des Christentums überhaupt.

Ohne Weisung 'von oben', also eines Gottesboten, liessen sich die Apostel mit Paulus auf nichts ein. Sie trafen ihn erst nach vierzehn Jahren in Jerusalem wieder. Die Bestrafung, die Paulus für seinen 'Verrat am Tempel' vor siebzehn Jahren drohte, war nach jüdischem Recht zu diesem Zeitpunkt bereits verjährt.

Die Zurückhaltung der Apostel dem Paulus gegenüber legte sich erst, als dessen Werbung für den christlichen Glauben unüberschaubare Folgen zeitigte. Sein Erfolg bewies, dass er unmöglich ein Spitzel des Tempels sein konnte. Gleichwohl: Gesprächig gegenüber Paulus scheinen sie nie gewesen zu sein; gesprächig waren sie wohl überhaupt nicht besonders... Dabei hätte Paulus von ihnen so gerne mehr über das Leben Jesu erfahren. Er hatte nämlich im ganzen einen schweren Stand, gerade weil die übrigen Apostel ihren inneren Abstand ihm gegenüber nie ganz abzulegen vermochten. Paulus hatte es um so schwerer, als man ihn, wenn man wollte, nicht als Augenzeugen des auferstandenen Herrn gelten lassen musste. Man konnte also die Verkündigung des Evangeliums durch Paulus leicht anfechten und gegen sie die Verkündigung der anderen Apostel ausspielen. Das geschah auch – von seiten solcher, deren Denkweise ans 'Fleischliche' gebunden war und blieb. Aus diesem Grund musste sich Paulus selbst in seinen eigenen Reihen oft verteidigen und gegen vorhandene Zwietracht ankämpfen (1. Kor. 1, 10–30; 2. Kor., Kap. 11 und 12; Gal. 2, 6–10; Eph. 4, 1–16; Phil. 2, 1–4).

Seinem gebildeten, ja gelehrten späteren Mitarbeiter Lukas war es vergönnt, den Verkündigungen Jesu in deren sachlichem Zusammenhang forschend nachzugehen und sie mit ausserordentlichem Erfolg aufzuzeichnen. Ihm gelang es, die Ergebnisse seines eifrigen Nachforschens in einem Buch darzustellen – in dem nach ihm benannten Lukas-Evangelium. Die Ausbreitung der Lehre Jesu zur Zeit des Paulus in dem weiten Raum zwischen Jerusalem und Rom schilderte er dann – darauf wiesen wir schon früher hin – in seiner Apostelgeschichte.

2. Des Paulus eigener Weg der Verkündigung

Bei der Verkündigung von Jesus als dem Gottessohn Christus ging Paulus wegen der Haltung der Jünger ihm gegenüber notgedrungen seinen eigenen Weg. Er lehrte nicht das, was Zeitgenossen als Augenzeugen ihm hätten beibringen können, sondern das, was ihm im Auftrag Christi von Gottesboten unmittelbar geoffenbart wurde; doch war trotzdem die Gemeinsamkeit mit den Aposteln und Jüngern Jesu im *Glauben* von allem Anfang an vollständig. Nur in neu auftretenden Zweifelsfragen kam es zwischen ihnen und Paulus zu Meinungsverschiedenheiten. Darum konnte Paulus sprechen: »Wir sind in *einem* Geist alle zu *einem* Leib getauft worden, ob Juden, ob Griechen, ob Sklaven, ob Freie, und alle sind wir mit *einem* Geist getränkt worden.« (1. Kor. 12, 13).[4]

In der Tat hatten sie alle Jesus als den Messias und Christus erlebt und erkannt. Von *seinem* hohen, heiligen Geist waren sie ergriffen, fühlten sie sich getragen und vereint. All ihre berechtigte Hoffnung sahen sie durch ihn, Christus, Wirklichkeit werden. Sie wussten und empfanden: *Er* war der Lebendige – nämlich die Wahrheit und das Leben. Sein Widersacher hingegen, der Satan und Vater der Lüge, war – das wussten sie – *der*, der den geistigen Tod in die Welt gebracht hatte.

Allein, seit seinem Sieg über den Widersacher am 29. April des Jahres 28 – es ist dies das bedeutsamste Datum nicht nur der Weltgeschichte, sondern auch der Geschichte des Alls – hält Christus den Schlüssel zum Reich des Todes, zur Unterwelt, in Händen (Off. 1, 18). Durch Christi Erlösungstat wurde »der Tod verschlungen im Sieg«. Seither darf ein jeder, der die Sünde überwindet, triumphierend fragen: »Tod, wo ist dein Sieg? Tod, wo ist dein Stachel?« (1. Kor. 15, 54f.) Alle Jünger Jesu waren sich daher der Auferstehung und des ewigen Lebens im Reiche Gottes gewiss. Damit löste sich alle Trübsal dieser Welt auf wie Nebel in der Sonne.

Mit Recht äusserte in diesem Zusammenhang Adolf Harnack, der führende christliche Dogmengeschichtsschreiber: »Die Verkündigung von Jesus als dem Christus wurzelte ganz im Alten Testament, nahm aber ihren Ausgangspunkt bei der durch Leiden und Tod erfolgten Erhöhung Jesu und sprach sich sehr bald auch in griechisch-religiösen Bildern und Gedanken aus. Der Nachweis, dass das ganze Alte Testament auf ihn [Christus] abziele und dass seine Person, seine Taten und sein Geschick die wirkliche und pünktliche Erfüllung der alttestamentlichen Weissagungen sei, war das vornehmste Interesse der Gläubigen, sofern sie überhaupt rückwärts blickten.«[5]

Die Erkenntnis, dass Jesu »Person, Taten und Geschick die wirkliche und pünktliche Erfüllung der alttestamentlichen Weissagungen« der Propheten waren, bildete in der Tat die *Voraussetzung*, um wirklich an Jesus als den Messias glauben zu können. »Das *vornehmste* Interesse der Gläubigen« musste dann unweigerlich der Frage nach dem Wesen der Erlösung gelten. Die Antwort auf diese Frage lautete: Die Erlösung bestand in Christi Sieg über den 'Tod', über Luzifer. Seither besteht für alle einst Abgefallenen die Möglichkeit der Rückkehr in die Welt des ewigen, himmlischen Lebens, aus der sie wegen ihres Ungehorsams verstossen worden waren (vgl. 2. Kor. 5, 1).

Hätte man sich um das Zeugnis Christi, der die Propheten des Alten Bundes entsandt und sie das künftige Heil hatte verkünden lassen, auch nur *ein wenig* mehr gekümmert und hätte man seine Sinne der alttestamentlichen Heilsbotschaft gegenüber nicht abgestumpft, wäre es nie zur Verkündung der unsinnigen Lehre von einer Auferstehung in Fleisch und Bein am angeblichen Jüngsten Tag gekommen. Das Wissen um das Letzte Gericht am Jüngsten Tag ist der Christenheit schon früh verlorengegangen. Dieses Gericht fand statt, als Christus nach seinem Kreuzestod mit den Heerscharen des Himmels in die Hölle eindrang und Luzifer samt dessen Anhang besiegte. Das war in Wahrheit der Jüngste Tag. Inzwischen verschob man diesen 'Jüngsten Tag' und damit auch die Verwirklichung der Erlösung in eine ewig ferne Zukunft. Hätte man die christliche Heilsbotschaft des Alten Testaments begriffen, wäre es auch nie zum vernunftwidrigen Dreifaltigkeitsdogma gekommen, das einen Gott in drei (!) Personen lehrt. Durch dieses Dogma beraubte man Christus in den Herzen der Gläubigen seiner Eigenpersönlichkeit und tilgte damit zugleich Christi Heilswirken aus dem Alten Testament. Statt dessen machte man Christus scheinheilig zu Gott selbst und verdunkelte so das Glaubensverständnis der Christenheit bis zur Unkenntlichkeit.

Paulus hingegen – und von den übrigen Aposteln vielleicht nur noch Johannes – wusste genau zu unterscheiden zwischen fleischlichem und geistigem Leib. Auch war ihm bekannt, dass sich Christus bereits zur Zeit des Alten Bundes bekundete. Wir werden dies im nächsten Kapitel im einzelnen belegen. Jesu Jünger hatten in Christus jedoch das *Wort Gottes* erkannt – und zugleich den Mittler zwischen Gott und den Menschen. Von dieser Einsicht her verschmolzen für sie Gott und Christus in deren *gemeinsamem* Willen und Wirken. Dieses Einssein verleitete die Jünger Jesu aber nie dazu, die Persönlichkeit Gottes mit der Persönlichkeit Christi zu verschmelzen; beide Persönlichkeiten blieben für sie streng geschieden.

Christus zu Gott zu machen wurde erst möglich, als das judenchristliche Verständnis der Apostel von einem *einzigen, alleinigen* Gott verlorengegangen war. Sie waren noch strenge Monotheisten, das heisst, sie glaubten in Tat und Wahrheit an einen *einzigen* Gott

(Röm. 3, 30; Gal. 3, 20). Die Verselbigung von Gott und Christus bildete sich erst heraus, als die Christenheit im 4. Jahrhundert von Heiden überflutet wurde, die blosse Namenchristen wurden und blieben. Sie wurden von ihren Kirchen zu Christen getauft mit der Taufformel eines dreieinigen Gottes, die sie unbesehen hinnahmen. Niemand fragte sie danach, was sie darunter verstanden und welches ihr *wirklicher* Glaube war (der sich durch ihren Lebenswandel verriet).

Für die Christen der Zeit nach Konstantin (Regierungszeit 306 bis 337) bestand wie bei den Gesetzesjuden das Wesen ihres Glaubens bloss noch in Kulthandlungen. Diese sollten sie auf mystische Weise zu dem machen, als was sie sich ausgaben, ohne Rücksicht auf ihre wahre Gesinnung und Handlungsweise. Gegen diese Hereinnahme des Heidentums samt seiner ganzen inneren Verlogenheit in das Christentum kämpfte Paulus wie kein zweiter Apostel an – hatte er doch am eigenen Leib erfahren, welche Irreführung jeder erlebt, der durch strengste Kultübung 'gerechtfertigt' werden will. Erst durch sein Christus-Erlebnis vor Damaskus fiel es ihm wie Schuppen von den Augen. Danach, in den drei Jahren seiner Wüsteneinsamkeit, läuterte und weitete sich sein Blick, so dass er sagen konnte: »Ich bin durch das Gesetz [Christus] dem Gesetz [der Juden] gestorben.« (Gal. 2, 19.)

Paulus atmete jetzt, in seiner Wirksamkeit, die für ihn neue Luft des freieren hellenistischen Judentums und die Luft der geistigen Höhen Griechenlands. Die anderen Apostel hingegen verharrten noch lange in der Nähe des Tempels mit der stickigen Luft dieser alten Welt, in der jede Regung nach Freiheit im Keime erstickt zu werden pflegte (vgl. Apg. 12, 1–3). Die Absage an das jüdische Gesetz und sein geistig geweiteter Blick verschafften dem Paulus jetzt Zugang zu Griechen, die den Geist und Glauben eines Pythagoras und Platon teilten. Sie – wie auch die Juden hohen Glaubens – zählte er achtungsvoll zu den Berufenen (1. Kor. 1, 24). An ihnen erfüllte sich für Paulus das von ihm angeführte – leicht abgewandelte (Röm. 15, 21) – Jesaja-Wort (52, 15): »Denen über ihn [Christus] keine [unmittelbare] Kunde zuteil ward, die sollen sehen, und die nicht gehört haben, sollen verstehen.«

Und doch: Obwohl Paulus mehr als irgendein sonstiger Apostel dahin wirkte, ein vom jüdischen Gesetz befreites Evangelium Jesu zu predigen, blieb er selbst im tiefsten Herzensgrund ein Israelit und hing er seinem Volk in aufopfernder Liebe an. Trotz ihrer stark abweichenden Auffassung vom jüdischen Gesetz verlor Paulus nie den gemeinsamen Rückhalt an den anderen Aposteln und ganz allgemein an den Gesetzesjuden; aber die Geschichte seines Volkes liess Paulus hinter sich: Er sah sie aufgehen in der weltumspannenden Heilsverheissung der Propheten: im Wirken Jesu Christi.

Das geistige Rüstzeug, mit dem Paulus in die griechische Welt trat, war die *Septuaginta*, die griechische Übersetzung des Alten Testaments. Sie war in der griechischsprachigen Welt das überall anerkannte und im Gottesdienst benutzte Buch. Zum Gedenken an diese Übersetzung feierte man auf der Pharos-Insel vor Alexandria sogar alljährlich ein Volksfest.

Zur Bibellesung und zum Gebet hinzu kam nun die Schriftauslegung – alles in griechischer Sprache, versteht sich. Dadurch verschmolzen die Heilsvorstellungen der Bibel mit denen der religiösen Griechen, und so bildete sich allmählich eine gemeinsame religiöse Anschauung heraus. Deren Grundzüge waren die folgenden:

□ Es gibt eine geistige Welt *und* eine materielle Welt, die sich durch ihre Grobstofflichkeit von der geistigen Welt unterscheidet. Gott ist Geist. Gott ist dem Menschenverstand unfassbar. Seine Hand würde von der Materie nicht ertragen werden können; seine schöpferische Hand ist vielmehr der *Logos*, 'Gottes Wort' und Ebenbild, Abglanz des Lichtes Gottes. Der Logos ist also Schöpfungsmittler zwischen Gott und den Menschen. Er ist nicht – wie Gott selbst – unerschaffen; aber er ist auch nicht Geschöpf wie wir Menschen. Die Bibel spricht von ihm als dem Erstgeborenen, als Erzengel, als 'Weisheit', als Hoherpriester, als Fürsprecher, der für die Geschöpfe bittend bei Gott eintritt. Die *Logoi* als Mehrzahl sind die Engel des biblischen Himmels. Die *Dämonen* sind böse Geister, also Wesen, die aus Ungehorsam und Trägheit, ihren selbstentwickelten bösen Trieben folgend, einst von Gott abgefallen waren; sie sind in der Bibel die aus Bosheit Verstockten.[6]

□ Der Weg zurück zu Gott führt über die Ablegung der leidenschaftlichen Gemütsbewegungen durch eine stoische Haltung sowie durch

Überwindung der bösen Triebe, welche die Seele an das Vergängliche ketten und den Leib des Menschen in einen Kerker verwandeln. Paulus umschreibt diesen Vorgang der Wiederannäherung an Gott mit Worten voll dichterischer Schönheit: »Die Nacht ist vorgerückt, der Tag dämmert. Darum lasset uns ablegen die Werke der Finsternis und uns rüsten mit den Waffen des Lichtes!« (Röm. 13, 12.)

□ Gott hat seinen Geschöpfen den Keim des Guten in die Seele gepflanzt. Seine höchste Gnadengabe ist die Wiedererlangung der Seligkeit (vgl. 2. Kor. 5, 19) – also die Befreiung von allem Sterblichen. *Wer* diese Gnadengabe spendete und *wie* ihr Spender sie ermöglichte, erfahren wir von Paulus in seinem Brief an die Epheser (4, 8 und 10). Er knüpft dabei an das Psalmwort an: »Du hast Gefangene weggeführt« (Ps. 68, 19) und ergänzt es, indem er sagt (Eph. 4, 8f.): *Christus* war es, der in die Hölle (»in die Gebiete unter der Erde«) niederfuhr und Gefangene von dort wegführte – nämlich jene Gefangenen des Widersachers, die seinem Totenreich entfliehen wollten.

□ Nur Frevler wähnen in ihrem Herzen, mit dem Sterben wäre für den Menschen alles aus, und darum gelte es, die Freuden des kurzen Erdendaseins schrankenlos auszukosten. Sie täuschen sich: Gott hat den Geschöpfen eine unsterbliche Seele verliehen. Gemäss seinem Gesetz, das sein Sohn der Menschheit übermittelte, lässt Gott allen alles vergelten – ihr Gutes wie ihr Böses![7] Dass die Sünde eines Volkes alles Unheil in der Geschichte ebendieses Volkes heraufbeschwört, wird in den Psalmen 78 und 106 eindringlich dargetan.

Dies waren die Grundzüge der Glaubensanschauung der von griechischem Geist berührten Juden. *Der Geist der Weisheit Salomos hatte also in der griechischen Synagoge überlebt.*[8]

3. Anfänge der Missionstätigkeit des Paulus von Tarsos aus

Nach der Rückkehr aus Jerusalem nahm Paulus in Caesarea ein Schiff nach Tarsos. Nach dreijähriger Abwesenheit, also im Jahr 31 n.Chr., kehrte er erstmals wieder in sein Elternhaus zurück. Wie lange er von Tarsos aus wirkte, lässt sich nicht sicher ermitteln –

anscheinend ungefähr zehn Jahre hindurch. Daraus lässt sich schliessen, dass sich Paulus mit seinen Eltern gut verstand und dass sie seinen neuen Glauben zumindest respektierten.

Von Tarsos aus bereiste Paulus Kilikien und Syrien und verkündete dort den Glauben, den er einst verfolgt hatte und ausrotten wollte. So nachdrücklich warb er jetzt für den neuen Glauben, dass selbst die Christen in Judäa aufhorchten, denen Paulus »dem Angesicht nach« noch immer unbekannt war. Nun wurden auch sie vom Glaubenswandel überzeugt, der in ihrem einstigen Verfolger vorgegangen war, und sie dankten Gott für dessen innere Umkehr. (Gal. 1, 21–24.)

Ums Jahr 41[9], also ungefähr zehn Jahre nach dem ersten Besuch des Paulus in Jerusalem nach seinem Glaubenswandel, entsandten die Apostel von dort aus den Barnabas als ihren Sachwalter nach Antiochia am Orontes, also in die Hauptstadt der römischen Provinz Syria.

Mit seiner halben Million Einwohner war Antiochia nach Rom und Alexandria die drittgrösste Weltstadt des Römerreiches. Im Unterschied zu Antiochia im kleinasiatischen Galatien, das eine reine Binnenstadt war, verband der Fluss Orontes das syrische Antiochia mit dem Mittelmeer. Infolgedessen hatte es sich zu einer bedeutenden Handelsstadt entwickelt, die zahlreiche Prachtbauten aufwies.

Auch eine sehr bedeutende Judenschaft war im syrischen Antiochia ansässig; es heisst, jeder zehnte Bewohner sei Jude gewesen. Auf jeden Fall besass die Stadt mehrere Synagogen. Ferner lebten in ihr zahlreiche Griechen, deren Glaube, wie erwähnt, in vielen Punkten mit dem der Juden übereinstimmte.

Barnabas sollte feststellen, was in Antiochia vor sich ging; denn der Christengemeinde in Jerusalem war zu Ohren gekommen, Judenchristen aus Zypern und aus der Cyrenaika seien nach Antiochia gereist und verkündeten den neuen Glauben auch den dortigen Griechen. Bislang war nämlich das Evangelium ausschliesslich Juden gepredigt worden. (Apg. 11, 19f.)

Wir erfahren dies also von unserem Gewährsmann Lukas, der selber aus Antiochia stammte. Wie uns durch Flavius Josephus überliefert wird[10] und wir aus dem Glauben damaliger Griechen schon weiter vorn folgerten, müssen hochgeistige Griechen dem Glauben der Bibel sehr nahe gestanden haben. Daher kann es nicht verwun-

Antiochia, alter Weg von Damaskus her

Antiochia heute, Blick von der Zitadelle mit Orontes im Hintergrund

dern, wenn der Funke des neuen Glaubens gerade auf solche Griechen übersprang.

Die daraus folgende rasche Ausbreitung des christlichen Glaubens erfreute einerseits die Jerusalem-Christen, liess sie andrerseits aber ernstlich sorgen, diese Bewegung könnte eine griechische Unterwanderung des neuen Glaubens einleiten (vgl. Apg. 11, 23).

Der aus Zypern stammende Barnabas hatte sich ganz dem Christentum verschrieben. Den Acker, den er dort besass, hatte er veräussert und den Erlös daraus den Aposteln zu Füssen gelegt (Apg. 4, 36f.). Seine Muttersprache war das Griechische. Ein – allerdings nur in verderbter Fassung überliefertes – Schreiben von Barnabas[11] erweist, dass er nicht ungebildet war. Allein, den weitgespannten Gedankengängen geschulter Griechen vermochte er in entscheidenden Punkten allem Anschein nach nicht zu folgen.

Barnabas war jedoch, wie Lukas schreibt, »ein trefflicher Mann und voll heiligen Geistes und Glaubens« (Apg. 11, 24). Daher liess er sich nicht beirren noch sich dazu verleiten, ihm unverständliche Gedankengänge abzulehnen und zu verurteilen; vielmehr entsann er sich des jungen Saul aus Tarsos, der als Jude eine unübertreffliche Glaubensschulung genossen hatte und der jetzt Jesus als den Herrn lobpries. Sein erfolgreiches Eintreten für den neuen Glauben in Syrien und Kilikien hatten die Christen zu Jerusalem wärmstens begrüsst. Daher beschloss Barnabas, Paulus unverzüglich in Tarsos aufzusuchen.

Tatsächlich gelang es ihm, Paulus dazu zu bewegen, gemeinsam mit ihm nach Antiochia zu reisen und ihm bei der Aufgabe behilflich zu sein, die Vorgänge in den christlichen Gemeinden richtig einzuschätzen und zu ordnen. Paulus benötigte ein ganzes Jahr, um das »viele Volk« so zu einen, dass es zu einem Volk von Christen wurde. (Apg. 11, 25f.)

Wohl zur Feier dieses Ereignisses kamen »in diesen Tagen« aus Jerusalem 'weissagende' Männer nach Antiochia, das heisst Gemeindemitglieder, welche die Gabe besassen, aus Eingebung heraus zur versammelten Gemeinde zu sprechen.[12] Sie wurden mit grosser Freude empfangen.[13] Unter den Gläubigen herrschte völlige Eintracht. Als nun einer jener geistbegabten Männer aus Jerusalem mit Namen Agabus »kraft des Geistes« kundtat, eine schwere Hungersnot werde über den Jerusalemer Erdkreis kommen, beschloss ein jeder, den in Judäa ansässigen Brüdern, die von Haus aus arm waren, Unterstützung zukommen zu lassen, damit sie das dann teuer werdende Brot kaufen könnten. Tatsächlich erhielten im Jahr 44, als die Hungersnot heraufzog, die Ältesten zu Jerusalem aus der Hand von Barnabas und Paulus eingesammelte Liebesgaben. (Apg. 11, 27–30 in Verbindung mit Gal. 2, 1.) Die Jahre 46–48 waren offenbar in Palästina die schlimmsten Zeiten der Hungersnot.[14]

4. Die erste Missionsreise des Paulus

Schliesslich wurde den beiden, Paulus und Barnabas, offenbart, sie sollten nun nicht länger in Syrien verweilen, sondern die neue Verkündigung des Wortes Gottes in die Welt hinaustragen; denn dazu

Küste von Seleukia

seien sie berufen. Hierauf begaben sie sich, zusammen mit einem Gehilfen namens Johannes Markus, der aus Jerusalem zu den beiden gestossen war, nach Seleukia, dem Hafen von Antiochia, und schifften sich nach Zypern ein. Sie gingen im dortigen Salamis an Land, woher Barnabas wahrscheinlich stammte.

Erste Station: Zypern

In Salamis gab es Synagogen, und hier kündeten Barnabas und Paulus vom *Logos*, also von Christus als dem »Wort Gottes« (Apg. 13, 5). Danach wanderten sie der Südküste entlang nach Westen, bis sie, wohl über Kourion an der westlichen Spitze der Südküste Zyperns, die Stadt Paphos erreichten.

Auf dem Weg dahin dürften sie den 'Felsen der Rhomäer' begegnet sein – zwei eigenartigen Felsen, einem kleinen runden und einem

Südküste Zyperns mit Kap Greco südlich von Salamis

Hausinschrift eines frühen Griechen-Christen auf Zypern (Kourion): »Statt mit seiner alten Rüstung von Mauern, Eisen, Bronze und Stahl hat sich dieses Haus nun mit den verehrten Symbolen Christi bewehrt«

'Felsen der Rhomäer'

grossen, schrundigen, die aus dem Mittelmeer ragen. Sie werden noch heute als die Stätte gezeigt, wo nach dem griechischen Dichter und religiösen Denker Hesiod[15] (um 700 v.Chr.) die vaterlose Göttin *Aphrodite* den Wellen des Meeres entstiegen ist. Die Aphrodite der Hellenen (die Venus der Römer, die Aschera der Hebräer) war nach dem Glaubensverständnis der Griechen einst eine 'Olympierin', also ein höchster Himmelsgeist. Sie war das weibliche Dualwesen des 'Herolds der Herolde'[16] und, der Unterwelt entflohen, als Mensch einverleibt worden.[17] Die 'Felsen der Rhomäer' halten daher, bisher unerkannt, die Erinnerung wach an ein tief bewegendes Geschehen: an die tragische Geschichte des Abfalls von einst.

'Geburt der Aphrodite', wie sie sich ein griechischer Künster vorstellte; Nationalmuseum Rom

Paphos war damals Sitz des römischen Statthalters Sergius Paulus. Leider lässt sich dessen Amtszeit nicht mehr genau bestimmen. In seinem Gefolge begegneten unsere drei Missionsreisenden einem Juden mit den Namen Barjesus und Elymas (Apg. 13, 6 und 8). Im Volk galt er als Zauberer (Magier); Lukas nennt ihn einen falschen Propheten. Die beiden Namen, die dieser sich zugelegt hatte, zogen die Menschen in ihren Bann, weil ihr Träger damit behauptete, er sei ein Prophet; durch ihn spreche nämlich nicht nur Jesus ('Barjesus' bedeutet 'Sohn von Jesus'[18]), sondern sogar Gott höchst persönlich (der – teilweise noch undurchsichtige – Name 'Elymas' enthält in seinem Vorderglied das hebräische Wort *El*, 'Gott').[19]

Auch den römischen Statthalter Sergius scheint dieser falsche Prophet in seinen Bann zu ziehen versucht zu haben. Allein, als Sergius nun erfuhr, zwei Apostel Jesu seien in Paphos eingetroffen, benutzte er die Gelegenheit, von *ihnen* zu erfahren, ob wirklich Jesus und Gott durch diesen Barjesus sprächen. Paulus und Barnabas erklärten dies sofort als Lüge. Barjesus/Elymas hielt jedoch seinen Anspruch aufrecht und bemühte sich, die Zweifel des Sergius zu zerstreuen.

Von einem heiligen Geist erfüllt, stellte Paulus den elenden Lügner und Scharlatan zur Rede und schleuderte ihm die Frage ins Gesicht: »O du von aller List und Schurkerei erfüllter Sohn des Teufels, du Feind aller Gerechtigkeit! Willst du nicht davon ablassen, die geraden Wege des Herrn zu durchkreuzen?« (Apg. 13, 10.)

Aber selbst durch diese Anprangerung seiner lügenhaften Ränke wurde Barjesus nicht zum Schweigen gebracht. Da verwünschte ihn Paulus mit den Worten: »Siehe, die Hand des Herrn kommt über dich! Du wirst erblinden und die Sonne nicht sehen bis zu einer gewissen Zeit!« Im gleichen Augenblick ging die Verwünschung des Paulus in Erfüllung. Dunkelheit und Finsternis kamen über Barjesus, so dass er umhertappen musste und Leute suchte, die ihn führen könnten. (Apg. 13, 11.)

Unwillkürlich erinnert dieser Vorgang daran, dass einst ja auch Paulus nicht davon ablassen wollte, »die geraden Wege des Herrn zu durchkreuzen«, worauf auch er mit Blindheit geschlagen wurde und von anderen an der Hand geführt werden musste. Dabei hatte doch Paulus die Wege des Herrn nicht »von aller List und Schurkerei erfüllt« durchkreuzt, sondern aus religiösem Eifer und falscher Erziehung. Paulus mochte daher bei sich gedacht haben: Wenn er selbst deswegen mit Blindheit geschlagen worden war, dann aber zur Einsicht kam und sein Augenlicht zurückerhielt, warum sollte er dann diesem Barjesus gegenüber nicht berechtigt sein, ihn zu verwünschen? Auf keinen Fall verwünschte Paulus den Magier aus Bosheit heraus – im Gegenteil! Denn seine Verwünschungen hatte er ja *zeitlich begrenzt*; dies erweist, dass Paulus den Barjesus, obwohl er ihn für einen »Sohn des Teufels« erklärt hatte, für besserungsfähig hielt.

Er wünschte ihm daher auch nichts Schlimmeres an als das, was er selber hatte durchleiden müssen. Für Paulus gab es also *keine Verdammung* – und schon gar keine ewige! Dies gilt es sich zu merken.

Dass die Verwünschung des Paulus – wir sollten besser sagen: seine 'weise Anwünschung' – sich sofort erfüllte, verfehlte auf die Umstehenden natürlich ihre Wirkung nicht – auch nicht auf den Statthalter Sergius. Ihm war jetzt klargeworden: *Der*, dessen Wort Paulus verkündete, war mächtiger als der, welcher angeblich durch diesen Barjesus/Elymas sprach. Auf Grund dieses Erlebnisses und von der Lehre des Herrn tief beeindruckt, wurde Sergius gläubig (Apg. 13, 12).

Trotz dieses Erfolges setzten Paulus und Barnabas ihre Predigertätigkeit auf Zypern nicht lange fort. Offenbar befürchtete Paulus, sie könnten, sobald sich der von ihnen bewirkte Wunderglaube verflüchtigt hatte, der Hexerei angeklagt werden. Anscheinend besuchte Paulus danach Zypern nie mehr.

Von Paphos aus segelten Paulus und seine beiden Gefährten Barnabas und Johannes Markus nach der kleinasiatischen Hafenstadt Attalia an der Küste von Pamphylien (vgl. Apg. 14, 25). Von dort zogen sie in das 18 Kilometer nordöstlich landeinwärts gelegene Per-

Attalia mit seiner westlichen Küste

ge in Pamphylien, beim heutigen türkischen Ort Yurtpinar. In Perge trennte sich Johannes Markus von Paulus und Barnabas und kehrte nach Jerusalem zurück. (Apg. 13, 13.) Anscheinend war er mit den Freiheiten nicht einverstanden, die sich Paulus dem jüdischen Gesetz gegenüber immer deutlicher herausnahm.

Perge war berühmt für seinen Artemis-Kult. Die Stadt besass eine zwanzig Meter breite Arkadenstrasse, die von einem zweitürmigen Stadttor zur Akropolis oder Hochburg führte. In dieser Stadt bot sich für Paulus und Barnabas jedoch offenbar keine Gelegenheit, das Evangelium zu verkünden; daher zogen sie nordwärts ins Landesinnere weiter und gelangten so nach Antiochia in Galatien.

Arkadenstrasse in Perge

Zweite Station: Antiochia in Galatien

Antiochia, eine grössere Stadt in Galatien, befand sich im nördlichen Pisidien in ungefähr tausend Meter Höhe in militärisch und verkehrsmässig wichtiger Lage. Griechische Ansiedler hatten sie als griechische *Polis* oder 'freie Stadt' gegründet; Kaiser Augustus machte sie 25 v.Chr. zur römischen Kolonie. Archäologisch berühmt wurde Antiochia durch den Fund von Teilen einer Inschrift des Augustus, die seinen Tatenbericht enthält. Der Kaiser hatte drei Fassungen anfertigen lassen; die in Antiochia gefundene heisst 'Monumentum Antiochenum'. Am bekanntesten ist die Inschrift bei Ankara, 'Monumentum Ancyranum' genannt; die dritte Fassung liess der Kaiser in Apollonia hinterlegen, also ebenfalls in Galatien.

Am Sabbattag nach der Ankunft in Antiochia (Galatien) suchten Paulus und Barnabas die Synagoge auf und setzten sich zu den Gläubigen. Nach der Lesung »aus dem Gesetz und den Propheten« liessen die Vorsteher der Synagoge den beiden sagen: »Ihr Brüder, habt ihr ein Wort des Zuspruchs an das Volk, so redet!« (Apg. 13, 15.)

Da stand Paulus auf, winkte mit der Hand und sprach: »Ihr israelitischen Männer und ihr, die ihr Gott fürchtet, höret! Jahwe, der Führer[20] dieses Volkes, erwählte unsere Väter und brachte das Volk während des Aufenthalts im Lande Ägypten empor, und mit erhobenem Arm [das heisst, unter seinem Schutz] führte er sie daraus hinweg. Etwa 40 Jahre lang trug er sie [die Israeliten] dann in der Wüste, und er vertilgte sieben Völker im Lande Kanaan und gab [ihnen] deren Land zum Erbteil. Danach gab er [ihnen] etwa 450 Jahre lang[21] Richter bis zu Samuel, dem Propheten. Und von da an begehrten sie einen König, und Jahwe gab ihnen den Saul, Sohn des Kis, einen Mann aus dem Stamme Benjamin, 40 Jahre lang.[22] Nachdem er ihn verstossen hatte, setzte er ihnen den David zum König ein, für den er auch Zeugnis gab, und sprach: "Ich habe David, den Sohn des Isai, als einen Mann nach meinem Herzen erfunden, der all meinen Willen tun wird." Aus seiner [Davids] Nachkommenschaft hat Jahwe für Israel gemäss der Verheissung *Jesus* als Heiland hervorgehen lassen, nachdem Johannes vor dessen Auftreten dem ganzen Volk Israel gepredigt hatte, man solle sich taufen lassen auf Grund der Busse. Als aber Johannes der Vollendung seines [Erden]laufes nahe war, sprach er: "Wofür ihr mich halten möchtet, das bin ich nicht, sondern siehe, es kommt einer nach mir, dem ich nicht würdig bin, die Schuhe von den Füssen loszubinden."« (Apg. 13, 16–25.)

Paulus fuhr fort: »Ihr Brüder, Söhne des Geschlechtes Abrahams, und die [Griechen] unter euch, die Gott fürchten, zu uns ist das Wort von diesem Heil gesandt. Denn die, welche in Jerusalem wohnen, und ihre Oberen haben diesen nicht erkannt und so die Stimmen der

Propheten, die an jedem Sabbat vorgelesen werden, durch ihr Urteil erfüllt. Obgleich sie keinen Grund zu einem Todesurteil fanden, begehrten sie von Pilatus, dass er hingerichtet werde. Nachdem sie nun alles vollendet hatten, was über ihn geschrieben steht, nahmen sie ihn vom Holz herab und legten ihn in eine Gruft. Gott aber hat ihn von den Toten auferweckt. Und er erschien mehrere Tage hindurch denen, die mit ihm aus Galiläa nach Jerusalem hinaufgezogen waren, die jetzt dem Volk gegenüber seine Zeugen sind. Und wir verkünden euch das Evangelium von der an die Väter ergangenen Verheissung, dass Gott diese für uns, ihre Kinder, erfüllt hat, indem er Jesus [Christus] auftreten liess, von dem im ersten Psalm geschrieben steht:

"Mein Sohn bist du,
heute habe ich dich gezeugt."«

Hier drängt sich eine Zwischenbemerkung auf. Das Gotteswort, das Paulus hier als dem ersten Psalm entstammend anführt, ist nach heutiger Zählung Psalm 2, 7; damals bildeten die jetzigen Psalmen 1 und 2 einen einzigen Psalm. Worauf es uns ankommt, ist das Wort »heute«. Aus seiner Urewigkeit heraus zeugte Gott als Schaffung aus sich selbst seinen Sohn *Christus*, den »Gesalbten« (Ps. 2, 2). Zu ihm sprach Gott: »Mein Sohn bist du, heute habe ich dich gezeugt.« Dieses »heute« müssen wir von dem unendlichen Zeitbegriff *Gottes* her zu verstehen suchen[23], hatte doch schon Petrus in seinem zweiten Brief (3, 8) von Christus gesagt: »Tausend Jahre sind bei dem Herrn wie *ein* Tag.« Für Gott selbst aber ist offenbar die Zeit seit der Zeugung seines eingeborenen Sohnes wie *ein Tag*! Welch unerhörte Sicht eröffnet uns Paulus wie beiläufig, indem er das Gotteswort von Psalm 2, 7 in seine Rede einflicht![24]

Dann fuhr Paulus fort: »Dass *er* [Gott] *ihn* [Christus] aber [am Ende seines Menschenlebens] vom Tode auferweckt hat, so dass er nicht der Verwesung anheimfiel, hat er so gekündet: "Ich will euch die zuverlässigen heiligen Aussprüche Davids zukommen lassen!"«

Hier wandelte Paulus einen Spruch des Propheten Jesaja (55, 3f.) frei ab; solches beobachten wir bei ihm häufig. Es kam ihm hier nur darauf an, ein in diesen Zusammenhang gehöriges Psalmwort Davids einzuführen und zu bekräftigen (vgl. Ps. 16, 10). »Daher«, so Paulus weiter, »sagte *er* [durch David] an einer anderen Stelle:

"Du wirst nicht zulassen,
dass dein Heiliger [Christus][25]
die Verwesung sieht."

Denn David ist, nachdem er seinem Geschlecht gedient hatte, nach dem Ratschluss Gottes entschlafen und zu seinen Vätern versammelt worden und hat die Verwesung [seines irdischen Leibes] gesehen; der aber, den Gott auferweckt hat, der hat sie *nicht* gesehen.« (Apg. 13, 26–37.)

Hiermit – mit der Erfüllung der durch David ergangenen Verheissung – schliesst sich die Kette der Beweisführung des Paulus. Ehe wir seine Ansprache weiterverfolgen, sei noch auf die grundlegende Bedeutung eingegangen, die diesem Weissagungsbeweis zukommt.

Paulus zeigte durch ihn auf: Die Schrift selber offenbart, dass *Gottes* Sohn eben jener »Gesalbte« – also Christus – ist, der als Messias verheissen und erwartet wurde. Dies gilt dem Christen von heute als selbstverständlich; dem Juden jedoch war und ist dies bis heute fremd und unannehmbar. Tatsächlich ist der uns beschäftigende Weissagungsbeweis der Bibel stark verschlüsselt. Als Jesus seine Jünger fragte, für wen *sie* ihn hielten, gab nur Petrus die wahre Antwort. Darauf sprach Christus: »Nicht Fleisch und Blut hat dir dies offenbart, sondern mein Vater in den Himmeln.« (Mat. 16, 15–17.) Von den damaligen Juden meinten die einen, der Messias werde der wiedergeborene leibliche Sohn Davids – also Salomo – sein (Luk. 20, 41); andere glaubten, Elia werde als der Messias wiedergeboren werden, und wieder andere dachten an die Wiederkunft eines der sonstigen früheren Propheten (Mat. 16, 14; Mark. 6, 15; Luk. 9, 19).

Nicht einmal die Pharisäer und Schriftgelehrten im Tempel vermochten Jesus Rede und Antwort zu stehen, als er sie fragte, wieso man behaupten könne, der Christus sei Davids Sohn (Luk. 20, 41–44; vgl. Mat. 22, 42–45 und Mark. 12, 35–37). »David selbst«, hielt Jesus ihnen vor, »sagt ja im Buch der Psalmen [110, 1]:

"Der Herr [Gott]
sprach zu meinem Herrn [Christus]:
Setze dich zu meiner Rechten,
bis ich hinlege deine Feinde
als Schemel für deine Füsse."«

(Luk. 20, 42f.)

Um die Ansprache des Paulus in der Synagoge im galatischen Antiochia richtig würdigen zu können, ist grundsätzlich folgendes im Auge zu behalten:

Paulus war, wie schon zu Beginn des vorigen Kapitels betont wurde, ungewöhnlich geistbegabt. Wann immer es darauf ankam, gab ein Geist Gottes ihm ein, was er vortragen sollte. Was Paulus dann sprach, lässt sich als 'prophetisches Reden' kennzeichnen. Er war dabei voll bei Bewusstsein, wie es bei allen Propheten der Fall war; zugleich war er sich aber dessen bewusst, dass die Rede, die er vortrug, von einem höheren Wesen stammte.

In seinem ersten Brief an die Korinther (2, 1–5) deutet Paulus, wenn auch behutsam, auf diesen Sachverhalt hin. »Ich bin, als ich zu euch kam, ihr Brüder, nicht so gekommen, dass ich euch kraft eines Vorzuges in Redekunst oder Weisheit Gottes Zeugnis verkündet hätte.« Paulus war sich dessen ja nur zu wohl bewusst, dass er als Mensch nicht redebegabt war – das erwähnten wir schon früher. »Ich trat [vielmehr] in Schwachheit, Furcht und viel Zaghaftigkeit bei euch auf. Allein, meine Rede und meine Predigt bestand nicht in überredenden Weisheitsworten, sondern erfolgte mit Erweis eines *Geistes [Gottes]* und der Kraft [Gottes], damit euer Glaube nicht auf Menschenweisheit, sondern auf Gotteskraft gegründet sei.«

Etwas später (2, 10–13) beteuert Paulus erneut: »Uns aber hat Gott dies durch seinen Geist geoffenbart… Wir aber haben nicht einen Geist der Welt empfangen, sondern einen Geist, der von Gott stammt… Wir reden nicht mit Worten, wie menschliche Weisheit sie lehrt, sondern mit solchen, wie ein Geist [Gottes] sie lehrt, indem wir geistgewirkten Inhalt mit geistgewirkter Sprache verbinden.«

Paulus hätte den Korinthern noch deutlicher schreiben können: Wenn er zur Gemeinde rede, sei in Wahrheit nicht er der Redende, sondern ein Geist Gottes, der im Auftrag Christi ihn, den Paulus, als Mittler benutze; aber solches zu schreiben liessen seine Bescheidenheit und seine vornehme Zurückhaltung nicht zu.

Wir gehen also davon aus: Die Ansprache des Paulus in der Synagoge von Antiochia in Galatien wurde ihm von einem Geist Gottes eingegeben; denn sie ist einerseits ungemein sinnträchtig und tiefgründig, andrerseits aber so knapp gefasst, dass ihre Deutung bis zum heutigen Tag Mühe bereitet. Wohl aber verstanden viele der anwesenden Juden und ihrer griechischen Glaubensgenossen die Ansprache des Paulus, weil sie über die Wiedergeburt Bescheid wussten.

Hören wir nun weiter, was damals in der Synagoge von Antiochia durch Paulus gepredigt wurde. Nach erneuter persönlicher Anrede wird aus dem bisher Vorgetragenen die Schlussfolgerung gezogen:

»So sei euch nun kund, ihr Brüder«, fuhr Paulus – oder richtiger: der durch ihn sprechende Gottesbote – fort, »dass euch durch *diesen* [nämlich durch Jesus, den Christus] Vergebung der Sünden verheissen wird. Von allem, wovon ihr durch das Gesetz des Mose nicht gerechtgesprochen werden konntet, wird durch *ihn* [Christus] jeder, der [wahrhaftig] glaubt, gerechtgesprochen. So sehet nun zu, dass nicht das über euch komme, was durch den Propheten [Habakuk 1, 5] geweissagt ist: "Sehet, ihr Verächter, und verwundert euch und werdet zunichte! Denn ich tue ein Werk in euren Tagen, ein Werk, das ihr nicht glauben werdet, wenn es euch jemand erzählt."« (Apg. 13, 38–41.)

Mit diesen Worten erwies Paulus in der Synagoge von Antiochia im Kernland Kleinasiens Jesus als den Christus. Zugleich erinnerte er die dort Versammelten an die Worte des Propheten Habakuk, durch den der Messias verkündet hatte: »Ich tue ein Werk in *euren* Tagen« – also in naher Zukunft. Jetzt war der Tag der Wahrheit da, an dem offenkundig wurde, ob man an den Messias glaubte, der durch die Propheten zu Israel gesprochen hatte, und damit auch an seinen Propheten Habakuk selber – oder ob man bloss vorgab zu glauben, um sich als gerechten Menschen hinstellen zu können und – zumindest im eigenen Volk – auch als solcher angesehen zu werden!

Dass Paulus sich in seiner Ansprache ausser an Habakuk besonders an die Psalmen *Davids* hielt, dürfte, wie erwähnt, seinen Grund darin gehabt haben, dass die Griechen an Wiedergeburt im Sinne von mehrfachen Erdenleben glaubten. Andrerseits wurden die Psalmen Davids ja gerade in den Synagogen gesungen; daher waren sie den Synagogenbesuchern bestens bekannt. Freilich, über deren tieferen Sinn waren sie sich eben nicht im klaren; dies erhellt schon daraus, dass sie den Messias für einen Sohn Davids hielten.

Als 'Sohn Davids' galt den Juden jeder, der nach ihrer Meinung in der Gnade Gottes stand, wie dies für David zutraf (Ps. 89, 50); doch wussten sie auch, dass nach der Schrift der Erlöser aus der Nachkommenschaft

Davids kommen würde, nämlich aus Bethlehem, jenem Dorf, aus dem David stammte (Joh. 7, 42). Bezeichnete man also im Blick darauf Jesus als 'Sohn Davids', so traf dies zu (vgl. Mat. 1, 1; Mark. 10, 47; Luk. 18, 38). Dass Jesus jedoch nicht der wiedergeborene *leibliche* Sohn Davids sein konnte, das eben erwies Paulus mit der angeführten Psalmstelle 2, 7. Seine Beweisführung richtete sich, wie wir meinen, im besonderen an die an Wiedergeburt glaubenden Griechen.

Den Weissagungsbeweis bezüglich Christus, den Paulus an Hand der angeführten Bibelworte klarlegte, nahm die Christenheit an; nicht angenommen wurde von ihr jedoch, dass der 'Gesalbte Gottes' – also Christus! – selber durch die Propheten sprach. Auch streitet sie ab, dass sich Christus, der Sohn Gottes, in seiner Persönlichkeit von Gott unterscheidet. Dabei hatte doch Jesus selbst den Juden die schon erwähnte Stelle in Davids Psalm 110, 1 entgegengehalten: »Der Herr [Gott] sprach zu meinem Herrn [Christus]: "Setze dich zu meiner Rechten, bis dass ich hinlege deine Feinde als Schemel für deine Füsse."« Diese eindeutige und unwiderlegliche Aussage will man in der Christenheit bis zum heutigen Tag nicht wahrhaben; denn sonst müsste man ja auch den 'Heiligen Geist' in Zweifel ziehen und damit das Dreifaltigkeitsdogma preisgeben!

Denselben erbitterten Widerstand setzten die tempelverhafteten Juden damals auch dem Paulus entgegen. Auch sie hingen mehr ihrer 'Kirche', das heisst dem Tempel, an als dem Wort Gottes. Auch sie vermochten in ihrer Mehrheit nicht zu unterscheiden zwischen der feinstofflichen, geistig-himmlischen Welt und der grobstofflichen irdischen Welt. Erst recht wussten sie nicht mehr, was unter der Errettung vom 'Tode' zu verstehen ist. Sie begriffen nicht, dass alles Vergängliche der 'Verwesung' anheimfällt, weil es den »Geruch des Todes« (2. Kor. 2, 16) an sich trägt. Unverweslich, unvergänglich ist nur, was vor Gott bestehen kann. Wir werden später darauf noch ausführlich eingehen.

Immerhin wurde Paulus in Antiochia (Galatien) gebeten, er möge doch seine Predigt am folgenden Sabbat erneut vortragen (Apg. 13, 42). Offensichtlich waren unter den Juden und unter ihren Gott verehrenden griechischen Glaubensgenossen viele von den Darlegungen von Paulus und Barnabas stark beeindruckt worden.

Am nächsten Sabbat kam es dann zur entscheidenden Auseinandersetzung. Die Kunde von der erregenden neuen Botschaft des Paulus und Barnabas hatte sich unter der Bevölkerung wie ein Lauffeuer verbreitet. Daher versammelte sich diesmal fast die ganze Stadt, um den beiden neuen Predigern zu lauschen (Apg. 13, 44).

Den tempelhörigen Juden missfiel dies gründlich, sahen sie doch durch den Zustrom vieler Nichtjuden die vermeintliche Reinheit der israelitischen Gemeinde, ja deren Bestand gefährdet. Ihre anfänglich nicht völlig ablehnende Haltung schlug in verstockte Eifersucht um; sie widersprachen Paulus und »lästerten«. (Apg. 13, 45.) Gemeint ist damit: Die Juden bestritten wütend, dass durch Jesus sich die an ihre Väter ergangene Verheissung erfüllt habe, und verhielten sich also genau so, wie durch den Propheten Habakuk geweissagt worden war.

Ihnen antworteten Paulus und Barnabas mit einem Gotteswort, das an Jesaja ergangen war (49, 6):

Ich habe dich [als meinen Propheten]
zum Licht der Völker gemacht,
damit du zum Heile gereichest
bis an das Ende der Erde.

Aus diesem Gotteswort zogen Paulus und Barnabas die Folgerung: »*Euch* zuerst musste das Wort Gottes verkündet werden; da ihr es aber von euch weist..., wenden wir uns nun den *Heiden* zu!« (Apg. 13, 46.) Mit anderen Worten: Die den Weg des Heils nicht erkennen wollen, können sich dadurch zwar selbst Steine in den Weg zum ewigen Leben legen, nicht aber andere daran hindern, diesen Weg zu beschreiten.

Solches erbitterte die Juden erst recht, und indem sie an einflussreiche Persönlichkeiten herantraten, erreichten sie, dass die beiden aus der Stadt vertrieben wurden. Paulus und Barnabas »schüttelten den Staub von ihren Füssen« (Apg. 13, 51; vgl. Mat. 10, 14) und zogen nach Ikonium weiter. Die durch sie neu gewonnenen Jünger in Antiochia hätten die beiden zwar gerne dabehalten, blieben aber trotz ihrer Abreise »mit Freude und heiligem Geist erfüllt« (Apg. 13, 52).

Dritte Station: Ikonium in Lykaonien

Ikonium, griechisch Ikónion, heute das türkische Konya, war eine auf einer fruchtbaren Ebene gelegene grosse und reiche Stadt in

Lykaonien, deren Siedlungsspuren mindestens bis ins 8. vorchristliche Jahrhundert zurückgehen. Zur Zeit der Römerherrschaft bildete sie den Hauptort von Lykaonien; eine grosse Judengemeinde hatte darin Wohnsitz (vgl. Apg. 14, 1).

Paulus und Barnabas suchten auch in Ikonium die Synagoge auf, und auch in dieser Stadt gewannen sie zahlreiche Juden und Griechen für den neuen Glauben (Apg. 14, 1); doch hier erhitzten sich die Gemüter der tempelhörigen Juden von Anfang an gegen die beiden. Gleichwohl hielten sich Paulus und Barnabas geraume Zeit in Ikonium auf und predigten ungescheut das Evangelium Jesu Christi.

Dadurch spalteten sich die Gläubigen der Stadt in zwei Lager; die einen waren für die Apostel, die anderen hielten es mit den tempelhörigen Juden. Den letzteren gelang es, die Heiden und die Behörden der Stadt für sich zu gewinnen; sie entfesselten so einen wahren Sturm gegen Paulus und Barnabas. Schwere Misshandlungen, ja Steinigung drohten den beiden, so dass sie sich dazu entschlossen, aus Ikonium zu fliehen.

Vierte Station:
Lystra in Lykaonien

Als nächste Station ihres missionarischen Wirkens suchten die beiden Lystra auf, eine kleine Stadt in Lykaonien. Kaiser Augustus hatte sie im Jahr 6 v. Chr. zu einer römischen Militärkolonie gemacht, die zu Galatien gehörte. Die Ruinen von Lystra befinden sich beim heutigen Hatyn Seray ('Fürstinnen-Schloss') südlich von Konya.

Dem Aufenthalt in Lystra kommt innerhalb der Lebensgeschichte des Paulus die Bedeutung eines *Wendepunktes* zu. Von den dramatischen Erlebnissen in Ikonium beeindruckt, versuchte er in Lystra offenbar zum erstenmal, ausserhalb der Synagoge zu predigen, also sich bewusst den *Heiden* zuzuwenden, wie er und Barnabas in Ikonium angekündigt hatten.

Während Paulus in Lystra das Evangelium verkündete, hörte ihm auch ein Mann zu, der von Geburt an gelähmte Füsse besass, also noch nie hatte gehen können. Paulus vermochte diesem Menschen hellsichtig ins Herz zu schauen, und er erkannte, dass dieser seinen Worten glaubte und dadurch auch an seinem Leibe gesunden konnte.

Landschaft östlich von Konya (nordöstlich von Lystra)

Mit lauter Stimme rief Paulus dem Lahmen zu: »Stelle dich aufrecht auf deine Füsse!« Da sprang der bisher Gelähmte auf und ging überglücklich umher (Apg. 14, 10).

Als die Volksmenge das Wunder sah, das Paulus gewirkt hatte, hielten sie ihn und Barnabas für zwei Götter, die vom Olymp herabgestiegen waren und Menschengestalt angenommen hatten. Den Barnabas hielten sie, offenbar weil er der ältere der beiden war, für Zeus und Paulus, den Wortführer, für den Götterboten Hermes. Die Priester des vor der Stadt gelegenen Zeustempels brachten schon Ochsen und Kränze vor die Tempeltore, um sie gemeinsam mit der Volksmenge den beiden zu opfern.

Als Paulus und Barnabas davon Kunde erhielten, waren sie darob natürlich entsetzt. Mit allen ihnen zur Verfügung stehenden Kräften widersetzten sie sich diesem heidnischen Treiben und beschworen das Volk, ihnen doch zu glauben, dass sie lediglich Menschen seien wie die Anwesenden auch – sie hätten nur die Aufgabe, das Evangelium zu verkünden, damit sie sich von ihrem nichtigen Glauben und ihren falschen Opfern abwendeten und sich dem Schöpfer zuwendeten, der Himmel, Erde, Meere und Luft »und alles, was darinnen ist«, geschaffen habe; nur *er* sei der Wohltäter, der alles Leben stifte und sich immer aufs neue in seiner Lebendigkeit erweise, zum Wohl und zur Herzensfreude der Menschen (Ps. 36, 10; Dan. 6, 20 [6, 21]; Hos. 1, 10 [2, 1]). Nur mit äusserster Mühe vermochten die beiden schliesslich die Menge davon abzubringen, ihnen zu opfern. (Apg. 14, 14–18.)

Aber die tempelhörigen Juden in Antiochia (Galatien) und Ikonium hatten die beiden nicht aus den Augen verloren. Wir ahnen etwas davon, dass diese Juden in ganz Kleinasien ein engmaschiges Verbindungsnetz aufrechterhielten. Jedenfalls tauchten plötzlich welche von ihnen in Lystra auf, bearbeiteten die Volksmenge und redeten den Menschen, die von der Wundertat des Paulus noch tief beeindruckt waren, ein, das alles sei nur Magie und Teufelswerk.

Im Nu schlug die Stimmung um. In Wut und Angst verfolgten die Bewohner von Lystra den Paulus mit Steinwürfen, bis er, von einem Stein getroffen, ohnmächtig zusammenbrach (vgl. 2. Kor. 11, 25). In der Meinung, er sei tot, schleiften sie ihn vor die Stadt hinaus; doch als diejenigen Einwohner von Lystra, die an ihn glaubten, ihn aufsuchten und umringten, stand Paulus wieder auf – er war also nur bewusstlos gewesen. Am folgenden Morgen verliess er zusammen mit Barnabas die Stadt und zog nach Derbe, das 100 Kilometer südöstlich von Lystra lag. (Apg. 14, 19f.)

Fünfte Station:
Derbe in Lykaonien

Derbe, von lykaonisch Délbeia, 'Wacholder', heute das türkische Kerti Hüyük ('Verwerfungshügel'), war eine kleine Stadt in Lykaonien. Sie lag am nördlichen Fuss des Taurusgebirges; nach Tarsos, der Heimatstadt des Paulus, waren es in Luftlinie nur noch 140 Kilometer in südöstlicher Richtung, also über den Taurus hinweg.

Am nördlichen Fuss des Taurusgebirges

Paulus und Barnabas hielten sich lange Zeit in Derbe auf. Hier waren sie offensichtlich keinen Anfechtungen ausgesetzt, und Paulus konnte sich langsam wieder erholen. Vermutlich hatte ihm die Dreitagereise von Lystra nach Derbe grosse Beschwerden bereitet – möglicherweise hatte er durch den Steinwurf eine Gehirnerschütterung erlitten –; doch jetzt schöpften die beiden neuen Mut und predigten das Evangelium mit grossem Erfolg. Sie machten in Derbe viele Jünger. Denkbar ist auch, dass Paulus von Derbe aus einen heimatlichen Erholungsaufenthalt in Tarsos einlegte, indem er den Taurus durch die Kilikische Pforte überquerte; doch längere Zeit hindurch blieb damals Derbe gewissermassen das Hauptquartier von Paulus und Barnabas.

Allem Anschein nach war den beiden auf ihrer fünften Station im Raum Syrien–Kleinasien nach der vielfachen vorher erlittenen Unbill bei ihrer missionarischen Tätigkeit ungetrübter Erfolg in friedlichem Wirken beschieden. Von hier aus wagten sie sogar, die neu gewonnenen Jünger in Lystra, Ikonium und im galatischen Antiochia wieder aufzusuchen und sie im Glauben zu bestärken. Es dürfte inzwischen aber weit mehr als Jahresfrist verstrichen gewesen sein; denn sie mussten ja eine Zeitlang warten, bis sich der Groll der tempelhörigen Juden ihnen gegenüber einigermassen verflüchtigt hatte. Bei diesen Besuchen an den Stätten ihres damaligen Wirkens stellten sie offenbar fest, dass sich die neu gewonnenen Jünger regelmässig trafen – aber ausserhalb der Synagogen!

Daher fühlte sich Paulus dazu bewogen, den Gläubigen in den genannten drei Städten eine Gemeindeordnung nahezulegen. Gemeinsam mit Barnabas setzte er dort jeweils Älteste ein, die über die neuen Gemeinden zu wachen hatten. In allen drei Städten – in Lystra, Ikonium und im galatischen Antiochia – bemühten sich die beiden, die Gläubigen seelisch zu erbauen, und sie ermahnten sie, auch weiterhin in ihrem neuen Glauben fest zu bleiben. Sie verhehlten ihnen aber nicht, dass der Weg zurück ins Reich Gottes

Ruinen von Perge

auf dieser Welt unausweichlich mit vielerlei Trübsal gepflastert ist (Apg. 14, 22).

Danach durchzogen Paulus und Barnabas Pisidien und kamen so nach Pamphylien. Nachdem sie auch in Perge (nördlich vom heutigen Aksu nahe der Mittelmeerküste beim heutigen Antalya) gepredigt hatten, zogen sie nach dem Hafen Attalia hinab (dem heutigen Antalya). Von dort segelten die beiden, nach dreizehn Jahren, zurück nach Antiochia in Syrien. Die erste Missionsreise des Paulus war damit beendet. (Apg. 14, 23–26.)

5. Das Aposteltreffen von Jerusalem

Nachdem Paulus und Barnabas – wohl im Sommer des Jahres 43 – nach Antiochia am Orontes zurückgekehrt waren, erstatteten sie der Christengemeinde in der syrischen Hauptstadt Bericht von ihrer so erfolgreichen Missionstätigkeit. Sie schilderten im einzelnen, wie sich dadurch vor allem den Griechen, die von den Juden mit Vorliebe zu den Heiden gerechnet wurden, die Pforte zum neuen Glauben aufgetan habe.

Die Nachricht davon gelangte auch nach Jerusalem und versetzte die dortige Christengemeinde, die aus lauter Judenchristen bestand, in lebhafte Unruhe. Sie bezweifelten, dass das von Paulus in Antiochia und in Kleinasien gepredigte Evangelium das echte Evangelium Jesu Christi sei, weil es nicht mehr dem Mosaischen Gesetz unterworfen war.

Folgerichtig erschienen im syrischen Antiochia eine Anzahl Judenchristen aus Judäa und beschworen ihre nichtjüdischen Glaubensbrüder: »Wenn ihr euch nicht nach der Vorschrift Moses beschneiden lasst, könnt ihr nicht gerettet werden!« – also nicht ins Himmelreich eingehen (Apg. 15, 1).

Paulus und Barnabas gerieten mit diesen »eingedrungenen falschen Brüdern«, wie Paulus sie nannte (Gal. 2, 4), »in nicht geringen Zwist und Streit« (Apg. 15, 2). Diese pharisäischen Judenchristen hatten sich in die Gemeinde von Antiochia eingeschlichen, um herauszufinden, welche Freiheiten gegenüber dem Mosaischen Gesetz man sich dort herausnahm, und dies nach Jerusalem zu berichten (Gal. 2, 4; vgl. Apg. 15, 5).

Da erschien Petrus selbst in Antiochia. Er zog zu Paulus und Barnabas, obwohl diese nicht mehr nach jüdischer Sitte lebten, das heisst die jüdischen Speisevorschriften nicht mehr einhielten (vgl. Gal. 2, 14). Petrus folgte dem Beispiel des Paulus und Barnabas, obwohl er sich sonst streng an die jüdischen Speisevorschriften hielt (Apg. 10, 14; 11, 8) und ihm als Jude wohler war, wenn sie befolgt wurden; denn ihm war klar, dass man sich in Jerusalem über ihn entsetzen würde, wenn man dort erführe, dass er sich nicht mehr an das 'Gesetz' hielt, und dass ihm Verfolgung durch die Gesetzesjuden drohte. Andrerseits hatte aber Petrus eine geistige Schau erlebt, in der ihm vor Augen geführt wurde, die jüdischen Vorschriften, sich bestimmter Fleischspeisen zu enthalten, stammten nicht von Gott. Petrus war darüber zunächst entsetzt und verwahrte sich innerlich dagegen; er lenkte jedoch ein, als ihm in der Schau verkündet wurde: »Was Gott für rein erklärt hat, das erkläre *du* nicht für gemein!« (Apg. 10, 15.)

Der Streit zwischen Paulus und Petrus

In Jerusalem stand der Herrenbruder Jakobus unter den Christen in grösstem Ansehen. Paulus sagte von ihm, er habe als eine der drei Säulen der Christenheit (nämlich Jakobus, Petrus und Johannes) gegolten (Gal. 2, 9). Paulus zählte sie offenbar ihrem Alter nach auf. Jakobus als ältester und als Bruder Jesu genoss höchstes Ansehen. Er nahm sich nun der Sache an und entsandte einige Jünger nach Antiochia mit dem Auftrag, dort zu prüfen, ob von den Heidenchristen das Mosaische Gesetz tatsächlich nicht eingehalten werde (vgl. Gal. 2, 12).

Als nun Jünger des Jakobus in Antiochia eintrafen, zog sich Petrus sogleich vom Tisch jener Gläubigen zurück, die die jüdischen Speisevorschriften nicht einhielten, und sonderte sich überhaupt von ihnen ab; denn er fürchtete das Urteil der Jakobus-Jünger, denen er seine eigene Befolgung der Speise- und sonstigen Mosaischen Gesetze vortäuschte. Dasselbe taten die übrigen Judenchristen in Antiochia, ja sogar Barnabas wurde von dieser Heuchelei mitgerissen, wie Paulus schreibt. (Gal. 2, 12f.)

Darüber empörte sich Paulus aufs heftigste. Er warf Petrus ohne

Umschweife vor, durch sein Verhalten habe er sich selbst verurteilt. In Gegenwart aller wies er ihn zurecht: »Wenn du selber, der du doch ein Jude bist, [eine Zeitlang] nach heidnischer Sitte lebtest – und nicht nach jüdischer –, wie darfst du da die Heidenchristen zwingen, nach jüdischer Sitte zu leben? Wir sind zwar von Geburt Juden, also keine heidnischen Sünder [d.h. keine Verächter der Gottesgebote]; aber wir leben zugleich in der Erkenntnis, dass ein Mensch nicht auf Grund von Werken des Gesetzes [d.h. durch Befolgung des Mosaischen Gesetzes] gerechtgesprochen wird, sondern [allein] durch den Glauben an Christus Jesus. Auch wir haben an Christus Jesus geglaubt, damit wir aus Glauben an Christus gerechtgesprochen würden, nicht durch Werke des [Mosaischen] Gesetzes; denn aus Werken des Gesetzes wird kein Mensch gerechtgesprochen werden!« (Gal. 2, 14–16.)

»Wenn wir aber«, so fuhr der empörte Paulus fort, »die wir in Christus gerechtgesprochen zu werden suchen, auch selbst [durch Ausserachtlassung des Mosaischen Gesetzes] als Sünder erfunden worden sind, ist dann [deswegen] Christus etwa ein Diener der Sünde? Das sei ferne! Denn wenn *ich* das wieder aufbaue, was *ich* niedergerissen habe, stelle ich mich dadurch *selbst* als einen Übertreter hin; denn *ich* bin durch das [wahre] Gesetz [nämlich Christus] dem [Mosaischen] Gesetz gestorben, auf dass ich in *ihm* lebe. Ich bin [als Jude nach dem Mosaischen Gesetz] mit Christus gekreuzigt. Wohl lebe ich, aber nicht mehr ich [als Gesetzesjude], sondern Christus lebt [jetzt] in mir. Was ich aber jetzt im Fleisch durchlebe, das durchlebe ich im Glauben an den Sohn Gottes, der mich geliebt und sich für mich dahingegeben hat. *Ich* verwerfe die Gnade Gottes nicht; denn wenn die Gerechtigkeit durch das [Mosaische] Gesetz käme, dann wäre Christus ja umsonst gestorben!« (Gal. 2, 17–21.)

So rechtfertigte Paulus seine Auffassung vom Heil, das Jesus Christus verkündet hatte. Später hielt er den Verfechtern des Mosaischen Gesetzes einmal vor: »Dieses *eine* will ich von euch wissen: Habt ihr den [neuen] Geist aus Werken des Gesetzes empfangen oder aus [Jesu] Predigt vom wahren Glauben?« (Gal. 3, 2.)

Für Paulus war das Gesetz *Christus selbst*. Dank dieser klaren Schau der Wahrheit und durch sein unbeirrbares Werben für diese Wahrheit gelang es ihm, zu verhindern, dass es zu einem zweigleisigen Christentum kam: zu einem jüdischen und zu einem hellenischen. Damit vollzog Paulus eine Weichenstellung von weltgeschichtlich höchstem Rang. Sie forderte von den Judenchristen die völlige Preisgabe ihres überkommenen mosaischen Selbstverständnisses. Dass Paulus diesen Verzicht auch gegen den Widerstand der anderen Apostel durchzusetzen vermochte, war seine alles überragende Leistung. Freilich wurde er deswegen zur dauernden Zielscheibe der Verfolgung durch die Gesetzesjuden – aber nicht nur durch diese *jüdischen* Christengegner (was verständlich war), sondern auch durch seine *christlichen* Glaubensgenossen, die vom Mosaischen Gesetz nicht lassen wollten (vgl. Gal. 3, 2).

Angesichts dieser schwerwiegenden Auseinandersetzungen luden die Abgesandten des Herrenbruders Jakobus den Paulus und den Barnabas ein, nach Jerusalem zu kommen. Offenbar drängte die Christengemeinde von Antiochia die beiden, dieser Einladung Folge zu leisten (Apg. 15, 2). So kam es zu dem berühmten *Aposteltreffen* des Jahres 44, das in der Fachliteratur irreführend meist als Apostelkonzil bezeichnet wird.

Der Sieg des Paulus in Jerusalem

Allein, trotz des Zuspruchs der Gemeinde von Antiochia zögerte Paulus zunächst noch, nach Jerusalem hinaufzuziehen. Seine Ablehnung der jüdischen Lebensweise in dem gänzlich jüdischen Jerusalem aufrechterhalten zu können erschien ihm unmöglich. Was könnte seine Reise dorthin also nützen? Er befürchtete, die »falschen Brüder« würden ihn schliesslich doch dazu zwingen können, sich wieder ganz dem Mosaischen Gesetz zu unterwerfen – und damit auch die von ihm neu Bekehrten (vgl. Gal. 2, 4).

Plötzlich entschloss sich Paulus dann doch, hinzugehen – nämlich »infolge einer Offenbarung«, wie er uns berichtet (Gal. 2, 2). Anscheinend wurde ihm gezeigt, dass seine Lage dort keineswegs aussichtslos sei: Einerseits stehe die Gemeinde noch unter dem Schock der Hinrichtung des Apostels Jakobus (des Bruders des Apostels Johannes und Zebedäus-Sohnes). Sie war von König Herodes Agrippa I. verfügt worden; dieser wurde jedoch bald darauf schlagartig dahingerafft[26], und dieses bedeutete nun für die Tempelbehörden einen Schock: Sie ahnten im plötzlichen Tod des Königs die Strafe

Gottes wegen der Hinrichtung des Apostels Jakobus (Apg. 12, 19 bis 23). Ausserdem – so wurde dem Paulus in seiner Offenbarung weiterhin verdeutlicht – zeichne sich die von Agabus geweissagte Hungersnot (Apg. 11, 28) bereits ab. Wenn also Paulus jetzt in der Gemeinde von Antiochia eine erste Gabensammlung veranstalte und so nicht mit leeren Händen nach Jerusalem komme, werde er dort hochwillkommen sein; doch solle er auch den Nichtjuden Titus mitnehmen und an seiner Seite behalten – Titus war nämlich ein unbeschnittener griechischer Christ –: dann müsse die Gemeinde in Jerusalem, wenn sie ihn empfangen wolle, sich zugleich *ihm* beugen, und nicht Paulus der Gemeinde.

Darauf brach Paulus im vierzehnten Jahr nach seinem letzten Besuch in Jerusalem[27], also im Jahr 44, dorthin auf. Er war damals ungefähr 34 Jahre alt. Er wählte den Landweg über Phönizien und Samaria (Apg. 15, 3). Begleitet wurde er von Barnabas und von Titus. Wer sich in Jerusalem mit Paulus an einen Tisch setzen wollte, musste dies also auch mit dem Nichtjuden Titus tun.

Diesmal blieb auch Barnabas fest! Paulus sagt, sie hätten sich keine einzige Stunde dem Mosaischen Gesetz unterworfen, indem sie Titus von der Tischgemeinschaft ausschliessen liessen (Gal. 2, 5). Durch dieses kluge Vorgehen vermochte Paulus zwar nicht, sich die pharisäisch gesinnten (»falschen«) Brüder vom Leibe zu halten (Apg. 15, 5), obwohl diese es sonst strikt ablehnten, sich mit einem Unbeschnittenen einzulassen (vgl. Apg. 11, 3); aber es gelang Paulus dadurch doch von Anfang an, allen klarzumachen, dass er sich selbst in Jerusalem, also im Schatten des Tempels, dem Mosaischen Gesetz nicht zu beugen gewillt war.

Bei der Ankunft in Jerusalem wurden denn auch *alle* von der Gemeinde und von den Aposteln und Ältesten empfangen. Paulus und Barnabas erläuterten ihnen im einzelnen, auf welche Weise sie das Evangelium unter Nichtjuden predigten, und sie berichteten auch, welch »grosse Dinge« Gott durch sie gerade unter den Heiden gewirkt habe. (Apg. 15, 4; Gal. 2, 1.) Die »falschen Brüder«, wie Paulus jene Judenchristen zu benennen pflegte, die vom Pharisäertum herkamen, beanstandeten jedoch hartnäckig, dass Paulus bei bekehrten Nichtjuden auf die Beschneidung verzichtet habe, und sie forderten, auch er müsse sich an das Mosaische Gesetz halten (Apg.

15, 5). Dem widersetzte sich Paulus jedoch auch in Jerusalem auf das entschiedenste (Gal. 2, 5).

Paulus fand dabei die Unterstützung des Petrus. Dieser gedachte dabei der dreifachen Ermahnung, die ihm in Joppe im Gebet zuteil geworden war. Damals war ihm offenbart worden: »Was Gott für rein erklärt hat, das erkläre *du* nicht für gemein!« (Apg. 10, 11–16; 11, 5–10.) Daher entgegnete er jetzt den pharisäischen Brüdern: »Warum versucht ihr Gott dadurch, dass ihr ein Joch auf den Nacken der Jünger Jesu legen wollt, das weder unsere Väter noch wir zu tragen vermocht haben? Vielmehr glauben wir, durch die Gnade des Herrn gerettet zu werden auf dieselbe Weise wie jene.« (Apg. 15, 10f.)

Jetzt pflichtete auch der Herrenbruder Jakobus dem Petrus bei. Er – oder ein Geist des Himmels, der ihm die Worte auf die Zunge legte – erinnerte die Anwesenden an das Prophetenwort:

Darnach will ich mich umwenden
und die verfallene Hütte Davids
wieder aufbauen,
und ich will ihre Trümmer wieder aufbauen
und sie aufrichten,
damit auch die übrigen Menschen
den Herrn suchen
und alle Heiden,
über die mein Name aufgerufen ist.
So spricht der Herr, der dies kundtut
von Ewigkeit her!

(Vgl. Amos 9, 11f.)

Auch der Herrenbruder Jakobus anerkannte damit, dass insbesondere die Beschneidung keine unerlässliche Vorbedingung für die Aufnahme in die Kirche Christi sein durfte; man solle den Neugläubigen jedoch vorschreiben, folgende Gebote streng einzuhalten: Erstens, sich der befleckenden Berührung mit Götzen zu enthalten. Es war also verboten, Götzen zu opfern und Fleisch von Götzenopfern zu essen. Zweitens: Der Neubekehrte musste alle Unzucht meiden. Damit waren im besonderen Blutschande, Ehebruch und Prostitution gemeint. Drittens: Verboten war der Genuss von Blut sowie von Fleisch, das noch voller Blut war. (Apg. 15, 20.)

Dies alles war auch ganz im Sinne von Paulus. Damit erzielten er und Barnabas volle Übereinstimmung mit den anderen Aposteln und mit den Ältesten der Gemeinde von Jerusalem.[28] Ausserdem verständigte man sich darauf, Paulus solle unverändert den *Heiden* das Evangelium predigen, während man sich in Jerusalem weiterhin der *Juden* annehmen wolle. Darauf gaben sich der Herrenbruder Jakobus, Petrus und Johannes einerseits und Paulus und Barnabas andrerseits »den Handschlag der Gemeinschaft« (Gal. 2, 9f.).

Das Aposteltreffen des Jahres 44 n.Chr. machte in der Geschichte der Urkirche Epoche. Die damals getroffene Entscheidung war ein Ereignis von grösster Tragweite. Die gängige Bezeichnung 'Apostelkonzil' ist jedoch abzulehnen – darauf wiesen wir schon hin –; denn sie ist lediglich eine fragwürdige Vorwegnahme der späteren kirchlichen Konzilien, die soviel Unheil angerichtet haben. Das Aposteltreffen vom Jahr 44 war hingegen eine Begegnung, bei der die damals geistig führenden Christen eine schicksalsträchtige Übereinkunft trafen, die der Christenheit zum Heil gereichte. Auf dieses Aposteltreffen fiel auch nicht der geringste Schatten jener Verweltlichung, wie sie an den späteren Kirchenkonzilien gang und gäbe war.

Durch das Aposteltreffen erlitten die pharisäischen Judenchristen eine völlige Niederlage. Damit war die von Paulus eingeleitete entscheidende Weichenstellung fest verankert. Sie ersparte den nichtjüdischen Neubekehrten das Joch des Mosaischen Gesetzes und verhinderte so, dass das Christentum lediglich eine Gruppierung innerhalb des Judentums blieb.

In Jerusalem waren sich alle Beteiligten der ganz ausserordentlichen Bedeutung ihrer Entscheidung bewusst, und sie waren stolz auf die erreichte Einigung. Den Brüdern in Antiochia am Orontes wurde sie ausführlich und in aller Form mitgeteilt, nämlich durch ein Schreiben, das zwei Abgesandte aus Jerusalem überbrachten, die Paulus und Barnabas nach Antiochia zurückbegleiteten. Eine solche 'amtliche' Unterrichtung war notwendig, weil pharisäische Judenchristen die Gemeinde durch ihre Forderungen bedrängt und in Verwirrung versetzt hatten, indem sie den Anschein erweckten, die Apostel in Jerusalem stünden hinter ihnen. (Apg. 15, 22–24.)

Eine bloss jüdische Gruppierung wäre das Christentum freilich auch ohne Paulus auf die Dauer nicht geblieben, war doch der geistige Funke des Christentums in Antiochia – wie wir sahen – allem

Anschein nach ohne das Zutun des Paulus auf die Griechen übergesprungen. Aber das grosse, unbestreitbare Verdienst des Paulus war es, dass sich in das frühe Christentum keine jüdisch-pharisäischen Kolonnen einnisten konnten und dass der Funke des Christentums in so ungewöhnlichem Ausmass im Griechentum zündete.

6. Die zweite Missionsreise des Paulus

Bei der Schilderung der zweiten Missionsreise des Paulus folgen wir abermals auf weite Strecken dem Bericht des Lukas in seiner Apostelgeschichte.

Nach Antiochia am Orontes zurückgekehrt, wollte Paulus zusammen mit Barnabas schon nach wenigen Tagen aufbrechen, um alle Stätten aufzusuchen, wo sie das Evangelium des Herrn gepredigt hatten, und dort »nach den Brüdern zu sehen« (Apg. 15, 36). Barnabas wünschte aber, den Johannes Markus mitzunehmen, und das missfiel dem Paulus; denn dieser Markus – offenbar (nach Kol. 4, 10) ein Vetter des Barnabas – hatte sie seinerzeit, nach der Zypernreise, in Pamphylien verlassen und war nach Jerusalem zurückgekehrt. Wahrscheinlich hatte er sich an den Freiheiten gestossen, die sich im besonderen Paulus gegenüber dem Mosaischen Gesetz herausgenommen hatte.

Paulus betrachtete den Johannes Markus deshalb wohl als einen Hemmschuh auf ihrer Missionsreise. Barnabas war anderer Ansicht; darob kam es zu einem erbitterten Zwist und zur Trennung zwischen Paulus und Barnabas. Allerdings hielten Barnabas und Johannes Markus am Plan fest, die schon früher bereisten Gemeinden zu besichtigen und zu stärken, und so reisten die beiden Vettern nach Zypern, ihrer Heimat, ab (Apg. 15, 39).

Quer durch Kleinasien

Als Reisegefährten erwählte sich Paulus den Silas, auch Silvanus genannt, der wie Paulus römischer Bürger war (Apg. 15, 40; vgl. 2. Kor. 1, 19 und 1. Thess. 1, 1). Wahrscheinlich war Silas mit Paulus stammverwandt; denn *Silas* ist, mit angehängter griechischer Endung, die aramäische Form für den hebräischen Namen *Saul*; Silvanus ist die lateinische Namensform dafür. Die Zusammenarbeit zwischen den beiden verlief denn auch reibungslos, ja in völliger Einmütigkeit (vgl. 2. Kor. 1, 19).

Zuerst durchzogen die beiden Syrien und Kilikien, also jene Gebiete, in denen Paulus erstmals das Evangelium verkündet hatte. Von Kilikien aus, wo die beiden gewiss die Heimatstadt des Paulus, Tarsos, aufsuchten, führte sie die Reise nach Derbe und anschliessend nach Lystra. Hier trafen sie einen Jünger namens Timotheus, Sohn einer gläubigen Jüdin und eines Griechen. Die Christengemeinde von Lystra stellte Timotheus ein so gutes Zeugnis aus, dass Paulus wünschte, auf seiner Missionsreise von ihm begleitet zu werden. (Apg. 16, 1–3.) Timotheus erfüllte Paulus diesen Wunsch.

Da Timotheus jedoch nicht beschnitten war und alle Juden von Lystra dies wussten, stand zu befürchten, dass er von den Juden nirgends als Verkünder des Wortes Gottes angenommen würde. Gerade dazu aber hatte Paulus den Timotheus ausersehen, weil er in den Schriften bewandert war (2. Tim. 3, 15 in Verbindung mit 4, 2). Nur *deshalb* befürwortete Paulus seine Beschneidung, und diese wurde dann auch an ihm vollzogen (Apg. 16, 3).

Wir ersehen hieraus, dass Paulus die Beschneidung nicht starrsinnig ablehnte; nur erblickte er in ihr keinerlei Vorrecht und erst recht keine Voraussetzung für einen rechten christlichen Glauben.

In Timotheus fand Paulus einen Mitarbeiter, den er vor allen anderen am meisten schätzen lernte. In seinem letzten Brief an ihn stellte ihm Paulus das Zeugnis aus: »Du bist mir nachgefolgt in der Lehre, in der Lebensführung, im Streben, im Glauben, in der Langmut, in der Liebe, in der Geduld, in den Verfolgungen und in den Leiden, wie sie mir in Antiochia [in Galatien], in Ikonium und in Lystra widerfahren sind.« (2. Tim. 3, 10f.; vgl. auch 1. Kor. 4, 17 und 16, 10f.; Phil. 2, 20–22; 1. Thess. 3, 2f.)

Von Lystra aus durchzog Paulus mit Silas und Timotheus das kleinasiatische Kernland, nämlich Phrygien und Galatien. Auch die Provinzen Asia und Bithynien wollten sie aufsuchen; doch ein Geist im Dienste Christi hielt sie davon ab. Daher reisten sie an Mysien vorbei und zogen auf unbekannten Pfaden nach der Troas südlich der Dardanellen (Hellespont). Mittelpunkt dieser Landschaft war das frühantike Troja. (Apg. 16, 6–8.)

Diese durch Homers *Ilias*-Dichtung berühmt gewordene Stätte nahe dem heutigen türkischen Tevfikiye wurde durch den aus Mecklenburg stammenden Liebhaberarchäologen Heinrich Schliemann (1822–1890) wiederentdeckt.

Troja, Überreste der Stadtmauer

Allen Christengemeinden der durchzogenen Städte übergaben die drei eine Abschrift der Verordnung, welche die Apostel und Ältesten in Jerusalem beim Treffen des Jahres 44 beschlossen hatten (Apg. 16, 4). Die Neubekehrten mussten also geloben, keinerlei Götzenopfer darzubringen, kein Götzenopferfleisch zu essen und sich des Genusses von Blut und von blutdurchsetztem Fleisch zu enthalten (Apg. 15, 20).

In der Stadt Troas begegnete Paulus offenbar – wie früher schon vermerkt – dem Arzt Lukas, also dem nachmaligen Evangelisten Lukas, unserem Berichterstatter für die Reisen des Paulus; denn Lukas verwendet in seinem Bericht von Troas an (Apg. 16, 10) zuweilen die Wendung »wir«. Offenbar war also Lukas Reisebegleiter des Paulus auf all den Strecken, bei deren Schilderung er die Form »wir« gebraucht (Apg. 16, 10–17; 20, 5–15; 21, 1–18; 27, 1–27.29.37; 28, 1–16).

Paulus in Philippi

Von Troas aus segelten Paulus, Silas, Timotheus und Lukas nach Mazedonien. Grund dafür war folgendes Erlebnis: Dem Paulus erschien im Geist – also hellsichtig – ein Bewohner von Mazedonien und bat ihn, er möge doch herkommen und ihnen helfen (Apg. 16, 9). In gerader Fahrt gelangten die vier nach der Insel Samothrake. Am Tag darauf erreichten sie die Hafenstadt Neapolis, wo sie an Land gingen und nach dem nahen Philippi weiterreisten.

Die alte Siedlung Philippi hatte ursprünglich Krenides, 'Quellenstadt', geheissen. Als sie sich im 4. vorchristlichen Jahrhundert unter den Schutz des mazedonischen Königs Philipp II., des Vaters Alexanders des Grossen, gestellt hatte, tauften die Bewohner ihre Stadt in *Philippi* um. Reiche Gold- und Silberminen in der Nähe und fruchtbares Ackerland bescherten den antiken Bewohnern Wohlstand, ja Reichtum. Heute sind von der einstigen blühenden Stadt nur noch Trümmer zu sehen.

Die römischen Feldherren Antonius und Octavian (letzterer wurde später der Kaiser Augustus) siedelten im Jahr 42 v.Chr. ausgediente Soldaten in Philippi an. Octavian tat dies erneut im Jahr 30 v.Chr., nach der Schlacht von Actium. Philippi lag an der wirtschaftlich und strategisch wichtigen, *Via Egnatia* genannten Strasse, die Rom mit dem Hellespont (Dardanellen) und dem Bosporus verband. Es gehörte zur römischen Politik, an solchen Strassen Stützpunkte mit ausgedienten Soldaten anzulegen.

So wurde besonders Philippi eine römische Veteranenstadt. Auch noch zur Zeit des Paulus bildeten die Nachkommen dieser ausgedienten Soldaten einen erheblichen Teil der Bevölkerung. Als 'Kolonie' hatte die Stadt eine römische Obrigkeit und Verwaltung. Auch bestand dort anscheinend eine kleine jüdische Gemeinde; eine Synagoge befand sich dort jedoch offenbar nicht, sondern nur eine vor der Stadt gelegene Gebetsstätte (Apg. 16, 13).

Zwar hielten sich Paulus und seine drei Begleiter nur wenige Tage in Philippi auf; aber es waren ereignisschwere Tage… Auf seiner dritten Missionsreise besuchte Paulus dann die Stadt erneut. An die

Römisches Forum, Philippi

dortigen Christen ist sein Philipperbrief gerichtet. Er nennt sie darin »meine geliebten und ersehnten Brüder, meine Freunde und mein Ruhmeskranz« (Phil. 4, 1). Die Gläubigen von Philippi bereiteten ihm viel Freude, obschon er auch sie vor den »falschen Brüdern« warnen musste, die ihnen die Beschneidung aufdrängen wollten; Paulus spricht dabei von einer »Zerschneidung« (Phil. 3, 2).

Am Sabbat nach ihrer Ankunft zog Paulus an den Fluss vor dem Stadttor von Philippi, wo er die jüdische Gebetsstätte vermutete. Er fand dort Frauen vor, die sich versammelt hatten. Ihnen predigte Paulus nun das Evangelium. Unter seinen Zuhörerinnen befand sich eine begüterte Purpurhändlerin namens Lydia aus Thyatira (heute türkisch Akhisar). Diese gottesfürchtige Frau stammte also aus Lydien im Westteil Kleinasiens, das einst, im 6. vorchristlichen Jahrhundert, zum Reich des sagenhaft reichen Königs Krösus gehörte; daher ihr Name Lydia. Lydien war in der Antike ein Mittelpunkt der kleinasiatischen Purpurfärberei.

Lydia hörte Paulus bewegten Herzens und offenen Sinnes aufmerksam zu und liess sich mit ihrem ganzen Hausstand im christlichen Glauben taufen. Danach beherbergte sie den Paulus und seine Begleiter in ihrem Haus, in das sie die christliche Gemeinde regelmässig zu gottesdienstlichen Versammlungen einlud (Apg. 16, 15 und 40). Zu den Helferinnen und Mitbegründerinnen der Christengemeinde von Philippi gehörten auch die beiden Frauen Evodia und Syntyche, von denen Paulus schreibt, sie hätten mit ihm für das Evangelium gekämpft (Phil. 4, 2f.).

Von dem Augenblick an, da sich Paulus zur Gebetsstätte draussen vor Philippi begeben hatte, war ihm auf Schritt und Tritt eine Sklavin gefolgt, aus welcher »ein Geist Python« sprach, das heisst ein höchst fragwürdiger Geist, der sich als Wahrsager aufspielte. Immer wieder schrie diese Frau »viele Tage hindurch« (Apg. 16, 18) spottend und höhnend: »Diese Menschen sind Diener des höchsten Gottes, die euch den Weg des Heils verkündigen!« (Apg. 16, 16f.)

Zuerst versuchten die Anwesenden, das Geschrei einfach nicht zu beachten in der Erwartung, es werde schliesslich verstummen; aber dem war nicht so. Daraufhin herrschte Paulus diesen Besessenheitsgeist an: »Ich gebiete dir im Namen Jesu Christi, aus ihr [dieser Frau] auszufahren!« Von Stund an war die Frau von ihm befreit.

Leider hatte es damit nicht sein Bewenden. Die Besitzer der Sklavin hatten bislang grosses Kapital aus der Wahrsagerei des Besessenheitsgeistes geschlagen und merkten nun, dass ihre dunklen Geschäfte plötzlich ein Ende gefunden hatten. Dies erboste sie derart, dass sie Paulus und Silas ergriffen und auf den Markt vor die Oberen der Stadt schleppten. Diese Oberen waren die ranghöchsten der einstigen römischen Offiziere. Vor ihnen erhoben die Besitzer der Sklavin Anklage: »Diese Menschen sind Juden und bringen unsere Stadt in Aufruhr, indem sie Gebräuche verkünden, die anzunehmen oder auszuüben uns als Römern nicht erlaubt ist!« (Apg. 16, 18–20.)

Es gelang den Anklägern, das Volk gegen Paulus und Silas aufzuhetzen und die Oberen für sich zu gewinnen. Diese liessen den beiden die Kleider abreissen und befahlen, sie mit Ruten zu züchtigen. Nachdem sie viele Schläge erlitten hatten, wurden sie verhaftet. Die Oberen befahlen dem Kerkermeister, sie in sicherem Gewahrsam zu halten. Auf diesen Befehl hin verbrachte er die beiden in das innere Gefängnis und schloss ihnen die Füsse in den Block. (Apg. 16, 22–24.)

Doch um Mitternacht ereignete sich plötzlich ein Erdbeben. Nicht nur die Türen des Kerkers sprangen auf, sondern auch der Block, in den die Füsse der beiden Gefangenen eingeschlossen waren. Der Kerkermeister, aus dem Schlaf aufgeschreckt, sah eilends im Gefängnis nach, ob alles noch in Ordnung sei. Zu seinem Schrecken fand er die Türen offen. Um der furchtbaren Strafe zu entgehen, die ihm wegen Entweichung der Gefangenen drohte, zog er sogleich sein Schwert, um sich zu entleiben. (Apg. 16, 25–27.)

Als Paulus merkte, dass der Kerkermeister Hand an sich zu legen im Begriffe war, rief er ihm zu: »Tue dir kein Leid an, denn wir sind alle noch hier!« Da forderte der Kerkermeister Licht an und eilte ins Innere des Gefängnisses. Als er sah, dass Paulus und Silas frei waren und dass sowohl die Türen als auch der Block aus ihren Schlössern gesprengt waren, vermeinte er, es bei den beiden mit Titanen zu tun zu haben. Zitternd warf er sich vor Paulus und Silas nieder, führte sie hinaus und fragte: »Was muss ich tun, um gerettet zu werden?« (Apg. 16, 28–30.)

Paulus und Silas belehrten ihn: »Glaube an den Herrn Jesus Christus, so wirst du und wird dein Haus [wahrhaftig] gerettet werden!« Anschliessend verkündeten die beiden allen Hausangehörigen das Wort des Herrn; denn der Kerkermeister hatte sie noch in derselben Nachtstunde in sein Haus aufgenommen und ihnen die Wunden ausgewaschen, die ihnen durch die Rutenhiebe zugefügt worden waren. Der Kerkermeister und die Seinen nahmen den neuen Glauben an. Paulus und Silas aber liess er zum Dank ein Mahl bereiten, setzte es ihnen vor und war mit seinem ganzen Haus im neuen Glauben voll jubelnder Freude. (Apg. 16, 31–34.)

Als der Tag anbrach, entsandten die Oberen von Philippi die Gerichtsdiener zum Kerkermeister mit dem Auftrag, Paulus und Silas freizulassen. Der Kerkermeister setzte die beiden von diesem Befehl in Kenntnis und forderte sie auf: »So ziehet denn in Frieden dahin!« Doch Paulus erwiderte: »Sie [die Oberen der Stadt] haben uns, die wir Römer sind, ohne Gerichtsurteil öffentlich auspeitschen und in den Kerker werfen lassen, und nun wollen sie uns heimlich wegschicken. So geht es nicht! Sie sollen vielmehr selber kommen und uns hinausgeleiten!« (Apg. 16, 35–37.)

Die Gerichtsdiener vermeldeten dies den Oberen. Diese bekamen es mit der Angst zu tun, weil sie befürchten mussten, dass nun Klage gegen sie erhoben werden könnte, und weil sie die Strafe kannten, die ihnen wegen ihres Vergehens drohte. Also suchten sie Paulus und Silas auf und redeten ihnen gut zu – mit anderen Worten: Sie entschuldigten sich bei ihnen und baten sie, ihnen das Geschehene nicht zu verübeln. Dies versprachen Paulus und Silas. Nun begleiteten die Stadtoberen die beiden aus dem Gefängnis hinaus und baten sie, die Stadt zu verlassen. Paulus und Silas begaben sich hierauf wieder in das Haus der Lydia. (Apg. 16, 38–40.)

Paulus in Thessalonike

Im Haus der Lydia trafen Paulus und Silas die erhofften Brüder an, vor allem Timotheus und Lukas, und sprachen ihnen gut zu. Danach brachen Paulus, Silas und Timotheus von Philippi auf und zogen über

Bei Apollonia (Volvi-See)

Amphipolis und Apollonia nach Thessalonike, dem heutigen Saloniki.

Die Stadt Thessalonike hatte Kassandros im Jahr 316/315 v.Chr. durch Zusammenlegung mehrerer Siedlungen gegründet und sie nach seiner Gattin benannt, die eine Halbschwester Alexanders des Grossen war. Der Name Thessalonike bedeutet 'Sieg über die Thessaler' und erinnerte an die im Jahr 352 v.Chr. erfolgte endgültige Unterwerfung und Befriedung Thessaliens durch König Philipp II. von Mazedonien. Zur Zeit des Paulus war Thessalonike eine volkreiche Handelsstadt und von politischer Bedeutung wegen ihres Hafens und ihrer strategischen Lage innerhalb des römischen Strassensystems. Zudem war Thessalonike Hauptstadt der römischen Provinz Mazedonien und Sitz eines Statthalters. Die Stadt besass eine zahlreiche jüdische Gemeinde (vgl. Apg. 17, 1). Von der Geschichte Thessalonikes und vom Reichtum der antiken Stadt zeugen noch heute bedeutende Denkmäler aus römischer und frühchristlicher Zeit.

In Thessalonike schöpften Paulus und Silas wieder Kraft und neuen Mut; denn sie waren in Philippi übel misshandelt worden und

Thessalonike, Überreste der Säulenhalle im römischen Forum

hatten viel gelitten (1. Thess. 2, 2). Auch in Thessalonike suchten die beiden, wenn auch nicht ohne bängliche Gefühle, die Synagoge auf (Apg. 17, 1f.). In ihr predigte Paulus drei Wochen hindurch das Evangelium auf Grund der Heiligen Schrift in der griechischen Übersetzung, also gemäss der *Septuaginta*. Er verkündete Jesus als den Messias und schilderte das unsägliche Leid, das ihm widerfuhr. Dann legte Paulus dar, wie Jesus nach seinem Kreuzestod aus dem Totenreich wieder auferstand. Von den zahlreichen Griechen, welche die Synagoge besuchten, liessen sich viele überzeugen, desgleichen nicht wenige der vornehmen Frauen Thessalonikes; Juden freilich bekehrten sich nur wenige. (Apg. 17, 1–4.)

Auch in Thessalonike gab es tempelhörige Juden, deren Eifersucht Paulus durch seine Predigten entflammte. Sie rotteten sich zusammen, und auf dem Markt gelang es ihnen, allerlei Müssiggänger um sich zu scharen und einen Auflauf zu erregen. Sie rückten vor das Haus eines gewissen Jason, in welchem sie Paulus und Silas vermuteten. Aber da diese sich nicht dort befanden, schleppten sie kurzerhand den Jason sowie noch einige Glaubensbrüder vor die Oberen der Stadt und schrien: »Diese haben schon den ganzen Erdkreis in Aufruhr versetzt und sind jetzt auch hierhergekommen. Jason hat sie bei sich aufgenommen. Sie alle handeln den Verordnungen des Kaisers zuwider, indem sie behaupten, König sei ein anderer – ein gewisser Jesus!« (Apg. 17, 5–7.)

Tatsächlich gelang es den Juden, das Volk in solche Aufregung zu versetzen, dass die Oberen der Stadt den Jason und die vom Pöbel Mitgeschleppten vorläufig festnehmen liessen. Nachdem sie aber von den Verhafteten Bürgschaften erhalten hatten, gaben sie alle wieder frei. (Apg. 17, 7–9.)

Paulus und Silas hatten sich inzwischen versteckt gehalten. Ihre Glaubensbrüder legten ihnen dringend nahe, die Stadt bei Nacht zu verlassen, und so reisten die beiden heimlich nach Beroia weiter. Auch dort suchten sie die Synagoge auf. Hier war man ihnen im Gegensatz zu Thessalonike wohlgesinnt. Man nahm ihre Verkündigung bereitwillig auf und durchforschte die Schriften, ob es sich wirklich so verhalte, wie Paulus und Silas darlegten. Viele Juden wurden gläubig, desgleichen eine nicht geringe Anzahl der angesehenen griechischen Frauen und Männer von Beroia. (Apg. 17, 10–12.)

Als die tempelhörigen Juden von Thessalonike dies erfuhren, machten sich einige von ihnen nach Beroia auf. Auch diesmal gelang es ihnen, den Pöbel gegen Paulus und Silas aufzuhetzen. Die beiden beschlossen, sich zu trennen. Silas und Timotheus sollten noch eine gewisse Zeit hindurch in Mazedonien bleiben, um die dortigen Gemeinden im Glauben zu stärken. Diese beiden aber sandten den Paulus an die Küste (Apg. 17, 14), wo er so rasch als möglich in See stechen sollte. Reiseziel war Athen.

Allen Anzeichen nach erfolgte diese überstürzte Seereise im Herbst des Jahres 49 oder 50, als die 'Linienschiffahrt' auf dem Mittelmeer bereits eingestellt war; dies geschah regelmässig in der Zeit von Oktober bis Mitte Mai. Offenbar fand aber Paulus an der Küste ein Fischerboot, das ihn bis nach Athen beförderte. Vielleicht war es damals zu einem jener Schiffbrüche gekommen, von denen Paulus berichtet (2. Kor. 11, 25).

Seit dem Aufenthalt in Jerusalem im Jahr 44 (also im Zeitraum von ungefähr sechs Jahren) hatte Paulus bis nach Athen auf dem Landweg eine Strecke von rund dreitausend Kilometern – meist wohl zu Fuss – und auf dem Seeweg von rund achthundert Kilometern zurückgelegt. Während dieser Zeit hatte er die grosse Gemeinde im syrischen Antiochia besucht, die Gemeinden in Syrien und Kilikien, in Derbe und Lystra im Glauben bestärkt und die Gemeinden in Troas, Philippi, Thessalonike und Beroia begründet. Während dieser ganzen Zeit musste Paulus aber auch beruflicher Arbeit als Zeltmacher nachgehen, um seine Reise und die seiner Mitarbeiter finanzieren zu können (vgl. 1. Thess. 2, 9; 2. Thess. 3, 7f.). Behält man all dies im Blick, so stellt man bei der zweiten Missionsreise des Paulus gegenüber seiner ersten eine gewaltige Leistungssteigerung fest.

Paulus in Athen

Zur Zeit des Paulus hatte Athen schwerlich mehr als zwanzigtausend Einwohner. An Bevölkerungszahl und wirtschaftlicher Bedeutung war Athen längst von Korinth überflügelt worden, der aufstrebenden Hauptstadt der römischen Provinz Achaia. Von Athens grosser Vergangenheit und seiner berühmten, von Platon gestifteten Akademie waren nur noch klägliche Reste übriggeblieben.

In diesem klein gewordenen, aber immer noch geschichtsträchtigen Athen wartete Paulus das Eintreffen von Silas und Timotheus ab. Sie kamen denn auch nach einiger Zeit in Athen an und vermeldeten, die Gemeinde von Thessalonike lebe immer noch in grosser Drangsal. Das erweckte das Mitleid des Paulus, und daher sandte er Timotheus dorthin zurück mit dem Auftrag, die Gemeinde im Glauben zu bestärken, sie aber auch zu ermahnen, sich nicht länger ihrer Trübsal hinzugeben, da sie als Stütze jetzt doch den neuen Glauben besässen. (1. Thess. 3, 1–4.)

Schon bald nach seiner Ankunft in Athen hatte Paulus die Stadt besichtigt. Er entsetzte sich über die Unzahl Götzenbilder, die ihm auf Schritt und Tritt begegneten (Apg. 17, 16). In Athen hatten sich diese mit all dem Unwesen, das sich an sie hängte, breitgemacht. Doch einmal geschah es, dass Paulus auf einen Altar stiess, dessen Inschrift ihn höchlichst fesselte. Sie lautete nämlich: »Einem unbekannten Gott.«

Diese Inschrift beeindruckte Paulus um so mehr, als ja auch den Israeliten ihr Herr seinem Namen nach *unbekannt* geblieben war. Als Mose bei seiner Berufung den Herrn nach seinem Namen fragte, um ihn den Israeliten nennen zu können, sprach der Herr nur das rätselhafte Wort: »Jahwe« (2. Mose 3, 13). Dieses ist zu übersetzen mit: »Ich bin, der ich bin«, in der Bedeutung: »Ich bin der, als der ich mich erweise.«[29] Darauf fuhr der Herr fort: »So sollst du den Israeliten sagen: Jahwe [der 'ich bin'] hat mich zu euch gesandt.« (2. Mose 3, 14.) Der Herr verriet also dem Mose und dem israelitischen Volk nicht, wer er war – nämlich der *Gesalbte Gottes*, der »von Urzeiten an« (Jes. 63, 16) verheissene Erlöser –; auch der Prophet Jesaja verriet dies den Juden nicht[30], obwohl zumindest er als der 'Herold der Herolde' es sicher genau wusste.

Aus diesem Grund waren sich die Juden darüber im unklaren, wer der Messias, also der »Gesalbte«, sein werde – nämlich Christus. Die einen meinten, der Messias werde der wiedergeborene Sohn Davids sein, also Salomo; andere erwarteten in ihm den wiedergeborenen Elia, wieder andere sonst einen der früheren Propheten. *Aus diesem Grund* mussten Jesus und Paulus sich bemühen, den Juden an Hand der Psalmen – diese kannte ja jeder Jude, wurden sie doch in den Synagogen gesungen – zu beweisen, dass alle die vorgenannten Annahmen irrig waren.

In der von Juden angefertigten griechischen Übersetzung des Alten Testaments, also in der von uns schon oft genannten *Septuaginta*, wurde *Jahwe* nicht mit *Kýrios*, 'Herr', übersetzt; vielmehr wurde von ihnen das hebräische Tetragramm YHWH beibehalten, also die vier hebräischen Buchstaben für Jahwe.[31] Soweit wir sehen, war Paulus der erste, der das Vierzeichenwort YHWH auf griechisch mit Kýrios, 'Herr', richtig wiedergab; er hat diesen jedoch klar und deutlich von Gott unterschieden (1. Kor. 8, 6).[32] Paulus hatte eben erkannt, dass Jahwe kein anderer als der verheissene Messias war – der »Gesalbte Gottes«, also Christus.

Wo immer Paulus in Athen auf Juden und gottesfürchtige Menschen stiess, versuchte er, mit ihnen ins Gespräch zu kommen. Dabei fragte er sie offenbar wiederholt, ob sie denn immer noch nicht wüssten, wer jener »unbekannte Gott« sei, zu dessen Ehren in der Stadt ein Altar errichtet worden war. Auch mit einigen epikureischen und stoischen Philosophen liess er sich ein, also mit Vertretern der beiden damaligen Hauptrichtungen der griechischen Philosophie. (Apg. 17, 17f.)

Die Epikureer verfochten die Meinung, die Natur aller Dinge sei völlig zufälliger Art und aus sich selbst entstanden; das den Menschen Sichtbare bilde die Grenze der Natur aller Dinge. Ihrer atheistischen Weltanschauung legten die Epikureer also nur das zugrunde, was der Mensch mit seinen Sinnen wahrzunehmen vermag. Da die Epikureer sich der Erkenntnis des Übernatürlichen vollständig verschlossen, waren sie gänzlich ausserstande, Geistig-Feinstoffliches zu erkennen.[33] Als logische Folge dieser Denkweise strebten die Epikureer nach möglichst uneingeschränktem Sinnengenuss.

Die Stoiker hingegen erkannten hinter der für den Menschen wahrnehmbaren Natur der Dinge wenigstens eine göttliche Kraft.[34] Also verschlossen sie sich dem Übernatürlichen nicht gänzlich, hielten es aber so weit von sich entfernt, dass sie davon nur verschwommene Umrisse erkennen konnten. Immerhin lehnten sie aus ihrer allvergottenden Glaubensweise heraus alles Unnatürliche und Unvernünftige entschieden ab.[35] Sie wurden dafür bekannt, dass sie sich nicht von ihren leidenschaftlichen Empfindungen hinreissen liessen. Sie erstrebten also die sprichwörtlich gewordene 'stoische Ruhe'.

Als Paulus versuchte, Epikureern und Stoikern zu offenbaren, wer der »unbekannte Gott« der Altarinschrift in Wahrheit ist, was er als Mensch Jesus lehrte und wie er aus dem Totenreich wieder aufstieg, wurde er von ihnen zumeist nicht ernst genommen. Sie kehrten sich von ihm ab mit den Worten: »Was will dieser Schwätzer uns da auftischen?«

Andere unter den Gesprächspartnern des Paulus erkannten hier eine Möglichkeit, sich durch Anzettelung eines gerichtlichen Schauprozesses in Szene zu setzen, was in Athen seit jeher überaus beliebt war.[36] Diese Gelegenheit liessen sie sich nicht entgehen. Sie sprachen sich untereinander ab: »Dieser Mann scheint fremde Gottheiten zu verkünden!«, ergriffen den Paulus kurzerhand und zerrten ihn vor den Areopag, jenen Gerichtshof in Athen, der über Kapitalverbrechen zu befinden hatte.[37] (Apg. 17, 18–21.) Die Verehrung fremder (gegnerischer) Gottheiten war ein solches Kapitalverbrechen; auf ihm stand die Todesstrafe.

Areopagfelsen, Athen

Schon vierhundert Jahre früher war in Athen dem Sokrates vorgeworfen worden, er glaube nicht an die überkommenen Götter, sondern erfinde neue; dadurch verderbe er die Jugend. Dies berichtet Platon in seinem *Euthyphron* (2a–3d). Sokrates wurde auf diese Anklage hin schuldig gesprochen und musste den tödlichen Schierlingsbecher trinken.

Der Areopag tagte auf dem gleichnamigen Hügel in Athen. Von diesem hohen Gericht wurde Paulus in öffentlicher Verhandlung gefragt: »Können wir erfahren, was für eine neue Lehre das ist, die von dir vorgetragen wird? Du bringst befremdliche Dinge vor unsere Ohren; so wollen wir nun erfahren, wie es sich damit verhält.« (Apg. 17, 19f.)

Diese pharisäerhaft freundlichen Worte täuschten Paulus nicht über den Ernst seiner Lage hinweg. Er verteidigte seinen Gottesglauben aufrichtig, vermied es dabei jedoch äusserst geschickt, seinen Widersachern eine Angriffsfläche zu bieten.

Paulus antwortete dem Areopag: »Ihr Männer von Athen, ich sehe an allem, dass ihr recht viel Scheu vor euren Göttern habt; denn als ich umherging und eure Heiligtümer besichtigte, fand ich auch einen Altar, an dem die Aufschrift steht: "Einem unbekannten Gott." Was ihr nun verehrt, ohne es zu kennen, das verkündige ich euch. Gott, der die Welt geschaffen hat und alles, was darinnen ist, *er*, der Herr Himmels und der Erde, wohnt nicht in Tempeln, die von Menschenhand gemacht sind, noch lässt er sich von Menschenhand Dienste erweisen, als ob er noch etwas bedürfte, während *er* doch selbst allen das Leben, den Atem, überhaupt alles gibt.« (Apg. 17, 22–25.)

Mit solchen unverfänglichen Worten verurteilte Paulus all die Prunkgebäude und die dort von den Athenern dargebrachten Opfer, die sie ihren verschiedenen selbstersonnenen Göttern weihten.

Paulus fuhr fort: »Er [Gott] hat von *einem* 'Menschen' [vgl. 1. Kor. 15, 45–49] alle Völker abstammen und sie auf dem ganzen Erdkreis wohnen lassen. Im voraus hat *er* ihre Zeiten und die Grenzen ihres Wohnens bestimmt, damit sie Gott suchten, ob sie *ihn* wohl spüren und finden möchten, da er doch nicht fern ist von einem jeden unter uns. Denn in *ihm* [d.h. aus seinem Geschlecht] leben und bewegen wir uns und sind wir; sagen doch auch einige eurer Dichter: "Seines Geschlechts sind wir ja auch."[38] Da wir also aus Gottes Geschlecht sind, dürfen wir nicht meinen, Gott sei gleich Gold oder Silber oder

Stein, also gleich einem Gebilde menschlicher Kunst und Erfindung.« (Apg. 17, 26–29.)

Wieder war es Paulus gelungen, in unanfechtbaren Worten den auf Abwege geratenen Athenern ihre Götterbilder als das zu zeigen, was sie wirklich waren: Bilder einer von Menschen erdachten Vielgötterei – also Götzenbilder.

Dann fuhr Paulus fort: »Über die Zeiten der Unwissenheit hat nun Gott hinweggesehen. Jetzt aber lässt er den Menschen verkündigen, sie alle sollten überall innerlich umkehren. Auch hat er einen Tag festgesetzt, um den Erdkreis gemäss der Gerechtigkeit zu richten durch einen, den *er* dafür bestimmt hat. Diesen hat er für jedermann dadurch beglaubigt, dass er ihn von den Toten auferweckt hat.« (Apg. 17, 30f.)

Auf so glänzende Art und Weise verteidigte sich Paulus. Zugleich machte er dabei die biblischen Aussagen dem griechischen Denken zugänglich. Wir zweifeln nicht: Auch diesmal sprach durch Paulus ein Geist Gottes. Freilich, die meisten seiner Zuhörer spotteten über seine Verkündigung. Einige sagten herablassend zu ihm: »Darüber wollen wir dich ein andermal anhören…«

Der Areopag sah also ein, dass man den Paulus nicht anklagen könne, er verkünde eine *neue*, ketzerische Lehre. Offenbar glaube Paulus – so meinten die Richter – lediglich an einen unbekannten Gott, dessen Altar in Athen ihnen ja bekannt war. Des Paulus Behauptung, dieser unbekannte Gott lasse den Erdkreis richten durch den, welchen er von den Toten auferweckte, hielten sie offensichtlich für albern, und so liessen sie Paulus laufen (Apg. 17, 32f.). Einige der Zuhörer der Gerichtsverhandlung jedoch, darunter sogar einer der Richter namens Dionysos sowie eine Frau namens Damaris, schlossen sich dem Paulus an (Apg. 17, 34).

Paulus in Korinth

Das nächste Ziel des Paulus war die berühmte Hafenstadt Korinth an der als Isthmus bekannten Landenge, die das griechische Festland – also Attika – mit der Peloponnes verbindet. Korinth bestand als griechische Siedlung schon seit mindestens 1000 v.Chr. Im Jahr 146 v.Chr. wurde es von den Römern erobert und zerstört. Erst im Jahr 44 v.Chr. gründete Julius Cäsar die Stadt neu. Sie wuchs rasch durch den Zustrom römischer Staatsbürger und Freigelassener italischer und hellenischer Herkunft. Auch zahlreiche Juden siedelten sich in Korinth an. Im Jahre 27 v.Chr. wurde es Hauptstadt der neugeschaffenen römischen Provinz Achaia.

Die römischen Kaiser Caligula (37–41) und Nero (54–68) nahmen den schon vom persischen Grosskönig Xerxes (486–464 v.Chr.) begonnenen Plan eines Kanaldurchstichs durch den Isthmus wieder auf. Vollendet wurde das Vorhaben in der Antike jedoch nicht mehr, sondern erst gegen Ende des vorigen Jahrhunderts. Zuvor, im Jahr 1858, war Korinth durch ein Erdbeben zerstört und verlassen worden.

Korinth besass zwei Häfen: Kenchreae auf der Ostseite der Landenge für die kürzeste Seeverbindung zum Schwarzen Meer und Lechaion an der Westseite des Isthmus als kürzeste Verbindung nach Rom. Beide Meerbusen waren durch eine Rollbahn verbunden, auf der die Schiffe über die Landenge hinweg vom östlichen Mittelmeer ins westliche und umgekehrt befördert wurden.

Mittelpunkt des heidnischen Lebens von Korinth war ein grosses Aphrodite-'Heiligtum' oberhalb der Stadt auf der Burg Akrokorinth. In vorrömischer Zeit hatten dort tausend Dirnen im Dienst der Tempelprostitution gestanden.[39] Dieser Inbegriff der Unzucht (vgl. 3. Mose 21, 9)[40] war die Hauptattraktion, die Korinth zu bieten hatte. Wohl darauf zurück geht die damals gebräuchliche Wendung: »Nicht jeder kann es sich leisten, nach Korinth zu reisen.« Der Ausdruck 'korinthisch leben' umschrieb ein ausschweifendes Leben. Die korinthische Sittenlosigkeit war also sprichwörtlich geworden.

In Korinth vermischten sich die Kulturen des Morgen- und Abendlandes. In den bis heute erhalten gebliebenen Stadtmauern, Denkmälern, Tempeln, Säulenhallen, Theatern, Bädern usw. spiegelt sich die Geschichte der Stadt wider. Auf dem grossen Marktplatz stand der Richterstuhl des römischen Statthalters, nämlich eine aus mächtigen Quadern errichtete Tribüne; auch Lukas (Apg. 18, 12) erwähnt ihn.

In Korinth bestand auch eine bedeutende jüdische Gemeinde. Bei Ausgrabungen wurde ein steinerner Türbalken gefunden mit der Aufschrift »Synagoge der Hebräer«. Die Schrift ist jedoch ungelenk; offenbar führte die Tür nur in ein schlichtes Gotteshaus.[41] Neben

Südliche Hafenmole von Kenchreae

Berg Akrokorinth, einstiger Standort des grossen Aphrodite-'Heiligtums'

dem Reichtum, der sich in Korinth breitmachte, bestand eben auch ein in tiefer Armut lebendes Heer von Arbeitssklaven. In der Christengemeinde, die Paulus in Korinth aufbaute, waren ebenfalls diejenigen Gläubigen in der Überzahl, die »vor der Welt schwach« und, weil »niedriggeboren, verachtet waren« (1. Kor. 1, 27f.).

Der Sittenlosigkeit, für die Korinth berüchtigt war, vermochten sich auch Mitglieder der Christengemeinde nicht zu entziehen, und deshalb musste Paulus die Gemeinde scharf rügen. Es kam ihm sogar ein Fall von Blutschande zu Ohren. Lang ist seine Aufzählung jener lasterhaften Menschen, die sich in die Gemeinde eingeschlichen hatten und vor denen sie Paulus nachdrücklich warnen musste: Trunkenbolde, Lästerer, Götzendiener, Habsüchtige, Räuber, Ehebrecher, Knabenschänder und Dirnen (1. Kor. 5, 1–13; 6, 9 und 18–20).

Auf dem Isthmus von Korinth wurden auch Wettkämpfe abgehalten, die nach der Landenge benannt und kaum weniger berühmt waren als jene von Olympia. Sogar Paulus erwähnt sie einmal (1. Kor. 9, 24).

Gemäss den vorn im zweiten Kapitel ausgewerteten Quellenzeugnissen traf Paulus im Jahr 50 oder 51 in Korinth ein; er war damals ungefähr 40 Jahre alt. »In Schwachheit, Furcht und grossem Zagen kam ich zu euch«, schrieb er den Korinthern später (1. Kor. 2, 3). In diesen Worten, die wir schon einmal anführten, spiegelten sich wohl die Enttäuschungen wider, die er in Athen erlebt hatte. Dort war er ja einmal mehr in Lebensgefahr geraten; trotz aller Bemühungen erreichte er allem Anschein nach in Athen nicht viel.

In Korinth traf Paulus den aus dem Schwarzmeergebiet (Pontus) gebürtigen Aquila und dessen Ehefrau Priscilla. Das Ehepaar war im Jahr 49 dorthin geflüchtet, weil Kaiser Claudius die Juden aus Rom verbannt hatte. Die Verbannung kann sich jedoch auf die Judenchristen beschränkt haben; denn bei Sueton (in *Claudius* 25) heisst es: »Die Juden vertrieb er [Kaiser Claudius] aus Rom, weil sie, von Chrestus [Christus] aufgehetzt, fortwährend Unruhe stifteten.«

Paulus wurde vom Ehepaar Aquila und Priscilla herzlich aufgenommen. Offensichtlich waren sie bereits Christen; denn Lukas erwähnt nichts von ihrer Bekehrung. Sie dürften durch Juden, die von Rom nach Jerusalem gepilgert und dort Christen geworden waren, schon in Rom für den neuen Glauben gewonnen worden sein.

Auf jeden Fall gab es in Rom eine Christengemeinde schon lange bevor Paulus dorthin kam.

Aquila und Priscilla waren wie Paulus von Beruf Zeltmacher. Lukas erwähnt Priscilla meist *vor* ihrem Gatten Aquila. Aus dieser Hervorhebung dürfte zu folgern sein, dass Priscilla innerhalb der christlichen Hausgemeinde, die sich jeweils um das Ehepaar versammelte, hervorragte (vgl. 1. Kor. 16, 19; Röm. 16, 3). Die Tätigkeit von Priscilla und Aquila beschränkte sich also nicht auf die Hilfeleistung für Paulus; so eng das Ehepaar auch mit ihm zusammenarbeitete, ist doch zugleich dessen Selbständigkeit deutlich.

Priscilla und Aquila waren allen Anzeichen nach beruflich recht erfolgreich und daher auch begütert. Sie konnten von Rom nach Korinth segeln und dort ein Tuchgeschäft gründen und so auch Paulus Arbeit vermitteln. Dasselbe wiederholte sich später in Ephesos, das durch das vielbefahrene Ägäische Meer eng mit Korinth verbunden war. Wenige Jahre danach kehrte das Ehepaar dann nach Rom zurück. (Röm. 16, 3–5.)

An jedem Sabbat suchte Paulus in Korinth die Synagoge auf und warb unter Juden und Griechen für das Evangelium. Als dann Silas und Timotheus aus Mazedonien nachgereist kamen und in Korinth wieder auf Paulus stiessen, fanden sie ihn vollauf damit beschäftigt, die Juden davon zu überzeugen, dass Jesus der Christus war. (Apg. 18, 2–5.)

Allein, es kam, wie es zu erwarten war: Die Juden widersetzten sich dem Paulus auch in Korinth, und sie lästerten Jesus. Voller Zorn schüttelte Paulus sein Oberkleid aus, um all den Schmutz davon zu entfernen, mit dem die Juden ihn beworfen hatten, und rief ihnen zu: »Euer Blut komme über euer Haupt! Ich bin rein; von jetzt an werde ich zu den Heiden gehen!« (Apg. 18, 6.)

Eine löbliche Ausnahme machte der Synagogenvorsteher Crispus. Wohl nicht zuletzt seinetwegen übersiedelte Paulus in das Haus eines Titius Justus, das an die Synagoge angrenzte; nach dem Zeugnis des Lukas war dieser Mann gottesfürchtig. Auf jeden Fall wurde Crispus mit seinem ganzen Haus gläubig und liess sich taufen, bekannte sich also öffentlich als Christen. (Apg. 18, 7f.; 1. Kor. 1, 14.)

Darüber gerieten die Juden natürlich in Wut; doch der Herr sprach in der Nacht zu Paulus »durch ein Gesicht«, das der Apostel erleben durfte: »Fürchte dich nicht, sondern rede, und schweige nicht! Denn ich bin mit dir, und niemand wird dich antasten, um dir Böses zuzufügen; ich habe nämlich viel Volk in dieser Stadt.« (Apg. 18, 9f.) Tatsächlich wurden viele Korinther gläubig und liessen sich taufen. So blieb Paulus eineinhalb Jahre lang dort und lehrte den Korinthern das Wort Gottes (Apg. 18, 8 und 11).

Im Jahre 50 oder 51, als Timotheus von Thessalonike her in Korinth eingetroffen war (1. Thess. 3, 6), schrieb Paulus seinen ersten Brief an die Thessalonicher. Es ist der *erste* Brief von ihm überhaupt, der auf uns gekommen ist. Paulus wollte in ihm seiner Freude und Dankbarkeit Ausdruck verleihen, da die Thessalonicher das Wort des Herrn weiterverbreiteten und ihr Gottesglaube ihm gerühmt worden war (1. Thess. 1, 8–10).

In diesem Brief berichtet Paulus, ein Wort des Herrn habe ihm eine Wiederbegegnung mit ihm verheissen. Gemäss diesem Herrenwort werde Christus ihm – dem Paulus und seinesgleichen[42] – entgegengehen, dann nämlich, wenn sie nach ihrem Abscheiden von der Erde in der Himmelswelt zu Christus entrückt würden – das heisst, ihm entgegenzögen. Dies werde geschehen, wenn die vorher schon Verstorbenen in Christus bereits auferstanden seien. »So werden wir allesamt bei dem Herrn sein.« (1. Thess. 4, 15–17.)

Diese verheissungsvollen Worte des Paulus wurden später nicht mehr verstanden und lösten daher grosse Verwirrung aus, die bis heute anhält. Im einzelnen kommen wir darauf im nächsten Kapitel zurück.

Hier dazu nur soviel: Man meinte, Paulus wäre hier einem Irrtum erlegen, obwohl er doch ausdrücklich betont: »Denn das sagen wir euch als ein Wort des Herrn.« (1. Thess. 4, 15.) Hieraus erhellt unwiderleglich, dass Paulus sein Wissen um eine Wiederbegegnung mit Christus nach der Auferstehung der »Toten in Christus«[43] *von ihm selbst* empfangen hatte. Auf den Gedanken, dass mit diesen »Toten in Christus« etwas anderes als 'Fleisch und Bein' der Verstorbenen gemeint sein könnte – nämlich etwas *Geistiges* –, kam man nicht! Dabei hat doch gerade Lukas das Herrenwort überliefert: »Ein Geist hat nicht Fleisch und Bein!« (Luk. 24, 40.) Anzunehmen, Paulus hätte sich geirrt, lag eben viel näher…

Im Frühsommer des Jahres 51 oder 52 wurde Gallio römischer

Statthalter der Provinz Achaia. Er war – wir erwähnten dies schon – ein Bruder des berühmten römischen Stoa-Philosophen Seneca (geboren um 4 v.Chr., gestorben 65 n.Chr.). Gallio hiess ursprünglich Markus Annaeus Novatus, später – infolge Adoption – Junius Annaeus Gallio. In einer 1905 in Delphi gefundenen Inschrift bezeichnet Kaiser Claudius seinen »Freund Gallio« als den Prokonsul (Statthalter) der Provinz Achaia, und zwar in der Zeit der 26. Akklamation des Kaisers als siegreicher Imperator. Diese 'Bejubelung' lässt sich aus anderen Quellen genauer datieren; sie erfolgte zwischen Januar und August des Jahres 52. Das Amtsjahr eines Statthalters dauerte in der Regel von Mai/Juni bis Mai/Juni des nächsten Jahres. Hieraus errechnet sich das Amtsjahr des Gallio auf 51/52 oder 52/53 n.Chr.

Claudius hatte, wie erwähnt, im Jahr 49 die Judenchristen aus Rom verbannt. Als nun im Frühsommer des Jahres 51 oder 52 sein »Freund Gallio« in Korinth das Statthalteramt antrat, nutzten die Juden diese günstige Lage und verklagten den Paulus einmütig. Allem Anschein nach bezichtigten sie ihn der Verführung und Aufwiegelung des Volkes, weil er behaupte, Jesus von Nazareth, den der römische Präfekt Pilatus in Jerusalem hatte kreuzigen lassen, sei von den Toten auferstanden und sei der Messias und Sohn Gottes.

Überreste des 'Richterstuhls' (Bema) des Statthalters von Korinth

Tatsächlich liess Gallio den Paulus vor Gericht laden. Dem Statthalter mussten nun aber die Juden die *Gesetzwidrigkeit* der Lehre des Paulus beweisen. Sie vermochten aber, indem sie auf ihn zeigten, nur vorzubringen: »Dieser Mann überredet die Leute dazu, auf gesetzwidrige Weise Gott zu verehren!« Als Gallio erkannte, dass die Juden unter 'gesetzwidrig' einen Verstoss gegen ihr *jüdisches* Gesetz meinten, nicht gegen das römische, wies er folgerichtig deren Klage ab.

Gallio begründete seinen Entscheid mit folgenden Worten: »Läge irgendein Verbrechen oder ein böswilliger Schurkenstreich vor, ihr Juden, hätte ich eure Klage billigerweise zugelassen. Da es sich aber um Streitigkeiten über Lehre und Namen im Rahmen des bei euch geltenden Gesetzes handelt, mögt ihr selber zusehen; über solche Dinge will ich nicht Richter sein.« (Apg. 18, 12–16.)

Aus Rache für diese Abfuhr ergriffen die Juden den Synagogenvorsteher Sosthenes und verprügelten ihn auf dem Platz vor dem Richterstuhl, ohne dass der Statthalter eingegriffen hätte (Apg. 18, 17). Sosthenes war eine bedeutende Persönlichkeit in der korinthischen Gemeinde und ein enger Vertrauter und Mitarbeiter von Paulus (vgl. 1. Kor. 1, 1).

Paulus blieb noch einige Tage in Korinth; dann verabschiedete er sich von seinen Glaubensbrüdern und bestieg ein Schiff nach Syrien. Aquila und Priscilla begleiteten ihn bis Ephesos, wo das Schiff ein paar Tage vor Anker blieb. So konnten die drei dort gemeinsam die Synagoge besuchen, wobei Paulus wiederum die Gelegenheit benutzte, das Wort zu ergreifen. Als man ihn bat, er möge doch in Ephesos bleiben, lehnte er ab. Er wusste, dass das Ehepaar Priscilla und Aquila, das jetzt in Ephesos Wohnsitz nahm, sich der Missionstätigkeit genauso eifrig widmen werde wie er selbst. Paulus versprach jedoch, er werde, so Gott es wolle, wiederkommen; dann nahm er von seinen Freunden Abschied.

Das Schiff nahm Kurs auf das offene Meer in Richtung Palästina. Als es den Hafen von Caesarea anfuhr, beschloss Paulus, hier an Land zu gehen und anschliessend der Jerusalemer Gemeinde die für sie gesammelten Gelder zu überbringen, wie es seinerzeit in Antiochia am Orontes mit den Brüdern vereinbart worden war (Apg. 18, 22). Dies geschah also im Herbst des Jahres 51 oder 52.

Als Paulus in Jerusalem sein Versprechen eingelöst hatte, begab er sich nach Antiochia in Syrien, kehrte also zum Ausgangspunkt seiner bisherigen beiden Missionsreisen zurück. Er verweilte dort einige Zeit und ging wieder seinem Beruf nach, um sich das für seine weitere Missionstätigkeit erforderliche Geld zu beschaffen. Dann brach er zu seiner dritten, letzten Missionsreise auf, die ihn zunächst nach Galatien führte.

7. Die dritte Missionsreise des Paulus

Als erstes suchte Paulus seine Heimat Kilikien auf und wird dabei wohl auch in seinem Elternhaus in Tarsos eingekehrt sein – es sollte das letztemal sein. Seine Eltern waren damals, falls sie nicht inzwischen schon das Zeitliche gesegnet hatten, bereits betagt, war doch Paulus jetzt 42 oder 43 Jahre alt.

Von Kilikien aus bereiste er Galatien und Phrygien, also das Kernland Kleinasiens, wohin ihn ja bereits seine zweite Missionsreise geführt hatte. Wir nehmen an, dass er erneut Derbe sowie Lystra, Ikonium und das galatische Antiochia besuchte, um sich davon zu überzeugen, wie es den neu gewonnenen Brüdern erging, und um sie in ihrem Glauben zu bestärken. Auch diese Besuche sollten seine letzten sein.

Hierauf reiste Paulus durch die Landschaft Phrygien nach Ephesos und löste damit auch sein Versprechen ein, wiederzukommen. Zuvor verfasste er jedoch noch ein Rundschreiben an die Galater, den sogenannten Galaterbrief. Aus ihm wird verständlich, weshalb Lukas lediglich berichtet, Paulus habe Galatien »durchreist« (Apg. 18, 23). Von einer weiteren Missionstätigkeit des Paulus dort erwähnt Lukas kein Wort; denn in Galatien war das Ansehen des Paulus als Lehrer des christlichen Glaubens untergraben worden...

Tatsächlich hatte Paulus feststellen müssen, dass sich die Galater schon bald nach seiner gemeinsam mit Barnabas in Galatien verbrachten Zeit dem Evangelium weithin entfremdet hatten und wieder in ihren alten Gesetzesglauben zurückgefallen waren. Gesetzesjuden hatten die Judenchristen mit einem verjudeten Evangelium und mit der Forderung der Beschneidung heimgesucht, die Heidenchristen aber mit deren altem Glauben an die 'Naturmächte' verführt.

Paulus war darüber bestürzt, und seine Erregung, ja sogar eine gewisse Ratlosigkeit spiegelt der Brief wider, den er an die Gemeinden in Galatien richtete (vgl. Gal. 1, 6–10; 3, 1–5; 4, 8–20; 5, 12; 6, 11–13). Anscheinend befürchtete er sogar, er habe sich am Ende vielleicht ganz vergeblich um die Galater bemüht. Auf jeden Fall erschien es ihm notwendig, den Galatern schriftlich alle Gründe anzuführen, weshalb das Mosaische Gesetz seine Geltung eingebüsst und nur noch das Evangelium Jesu Christi Gültigkeit habe. Auf diese Weise konnten seine Darlegungen nicht so leicht falsch aufgefasst werden, und vor allem: Sie konnten nicht so bald in Vergessenheit geraten.

Immerhin ist es denkbar, dass Paulus auf seiner letzten Galatienreise wenigstens seine Reisebörse aufbessern konnte, indem er sich gleichzeitig seiner beruflichen Tätigkeit als Zeltmacher hingab. Im ganzen aber muss diese grosse Reise durch Kleinasien für ihn eine herbe Enttäuschung gewesen sein.

Paulus abermals in Ephesos

Nun war Paulus also, wie versprochen, nach Ephesos an der Westküste Kleinasiens zurückgekehrt. Es war die Stadt der hellenischen Göttin Artemis, der Diana der Römer. Hierher wallfahrteten die Heiden, um das Bild der Göttin zu schauen, das angeblich vom Himmel herabgefallen war (Apg. 19, 35). Natürlich gab es dieses Bild nicht. Dafür gab es eine beachtliche Zunft der Gold- und Silberschmiede, die eifrig Nachbildungen des Artemis-Tempels in Edelmetall anfertigten und als Andenken verkauften. Das Geschäft blühte (vgl. Apg. 19, 24f.) genauso wie der Handel mit Andenken an abendländischen Wallfahrtsorten.

Unseres Erachtens verbarg sich hinter dem vom Himmel gefallenen Artemis-Bild folgender geschichtlicher Kern:

Artemis war eine 'Olympierin', die in der Tat 'gefallen' war – nämlich beim Abfall von einst. Ihrer Sünde wegen war sie in den Hades gestürzt worden. Artemis ist offenbar der Fruchtbarkeitsname jenes Wesens, das die Griechen auch Athene (Kriegsname) nann-

Artemis von Ephesos

ten; eine Entsprechung findet sich im Namen Anat bei den Semiten des Altertums und Hathor bei den alten Ägyptern.[44]

Ehe Paulus nach Ephesos kam, war dort ein aus Alexandria gebürtiger Jude namens Apollos hervorgetreten. Er war ein beredter Mann und in der Schrift – also im Alten Testament – sehr beschlagen.

Apollos war Jünger von Johannes dem Täufer gewesen. Obwohl er also nur die Taufe des Johannes erhalten hatte, predigte er feurigen Geistes über Jesus, sogar in der Synagoge von Ephesos.

Kuretenstrasse von Ephesos

Als Priscilla und Aquila ihn dort gehört hatten, luden sie ihn zu sich ein und legten ihm den von Christus geschaffenen Heilsweg im einzelnen aus. Später bestärkten sie den Apollos in seiner Absicht, nach Korinth zu gehen, wo er den Gläubigen eine grosse Hilfe wurde. (Apg. 18, 24–28.) In der Folgezeit kam es aber unter den Korinthern zu Parteiungen, indem die einen sich zu Paulus bekannten, andere zu Apollos, wieder andere zu Petrus. Dies hat Paulus in seinem ersten Korintherbrief (1, 11–17) scharf gerügt.

In Ephesos begegneten dem Paulus ein Dutzend Jünger des Apollos. Er befragte sie über ihren Glauben, und sie bekannten, nur die Taufe des Johannes zu kennen. Paulus belehrte sie dann über Jesus im einzelnen, von dem der Täufer ja gesagt hatte, er werde nach ihm kommen und man solle an ihn glauben. Daraufhin wurden die Apollos-Jünger gläubig und liessen sich auf den Namen Jesu Christi taufen. Nachdem Paulus ihnen die Hände aufgelegt hatte, wurden sie geisterfüllt, redeten in fremden Zungen und weissagten aus Eingebung. (Apg. 19, 1–6.)

Paulus lehrte in der Synagoge von Ephesos drei Monate hindurch mit seinem bekannten Freimut vom Reiche Gottes und versuchte, die Synagogenbesucher davon zu überzeugen, dass Jesus der Messias war. Als aber einige sich deswegen verstockten und seine Lehre schmähten, trennte er sich von ihnen. Fortan verkündete er das Evangelium im Lehrsaal eines gewissen Tyrannos – und dies zwei Jahre hindurch! Er predigte werktags von 11 Uhr bis 4 Uhr nachmittags; in den Morgenstunden dürfte er wie üblich in seinem Beruf gearbeitet haben. Lukas berichtet: »Alle, die Asia« – also das westliche Drittel von Kleinasien einschliesslich des Westteils von Phrygien – »bewohnten, hörten das Wort des Herrn, Juden sowohl als Griechen.« (Apg. 19, 8–10.)

Durch den heiligen Geist, in dem Paulus wirkte, vermochte er auch Menschen von Krankheiten zu heilen und solche, die von einem bösen Geist besessen waren, von diesem zu befreien. Sogar Kleidungsstücke, die Paulus getragen hatte, sollen Kranken Genesung gebracht haben.

Umherziehende jüdische Geisterbeschwörer – es waren die sieben Söhne eines jüdischen Hohenpriesters namens Skeuas – erblickten nun im Aussprechen des Namens Jesu eine magische Wirkung. Sie bildeten sich ein, sie könnten ebenso erfolgreich wie Paulus böse Geister austreiben, wenn sie im Namen Jesu einen solchen beschworen, den von ihm besetzten Menschen freizugeben. (Apg. 19, 13f.)

Als zwei dieser Söhne des Skeuas einen solchen Versuch unternahmen, erwiderte der böse Geist: »Jesus kenne ich, und auch von Paulus weiss ich; aber wer seid denn schon *ihr*?« Zugleich stürzte er sich durch den von ihm besessenen Menschen auf die beiden, überwältigte sie und liess seine dämonische Kraft so an ihnen aus, dass sie nackt und verwundet aus dem Haus flüchteten, in dem sie den Besessenheitsgeist hatten austreiben wollen. (Apg. 19, 15f.)

Ganz Ephesos erfuhr von diesem Vorfall. Zahlreiche Juden und Griechen überkam die Furcht Gottes, und sie begannen, den Namen des Herrn Jesus zu lobpreisen, wurden also gläubig. Darunter waren nicht wenige, die vordem selber solche 'magische Künste' betrieben hatten. Sie trugen die Schriften zusammen, die dazu anleiteten, und verbrannten sie öffentlich. Der Geldwert dieser Bücher soll über fünfzigtausend Drachmen oder, umgerechnet nach dem heutigen

Silberwert, etwa vierzigtausend Franken betragen haben. (Apg. 19, 17–19.)

Paulus hatte sich vorgenommen, erneut nach Mazedonien und Korinth zu reisen und erst dann wieder nach Jerusalem zu ziehen, um die von ihm gesammelten Spenden der dortigen Gemeinde auszuhändigen (Apg. 19, 21; vgl. 2. Kor. 8, 3); anschliessend wollte er sich nach Rom begeben. Daher sandte er zwei seiner Gehilfen, nämlich Timotheus und Erastus, nach Mazedonien voraus, während er selber sich noch in der Provinz Asia aufhielt (Apg. 19, 22).

Inzwischen zogen sich in Ephesos wegen der Missionstätigkeit des Paulus die Wolken einer schweren öffentlichen Auseinandersetzung zusammen. Dieser hatte nämlich geäussert, Menschenhände könnten keine Götter herstellen; damit hatte er die Anfertigung von Artemis-Figuren und -Tempeln als Andenken verurteilt (Apg. 19, 26f.).

Die Hersteller solcher Andenken, allen voran ein Silberschmied Demetrius, riefen ihre Arbeiter zusammen und wiegelten sie gegen Paulus auf mit den Worten: »Ihr Männer, ihr wisst, dass unser Wohlstand von diesem [unserem] Gewerbe kommt; aber ihr seht und hört, dass dieser Paulus viel Volk nicht bloss in Ephesos, sondern in fast ganz Asia überredet und abspenstig macht, indem er sagt, was mit Händen hergestellt werde, seien keine Götter. Aber es besteht nicht nur die Gefahr, dass dadurch unser Geschäft in Verruf kommt, sondern dass auch das Tempelheiligtum der grossen Göttin Artemis für nichts geachtet wird, ja dass künftig sogar der Majestät [des Kaisers] Abbruch geschieht, die doch von ganz Asia und dem gesamten Erdkreis verehrt wird!« (Apg. 19, 25–27.)

Indem sie Paulus nicht nur vorwarfen, er verachte die Göttin Artemis, sondern auch behaupteten, er wolle der Majestät des Kaisers Abbruch tun, beschuldigten sie ihn eines Verbrechens, auf dem im Römischen Reich die Todesstrafe stand. Diese Anklage war daher für Paulus trotz seines römischen Bürgerrechts höchst bedrohlich.

Dessen waren sich natürlich alle bewusst; aber das wollten sie ja gerade erreichen. »Gross ist die Artemis der Epheser!« grölend, zogen die Andenkenhersteller durch die Stadt und machten Jagd auf Paulus. Den fanden sie allerdings nicht, aber zwei seiner Reisegefährten, die Mazedonier Gajus und Aristarchus; der letztere begleitete später Paulus auf der Seefahrt nach Rom. Die aufgehetzte Menge schleppte die beiden in das grosse Theater mit seinen 24 000 Plätzen, um sie in einem Schauprozess aburteilen und dann in Lynchjustiz hinrichten zu lassen. (Apg. 19, 28f.)

Als ein Jude namens Alexander in die Arena hinabstieg und mit der Hand winkte, um das Wort zu ergreifen, brüllte man ihn nieder. Zwei Stunden hindurch schrie der Pöbel: »Gross ist die Artemis der Epheser!« (Apg. 19, 33f.)

Erst der Stadtschreiber brachte die Menge schliesslich zum Schweigen. Er beschwichtigte die Versammelten, indem er anfing: »Ihr Männer von Ephesos, wo gäbe es denn einen Menschen, der nicht wüsste, dass die Stadt der Epheser den Tempel der grossen Artemis und ihr vom Himmel gefallenes Bildnis in Obhut hält?« Beherzt fuhr er fort: »Da dies unbestreitbar ist, müsst ihr euch beruhigen und nichts Übereiltes tun; denn ihr habt diese Männer hergeführt, die weder Tempelräuber sind noch unsere Göttin lästern. Haben Demetrius und die sonstigen Kunsthandwerker gegen jemand eine Forderung zu erheben, so werden dafür Gerichtstage gehalten und sind Statthalter da; dort mögen sie einander verklagen! Wenn ihr darüber hinaus noch etwas verlangt, wird dies in der gesetzlichen Volksversammlung entschieden werden. Wir müssen nämlich befürchten, wegen des heutigen Tages als Aufrührer angeklagt zu werden, da kein Grund vorliegt, mit dem wir diese Zusammenrottung rechtfertigen könnten.« (Apg. 19, 35–40.)

Die letzten Worte verfehlten ihre Wirkung auf die Menge nicht; denn tatsächlich hatten sich alle durch diese Zusammenrottung des Aufruhrs verdächtig gemacht, und darauf stand die Todesstrafe. Daher zog die Versammlung vor, sich aufzulösen. Durch die beherzten Worte des Stadtschreibers von Ephesos waren die beiden Reisebegleiter des Paulus gerettet worden.

Paulus hatte sich der Versammlung stellen wollen, obwohl er sich dessen bewusst war, dass er gelyncht werden würde, falls nicht göttliches Eingreifen ihn davor bewahrte (2. Kor. 1, 8f.); seine Jünger liessen dies aber nicht zu. Zweifellos hätte sein Erscheinen im Theater von Ephesos nur Öl in das Feuer des Aufruhrs gegossen; ihn hätte man noch weniger zu Wort kommen lassen als den Juden Alexander.

Als der Tumult sich gelegt hatte, verabschiedete sich Paulus in Ephesos von seinen Jüngern und reiste, wie geplant, nach Mazedonien (Apg. 20, 1). Nach dem Zeugnis des Lukas (Apg. 19, 8 in Verbindung mit 19, 10) hatte Paulus zwei Jahre und drei Monate hindurch in Ephesos das Evangelium gepredigt, also vom Herbst des Jahres 52 oder 53 bis in den Winter des Jahres 54/55 oder 55/56. Während dieser Zeit schrieb Paulus mindestens zwei Briefe an die Gemeinde von Korinth, mit der er von Ephesos aus rege Verbindung unterhielt.

Den auf uns gekommenen 2. Korintherbrief schrieb er aber offenbar erst nach der Rückreise aus Korinth in Mazedonien. Somit verfasste Paulus insgesamt mindestens *drei* für Korinth bestimmte Briefe. Der erste ist verlorengegangen. Dass es ihn gab, lässt sich aus 1. Kor. 5, 9–11 schliessen, wo Paulus einen früheren Brief an die Korinther erwähnt. Dessen Inhalt hatten die Korinther missverstanden, und so ersetzte Paulus ihn durch den uns überlieferten 1. Korintherbrief. Aus diesem Grund wurde sein allererster Brief an die Korinther nicht aufbewahrt und ging dieser für uns verloren.

Den heutigen 1. Korintherbrief schrieb Paulus von Ephesos aus als Antwort auf unerfreuliche Nachrichten, die ihn von Korinth her erreicht hatten »durch die Leute der Chloe« (1. Kor. 1, 11), also durch Christen, die zur Familie oder zum Gesinde dieser Frau gehörten. Ungute Nachrichten erreichten ihn auch auf anderem Weg (1. Kor. 5, 1). Paulus war bemüht, alle Glaubensfragen der Korinther zu beantworten und klarzustellen, soweit dies der Erbauung der Gemeinde diente (6, 19; 10, 32; 14, 12). Er gab keine Befehle, sondern führte Gründe an und suchte zu überzeugen.

Im 1. Korintherbrief macht Paulus mehrere die Jahreszeit betreffende Angaben; sie stehen mit der durch die Gallio-Inschrift erfolgten Datierung und mit den Angaben des Lukas in Einklang. Lukas als Augenzeuge ihres gemeinsamen Aufbruchs aus Philippi bei der dritten Missionsreise ermöglicht mit seiner genauen Schilderung sogar eine Datierung nach Tagen.[45] Dadurch wird der zeitliche Rahmen im Jahrzehnt nach der Datierung des Jahres 51 oder 52 ebenfalls genauer ausgefüllt. Dies sei hier als Einschub verdeutlicht.

Paulus hatte geplant, den Winter in Korinth zu verbringen (1. Kor. 16, 5f.). Von dort trat er dann den Rückweg über Mazedonien an.

Lukas berichtet dazu, sie seien nach den Tagen der ungesäuerten Brote, also nach der Passawoche, auf der Rückreise aus Mazedonien in Richtung Jerusalem von Philippi nach Troas gesegelt (Apg. 20, 6); Paulus habe beabsichtigt, diesmal an Ephesos vorbeizufahren, um pünktlich zum Pfingstfest in Jerusalem einzutreffen (Apg. 20, 16). Da es sich um seinen letzten Besuch in Jerusalem handelte, der in das Jahr 59 fiel, war Freitag, der 24. April dieses Jahres, der erste Tag nach dem Fest der ungesäuerten Brote. Dies war also der Tag der Abreise aus Philippi.

Nach diesem Einschub kehren wir zurück zur *Hinreise* des Paulus in Richtung Mazedonien.

Von Ephesos aus zog er nach Troas am Hellespont; dort war während seiner zweiten Missionsreise Lukas zum erstenmal zu ihm gestossen. Auch diesmal fand Paulus in Troas gute Aufnahme, und er predigte dort das Evangelium; allein, wider Erwarten traf er Titus in Troas nicht an (2. Kor. 2, 12f.). Dies beunruhigte Paulus sehr, denn Titus war ihm ein treuer Mitarbeiter geworden und ihm sehr ans Herz gewachsen (2. Kor. 7, 6 und 13f.; 8, 23; 12, 18). Er hatte ihn nämlich von Ephesos aus vorausgeschickt, um die von ihm veranlasste Sammlung von Spenden für die Gemeinde in Jerusalem vorweg zu besorgen. Offenbar hatte Titus ihm aber Nachricht hinterlassen, er sei bereits nach Mazedonien, der nächsten Etappe, weitergereist. Weil Paulus innerlich keine Ruhe fand, nahm er bald wieder Abschied von Troas, um ebenfalls nach Mazedonien aufzubrechen (2. Kor. 2, 13).

Zweiter Aufenthalt des Paulus in Mazedonien und Hellas

Paulus segelte also von Troas nach dem Hafen Neapolis in Mazedonien und reiste von dort weiter zum nahen Philippi. Allein, auch diesmal geriet er in dieser römischen Kolonistenstadt in solche Bedrängnis, dass er bald weiterziehen musste. Vermutlich wartete er in der ihm anhänglichen Gemeinde von Thessalonike auf Titus, und endlich traf er dort ein! Damit fiel Paulus ein wahrer Mühlstein vom Herzen – schreibt er doch, er habe vorher einfach nicht zur Ruhe kommen können, da innere Ängste ihn geplagt hätten; Gott habe ihn dann aber durch die Ankunft des Titus getröstet (2. Kor. 7, 5f.).

Von Mazedonien ging es dann weiter bis nach Korinth als letzter Station. Drei Monate währte der Aufenthalt dort. Von Korinth aus dürfte Paulus seinen grossartigen Brief an die Römer geschrieben haben. Darin betont er nämlich: »Ich habe die Verkündigung Christi ausrichten können bis nach Illyrien [Dalmatien], wobei ich [stets] meine Ehre darein setzte, das Evangelium nicht da zu verkünden, wo Christus schon bekannt war, weil ich nicht auf fremdem Boden bauen wollte... Das ist auch der Grund, der mich stets daran hinderte, zu euch [nach Rom] zu kommen. Jetzt endlich, wo ich in dieser Gegend keine Arbeit mehr habe, wohl aber seit langen Jahren Sehnsucht hege, zu euch zu kommen, [werde ich es tun können,] sobald ich nach Spanien reise; denn ich hoffe, auf der Durchreise euch zu sehen und, von euch geleitet, dorthin zu reisen, nachdem ich mich zuvor an euch [ohne euch beschwerlich zu fallen] erquickt habe. Jetzt aber reise ich [erst] nach Jerusalem.« (Röm. 15, 19–25.)

Offenbar hatte sich der Widerstand der Juden gegen Paulus auf der ganzen Linie, von Jerusalem bis zum Balkan, so organisiert und verhärtet, dass dort eine weitere Missionstätigkeit für ihn zur Zeit weder möglich noch sinnvoll gewesen wäre. Wegen der ihm in diesen Gebieten drohenden Gefahr wollte er sich nun Spanien zuwenden; denn eine Betätigung in Richtung des Schwarzmeergebiets (Mysien, Bithynien) war ihm ja bereits während seiner zweiten Missionsreise auf Geheiss der Gotteswelt verwehrt worden (Apg. 16, 6–8). Das nächste Ziel des Paulus war jetzt Jerusalem, wo er den Not und Hunger leidenden Gläubigen die von ihm gesammelten Spenden aushändigen wollte.

Paulus wollte noch vor Pfingsten in Jerusalem eintreffen, also vor dem 7. Juni des Jahres 59.[46] Es sollte seine letzte Reise dorthin werden. Wegen eines Anschlags, der gegen ihn unternommen wurde, als er sich nach Syrien einschiffen wollte, entschloss sich Paulus, mit seinen Begleitern die Rückreise zunächst auf dem Landweg, also über Mazedonien, anzutreten (Apg. 20, 1–3).

Von Korinth bis Philippi wurde Paulus von nicht weniger als sieben Jüngern begleitet – ganz offensichtlich zu seinem Schutz! Es waren: Sopater, Sohn des Pyrrhus, aus Beroia; Aristarchus und Sekundus aus Thessalonike; Gajus aus Derbe und Timotheus aus Lystra; dazu kamen noch Tychikus und Trophimus aus der Provinz

Asia. Von Philippi aus zogen die sieben dann voraus nach Troas (Apg. 20, 4f.).

In Philippi selbst stiess Lukas abermals zu Paulus. Beide stachen nach den Tagen der »ungesäuerten Brote«, also eine Woche nach Ostern, vom Hafen Neapolis bei Philippi aus in See. Dies geschah – wie erwähnt – am Freitag, dem 24. April des Jahres 59. Bis Troas brauchten sie fünf Tage; offenbar war ihnen der Wind nicht günstig (Apg. 20, 6).

Letzter Aufenthalt des Paulus in Kleinasien

Als man sich am Sonntag, dem Tag des Herrn, im Gedenken an den schwersten Tag seines menschlichen Lebens und zugleich in Erinnerung an seine Auferstehung versammelt hatte, um das Brot zu brechen – also Abendmahl zu feiern –, sprach Paulus vor der Christengemeinde in Troas bis Mitternacht; denn er wollte am nächsten Morgen abreisen. Da ereignete sich ein Zwischenfall.

Obgleich im Obergemach, in dem man sich versammelt hatte, viele Öllampen brannten – Lukas, unser Berichterstatter, war ja dabei –, wurde ein Jüngling namens Eutychos vom Schlaf übermannt, weil Paulus immer weiter redete. Der junge Mann hatte in der Fensteröffnung gesessen und fiel nun vom dritten Stock hinab. Als man ihn aufhob, wurde er für tot gehalten. Da eilte Paulus zu ihm hinab, warf sich über ihn, umfasste ihn und beruhigte die herbeigeeilten Umstehenden: »Regt euch nicht auf, denn seine Seele [als Sitz des Lebens] ist noch in ihm!« Zur Erleichterung aller stellte sich heraus, dass dem tatsächlich so war. Paulus war nach seiner Bemerkung gleich wieder ins Obergemach hinaufgestiegen. Er führte das Abendmahl zu Ende und redete daraufhin sogar noch weiter bis zum Anbruch des Tages; dann erst brach er auf. (Apg. 20, 7–12.)

Mehrere Begleiter von Paulus, darunter Lukas, nahmen vorweg ein Schiff und vermeldeten das in Assus bevorstehende Eintreffen des Apostels. Dort warteten sie seine Ankunft ab. Er traf dann zu Fuss in Assus ein, und sie setzten gemeinsam nach Mytilene (Lesbos) über. Von dort gelangten sie am nächsten Tag bis auf die Höhe der Insel Chios. Tags darauf legten sie in Samos an, und wieder einen Tag später erreichten sie Milet.

In der Antike war Milet eine der wichtigsten Städte von Ionien, des griechischen Siedlungsgebietes an der kleinasiatischen Westküste mit den Inseln Chios und Samos. Infolge allmählicher Versandung des Hafens von Milet durch den Fluss Mäander mit seinen berühmt gewordenen vielen Windungen (heute türkisch Büyük Menderes) verlor die Stadt in der Spätantike an Bedeutung.

Römisches Theater von Milet mit 24000 Plätzen

Von Milet aus sandte Paulus Boten in das etwa fünfzig Kilometer nördlich gelegene Ephesos und liess die Ältesten der dortigen Christengemeinde zu sich rufen. Mit bewegenden Worten nahm er von ihnen Abschied. Auf den letzten Stationen seiner dritten Missionsreise war es ihm zur inneren Gewissheit geworden, dass seiner in Jerusalem Verhaftung und bitteres Leid harrten. Er war sich dessen sicher, die Gemeinde von Ephesos nicht wiederzusehen; denn »von Stadt zu Stadt« erreichte ihn die Kunde vom Zorn seitens ganz Jerusalems, weil er am Tempel 'kein gutes Haar' mehr gelassen habe. (Apg. 20, 17–25; 21, 23f.)

Nachdem Paulus den Ältesten seine bedrohliche Lage dargelegt hatte, sprach er zu ihnen: »Ich weiss, dass nach meinem Weggang reissende Wölfe zu euch kommen werden, welche die Herde nicht schonen. Selbst aus eurer eigenen Mitte werden Männer auftreten, die verkehrte Lehren vorbringen, um die Gläubigen zu sich herüberzuziehen. Darum seid wachsam!« (Apg. 20, 29–31.)

Nach dieser Warnung empfahl er die Gemeinde Gott und dem Wort seiner Gnade – also Christus –, damit sie Kraft gewinne, sich zu erbauen und das Erbe Christi unter allen Gottesfürchtigen zu verbreiten. Als Mahnung fügte er hinzu: »Weder Silber noch Gold noch Kleidung habe ich von jemandem begehrt. Ihr wisst selbst, dass diese meine Hände für meine eigenen Bedürfnisse und die meiner Begleiter gesorgt haben. Auf alle Weise habe ich so gezeigt, dass man in dieser Art arbeiten und sich dann auch noch der Schwachen annehmen muss, eingedenk der Worte des Herrn Jesus, die er selbst sprach: "Geben ist seliger als nehmen!"« (Apg. 20, 32–35.)

Ein einziger Blick auf die Geschichte der Kirchen lehrt, wie sehr die Verkünder der Heilsbotschaft gegen diese Mahnung verstossen haben, ja bis zum heutigen Tag – von wenigen rühmlichen Ausnahmen abgesehen – gegen sie verstossen.

Als sich Paulus und Lukas in Milet von den Ältesten aus Ephesos »losgerissen« hatten und zu Schiff gegangen waren, erreichten sie in gerader Fahrt die Insel Kos, tags darauf Rhodos, und segelten von da nach Patara und Myra unweit vom heutigen türkischen Finike. Als sie dort ein Schiff fanden, das nach Phönizien hinüberfuhr, bestiegen sie es und segelten, Zypern links liegen lassend, nach Tyrus und von dort nach Ptolemais, dem heutigen Akko in Palästina. (Apg. 21, 1–3 und 7.)

Auf dem Landweg erreichten die Reisenden dann Caesarea an der Küste, besuchten das Haus des Apostels Philippus und blieben mehrere Tage bei ihm. Hier begegnete ihnen erneut jener Agabus, den Paulus zum erstenmal in Antiochia am Orontes – vor Antritt seiner ersten Missionsreise – erlebt hatte. Er bestätigte dem Paulus »im Namen des heiligen Geistes«, der ihn begleitete, er werde in Jerusalem verhaftet werden. Als die Begleiter des Paulus dies vernahmen, flehten sie ihn an, doch nicht nach Jerusalem hinaufzuziehen. Allein, Paulus liess sich nicht beirren. Schliesslich beruhigten sich seine Begleiter und sagten: »Der Wille des Herrn geschehe!« (Apg. 21, 8–14.)

Schliesslich brachten die Brüder den Paulus und die Seinen von Caesarea auf den Weg nach Jerusalem, der ungefähr hundert Kilometer beträgt. Unterwegs waren sie noch Gast bei einem gewissen Mnason aus Zypern. Am Abend des folgenden Tages trafen sie in Jerusalem ein und begaben sich am nächsten Morgen sogleich zum Herrenbruder Jakobus.

8. Die Gefangennahme des Paulus in Jerusalem

Nachdem sich alle Ältesten bei Jakobus eingefunden und sich alle herzlich begrüsst hatten, gab Paulus einen ins einzelne gehenden Bericht über all das, was der Herr durch ihn gewirkt hatte. Anschliessend wird Paulus die mitgebrachten, von ihm für die Jerusalemer Gemeinde gesammelten Spenden ausgehändigt haben. Man nahm alles mit grosser Freude entgegen und pries Gott, dass so viele Menschen den Weg zum wahren Glauben fanden. (Apg. 21, 18–20.)

Dann ergriff einer der Ältesten von Jerusalem das Wort: »Wie du siehst, Bruder, gibt es unter den gläubig Gewordenen viele[47] Juden, die Eiferer für das [Mosaische] Gesetz geblieben sind. Sie haben gehört, du lehrtest allen unter den Heiden wohnhaften Juden den Abfall von Mose, indem du sie aufforderst, ihre Söhne nicht beschneiden zu lassen und sich nicht nach den [mosaischen] Gebräuchen zu richten. Was machen wir nun? Sie werden auf alle Fälle erfahren, dass du gekommen bist.« (Apg. 21, 20–22.)

Nun befanden sich unter den Brüdern vier, die ein Gelübde abgelegt hatten, eine gewisse Zeit hindurch gewisse Opfer auf sich zu nehmen und auch keine berauschenden Getränke zu geniessen. Als Zeichen dieses Gelübdes hatten sie sich Schläfenlocken wachsen lassen. Um der falschen Meinung zu begegnen, Paulus lasse am Tempel 'kein gutes Haar', solle er für diese vier Männer das als 'Zeugnis' gedachte Abschneiden und Verbrennen ihres Haares im Tempelvorhof (vgl. 4. Mose 6, 1–21) bezahlen, damit alle erkennen könnten, dass an dem, was über ihn geredet werde, 'kein Haar' stimme; allen sollte vielmehr klargemacht werden, dass auch Paulus Gottes Gesetze einhalte und allen Neubekehrten vorschreibe, sich zu hüten vor dem Genuss von

Götzenopferfleisch (vgl. 4. Mose 25, 2), von Blut und von Fleisch voller Blut (3. Mose 19, 26) sowie vor Unzucht (3. Mose 19, 29). (Apg. 21, 23–25.)

Als es auf das Wochenfest zuging, das im Jahr 59 auf den 7. Juni fiel, erkannten Juden aus Asia im Tempel ihren Todfeind Paulus, hielten ihn fest und schrien: »Ihr israelitischen Männer, kommt zu Hilfe! Das ist der Mensch, der überall gegen unser Volk und das Gesetz und diese Stätte predigt! Sogar Griechen hat er in den Tempel geführt und dadurch diese heilige Stätte entweiht!« Sie hatten nämlich vorher den Trophimus aus Ephesos mit Paulus in der Stadt gesehen und meinten nun, er habe ihn in den Tempel geführt. (Apg. 21, 27–29.)

Die Kunde von der Festnahme des Paulus verbreitete sich wie ein Lauffeuer, und so entstand ein grosser Volksauflauf. Im Tumult zerrten sie ihn aus dem Tempel heraus auf den Platz davor und verschlossen das Tor hinter ihm, damit er nicht in den Schutz des Tempels flüchten konnte; denn das Tempelinnere durfte nicht durch eine Mordtat entweiht werden (vgl. 2. Chron. 24, 20f.).

Überrest der westlichen Mauer des herodianischen Tempelbezirks (Klagemauer), Jerusalem

Sie schleppten Paulus aus dem Tempel heraus, um ihn umzubringen – aber inzwischen war die Meldung vom Volksaufruhr an den römischen Kommandanten auf die Burg Antonia gelangt. Diese von Herodes I. erbaute und auf den Namen seines römischen Gönners Antonius getaufte Burg überragte den Tempelplatz an dessen Nordwestecke. Von ihr konnte jede Unruhe auf dem Tempelgelände sofort beobachtet und unter Kontrolle gebracht werden; darauf kam es besonders bei Wallfahrtsfesten an. Die Burg diente zugleich als Kaserne für eine römische Kohorte, also für etwa tausend Mann Infanterie.

Paulus in römischem Gewahrsam

Der Kommandant, ein Tribun oder Oberst namens Claudius Lysias (Apg. 23, 26), war sogleich mit Truppen und einigen Zenturionen (Hauptleuten) ausgerückt, eilte zum Tempelplatz hinab und trat dem Pöbel entgegen. Als die Anführer der Juden die mit blanken Waffen heraneilenden römischen Soldaten erblickten, hörten sie auf, Paulus zu schlagen. (Apg. 21, 30–32.)

Claudias Lysias verhinderte also in letzter Minute einen Lynchmord an Paulus. Er liess ihn jedoch sofort verhaften und fesseln, weil er in ihm auf jeden Fall einen Unruhestifter erblickte. Der Oberst erkundigte sich, wer der Festgenommene sei und was er verbrochen habe. Aus dem Volk riefen die einen dies, die anderen das. Da Claudius Lysias so nichts Sicheres erfahren konnte, befahl er, den Paulus auf die Burg Antonia zu verbringen. Wegen der nachdrängenden Volksmassen war Paulus ausserstande, die Treppen hinaufzusteigen. Er wurde zwischen seinen Verfolgern und den Soldaten fast erdrückt. Auch konnte er sich, da er ja gefesselt war, keine Luft verschaffen; zudem war er wegen der erlittenen Schläge geschwächt. Daher mussten ihn die Soldaten die Treppe hinaufhieven. Der nachdrängende Mob schrie unaufhörlich: »Bringt ihn um!« (Apg. 21, 33 bis 36.)

Erst oben auf der Treppe gelang es dem Paulus, den Obersten anzusprechen. Er tat dies sehr höflich in gepflegtem Griechisch: »Darf ich dir etwas sagen?«

Der römische Kommandant war darüber sehr erstaunt; denn schon durch seine Sprache erwies sich Paulus als ein ganz anderer als der, welchen er im Verdacht gehabt hatte. »Du kannst Griechisch?« fragte Claudius Lysias verwundert. »Du bist also nicht jener Ägypter, der neulich einen Aufruhr angezettelt hat, indem er viertausend Dolchmänner aufwiegelte und in die Wüste führte?« (Apg. 21, 37f.)[48] Die sogenannten Sikarier oder 'Dolchmänner' waren die militantesten Vertreter der pharisäischen Partei und pflegten ihre Gegner meuchlings mit dem Dolch zu ermorden – daher ihr Name.

Auf die Frage des Obersten antwortete Paulus: »Ich bin ein Jude aus Tarsos in Kilikien, also Bürger einer nicht unberühmten Stadt. Ich bitte dich, erlaube mir, zum Volk zu sprechen!« (Apg. 21, 39.)

Claudius Lysias gab ihm diese Erlaubnis, hoffte er doch, dadurch endlich den Grund des Aufruhrs zu erfahren. Da sich Paulus nicht als der Anführer der 'Dolchmänner' herausgestellt hatte, für den er ihn zunächst hielt, er vielmehr offensichtlich von 'Dolchmännern' auf den Tod bedroht war, bot sich ihm jetzt vielleicht Gelegenheit, einen dieser Gegner des Paulus festnehmen zu können, sobald er sich hervortat.

Etwas der Art lag offenbar in der Luft; denn auf ein Handzeichen des Obersten, durch das er dem Paulus oben auf der Treppe zu reden erlaubte, trat plötzlich völlige Stille ein. Hierauf richtete Paulus folgende Rede an das jüdische Volk, das, ganz betreten, noch stiller wurde, als es Paulus in hebräischer Sprache reden hörte – nicht in der aramäischen Umgangssprache:

»Ihr Brüder, hört meine an euch gerichtete Verteidigung! Ich bin ein Jude, geboren zu Tarsos in Kilikien, erzogen aber in dieser Stadt, zu den Füssen Gamaliels unterrichtet nach der Strenge des Gesetzes der Väter, und ich war ein Eiferer für Gott, wie ihr alle es heute seid. Ich verfolgte diese neue Glaubensrichtung auf den Tod, indem ich Männer und Frauen fesselte und in die Gefängnisse einlieferte, wie mir der Hohepriester und der ganze Hohe Rat bezeugen kann. Nachdem ich von ihnen Briefe an ihre Brüder entgegengenommen hatte, zog ich nach Damaskus, um auch die, welche [von der neuen Glaubensrichtung] dort waren, gefesselt nach Jerusalem zu überführen, damit sie bestraft würden. Doch als ich dahinzog und in die Nähe von Damaskus kam, geschah es, dass mich um Mittag plötzlich ein gewaltiges Licht vom Himmel her umstrahlte. Ich stürzte zu Boden und hörte eine Stimme, die zu mir sprach: "Saul, Saul, warum verfolgst du mich?" Ich aber antwortete: "Wer bist du, Herr?" Er sprach zu mir: "Ich bin Jesus, der Nazoräer, den du verfolgst." Meine Begleiter aber sahen zwar das Licht, doch die Stimme dessen, der zu mir redete, verstanden sie nicht.[49] Da sagte ich: "Was soll ich tun, Herr?" Der Herr aber sprach zu mir: "Steh auf und geh nach Damaskus! Dort wird mit dir über alles geredet werden, was zu tun dir aufgetragen ist." Da ich aber wegen des Glanzes jenes Lichtes nicht mehr sehen konnte, wurde ich von meinen Begleitern an der Hand geführt und kam so nach Damaskus.« (Apg. 21, 40 bis 22, 11.)

Paulus fuhr fort: »Ein gewisser Ananias aber, ein frommer Mann nach dem Gesetz, in gutem Rufe stehend bei allen Juden, die dort wohnten, kam zu mir, trat auf mich zu und sprach zu mir: "Saul, Bruder, werde wieder sehend!", und zur gleichen Stunde wurde ich wieder sehend. Da sagte er: "Der Gott unsrer Väter hat dich dazu bestimmt, seinen Willen zu erkennen, den Gerechten zu schauen und ein Wort aus seinem Mund zu hören; denn du sollst für ihn allen Menschen gegenüber Zeuge sein von dem, was du gesehen und gehört hast. Und nun – was zögerst du? Steh auf, lass dich taufen und reinige dich von deinen Sünden, indem du seinen Namen anrufst!"« (Apg. 22, 12–16.)

»Als ich aber nach Jerusalem zurückgekehrt war und im Tempel betete, geschah es, dass ich in eine Verzückung geriet und *ihn* [den Herrn] wahrnahm, wie er zu mir sprach: "Verlasse eilig Jerusalem, denn sie werden dein Zeugnis über mich hier nicht annehmen!" Ich erwiderte: "Herr, sie wissen doch, dass ich es war, der die, welche an dich glauben, gefangensetzte und in vielen Synagogen schlagen liess, und als das Blut deines Zeugen Stephanus vergossen wurde, stand ich ebenfalls dabei und hatte Wohlgefallen daran und hielt Wache bei den Kleidern derer, die ihn töteten." Da sprach er zu mir: "Gehe, denn ich will dich weit hinaus zu den Heiden senden!"« (Apg. 22, 17–21.)

Auf diese Worte hin begann die Menge wieder zu toben und schrie: »Hinweg vom Erdboden mit ihm! Er hat sein Leben verwirkt!« Als der Mob so schrie und die Leute ihre Kleider schwangen, um Staub aufzuwirbeln, befahl der Oberst, Paulus in die Burg zu schaffen; dort solle man ihn unter Geisselhieben verhören, um so herauszubringen, aus welchem Grund die Juden ein solches Geschrei gegen ihn erhoben. (Apg. 22, 22–24.)

Claudius Lysias hatte nämlich der Rede des Paulus nicht entnehmen können, weshalb die Juden ihn so unmässig verfolgten. Paulus hatte es in seiner Ansprache sehr geschickt vermieden, eine Front gegen sich aufzubauen; vielmehr versuchte er, die Gottesfürchtigen auf seine Seite zu ziehen, indem er ganz auf die jüdische Denk- und Ausdrucksweise einging und ihre Art zu glauben berücksichtigte. Selbst die äusserste Bedrängnis vermochte jedoch Paulus nicht davon abzubringen, das Evangelium zu verkünden; nur passte er seine Predigt eben klug und geschickt den Umständen an, wie er dies ja schon in Athen zu tun verstanden hatte. Er war ein wahrhaft bewunderungswürdiger Gottesstreiter!

Als man Paulus zur Geisselung schon vornübergestreckt hatte, sagte er zu dem dabeistehenden Hauptmann: »Ist es euch erlaubt, einen Römer zu geisseln, und dazu noch ohne Gerichtsurteil?« Als der Hauptmann dies vernahm, ging er sofort zu Claudius Lysias, erstattete Meldung und sagte: »Was willst du tun? Der Mann ist nämlich Römer!« Da eilte der Oberst selbst herbei und fragte Paulus: »Sage mir, bist du wirklich Römer?« Paulus antwortete: »Ja!« Darauf erwiderte der Oberst: »*Ich* habe dieses Bürgerrecht für teures Geld erworben!« Paulus entgegnete nur: »Ich besitze es sogar durch Geburt!« (Apg. 22, 25–28.)

Da liessen die Schergen, die ihn peinlich verhören sollten, sogleich von ihm ab. Der Oberst bekam es sogar mit der Angst zu tun, weil er Paulus hatte fesseln lassen. Da er aber Klarheit darüber gewinnen wollte, was die Juden ihm vorwarfen und was der Grund des Aufruhrs war, liess er Paulus am Tag darauf hinabbringen und vor die Hohenpriester und den ganzen Hohen Rat stellen, den er hatte einberufen lassen. (Apg. 22, 29f.)

Paulus vor dem Hohen Rat in Jerusalem

Erhobenen Hauptes blickte Paulus auf den Hohen Rat und sprach: »Brüder, ich bin mit einem in jeder Hinsicht guten Gewissen im Dienste Gottes gewandelt bis auf diesen Tag.« Da unterbrach ihn der Hohepriester Ananias[50] und befahl denen, die bei ihm standen, ihn auf den Mund zu schlagen. Auf diese scheinheilige Lektion über Gottesfurcht antwortete Paulus mit scharfen Worten: »*Dich* wird Gott schlagen, du getünchte Wand! Und du sitzest da, um mich nach dem Gesetz zu richten, und gegen alles Gesetz befiehlst du, mich zu schlagen?« (Apg. 23, 1–3.)

Da sagten die Umstehenden: »Du wagst es, den Hohenpriester zu beschimpfen?« In verdeckter Anspielung darauf, dass allein Christus der wahre Hohepriester ist, gab Paulus zur Antwort: »Ich wusste nicht, Brüder, dass *er* Hoherpriester ist; denn es steht ja geschrieben: "Dem *Fürsten* deines Volkes [also Christus] sollst du nicht fluchen!"« (2. Mose 22, 28; Apg. 23, 4f.) Da der Hohepriester schon durch seine Gewandung für jeden Juden unverwechselbar war (vgl. 2. Mose 29, 29; 3. Mose 8, 7–9), erkennt man, dass Paulus mit seinen Worten, die eine Entschuldigung zu sein schienen, in Wirklichkeit den Hohenpriester verspottete.

Paulus wusste wohl, dass ein Teil des Hohen Rates aus Sadduzäern bestand, zu denen auch der Hohepriester gehörte[51], während die anderen Pharisäer waren. Beide Lager waren zutiefst zerstritten, und Paulus wusste auch, wie er es anstellen musste, um die beiden Lager dazu zu bringen, sich hitzig zu befehden. Daher fuhr er fort: »Ihr Brüder, ich bin Pharisäer und Sohn von Pharisäern; wegen der Hoffnung auf die Auferstehung der Toten stehe ich jetzt vor eurem Religionsgericht!« (Apg. 23, 6.)

Das versetzte die Pharisäer in heftige Erregung. Sie argwöhnten plötzlich einen Schachzug der Sadduzäer, die behaupteten, es gäbe weder Auferstehung noch Engel noch Geister, während sich die Pharisäer zu all dem bekannten. Sogleich entflammte der alte Zwist, und mit grossem Geschrei lagen sich die beiden Parteien in den Ohren. Weil die Pharisäer meinten, die gegen Paulus erhobene Anschuldigung gelte letztlich ihnen selber mit ihrem Glauben an Geister und Engel, sagten sie: »Wir finden an diesem Menschen nichts Böses. Könnte nicht ein Geist oder ein Engel zu ihm gesprochen haben?« (Apg. 23, 7–9.)

Wegen des Tumults musste Claudius Lysias befürchten, Paulus würde von ihnen buchstäblich entzweigerissen. Daher liess er Truppen herabkommen, die den Paulus aus der Mitte der Streitenden herausholten und ihn wieder auf die Burg Antonia brachten. (Apg. 23, 10.)

Paulus erneut in römischem Gewahrsam

In der darauffolgenden Nacht erhielt Paulus den Auftrag des Herrn: »Sei guten Muts! Denn wie du meine Sache [hier] in Jerusalem bezeugt hast, sollst du auch in Rom Zeugnis ablegen!« (Apg. 23, 11.)

Als der Tag graute, rotteten sich mehr als vierzig Juden zusammen und schwuren mit einem Fluch wider sich selbst, weder zu essen noch zu trinken, ehe sie den Paulus getötet hätten. Sie zogen zum Hohenpriester und zu den Mitgliedern der hohepriesterlichen Familien[52] sowie zu den Ältesten der Sadduzäer im Hohen Rat und trugen ihnen vor: »Wir haben uns mit einem Fluch wider uns selbst feierlich verschworen, nichts zu uns zu nehmen, bis wir den Paulus getötet haben. Werdet also ihr jetzt samt und sonders vom Hohen Rat aus beim Obersten Claudius Lysias vorstellig, er möge den Paulus zu euch herabführen lassen, so als wolltet *ihr* seine Sache genauer untersuchen! Wir stehen dann bereit, ihn umzubringen, noch ehe er in eure Nähe kommt.« (Apg. 23, 12–15.)

Allein, ein Neffe des Paulus, der Sohn seiner Schwester, erfuhr von dieser Verschwörung der Sadduzäer, eilte auf die Burg Antonia und meldete sie seinem Oheim. Darauf liess dieser einen Hauptmann rufen und bat ihn: »Bringe diesen jungen Mann zum Obersten! Er hat ihm nämlich etwas zu melden.« (Apg. 23, 16f.)

Bei dieser Gelegenheit erfahren wir von Lukas, dass der Sohn der Schwester des Paulus im Jahr 59 noch ein *Jüngling*, also kaum älter als 18 Jahre war – ungefähr gleichaltrig wie Saulus bei der Steinigung des Stephanus. Dass Paulus jetzt ungefähr 49 Jahre zählte, steht in Einklang mit dem Alter seiner Schwester; sie dürfte die Ältere von den beiden Geschwistern gewesen sein.

Der Hauptmann brachte den Jüngling mit den Worten zum Obersten: »Der Gefangene Paulus hat mich gerufen und mich gebeten, diesen Jüngling, der dir etwas zu melden habe, zu dir zu führen.« Claudius Lysias nahm ihn bei der Hand, trat mit ihm beiseite und fragte ihn unter vier Augen, was er ihm denn zu melden habe. (Apg. 23, 18f.)

Der Neffe des Paulus erzählte Claudius Lysias, morgen werde eine Abordnung des Hohenpriesters unter dem Vorwand, den Fall des

Paulus genauer untersuchen zu wollen, ihn bitten, er möge den Gefangenen erneut dem Hohen Rat vorführen lassen; tatsächlich aber würden ihm mehr als vierzig Juden auflauern, die geschworen hätten, nicht eher wieder zu essen und zu trinken, bis sie ihn ermordet hätten (Apg. 23, 20f.).

Claudius Lysias schärfte dem Neffen des Paulus ein: »Verrate niemandem, dass du mir dies angezeigt hast!« und entliess ihn. Dann liess er zwei Hauptleute rufen und befahl ihnen, ab neun Uhr abends zweihundert Legionäre, siebzig Reiter und zweihundert Wurfspeerschützen zum Abmarsch nach Caesarea bereitzuhalten; Paulus solle unter sicherem Geleit beritten dem Statthalter Felix von Judäa überstellt werden. (Apg. 23, 22–24.)

Dann verfasste der Oberst folgenden Brief an den Statthalter: »Claudius Lysias entbietet dem hochverehrten Statthalter Felix Heil und Gruss! Diesen Mann, der von den Juden ergriffen worden ist und von ihnen beinahe umgebracht worden wäre, habe ich durch Einsatz von Truppen herausgeholt, da ich erfuhr, dass er Römer ist. Weil ich den Grund erfahren wollte, weshalb sie ihn anschuldigen, liess ich ihn vor ihren Hohen Rat hinabbringen. Dabei fand ich heraus, dass man ihn wegen Streitfragen ihres Gesetzes anklagte, dass aber kein Anklagegrund gegen ihn vorlag, der Tod oder Kerker nach sich zöge. Da mir aber angezeigt wurde, dass ein Anschlag auf den Mann vorbereitet sei, überstelle ich ihn jetzt sofort dir, nachdem ich den Anklägern gebot, die Sache gegen ihn bei dir vorzubringen.« (Apg. 23, 26–30.)

Befehlsgemäss nahmen die Soldaten den Paulus mit sich, brachten ihn des Nachts aus Jerusalem hinaus und zogen im Eilmarsch in das 60 Kilometer entfernte Antipatris am östlichen Rand der Küstenebene zwischen Lydda und Caesarea. Erst dort fühlte sich das Kommando in genügender Sicherheit, um die Infanterie nach Jerusalem zurückzuschicken. Die restlichen 40 Kilometer bis Caesarea wurden in einem guten Halbtagesritt zurückgelegt. (Apg. 23, 31f.)

9. Paulus in Caesarea in Haft

Der Präfekt (Statthalter) Markus Antonius Felix, seiner Herkunft nach ein Freigelassener, war eine äusserst schillernde Persönlichkeit. Seinen Aufstieg verdankte er seinem Bruder Pallas, der als Günstling des Kaisers Claudius zu einem Vermögen von 400 Millionen Sesterzen gekommen war – das sind nach heutigem Wert mehr als 640 Millionen Franken! Er wurde deshalb im Jahr 62 von Kaiser Nero umgebracht.[53] Nach dem römischen Geschichtsschreiber Tacitus (lebte von ungefähr 55 bis um 117) übte Felix sein Statthalteramt »mit königlicher Macht in der Gesinnung eines Sklaven aus«.[54] Nach dem Zeugnis des Flavius Josephus war er sogar ein Meuchelmörder.[55]

Durch vornehme Ehefrauen verstand es Felix, sich nach oben zu schaffen. Seine erste Frau, eine römische Prinzessin – sie stammte von Antonius und Kleopatra ab –, ebnete ihm den Weg in Regierungskreise. Später, als Prokonsul, heiratete er in dritter Ehe die schöne jüdische Prinzessin Drusilla, eine Schwester des Königs Agrippa II.[56] Felix hatte im Jahr 52/53 sein Amt als Statthalter von Judäa angetreten[57]; im Jahr 61 wurde er durch Porcius Festus abgelöst. Dieser starb schon ein Jahr danach.

Wir wissen jetzt, dass Paulus gegen Ende der Tage vor dem Wochenfest des Jahres 59 durch Claudius Lysias dem Statthalter Felix überstellt wurde. In jenem Jahr fiel das Wochenfest auf den 7. Juni; verhaftet wurde Paulus also um den 3. Juni 59. Lukas überliefert uns eine Stelle aus der Verteidigungsrede des Paulus gegenüber Felix, wonach dieser »seit vielen Jahren« Richter über das jüdische Volk gewesen sei (Apg. 24, 10). Diese Äusserung des Paulus steht in Einklang mit einer siebenjährigen Amtszeit des Statthalters Felix, wie sie sich aus obigen Angaben errechnet. Sieben Jahre waren für damalige Zeiten mit ihrem häufigen Ämterwechsel tatsächlich ein ziemlich langer Zeitraum. Übrigens bezeichnete Paulus seine siebenjährige Abwesenheit von Jerusalem in den Jahren 52/53 bis 59 dem Felix gegenüber ebenfalls als eine solche »von vielen Jahren« (Apg. 24, 17).

Paulus vor dem Statthalter Felix in Caesarea

Kaum hatte Felix den Brief des Obersten Claudius Lysias gelesen, unterzog er Paulus einem ersten Verhör. Die weitere Vernehmung verschob Felix bis zum Eintreffen der jüdischen Ankläger aus Jerusalem. Den Paulus liess er im ehemaligen Palast Herodes' I., der seit

Jahrzehnten dem jeweiligen römischen Statthalter von Judäa als Amtssitz diente, in Haft halten.

Fünf Tage danach traf der Hohepriester Ananias mit einigen Ältesten und einem römischen Anwalt namens Tertullus in Caesarea ein, um Anklage gegen Paulus zu erheben. Tertullus war trotz seines römischen Namens höchstwahrscheinlich ein Jude (vgl. Apg. 24, 6). An der Hauptverhandlung hielt Tertullus folgende Anklagerede:

»Durch dich ist uns Heil beschert worden [Felix bedeutet 'der Glückliche'], und durch deine Fürsorge wurden diesem Volk Verbesserungen zuteil. Dies anerkennen wir, hochverehrter Felix, allezeit und allerorts mit grosser Dankbarkeit. Ich will deine Geduld nicht über Gebühr in Anspruch nehmen, sondern bitte dich nur, uns in deiner Güte kurz Gehör zu schenken. Wir mussten nämlich feststellen, dass dieser Mann eine Pest ist, dass er unter allen Juden der Welt Unruhe stiftet und ein Rädelsführer der Sekte der Nazoräer ist. Auch hat er versucht, den Tempel zu entheiligen; dabei haben wir ihn festgenommen. Wenn du ihn verhörst, kannst du all die Dinge, um derentwillen wir ihn verklagen, selbst in Erfahrung bringen.« (Apg. 24, 2–8.)

Ananias und die Ältesten bekräftigten die Anklage und bestätigten als Zeugen, dass es sich so verhalte. Nachdem Felix dem Paulus durch ein Handzeichen das Wort erteilt hatte, antwortete er auf die von Tertullus vorgebrachte Klage wie folgt:

»Ich weiss, dass du [Felix] seit vielen Jahren Richter über dieses Volk bist; darum bringe ich in Zuversicht meine Verteidigung vor. Wie du selbst feststellen kannst, ist es erst siebzehn[58] Tage her, dass ich nach Jerusalem hinaufzog, um anzubeten. Weder im Tempel fanden sie mich mit jemandem ein Streitgespräch führen oder Aufruhr unter dem Volk erregen noch in der Synagoge oder irgendwo in der Stadt. Sie können dir daher auch keinerlei Beweise erbringen für das, wessen sie mich beschuldigen. Ich bekenne aber vor dir, dass ich in einer Glaubensrichtung, die sie eine Sekte nennen, dem Gott meiner Väter diene. Ich glaube an all das, was im Gesetz steht *und* in den Propheten geschrieben ist. Dabei habe ich die gleiche Hoffnung auf Gott, in der auch diese stehen, nämlich dass es eine Auferstehung der Gerechten und der Ungerechten gibt. Darum bemühe ich mich auch selbst, vor Gott und den Menschen in jeder Hinsicht ein reines

Gewissen zu bewahren. Nach vielen Jahren [der Abwesenheit] hatte ich mich [in Jerusalem] eingefunden, um meinem Volk Liebesgaben zu überbringen und um zu opfern. In diesem Zusammenhang traf man mich im Tempel an: als ich für eine Weihe spendete, und das ohne Volksauflauf und ohne Tumult. Einige Juden aber aus Asia [die es auf mich abgesehen haben] müssten eigentlich vor dir erscheinen und Klage führen, falls sie etwas gegen mich vorzubringen hätten, oder diese da sollen [wenigstens] sagen, welches Vergehen sie an mir fanden, als ich vor dem Hohen Rat [Rede und Antwort] stand, es wäre denn wegen meines klaren Ausspruchs in ihrer Mitte: "Wegen der Auferstehung der Toten stehe ich vor eurem Gericht!"« (Apg. 24, 10–21.)

Felix, der über die Glaubensrichtung der Christen Bescheid wusste, vertagte daraufhin die Verhandlung und sagte: »Sobald Oberst Lysias [nach Caesarea herab]kommt, werde ich die Sache entscheiden.« Er befahl einem Hauptmann, Paulus sei in Haft zu behalten; doch als römischem Bürger solle ihm jede Erleichterung gewährt und keiner der Seinen daran gehindert werden, ihm aufzuwarten. (Apg. 24, 22f.)

Es ist bewunderungswürdig, mit welchem Geschick es Paulus gelang, der Klage ihre Grundlage zu entziehen. Diese lautete auf »staatsfeindliche Unruhestiftung« wegen angeblicher Verschwörung mit Jesus, und darauf stand die Todesstrafe.[59]

Andrerseits hatte die schmeichlerische Heuchelei der Kläger ihre Wirkung auf den Statthalter nicht verfehlt. Obwohl seine Frau Drusilla eine Jüdin war, hatte nämlich Felix den Juden gegenüber alles andere als Fürsorge walten lassen – vielmehr hatte er mit brutalen Massnahmen, für die Rom bekannt und gefürchtet war, jede Regung des geknechteten jüdischen Volkes unterdrückt.[60]

Anstatt, wie versprochen, den Obersten Claudius Lysias nach Caesarea zu beordern und den Fall Paulus abzuschliessen, erschien Felix einige Tage später mit seiner schönen Frau Drusilla[61] und forderte Paulus auf, ihn über den Glauben an Jesus Christus zu unterrichten. Seinem scheinheiligen Wesen gemäss wollte er aber nur Paulus reizen und zu unbedachten Äusserungen veranlassen, damit er eine juristische Handhabe gegen ihn bekäme und dadurch Geld erpressen könnte – nur darum war es ihm zu tun; doch dies gelang dem Statthalter nicht. Als Paulus von Gerechtigkeit, von Selbstbeherrschung, vom künftigen Gericht sprach, heuchelte Felix den Erschrockenen und unterbrach Paulus nach Art eines vielbeschäftigten Mannes: »Für diesmal genügt es – geh jetzt! Wenn ich wieder einmal Zeit habe, will ich dich rufen lassen.« Zugleich liess er durchblicken, dass er für seine Freilassung Geld erwarte. Paulus ging auf dieses Ansinnen nicht ein; daher liess Felix ihn wiederholt zu sich rufen. Jedesmal gab er ihm dabei zu verstehen, dass er immer noch auf Geld warte. (Apg. 24, 24–26.)

Mit diesem üblen Spiel hielt Felix den Paulus zwei Jahre hindurch in Caesarea in Haft. Während dieser Zeit schrieb der Apostel womöglich seinen Brief an die Philipper (vgl. Phil. 1, 20f.).

Felix hatte durch seine Arglist und Bestechlichkeit den Zorn des Volkes gegen Rom bedrohlich geschürt.[62] Nachdem sein Bruder Pallas bereits im Jahr 55 bei Nero in Ungnade fiel, wurde im Jahre 61 auch Felix vom Kaiser entlassen und durch Porcius Festus ersetzt.

Über diesen Statthalter wissen wir fast nur das, was die Apostelgeschichte des Lukas von ihm berichtet. Um den Juden, die sich gegen Paulus verschworen hatten, eine Gunst zu erweisen, liess Felix ihn seinem Nachfolger Festus als Gefangenen zurück – sicher nicht ohne von den Juden dafür bestochen worden zu sein (Apg. 24, 26f.); denn Felix missachtete damit die weithin eingehaltene Verwaltungsvorschrift, dem Amtsnachfolger möglichst keine unerledigten Fälle zu hinterlassen.

Paulus vor dem neuen Statthalter Festus

Bereits drei Tage nach seinem Amtsantritt im Juli 61 machte sich Festus nach Jerusalem auf und liess so seinen Willen erkennen, mit dem Hohen Rat zusammenzuarbeiten. Dabei kam der Fall Paulus sogleich zur Sprache. Die Juden, die sich gegen Paulus verschworen hatten, nutzten die Unerfahrenheit des neuen Statthalters aus, indem sie von ihm als ein Zeichen guten Willens die Verlegung des Prozesses nach Jerusalem erbaten. In Wahrheit waren sie nur darauf erpicht, Paulus meuchlings zu ermorden. (Apg. 25, 1–3.)

Festus ging jedoch zunächst nicht darauf ein, sondern wies darauf hin, für eine rasche Erledigung des hängigen Verfahrens in Caesarea sei vorgesorgt; wenn es den zuständigen Anklägern um rasche Erledigung des Falles gehe, könnten sie gleich in seinem Gefolge mit nach Caesarea kommen (Apg. 25, 4f.).

Festus hielt an dem von ihm eingeschlagenen zügigen Vorgehen fest. Er verweilte höchstens zehn Tage in Jerusalem. Bereits am Tag nach seinem Eintreffen in Caesarea berief er die Gerichtsverhandlung gegen Paulus ein. Erneut brachten die Ankläger ihre schweren Beschuldigungen gegen ihn vor, blieben aber Zeugenbeweise schuldig. Paulus wiederholte darauf seine bereits dem Felix vorgebrachte Verteidigung. (Apg. 25, 6–8.)

Da legte Festus dem Paulus völlig überraschend die Frage vor: »Bist du damit einverstanden, nach Jerusalem hinaufzugehen und deinen Prozess dort unter meinem Vorsitz führen zu lassen?« Das war ein ungeheuerliches, ein todgefährliches Ansinnen. Wie konnte Paulus eine Ablehnung begründen, ohne durchblicken zu lassen, der römische Statthalter wolle sich dadurch bei den Juden beliebt machen? Dass ein solcher Beweggrund seiner Frage zugrunde lag, hat Lukas klar erkannt. (Apg. 25, 9.)

Paulus gab eine folgenschwere Antwort: »Ich stehe vor dem Richterstuhl des Kaisers; *da* muss mein Prozess geführt werden. Gegen die Juden habe ich mich [nach römischem Recht] in keiner Weise vergangen, wie du sehr wohl weisst. Sollte ich aber im Unrecht sein und ein todeswürdiges Verbrechen begangen haben, so will ich mich nicht von der Todesstrafe freibitten. Sollten jedoch ihre Anklagen nichtig sein, so kann mich [erst recht] niemand [den Juden – als Gunsterweis –] preisgeben. Ich lege Berufung an den Kaiser ein!« (Apg. 25, 10f.)

Der Statthalter vertrat in Caesarea gemäss römischem Recht den Richterstuhl des Kaisers. Dieser allein war für sein Verfahren zuständig. Obwohl sich Paulus bezüglich des Gerechtigkeitssinnes weltlicher Richter keinerlei Wunschdenken hingab (vgl. 1. Kor. 6, 6), unterwarf er sich der römischen Rechtsordnung. Deshalb durfte er in allem Freimut darauf bestehen, dass das Verfahren gegen ihn vor dem Statthalter zum Abschluss gebracht werde und nicht in Jerusalem, auch wenn das Verfahren dort nominell unter dem Vorsitz des Festus stünde.

In höflichem Ton hatte so Paulus den Vorwurf erhoben, der in der

Sache selbst schärfer nicht hätte vorgebracht werden können: Wenn Festus ihn nicht freilasse, sondern in Jerusalem einen Schauprozess zu veranstalten beabsichtige, sei dies eine Verletzung der römischen Rechtsordnung, der er sich durch Berufung an den Kaiser widersetze.

Wie zu erwarten war, reagierte Festus auf diesen scharfen, aber berechtigten Vorwurf unwirsch. Nachdem er sich aber mit den Beisitzern kurz besprochen hatte – wohl um sich zu vergewissern, ob der Berufung des Paulus schon in diesem Prozessstadium stattgegeben werden könne –, verkündete der Statthalter dem Paulus seinen berühmt gewordenen Entscheid: »An den Kaiser hast du Berufung eingelegt; vor den Kaiser sollst du kommen!« (Apg. 25, 12.)

Wenige Tage später machte König Herodes Agrippa II., wie er mit vollem Namen hiess (regierte von 50 bis etwa 94), zusammen mit seiner Schwester Berenike und einem grossen Hofstaat dem Statthalter Festus seine Aufwartung (Apg. 25, 13). Agrippa II. hatte von seinem Vater Herodes Agrippa I. nur noch einen Teil seines Reiches geerbt, zur Gänze aber dessen Verschwendungssucht und Zügellosigkeit.[63] Seine Schwester Berenike stand ihm darin in nichts nach – hiess es doch von ihr sogar, sie unterhalte mit ihrem Bruder »sündhafte Beziehungen«.[64]

Die beiden bildeten also ein nicht weniger schillerndes Paar als Felix und die schöne Drusilla, die ja auch eine Schwester von Agrippa II. und von Berenike war. Drusilla hatte vom Neid ihrer Schwester viel auszustehen gehabt.[65] Deshalb hatte sie offensichtlich vorher einen Besuch Agrippas II. und der Berenike bei Paulus hintertrieben; jetzt jedoch, nachdem Felix als Statthalter entlassen worden war und Paulus sich in Gewahrsam des Festus befand – wobei ausserdem feststand, dass Paulus nicht nach Jerusalem verbracht würde, sondern dem Kaiser überstellt werden sollte –, konnten Agrippa II. und Berenike ihre Aufwartung beim neuen Statthalter dazu benutzen, den berühmten Apostel doch noch zu erleben.

Festus erfüllte den beiden diesen Wunsch und liess ihnen Paulus vorführen (Apg. 25, 23). Gemäss der Apostelgeschichte, wie sie uns heute überliefert ist, rechtfertigte der Statthalter ihnen gegenüber sein Vorgehen im 'Fall Paulus'. Diese Darstellung erweckt Bedenken. Völlig unglaubwürdig ist die Fortsetzung des Berichts, wonach Paulus sich in der dort geschilderten Weise vor Agrippa II. verteidigte. Das Ganze wird heute als »frei geschaffen«[66] hingestellt.

Unseres Erachtens geht Apg. 25, 16–20 sowie 25, 25 bis 26, 23 in der heutigen Textgestalt auf einen späteren Abschreiber zurück, der die Unschuld des Paulus durch Festus und Agrippa II. bestätigt haben wollte. Daher schmückte er die erste Einvernahme des Paulus durch Festus (vgl. Apg. 25, 26) zu einer Verteidigung des Paulus vor Agrippa II. aus. Wir betrachten daher den Abschnitt Apg. 26, 2–23 nicht als »frei geschaffen«, sondern aus verschiedenen Textstellen zusammengeschrieben und 'ausgeschmückt'.

Wir haben den Eindruck, der Schreiber habe in Apg. 25, 25 bis 26, 23 Worte des Paulus, wie sie Lukas ursprünglich berichtet hatte, durch seinen Text ersetzt, weil er deren Sinn nicht verstanden hatte. Wir vermuten, dass sie Weissagungen von Propheten enthielten (vgl. Apg. 26, 16–18), mit denen der Schreiber nichts anzufangen wusste, weil sie noch schwieriger zu verstehen waren als die Stellen in Psalm 2, 7 und 16, 10, die Paulus auf seiner ersten Missionsreise seinen Zuhörern in der Synagoge zu Antiochia in Galatien ausgelegt hatte (Apg. 13, 33–37).

Dies würde auch den Ausruf des Statthalters Festus verständlich machen: »Paulus, du bist ja von Sinnen! Die grosse Gelehrsamkeit geht mit dir durch!« Paulus erwiderte darauf: »Ich bin nicht von Sinnen, hochverehrter Festus, sondern spreche wahre und vernünftige Worte!«

10. Die Seefahrt des Paulus nach Rom als Gefangener

Als Statthalter Festus verfügte, Paulus solle mit dem nächsten Schiff nach Rom übergeführt werden, war es bereits Spätsommer (vgl. Apg. 27, 9). Mit der Überführung des Paulus und weiterer Gefangener nach Rom war Hauptmann Julius von der »kaiserlichen Kohorte« (der *Cohors Augusta*) beauftragt. Er benutzte dazu ein Schiff aus Adramyttium südöstlich von Troas, das Fracht und zahlende Fahrgäste beförderte. Auf diese Weise konnten Paulus drei Freunde begleiten, nämlich Lukas, Titus (vgl. Tit. 1, 5–10) und der Mazedonier Aristarchus aus Thessalonike. (Apg. 27, 2.)

Die Reise wurde zu einem einzigen, gefährlichen Abenteuer. Da

Lukas sie als Augenzeuge miterlebte, sind seine Schilderungen äusserst lebendig; sie enthalten jedoch so viele Einzelheiten, dass wir sie nicht alle wiedergeben können; sie sind in der Apostelgeschichte ja jedermann zugänglich.

Obschon Hauptmann Julius den Paulus achtete und ihm viel Freiheit liess, war die Lage des Apostels doch alles andere als einfach. Zuerst ging die Fahrt in Richtung der Häfen Kleinasiens mit dem Haupthafen Ephesos. Erstmals landete man in der alten phönizischen Hafenstadt Sidon, wo Fracht gelöscht und neu geladen wurde. Julius erlaubte dem Paulus, »seine Freunde« in Sidon zu besuchen, also die dortige christliche Gemeinde (vgl. Mark. 3, 8 und Luk. 6, 17), um sich »pflegen zu lassen«. Offensichtlich hatte Paulus während seiner zweijährigen Haft in Caesarea an seiner Gesundheit Schaden gelitten. Dass er bei seinem Landaufenthalt von einem Legionär bewacht wurde, dürfen wir als selbstverständlich voraussetzen (vgl. Apg. 28, 16).

Bei der Weiterfahrt setzte der im östlichen Mittelmeer im Frühherbst aufkommende Westwind ein. Der Kapitän nahm Kurs nach Norden, um die Küste von Kilikien anzusteuern. Wahrscheinlich konnte Paulus dabei am Horizont noch einmal seine Heimatstadt Tarsos erblicken. Darauf segelte man der kleinasiatischen Küste entlang bis nach Myra in Lykien, wo das Schiff anlegte und längs der Küste Kleinasiens weitersegeln sollte, um in Adramyttium zu überwintern (Apg. 27, 2–5).

Hauptmann Julius machte in Myra ein Schiff aus Alexandria ausfindig, das trotz der vorgerückten Jahreszeit noch seine Getreideladung aus Ägypten nach Rom befördern wollte. Es war ein grosses Schiff; nachdem der Hauptmann mit seinen Soldaten, mit dem gefangenen Paulus und dessen Begleitern zugestiegen waren, hatte es 276 Menschen an Bord (Apg. 27, 37).

Der Kapitän stach in See; doch wegen des heftigen Westwindes, gegen den das Schiff hart ansteuern musste, kam man tagelang kaum voran und gelangte nur mit Mühe auf die Höhe von Knidos, einer Stadt an der Küste der kleinasiatischen Halbinsel Knidia zwischen den Inseln Kos und Rhodos. Da entschloss sich der Kapitän, südlichen Kurs in Richtung auf Kreta zu steuern. Als die östlichste Spitze von Kreta erreicht wurde, hielt man, weil der Wind nichts anderes

Myra, römisches Theater

zuliess, über Kap Sideros (Salmone) hinaus den südlichen Kurs, um dann im Schutze Kretas auf westlichen Kurs entlang der Südküste der Insel zu steuern. (Apg. 27, 6–8.)

Nach Kap Lithinos, wo das Meer nach Westen hin ganz offen ist, erlaubte der heftige Westwind überhaupt kein Vorwärtskommen mehr. Der Kapitän segelte daher sieben Kilometer zurück und ankerte im Windschatten des Berges Kalogiros und nahe einer Insel, die auch vor Südwind Schutz bot, und zwar in der sonst nach Süden und Osten offenen Bucht von Kaloi Limenes, zu deutsch 'Schöne Häfen'.[67] (Apg. 27, 8.)

Nun musste entschieden werden, wie es weitergehen sollte. Fest stand nur, dass Kaloi Limenes zum Überwintern nur bedingt geeignet war. Die Schiffahrt war bereits gefährlich geworden, »weil sogar das Fasten schon vorüber war« (Apg. 27, 9). Diese Angabe ermöglicht uns eine genaue Zeitbestimmung. Das Fasten war am Versöhnungstag gewesen, nämlich am 10. des jüdischen Monats Tischri (3. Mose 16, 29; 23, 27–32; 4. Mose 29, 7). Im Jahr 61 fiel dieser Tag auf Mitte Oktober. Warnend erhob Paulus seine Stimme: »Ihr Män-

Kap Sideros, Kreta

Kaloi Limenes ('Schöne Häfen'), Kreta

ner, ich sehe, dass die Fahrt mit Schädigung und grossem Verlust nicht nur für die Ladung und das Schiff, sondern auch für unser Leben vor sich gehen wird.« Der römische Hauptmann jedoch glaubte dem Steuermann und dem Kapitän mehr als den Worten des Paulus. (Apg. 27, 10f.)

Die Mehrheit fasste daher den Beschluss, schnellstens einen winterfesten Hafen anzusteuern, nämlich Phönix an der Südwestküste der Peloponnes.[68] Zwar hatte die Vorhersage des Paulus offenbar viele unsicher gemacht; als aber ein Südwind aufkam, waren sich die meisten einig, man solle die Gelegenheit nutzen. Die Segel wurden wieder gesetzt, die Anker gelichtet. Man nahm Kurs auf Phönix, immer ganz nahe der Südküste von Kreta entlang nach Westen. Während des Aufenthalts in Kaloi Limenes hatte Paulus seinen treuen Mitarbeiter Titus auf der Insel zurückgelassen, damit er die christlichen Gemeinden auf Kreta ordne, indem er in jeder Stadt Älteste einsetze und für straffe Zucht sorge; »denn viele sind ungehorsam, nichtige Schwätzer und Verführer«, wie Paulus anscheinend einige Wochen später an Titus schrieb (Tit. 1, 5–10).

Nach nicht langer Fahrt wurde das Schiff vom Rücken her von einem stürmischen Fallwind aus den Bergen Kretas erfasst. Es war nicht mehr möglich, das Schiff gegen den Wind zur Küste hin zu drehen, ohne dass es gekentert wäre. (Apg. 27, 14f.) Daher wurde das Schiff von der Küste fort ins offene Meer getrieben. Im Schutz einer Insel namens Kauda (oder Klauda) gelang es noch, das im Schlepp befindliche Rettungsboot an Bord zu hieven und das Schiff mit Tauen zu umwickeln, damit es nicht auseinanderbrach. Dadurch und mit Treibgerät versuchte der Kapitän, die Fahrt zu bremsen; doch schon tags darauf wurde ein erster Teil der Getreideladung über Bord geworfen. Am dritten Tag mussten alle Hand anlegen und schleunigst weiteren Ballast abwerfen, um das Schiff, das durch eingedrungenes Wasser schwer geworden war, noch mehr zu erleichtern und es so vor dem Sinken zu bewahren. (Apg. 27, 15–19.)

Das Unwetter – verursacht durch ein Sturmtief über dem Ionischen Meer – hielt mehrere Tage hindurch an. Weder Sonne noch Sterne waren sichtbar, nach denen man sich hätte orientieren können. Man befürchtete, immer weiter nach Süden getrieben und schliesslich an die nordafrikanische Küste, also an die Syrte, verschlagen zu

Insel Kauda (oder Klauda) bei stürmischem Wetter

werden. Sie war damals einerseits wegen ihrer Sandbänke und Stürme, andrerseits wegen der geringen Zahl von Häfen der Schrecken der Seeleute. Man konnte also nur noch eines versuchen: sich nur nicht dorthin treiben zu lassen! Da aber alle seekrank waren und nicht mehr assen, schwanden die Kräfte und damit jede Hoffnung, sich noch retten zu können. (Apg. 27, 17–21.)

Da vernahm Paulus in der Nacht die Stimme eines Engels Gottes: »Fürchte dich nicht, Paulus! Du musst vor den Kaiser treten, und du wirst sehen: Gott hat dir alle in die Hand gegeben, die mit dir fahren!« Dadurch gewann Paulus die Gewissheit, dass nur das Schiff untergehen werde, alle Fahrgäste aber am Leben bleiben würden. Sogleich trat er vor die Leute, schilderte ihnen, was er in der Nacht vernommen hatte, und machte den Verantwortlichen Vorwürfe: Sie hätten bei Kreta auf seinen Rat hören und nicht wieder ausfahren sollen. Nun aber ermahnte er sie, guten Mutes zu sein, denn sie würden alle am Leben bleiben und bei irgendeiner Insel stranden. (Apg. 27, 21–26.)

Vierzehn bange Tage und Nächte trieb das Schiff auf dem offenen Meer. Man wusste nicht mehr, wo man sich befand. Als die erfahrenen Seeleute um Mitternacht plötzlich einen veränderten Wellengang bemerkten[69], vermuteten sie Land in der Nähe. Sie warfen das Lot aus, das in der Tat bei 36 Meter Tiefe auf Grund stiess. Bald waren es nur noch 27 Meter. Daher musste man befürchten, auf eine Felsklippe aufzulaufen, weshalb vom Heck aus rasch vier Anker geworfen wurden. (Apg. 27, 27–29.)

Danach wollte die Mannschaft das Rettungsboot zu Wasser lassen, angeblich, um auch am Bug Anker zu setzen – möglichst weit draussen –, um so das Schiff fest zu verspannen. Dies wäre tatsächlich sinnvoll gewesen. Allein, Paulus durchschaute die Absicht der Männer, die nur darauf aus waren, sich mit dem Rettungsboot selber in Sicherheit zu bringen. Er meldete dies dem Hauptmann Julius. Da liess dieser kurz entschlossen durch seine Soldaten die Taue des Rettungsbootes kappen, das gleich davontrieb. (Apg. 27, 30 bis 32.)

Da alle seit zwei Wochen infolge Seekrankheit nichts mehr gegessen hatten und in seichten Gewässern die Seekrankheit schlagartig nachzulassen pflegt, ermahnte Paulus alle, Nahrung zu sich zu nehmen, um wieder zu Kräften zu kommen. Er selber ging mit gutem Beispiel voran, brach Brot und dankte vor allen Leuten Gott dafür. (Apg. 27, 33–35.)

Die 276 Schiffsinsassen folgten dem Beispiel des Paulus und sättigten sich bis zum Morgengrauen. Als es Tag geworden war, erblickte man Land – eine Bucht mit flachem Strand. Nun begann man mit den Vorbereitungen zur Landung. Auch den letzten Weizen warf man ins Meer, damit das Schiff möglichst geringen Tiefgang bekäme und man auf diese Weise möglichst nahe an das Land heran gelangen könne, ohne zu stranden, oder dass im Falle des Strandens das Schiff wenigstens nicht entzweibersten würde. (Apg. 27, 36–39.)

Eilig kappte man die Ankertrossen, setzte das Vordersegel und hielt unter dem Wind auf die Bucht zu und in diese hinein. Doch unversehens lief das Schiff mit dem Bug auf eine Sandbank und bohrte sich mit der Spitze so tief in sie hinein, dass es nicht mehr freikam, sondern durch die Gewalt der Wogen auseinanderzubrechen drohte. (Apg. 27, 40f.)

Eine Panik brach aus. Die Soldaten wollten die Gefangenen umbringen, weil sie befürchteten, zur Rechenschaft gezogen zu werden, wenn diese fliehen könnten. Aber Hauptmann Julius verlor die Ner-

Schiffbruchstelle, Kephallenia

Schiffbruchstelle (untere Landspitze in Bildmitte)

ven nicht. Durch entschlossenes Auftreten verhinderte er die Legionäre an der Ausführung ihrer Absicht. Er befahl, diejenigen, die schwimmen könnten, sollten über Bord springen und so das Ufer zu erreichen versuchen. Die Nichtschwimmer sollten versuchen, mit Hilfe von Balken oder sonstigen Schiffstrümmern, von Seeleuten unterstützt, das Land zu erreichen. So kam es dahin, dass tatsächlich *alle* gerettet wurden. (Apg. 27, 42–44.)

Das an Paulus ergangene Engelswort hatte sich erfüllt. Weil alle den Ratschlag des Paulus befolgt und Nahrung zu sich genommen hatten, kam niemand durch Unterkühlung ernstlich zu Schaden.

»Als wir gerettet waren, da erfuhren wir, dass die Insel Melite hiess.« So schreibt Lukas in seiner Apostelgeschichte (Apg. 28, 1). Darunter verstand man bisher die Insel Malta. Zum Erstaunen der Fachgelehrten bewies im Jahre 1987 Heinz Warnecke[70]: Paulus war nie auf Malta, sondern er strandete an der Insel Kephallenia nordwestlich der Peloponnes. Die Einwohner dieser Insel werden von Lukas 'Barbaren' genannt; darunter verstanden die damaligen Griechen die Nordwestgriechen, im besonderen die Kephallenen, ein vom südillyrischen Festland eingewandertes Inselvolk.[71]

Die Kephallenen erwiesen sich gegenüber den Schiffbrüchigen als sehr gastlich. Weil diese völlig durchnässt waren und im kalten Wind froren, schafften sie rasch Holz heran und machten ein Feuer an. Dann holten sie die Gestrandeten, damit sie sich am Feuer wärmen und trocknen konnten. (Apg. 28, 2.)

Beim Zusammentragen des Holzstosses hatte Paulus selbst mit Hand angelegt. Als er gerade ein Reisigbündel ins Feuer werfen wollte, schoss aus dem Bündel eine Schlange heraus, die durch die Hitze des Feuers aus ihrer Starre erwacht und aufgeschreckt worden war, und biss sich an seiner Hand fest.

Die Kephallenen hatten erfahren, dass Paulus ein Gefangener war, der durch den Schiffbruch knapp dem Tod entronnen war. Als sie nun sahen, dass er von einer – wie sie meinten – Sandviper[72] gebissen wurde, deren Gift tödlich zu sein pflegt, erblickten sie darin ein Gottesurteil und flüsterten einander zu: »Ganz bestimmt ist dieser Mensch ein Mörder. Dem Meer konnte er noch entrinnen; aber die Gerechtigkeit sorgt dafür, dass er nicht am Leben bleibt!« Doch Paulus schleuderte das Tier, das sich an seiner Hand festgebissen

Sandviper

hatte, einfach ins Feuer. Als die von den Kephallenen erwartete Wirkung des Schlangengifts ausblieb, schlug ihre Meinung über Paulus in ihr Gegenteil um: Statt für einen Mörder hielten sie ihn jetzt für einen Gott … (Apg. 28, 3–6.)

In der Gegend des Schiffbruchs hatte der römische Gouverneur der Insel, Publius Alfius Primus, seine Residenz mit Landgütern.[73] Er nahm die Schiffbrüchigen gastlich auf und bewirtete und beherbergte sie drei Tage lang (Apg. 28, 7). Publius hatte einen Vater, der mit Malaria darniederlag.[74] Da trat Paulus zum Kranken hin, betete mit ihm, legte ihm die Hände auf und heilte ihn. Dies sprach sich in Windeseile herum. Schon bald suchten ihn alle kranken Kephallenen auf, um von ihm geheilt zu werden. Anscheinend vermochte Paulus eine ganze Anzahl Kephallenen zu heilen; denn bei der Abreise wurden er und die Seinen mit vielen Ehren und Gaben bedacht, so dass es ihnen an nichts mehr fehlte. (Apg. 28, 8–10.)

Der Aufenthalt der Schiffbrüchigen auf Kephallenia dauerte drei Monate (Apg. 28, 11). Gestrandet waren sie um den 1. November 61. Paulus genoss auf der Insel offenbar eine gewisse Bewegungsfreiheit, und diese liess er nicht ungenutzt. Da er sogar auf dem Schiff das Evangelium gepredigt hatte, ist es wahrscheinlich, dass er dies auch bei den Kephallenen tat, die herbeiströmten, um von ihm geheilt zu werden. Tatsächlich gehört die Insel Kephallenia zu den ältesten christlichen Gemeinden Europas.[75]

Anscheinend schon bald nach der Ankunft dort schrieb Paulus an den auf Kreta zurückgelassenen Titus: »Wenn ich Artemas oder Tychikus zu dir senden werde, so beeile dich, zu mir nach Nikopolis zu kommen; denn dort werde ich voraussichtlich den Winter zubringen.« (Tit. 3, 12.) Der Apostel vermutete offenbar, Hauptmann Julius werde zum Überwintern in die 100 Kilometer nördlich gelegene Garnisonsstadt Nikopolis ziehen. Diese im Jahr 30 v.Chr. von Octavian, dem nachmaligen Augustus, gegründete Siedlung war inzwischen zu einem neuen Mittelpunkt Griechenlands geworden. Aus der Verlegung der Schiffbrüchigen nach Nikopolis wurde jedoch nichts.

Ende Januar 62 ging die Reise nach Rom weiter mit einem Schiff, das auf Kephallenia überwintert hatte. Es war zweifellos abermals ein Getreideschiff aus Alexandria. Als Wahrzeichen führte es die Dioskuren Kastor und Pollux, also die 'göttlichen Zwillinge'. Sie galten als Schutzheilige für Menschen in Seenot, und so nahmen die Schiffbrüchigen dies als ein gutes Vorzeichen. (Apg. 28, 11.)

Die trotz der winterlichen Zeit frühe Abreise ermöglichten die sogenannten Alkyonischen Tage oder 'Eisvogeltage'; sie bezeichnen eine regelmässige Periode freundlichen Wetters, die den Winter unterbricht.[76] In der Regel stachen sonst die ersten Schiffe erst ab März wieder in See. Zielhafen des Schiffes war Puteoli in Süditalien (vgl. Apg. 28, 13). Es ist anzunehmen, dass dort die Getreidespeicher leer waren und somit eine Belohnung für das frühe Auslaufen in Aussicht stand.

Zuerst segelte man an die Ostküste von Sizilien. Im Hafen von Syrakus im Süden der Insel blieb das Schiff drei Tage. Dann umsegelte es die Ostküste, gelangte in die Strasse von Messina und erreichte dort die süditalienische Handelsstadt Regium an der fruchtbaren Küste von Kalabrien, einst Bruttium genannt. Tags darauf kam ein günstiger Südwind auf, und so wurde nach zwei Tagen Puteoli am Golf von Neapel erreicht. (Apg. 28, 12f.)

Das Schiff hatte seinen Bestimmungsort erreicht; denn Puteoli war *der* Hafen, in dem seit der Zeit des Kaisers Augustus das ägyptische Getreide gelöscht wurde, das mit einer Flotte regelmässig aus Ägypten im kaufkräftigen Rom eintraf und so zur Versorgung der Millionenstadt beitrug. Erst später wurde Puteoli von der Hafenstadt Ostia bei Rom überflügelt.

In Puteoli trafen Paulus, Lukas und Aristarchus Glaubensbrüder an. Sie baten diese, sie möchten doch die Brüder in Rom von ihrer Ankunft unterrichten und ihnen sagen, sie würden bald nach Rom aufbrechen. Dies geschah sieben Tage nach der Ankunft in Puteoli. Nach zwei Tagereisen über Land, 65 Kilometer vor Rom, kamen ihnen bei Forum Appii die ersten Glaubensbrüder zur Begrüssung entgegen. In Tres Tabernae, also 40 Kilometer vor Rom, trafen sie eine weitere Gruppe. (Apg. 28, 14f.)

Die nach Rom führende Via Appia

Paulus war darüber sehr gerührt und schöpfte neuen Mut (Apg. 28, 15); denn obschon ihm die leichteste Form der Bewachung gewährt wurde, war er eben noch immer ein Untersuchungsgefangener. Ja mehr denn je stand jetzt sein Leben auf dem Spiel; denn er hatte vor Kaiser Nero als entscheidende Instanz zu treten, und dessen Greueltaten waren so entsetzlich, dass sie sich dem Gedächtnis der Menschheit mit Schaudern eingeprägt haben.

11. Die Endzeit des Paulus in Rom

In der Millionenstadt Rom, der Hauptstadt des Römischen Weltreiches, angekommen, erhielt Paulus die Erlaubnis, ausserhalb der Kaserne der kaiserlichen Garden oder Prätorianer[77] eine Mietwohnung zu beziehen, zusammen natürlich mit einem Prätorianer, der ihn zu bewachen hatte. Seine Haftbedingungen waren demnach so gelinde als nur möglich. Dies dürfte auf den günstigen Bericht zurückzuführen sein, den Hauptmann Julius über den bisherigen Verlauf der Haft erstattet hatte.

Bereits drei Tage nach seiner Ankunft wurde Paulus von den führenden Juden Roms aufgesucht. Bereitwillig schilderte er ihnen seine Lage und bemühte sich, ihnen klarzumachen, dass er nichts getan habe, was sich gegen das jüdische Volk oder gegen die Satzungen der Väter richtete. Die bei ihm erschienenen Juden erzählten ihm nämlich, sie hätten aus Jerusalem noch keine ihn betreffende Nachrichten erhalten und möchten daher von ihm selbst erfahren, was für eine Glaubensauffassung er vertrete; von der Sekte der Nazoräer sei ihnen freilich bekannt, dass diese überall Widerspruch errege – das wollten sie ihm nicht verhehlen. (Apg. 28, 16–22.)

Eines Morgens fanden sich die Juden, durch weitere Begleiter verstärkt, erneut bei Paulus ein. Dieser versuchte vom Morgen bis zum Abend, ihnen an Hand der Bücher Mose und der Propheten das Reich Gottes und die Sache Jesu darzulegen. Die einen, womöglich Pharisäer, billigten seine Ausführungen; die anderen hingegen, die Sadduzäer, glaubten ihm kein Wort. (Apg. 28, 23f.)

Daraufhin gerieten sie miteinander in heftigen Streit. Diesem setzte Paulus mit dem »Posaunenton eines Jesaja-Zitats« (so Adolf von Harnack) ein Ende, indem er sprach:

»Treffend hat *der* heilige Geist [nämlich Christus] durch den Propheten Jesaja verkündet:

Geh zu diesem Volk und sprich:
Hören werdet ihr und nicht verstehen,
und sehen werdet ihr und nicht erkennen!
Denn verstockt ist das Herz dieses Volkes;
mit ihren Ohren hören sie schwer,
und ihre Augen haben sie geschlossen,
damit sie mit ihren Augen nicht sehen
und mit ihren Ohren nicht hören
und mit ihren Herzen nicht verstehen
und sich nicht bekehren –
und ich sie nicht heile!«

(Jes. 6, 9f.; Apg. 28, 26f.)

Paulus schloss mit den Worten: »Kund soll euch also sein, dass zu den Heiden dieses Heil Gottes [auch] gesandt ist – und die werden es hören!« (Apg. 28, 28.)

Deutlich und unerschrocken gab Paulus auf diese Weise den Juden in Rom zu verstehen, dass sie zwar Jesus als den Christus ablehnen könnten, dass sie jedoch den anderen Völkern den Weg zum Heil nicht zu verwehren vermöchten.

Gemäss dem Zeugnis des Lukas blieb Paulus volle zwei Jahre, also von 62 bis 64, in seiner Mietwohnung in Haft. Er empfing alle, die zu ihm kamen, und verkündete ihnen das durch Christus wiedergewonnene Reich Gottes (vgl. 2. Kor. 5, 19) mit allem Freimut. Mit diesem Satz bricht der Bericht des Lukas an seinen Freund Theophilos unvermittelt ab...

Nach den – freilich legendenumrankten – Paulus-Akten durfte Paulus in der ersten Zeit seiner römischen Gefangenschaft ausserhalb der Stadt sogar einmal eine Scheune mieten, um einem grösseren Hörerkreis das Evangelium zu verkünden (*Acta Pauli* 6, 1). Trifft dies zu, so durfte der Apostel wenigstens einmal seine Haftwohnung verlassen. Falls dies ohne Bewachung geschah, musste vermutlich ein wohlhabender Christ eine entsprechend hohe Kaution für Paulus hinterlegt haben.

Unverhofft verschlechterten sich dann aber die Haftbedingungen des wortgewaltigsten und geisterfülltesten aller Apostel[78] in schlimmster Weise. Die Juden missbilligten das Auftreten des Paulus naturgemäss aufs schärfste, und da sie in Rom sehr einflussreich waren, unternahmen sie nicht nur alles, damit Paulus nicht wieder freikam, sondern dass ihm jede weitere Missionstätigkeit unterbunden wurde. Dazu brauchten sie nur – wie schon in Caesarea – den Haftrichter zu bestechen und zu behaupten, es bestehe Fluchtgefahr.

Auf jeden Fall wurde die Haft des Paulus stark verschärft. Auch wurde er – vermutlich während der Nächte – gefesselt (vgl. Phil. 1, 13; Kol. 4, 4 und 18; 2. Tim. 2, 9; Philem. 10 und 13). Aus der ersten Zeit seiner verschärften Haft dürften die Briefe stammen, die Paulus an Philemon und an die Kolosser schrieb.

In der Anrede seines Briefes an Philemon wird eine gewisse Apphia als Schwester im Glauben mit einbezogen, vielleicht die Gattin des Philemon. In diesem Brief erwähnt Paulus, er sei »ein Gefangener

Überreste des Forum Romanum, Rom

um Christi willen« (Philem. 1). Er bestellt darin Grüsse auch von Aristarchus und Lukas, ferner von Markus, dem Vetter des Barnabas, und von Demas. Dass sich die Verhältnisse für Paulus zur Zeit der Abfassung des Briefes an Philemon bereits verschlechtert hatten, ist offenkundig.

Die Gemeinde von Kolossai hatte Paulus nicht selbst gegründet, aber er hatte von ihr vernommen (vgl. Kol. 1, 1). Er gab den Gläubigen dort – Frauen und Männern, Kindern und Eltern, Herren und Sklaven – im Brief an sie (Kol. 3, 18–25) Ratschläge, wie sie sich auf Grund des geltenden irdischen Rechts gemäss dem *Evangelium* verhalten sollten. Auch in diesem Brief richtet Paulus Grüsse von Aristarchus aus; jetzt nennt er ihn aber seinen Mitgefangenen – als Gehilfe des Apostels war nun auch er verhaftet worden. Ferner richtet Paulus abermals Grüsse aus von unserem Lukas, von Justus und erneut von Markus, dem Vetter des Barnabas; sie alle bezeichnet er als seine Mitarbeiter. (Kol. 4, 10–12 und 14.) Markus leistete somit durch seine jetzige treue Mitarbeit dem Paulus Abbitte wegen seiner einstigen Vorbehalte gegen ihn zur Zeit der Zypern-Reise.

Das letzte Zeugnis des Paulus aus der Zeit seiner römischen Gefangenschaft ist in seinem zweiten Brief an Timotheus auf uns gekommen. Aristarchus, sein Mitgefangener, war von ihm abgesondert worden. Vor allem klagt Paulus in diesem Brief darüber, dass Demas ihn im Stich gelassen habe und nach Thessalonike abgereist sei, dass Crescens sich nach Galatien abgesetzt habe und dass Titus nach Dalmatien gereist sei. Um Titus hatte sich Paulus seinerzeit solche Sorgen gemacht und dann so grosse Hoffnungen auf ihn gesetzt! Ihm hatte er ja von Kephallenia aus den Brief nach Kreta geschrieben, der als Titus-Brief auf uns gekommen ist. Einzig Lukas befand sich noch bei Paulus, als dieser seinen zweiten Brief an Timotheus verfasste. (2. Tim. 4, 10f.)

Als sich Paulus das erstemal in Rom vor Gericht verteidigen musste, stand ihm niemand bei. Jetzt waren alle von seiner Seite gewichen – alle! (2. Tim. 4, 16.) Paulus bat den Timotheus, der noch mit ihm zusammen den Brief an Philemon und Apphia verfasst hatte (Philem. 1): »Beeile dich, bald zu mir zurückzukommen!« (2. Tim. 4, 9.) Gewiss hoffte er, wenigstens in ihm einen Entlastungszeugen zu finden.

In der gegen ihn geführten Strafuntersuchung stand es also schlecht um ihn. Paulus wusste es, und all »das Ungemach bis zu Fesseln wie bei einem Übeltäter« (2. Tim. 2, 9) zehrte an seinen Kräften. Grossherzig schrieb Paulus, er wolle es keinem nachtragen, dass ihm vor Gericht niemand beistand (2. Tim. 4, 16); aber dass alle seine Freunde und einstigen Mitarbeiter – Lukas ausgenommen – einfach auf und davon gegangen waren und ihn in seinen schwersten Stunden im Stich liessen, bedrückte Paulus doch sehr und bekümmerte ihn tief.

Schonungslos musste er jetzt die Menschen so kennenlernen, wie sie eben sind: »selbstsüchtig, geldgierig, prahlerisch, hochmütig, schmähsüchtig, ungehorsam, undankbar, gottlos, lieblos, unversöhnlich, verleumderisch, rücksichtslos, roh, verräterisch, verwegen, aufgeblasen« – kurzum: als dem Guten und Gott feind selbst die, welche den Anschein von Frömmigkeit haben (2. Tim. 3, 2–5).

Mit dieser Erkenntnis brach für Paulus die letzte Hoffnung in sich zusammen, in dieser Welt für sich noch Gerechtigkeit zu finden. Die

Stimmung, aus der heraus er an seinen Freund und Mitarbeiter Timotheus geschrieben hatte, wurde von späteren Christen in ihrer Einfältigkeit als Ausdruck seiner Erwartung des Weltuntergangs missdeutet, und dementsprechend änderten sie seinen Wortlaut ab.[79] Sie setzten nämlich seiner Aufzählung der üblen Eigenschaften von Mitmenschen folgendes als Einleitung voran: »Dies aber wisse, dass *in den letzten Tagen* schlimme Zeiten eintreten *werden*; denn die Menschen *werden* selbstsüchtig, geldgierig ... *sein.*« Solchen Unsinn soll der weitblickende, geisterfüllte Paulus geglaubt und niedergeschrieben haben – einen Unsinn, wie ihn sonst nur Sektierer zu predigen pflegen! Von ihnen wusste Paulus (Röm. 3, 10–18):

Ein offenes Grab ist ihre Kehle,
mit ihren Zungen reden sie Trug!
(Ps. 5, 10)
Schlangengift ist
unter ihren Lippen.
(Ps. 140, 4)
Ihr Mund ist voll Fluchens
und Bitterkeit.
(Ps. 10, 7)
Schnell sind ihre Füsse
zum Blutvergiessen;
Verwüstung und Jammer
ist auf ihren Wegen,
und den Weg des Friedens
kennen sie nicht.
(Jes. 59, 7f.; Spr. 1, 16)

Kein Zweifel besteht darüber: Für *Paulus* waren »die letzten Tage« angebrochen (2. Tim. 3, 1). Ihm erging es in den schwersten Stunden seines Erdenlebens, wie es Jesus mit seinen Jüngern ergangen war. Auch von ihnen wagte damals keiner mehr, sich öffentlich zu ihm zu bekennen.

Bereits im zweiten Kapitel erwähnten wir, dass sich Paulus zur Zeit der Abfassung seines Briefes an Philemon als »alten Mann« bezeichnete. Das ist begreiflich angesichts all des Schweren, das er bis zum Zeitpunkt der Abfassung dieses Briefes durchgemacht hatte. Begreiflich ist aber auch, dass Paulus, seitdem seine Haft verschärft worden war und ihn – Lukas ausgenommen – alle verlassen hatten, die vorher noch bei ihm waren, weiter gealtert war.

Dies fand sein Echo im Brief an Philemon und im zweiten Timotheus-Brief. Der letztere wird zusammen mit dem ersten Timotheus-Brief und dem Titus-Brief in der Fachwissenschaft als Pastoralbrief ('Hirtenbrief') bezeichnet. Das ist aber kein Grund, Paulus die Urheberschaft an diesen Briefen abzusprechen. Solches geschieht weithin von behaglichen Gelehrtenstuben aus, weil sich diese Briefe in ihrem Stil von den grossen Paulus-Briefen unterscheiden. Aus der gleichen Erwägung heraus wird verschiedentlich auch der Kolosserbrief dem Paulus abgesprochen. Wir geben diese Briefe allesamt und uneingeschränkt dem Apostel zurück.

Fassen wir zusammen: Anscheinend konnte Paulus noch bis etwa im März des Jahres 64 in seiner Mietwohnung bleiben (vgl. Apg. 28, 30). Dann wurden, wie berichtet, seine Haftbedingungen plötzlich verschärft. Bei der zweiten Gerichtsverhandlung wurde er schuldig gesprochen. Anscheinend wurde Paulus daraufhin in eine Todeszelle verlegt, wodurch jeder Kontakt mit der Aussenwelt abriss. Kurz darauf wurde er – wohl durch das Schwert – hingerichtet. (*Acta Pauli* 6, 5.)

Das Jahr 64 war jedoch auch das Jahr des Brandes von Rom, den Kaiser Nero gehässigerweise den Christen zur Last legte. Der Brand wütete vom 18. bis zum 26. Juli, das heisst neun Tage lang.[80] War Paulus nicht schon vorher verurteilt worden, könnte auch er ein Opfer der von der entfesselten Volkswut ausgelösten Christenverfolgung geworden sein. Paulus könnte dann ebenfalls einen teuflisch ersonnenen, qualvollen Tod erlitten haben.

Wir wissen es nicht, doch wollen wir wünschen und hoffen, dass dem Gottesstreiter Paulus wenigstens dieses furchtbare Schicksal erspart blieb. Wie es auch gewesen sein mag, fest steht: Das *Wort*, das Paulus dreiunddreissig Jahre hindurch im Morgen- und Abendland gelehrt hatte, konnte nicht mehr ausgerottet werden. Sowenig wie Jesus hat Paulus umsonst gewirkt und gekämpft! Freilich: Gelitten hat die Verkündigung des Evangeliums schon… Davon handelt das nächste Kapitel. In ihm wollen wir der Gotteserkenntnis des Paulus und ihrem Nachleben im Christentum forschend nachgehen.

Der Künder göttlichen Wissens

1. Wege der Überprüfung der Lehre von göttlichen Dingen

Wir gelangen nun zum Kern- und Herzstück unseres Buches, nämlich zur religiösen Erkenntnis des Paulus.

Diese Erkenntnis hat ihren Ursprung in der geistigen Schulung, die er während seines dreijährigen Aufenthalts in der syrisch-arabischen Wüste erfuhr, also in den Jahren 28 bis 31. Damals wurde Paulus nach seinem eigenen, schon angeführten Zeugnis (2. Kor. 12, 4) in das Paradies entrückt, wo er »unaussprechliche Worte« vernahm. Später erlebte er sogar eine Entrückung in den »dritten Himmel«. Aus dieser seiner geistigen Heimat, der göttlichen Quelle, schöpfte Paulus die höchste einem Menschen mögliche Gotteserkenntnis; dieser einzigartigen Quelle verdankte er sein unvergleichliches Geistwissen – er verdankte es weder Büchern noch Menschen; es wurde ihm unmittelbar *offenbart*. Paulus war daher weit mehr als ein Theologe.

Das Wort 'Theologie' bedeutet, aus dem Griechischen wörtlich übersetzt, 'Lehre von Gott'. Es ist erstmals beim griechischen Weisheitslehrer Platon bezeugt. Er verstand unter Theologie die Aufdeckung des Wahrheitsgehalts der von allem Widersinnigen gereinigten Mythologie[1] (dieses Wort bedeutet 'Lehre vom Wirken göttlicher Wesen'). Die Bibel kennt das Wort 'Theologie' nicht. Vom 4. christlichen Jahrhundert an trat es jedoch allgemein zunehmend an die Stelle des Begriffs 'Mythologie'.[2]

Anlass dazu war das Konzil von Nicaea im Jahre 325, zu dem der römische Kaiser Konstantin einen von ihm ausgewählten Teil der damaligen christlichen Geistlichkeit geladen hatte. Konstantin gewährte den Christen staatliche Anerkennung. Dies hatte zur Folge, dass die Christenverfolgungen schlagartig aufhörten. Der Preis für diese Gunst bestand darin, dass das Konzil von Nicaea, kaiserlichem

Druck nachgebend, Christus mit Gott verselbigte[3] – das heisst mit dem, was Konstantin, dieser Erzheide, für Gott hielt... Im Zuge der unaufhaltsam wachsenden Rom-Hörigkeit der frühen Kirche wurden schliesslich die unermesslichen Scharen der Gott treu gebliebenen heiligen Geister – also die Engel –, welche die alte Kirche noch gekannt hatte, in einen einzigen 'Heiligen Geist' zusammengezogen und ebenfalls mit Gott verselbigt. Damit hatte man wieder die altrömische heidnische Göttertrias, nur dass man sie jetzt Trinität oder Dreifaltigkeit nannte, als Gott in drei Personen. Dieses sinnwidrige Dogma herrscht in der Christenheit seit dem Jahre 451. Der römische Kaiser Markian hatte sich mit dem römischen Bischof Leo I. verbündet und so vermocht, der grossen Mehrheit der Teilnehmer am Konzil von Chalcedon im Jahre 451 gegen deren eigene Glaubensüberzeugung das Trinitätsdogma aufzuzwingen. Dies geschah auf so schmachvolle Weise, dass der führende Dogmenforscher Adolf von Harnack sich zur Feststellung bewogen fühlte, der Unterschied zwischen der berüchtigten 'Räubersynode' von Ephesus im Jahre 449 und dem Konzil von Chalcedon des Jahres 451 bestehe darin, dass diese eine 'Räuber- und Verrätersynode' war.[4] So hatte die Theologie nichts mehr mit *Reinigung* der Mythologie von allem Widersinnigen zu tun, sondern verkehrte sich ins Gegenteil, nämlich in die *Verschmutzung* der Mythologie mit Widersinnigem.

Vom 9. Jahrhundert an wurde die Theologie durch die Scholastik des Mittelalters vereinnahmt, die sich als Tarnung den Mantel der wiederentdeckten griechischen Philosophie umwarf. Von jetzt an galt als Theologie nur noch die Beschäftigung mit jenen Glaubenssätzen, welche die christlichen Kirchen zu Dogmen erhoben hatten und die sie als 'Überlieferung' (Tradition) ausgaben. Zwar versuchte die Reformation, den Weg zurück zu den Quellen zu bahnen, also zu den Evangelien und besonders auch zu Paulus. Allein, in den entscheidenden Punkten vermochte auch die Reformation jene dogmatische Verblendung nicht zu überwinden, die sie von der alten Kirche seit Konstantin geerbt hatte; vielmehr blieb die reformierte Kirche innerlich auf weite Strecken eine Gefangene der Dogmen der alten Kirche und der Widersprüche, die zwischen diesen Dogmen und dem Evangelium der Bibel und – nicht zuletzt – zu Paulus bestehen.

Die Folge dieser verhängnisvollen Entwicklung war, dass die Bibel einen bis heute anhaltenden Vertrauensverlust erlitt. Anstatt aus den Forschungsergebnissen Adolf von Harnacks die notwendigen Folgerungen zu ziehen, vermeinte man den Schlüssel der Weisheit darin gefunden zu haben, dass man seit den zwanziger Jahren die Bibel 'entmythologisierte'. Urheber dieser Entmythologisierung war der Marburger Theologe Rudolf Bultmann (1884–1976). Dieses Wortungetüm bedeutet etwa 'Entfabelung' mit dem Ziel, das Evangelium von allen mythischen Zügen zu 'befreien'. Alles Übersinnliche, das die Bibel berichtet, ist für die 'kritische Schule' der modernen Theologie Legende – mit anderen Worten: Erfindung der frühen Christenheit. Durch Preisgabe alles Mythischen wollte man den Kern der christlichen Botschaft für den modernen Menschen 'retten'. In Wahrheit hat die Entmythologisierung bewirkt, dass man nicht mehr weiss, was vom Inhalt des Neuen Testaments überhaupt noch geglaubt werden kann.

Dass sich legendenhafte Verkrustungen im Alten und Neuen Testament beobachten lassen, sei nicht bestritten. Wer jedoch deshalb alles Übersinnliche aus der Bibel tilgt, geht zu weit und höhlt in verhängnisvoller Weise den Glauben aus. Der modernen Theologie muss man vorhalten, dass sie auf weite Strecken die Bibel 'entgeistigt', also dem Materialismus unserer Zeit anheimfallen lässt.

Gerade in hohen Geistdingen, die dem modernen Menschen fremd geworden sind und ihm daher nur schwer verständlich gemacht werden können (vgl. 2. Kor. 12, 2–5), ist man wohlberaten, sie nicht vorschnell in das Reich der Phantasie abzuschieben; vielmehr gilt es – mit Platon –, die 'Lehre vom Wirken göttlicher Wesen' von Widersinnigem zu reinigen und so zu ihrem Wahrheitsgehalt vorzustossen.

In diesem Zusammenhang stellt sich die Frage: *Wieweit ist das, was als Lehre des Paulus gilt, dies auch wirklich?* In einem Punkt haben wir bereits Zweifel angemeldet, nämlich bezüglich der Meinung, Paulus habe in der Erwartung eines nahe bevorstehenden Weltuntergangs gelebt. Wir haben jedoch auch noch in anderen Punkten Vorbehalte anzumelden. Darauf werden wir sogleich zu sprechen kommen.

Vorweg wollen wir in Erfahrung bringen, welches denn das mythische Weltbild des Neuen Testaments und des Paulus gewesen sein soll. Im Jahre 1941 versuchte Rudolf Bultmann, mit diesem angeblichen mythischen Weltbild endgültig abzurechnen, nämlich in seinem Aufsatz *Neues Testament und Mythologie*.[5] Geben wir ihm im Folgenden selber das Wort, ohne uns von seiner abschätzigen Haltung beirren zu lassen:

»Die [mythische] Welt«, so schreibt er, »gilt als in drei Stockwerke gegliedert. In der Mitte befindet sich die Erde, über ihr der Himmel, unter ihr die Unterwelt. Der Himmel ist die Wohnung Gottes und der himmlischen Gestalten, der Engel; die Unterwelt ist die Hölle, der Ort der Qual. Aber auch die Erde ist nicht nur die Stätte des natürlich-alltäglichen Geschehens, der Vorsorge und der Arbeit, die mit Ordnung und Regel rechnet, sondern sie ist auch der Schauplatz des Wirkens übernatürlicher Mächte, Gottes und seiner Engel, des Satans und seiner Dämonen. In das natürliche Geschehen und in das Denken, Wollen und Handeln des Menschen greifen die übernatürlichen Mächte ein; Wunder sind nichts Seltenes. Der Mensch ist seiner selbst nicht mächtig; Dämonen können ihn besitzen; der Satan kann ihm böse Gedanken eingeben; aber auch Gott kann sein Denken und Wollen lenken, kann ihn himmlische Gesichte schauen lassen, ihn sein befehlendes und tröstliches Wort hören lassen, kann ihm die übernatürliche Kraft seines Geistes schenken. Die Geschichte läuft nicht ihren stetigen, gesetzmässigen Gang, sondern erhält ihre Bewegung und Richtung durch die übernatürlichen Mächte. Dieser Äon [das gegenwärtige Zeitalter] steht unter der Macht des Satans, der Sünde und des Todes (die eben als 'Mächte' gelten); er eilt seinem Ende zu, und zwar seinem baldigen Ende, das sich in einer kosmischen Katastrophe vollziehen wird; es stehen nahe bevor die 'Wehen' der Endzeit, das Kommen des himmlischen Richters, die Auferstehung der Toten, das Gericht zum Heil oder zum Verderben.«

Soviel über das 'Weltbild' des Neuen Testaments aus der Sicht von Rudolf Bultmann und der grossen Schar jener Theologen, die sich wie er das materialistische Weltbild des 20. Jahrhunderts zu eigen machten. Damit ist zugleich offenkundig, was diese Sicht vermissen lässt: Zum einen fehlt ihr das Eingeständnis, dass es so viele Dinge gibt – nicht nur Dinge des Glaubens, sondern auch der Natur –, welche die Wissenschaft noch immer nicht zu erklären vermag. Zum andern fehlt dieser Sicht die kritische Aufarbeitung jener Textverderbnisse im Neuen Testament, die auf die erbitterten dogmatischen Streitigkeiten innerhalb der Kirche zurückgehen. Solche Textverderbnisse hat Adolf von Harnack in vorbildlicher Weise aufgezeigt; aber er fand keine ihm ebenbürtigen Nachfolger.

Gewiss gab es bereits im frühen Christentum Vorstellungen von Endzeit, Auferstehung der Toten, Gericht und Wiederkunft des Herrn. Ob aber alle und von Anfang an darunter *das* verstanden, was in späteren Jahrhunderten die Kirche darüber lehrte, ist sehr die Frage. Nach allem, was wir von der Kirchen- und Dogmengeschichte wissen, ist sie zu verneinen. Offensichtlich hat sich vielmehr die Lehre, die sich in der späteren Kirche durchsetzte, in der Fassung niedergeschlagen, in der die heiligen Schriften auf uns gekommen sind. Greifbar deutlich tritt dies im Fall des Dreifaltigkeitsdogmas in Erscheinung.[6] Da kein einziger Text aus dem Neuen Testament in seiner Urfassung überliefert ist, muss seiner späteren Verfälschung unbedingt nachgegangen werden, wenn man zum ursprünglichen Wortlaut zurückfinden will.

Solche Verfälschungen des Urtextes lassen sich dadurch aufdekken, dass man die einzelnen Aussagen des Neuen Testaments auf ihre innere Schlüssigkeit hin überprüft und sie zugleich daraufhin untersucht, welchen Schatten die Dogmengeschichte auf diese Aussagen wirft. Ist – wie im Falle des Paulus – der Verfasser eines biblischen Textes bekannt, muss ausserdem geprüft werden, ob sich eine bestimmte ihm unterstellte Auffassung mit seiner Persönlichkeit, Herkunft, Bildung und inneren Überzeugung überhaupt vereinbaren lässt.

Grundsätzlich müssen also – das ist die Vorbedingung der Ergründung der Wahrheit – alle Texte von jenen 'Niederschlägen' oder Verkrustungen gereinigt werden, die sich im Laufe der Zeiten auf ihnen abgelagert haben. Solche 'Niederschläge' sind an all jenen Stellen zu vermuten, die heute nicht mehr einleuchtend erklärt werden können. Dies gilt im besonderen für die in Dunkel gehüllten Vorstellungen von Endzeit, Auferstehung der Toten, Gericht, Wiederkunft des Herrn und ähnlichem. Paulus überragt die spätere Kirche turmhoch; so ist es absurd, zu meinen, diese geistgewaltige Persönlichkeit habe sich Himmel, Erde und Hölle als »drei Stockwerke« vorgestellt, wie Rudolf Bultmann und seine zahlreichen Anhänger uns glauben machen wollen.

Im Gegensatz zu ihm versuchen wir, die einschlägigen Aussagen des Paulus, wie sie uns in seinen Briefen vorliegen, mit entsprechenden Aussagen anderer Zeugen zu vergleichen, die literarisch von ihm unabhängig waren. Die Quellen ermöglichen zahlreiche solche Vergleiche. Stossen wir dabei auf innere Übereinstimmung, sind solche Aussagen als in hohem Masse glaubwürdig einzustufen. Dies gilt gerade auch dann, wenn deren Inhalt sich einer rein verstandesmässigen Einordnung vorläufig noch entzieht.

Mit 'innerer Übereinstimmung' meinen wir im besonderen folgendes: Stimmen zwei oder mehrere Schilderungen eines Sachverhalts oder Geschehens überein, ohne dass sie literarisch voneinander abhängen, erweist sich dieses Geschehen oder dieser Sachverhalt als geschichtliche Wahrheit und erweitert dadurch unser Weltbild. Solche Erkenntnis belebt, und nicht der Buchstabe – sagte Paulus doch: »Der Buchstabe tötet, der Geist aber macht lebendig!« (2. Kor. 3, 6.)

Auf Grund der Gesetzmässigkeit solcher Erkenntnis werden für uns auch Aussagen über das *Jenseits* überprüfbar. Dies erkannte bereits Platon. Für ihn bedeutete ja – es sei wiederholt – Theologie die Aufdeckung des Wahrheitsgehalts einer von allem Widersinnigen gereinigten Mythologie. Dies besagt: Alle 'Lehre vom Wirken göttlicher Wesen' kann nach dem geschilderten Verfahren auf ihren geistigen Sinngehalt – also auf ihre Wahrheit – hin überprüft werden. Dies soll nun geschehen.

2. Die Quellenzeugnisse von und über Paulus sowie ihr Erhaltungszustand

Als erstes bedarf es eines Überblicks über die auf Paulus zurückgehenden Quellenzeugnisse.

Die ältesten und umfangreichsten auf uns gekommenen Zeugnisse sind die beiden Papyri P45 und P46 aus der Sammlung Chester Beatty in Dublin. Der Papyrus P46 stammt aus der Zeit um 200 n.Chr. und enthält – mit Lücken – die Paulus-Briefe. Gänzlich fehlen in ihm der zweite Brief an die Thessalonicher, die beiden Briefe an Timotheus sowie die Briefe an Titus und an Philemon.[7] Etwas jünger ist der Papyrus P45 aus dem 3. Jahrhundert; er weist erhebliche

Ausschnitt Papyrus P46 (Philipperbrief 4, 14 bis Kolosserbrief 1, 2)

Lücken auf. Diese Papyri sind wegen ihres vergleichsweise hohen Alters sehr wichtig; denn die auf uns gekommenen Handschriften unterlagen bereits vom 4. Jahrhundert an der von uns erwähnten dogmatischen Verfälschung.

Unser nächstwichtiger Textzeuge ist *Origenes* (184/185–253/254), der berühmteste Gottesgelehrte der frühen Christenheit nach Pau-

Ausschnitt Papyrus P45 (Apostelgeschichte 16, 32–40)

lus. Origenes führte des Paulus Aussagen häufig an, und oft steuerte er zu ihnen Bemerkungen von höchstem Wert bei. Wir greifen dafür nur einen Beleg heraus. Origenes äusserte sich zum Hebräerbrief, mit dem er sich besonders eingehend befasste, aber in der für ihn als Gelehrten kennzeichnenden Zurückhaltung:

»Wenn ich meine Meinung sagen soll, so möchte ich glauben, dass die Gedanken [des Hebräerbriefes] dem Apostel [Paulus] angehören, aber *Ausdrucksweise* und *Textgestalt* einem andern, der die Gedanken des Paulus aufzeichnete und sozusagen das, was der Lehrer gesagt hatte, weiter ausführte. Wenn also eine Kirche den Hebräerbrief als von Paulus stammend in Ehren hält, so mag sie hierin Beifall finden; denn nicht ohne Grund haben die Alten ihn als paulinisch überliefert. Wer aber den Brief geschrieben hat, weiss nur Gott.«[8]

Dass der Hebräerbrief nicht aus der *Feder* des Paulus stammt, wird heute allgemein anerkannt; doch, weit über das Ziel hinaus schiessend, wird in der theologischen Fachwelt seit geraumer Zeit behauptet, auch die Briefe an die Epheser, an die Kolosser, der zweite Brief an die Thessalonicher, die beiden Timotheus-Briefe und der Titus-Brief stammten *nicht* von Paulus. In den Briefen an die Epheser und Kolosser will man in Sprache und Gedanken gnostischen Einfluss festgestellt haben, der nicht auf Paulus zurückgehen könne.[9]

Bei dieser Behauptung stützt man sich darauf, dass (in Eph. 2, 5 und Kol. 2, 12) der Verfasser davon spricht, wir seien bereits errettet, der Tod sei bereits besiegt, die Auferweckung sei bereits erfolgt. Auch heisst es (in Eph. 2, 6), uns sei in der Himmelswelt bereits »Sitz gegeben« worden. Ferner betont der Verfasser (in Eph. 2, 6f.), der unermessliche Reichtum, der durch diese Gnade allen Menschen zuteil geworden sei, werde sich »in den kommenden Zeiten« in seiner Gültigkeit erweisen. Alle diese Aussagen bezeugen, dass dieses Heilsgeschehen bereits eingetreten *ist*. Da jedoch nach theologischer Meinung dieses Heilsgeschehen erst ein *künftiges* ist, gelten ihr obige Aussagen als gnostisch und können demzufolge nicht auf Paulus zurückgehen. Diese Meinung ist irrig, wie im folgenden aufgezeigt werden soll.

3. Die dem Paulus unterschobenen Irrlehren im Lichte der Bibel

Zahlreiche Theologen sahen wohl, dass die von der Kirche verkündigte Auferstehung fernstes Ziel und blosse Hoffnung ist, also zu den vorerwähnten Aussagen des Paulus in schroffem Widerspruch steht, die ja von der Auferstehung als von einem bereits eingetretenen Geschehen künden. Trotzdem meinen sie, an zwei anderen Paulus-Stellen eine Bestätigung der kirchlichen Verkündigung zu finden.[10]

Diese Stellen sind Röm. 6, 3–8, wo Paulus vom künftigen persönlichen Gericht spricht, das des Menschen harrt, und Phil. 3, 10–14, wo Paulus sagt, er möchte der Auferstehung Christi nachleben. Allein, Paulus spricht weder an diesen beiden Stellen noch sonstwo davon, solche Ereignisse lägen in *fernster Zukunft* – im Gegenteil. Unbestreitbar ist vielmehr: Sowohl Paulus als auch die anderen

Jünger Jesu lebten in der *Naherwartung* des Heils.[11] Trotzdem wird dieser Sachverhalt verschleiert und entstellt, weil er eben in grundstürzendem Widerspruch zur kirchlichen Verkündigung steht.[12]

Adolf von Harnack hatte zu Recht empfohlen, »genau zu prüfen, ob und inwieweit von einer "Gegenwart des Reiches Gottes" im Sinne Jesu gesprochen werden dürfe«.[13] Statt dessen hält man weiterhin an der irrigen kirchlichen Verkündigung einer 'Fernsterwartung' fest. Das Neue Testament lässt man dabei einfach ausser acht, indem man dem Paulus kurzerhand seine Urheberschaft an den Briefen an die Kolosser und besonders an die Epheser entzieht. Wer so verfährt, hat den Anspruch verwirkt, das Evangelium der *Bibel* zu verkünden. Solche Urteile über Paulus beruhen auf kirchlichen Vorurteilen und missachten die geschichtlichen Zeugnisse, wie sie das Neue Testament einschliesslich der Paulus-Briefe darstellt.

Wir stellen richtig: Paulus erkannte das Heil als ein durch Christi Erlösungstat *in Gang gesetztes*, ununterbrochen fortdauerndes Geschehen. Der *Abschluss* dieses Heilsgeschehens freilich liegt in weiter zeitlicher Ferne.

Als Belege dafür seien folgende Paulus-Worte angeführt. In Phil. 3, 12 sagt er: »Nicht dass ich es [das Heilsziel] schon ergriffen hätte oder dass ich gar schon zur Vollendung gekommen wäre; ich jage ihm [dem Heilsziel] aber nach, um es zu ergreifen, weil ich von Christus Jesus ergriffen worden bin.« Andrerseits bezeichnet er in Röm. 15, 11f. als Heilsziel die Erfüllung der Weissagung in Psalm 117, 1: »Lobet den Herrn, alle Heiden, und preisen sollen ihn alle Völker!«, sowie in Jes. 11, 10: »... der, welcher aufersteht, um über die Heiden zu herrschen«. Dass dieses Ziel, nämlich die Anerkennung der Herrschaft Christi durch *alle* Völker, noch in weiter Ferne liegt, stand freilich dem Paulus aufs deutlichste vor Augen – musste er doch diese Tatsache ständig aufs leidvollste am eigenen Leib erfahren.

Gleichwohl ist das Fernziel für *alle* – auch für jene, die heute noch Heiden sind – nichts Geringeres, als »die Unsterblichkeit anzuziehen« (1. Kor. 15, 53–55) und den auf sie wartenden »Sitz in der Himmelswelt« zu erreichen (Eph. 2, 6). Doch dieses Ziel bedeutet eben Arbeit (Phil. 2, 16) und Aufopferung (1. Kor. 9, 20–23 und 27). Wohl sind Aufopferung und Mühen auf dem Weg zu Christus in den

Augen des Paulus gross; doch wird dem, der sie aufbringt, als Lohn ein baldiges Wiedersehen mit Christus winken (1. Thess. 2, 19).

Sein Erdendasein als ein Leben für Christus zu gestalten heisst freilich, all die Drangsale auf sich zu nehmen und mit Gottvertrauen zu tragen, durch die der 'Widersacher' (1. Tim. 5, 14) den Menschen von diesem Weg abbringen will. Paulus fasste diese Erfahrung in folgende Worte: »Wir rühmen uns auch der Trübsale, da wir wissen, dass die Trübsal *Geduld* bewirkt, die Geduld aber *Bewährung*, die Bewährung aber *Hoffnung*; solche Hoffnung wird nicht zuschanden werden.« (Röm. 5, 3–5.) So sprach jener Paulus, der seit seinem Jünglingsalter unausgesetzt am eigenen Leib Drangsal um Drangsal erlebte. Er erlitt Entbehrungen, Verhöhnung, Geisselung, Steinigung, Kerker und Hinrichtung dafür, dass er Jesus als den Christus verkündete und sein Evangelium predigte.

Sein glühender Eifer für Jesus weckte anscheinend in manchen Gemeindemitgliedern die Befürchtung, ihre verstorbenen Angehörigen, die von Jesus noch nichts gehört hatten, also auch nicht für seinen Namen hatten eintreten können, würden deshalb auf Dauer benachteiligt bleiben. Jedenfalls sah sich Paulus veranlasst, den Thessalonichern die folgenden, höchst tröstlichen Worte zu schreiben (1. Thess. 4, 13–17):

»Wir wollen euch, Geschwister, über die Entschlafenen nicht in Unkenntnis lassen, damit ihr nicht traurig seid wie die anderen [nämlich die Heiden], die keine Hoffnung haben. Denn wenn wir glauben, Jesus sei gestorben und auferstanden, so auch, Gott werde die Entschlafenen durch Jesus mit *ihm* zusammenführen. Denn das sagen wir euch *als ein Wort des Herrn*, dass wir, die wir [noch auf Erden] leben, den bereits Entschlafenen [im Himmel] nicht zuvorkommen werden. Denn der Herr selbst liess unter einem Befehlsruf, unter der Stimme eines Erzengels [nämlich Michaels[14]] und der 'Posaune Gottes' [nämlich des *Herolds der Herolde*, des Erzengels Gabriel[15]] zuerst die Toten [die Bewohner des Totenreichs Luzifers] in Christus auferstehen. Wir, die [in Christus] Lebenden, werden dann [wenn wir abscheiden] zugleich mit jenen dem Herrn in der Höhe entgegengerückt werden. So werden wir allezeit beim Herrn sein.«

Diese von uns in ihrer ursprünglichen Form wiedergegebenen

Worte des Paulus wurden bisher auf ganz törichte Weise missverstanden, indem man sie noch immer als Beleg für die *endgeschichtliche* Heilserwartung des Paulus deutet.[16] Christus hatte dem Paulus und den Seinen verheissen, er werde ihnen bei ihrem Abscheiden von der Erde entgegengehen (vgl. 1. Thess. 4, 16). Daraus machten Theologen die sogenannte Wiederkunft Christi, die *Parusie* ihrer Fachsprache, und deuteten sie als eine allgemeine Verheissung für alle Christen, ganz ohne Ansehung der Leistungen, die sie für Christus erbracht haben.

Zugleich verlegte man diese Wiederkunft auf den vermeintlich nahe bevorstehenden Weltuntergang, weil man Jesu Wort vom 'Ende der Welt' (Mat. 24, 3) nicht mehr als Ende der uneingeschränkten Herrschaft des 'Fürsten dieser Welt' (Joh. 12, 31) begriff. Als Krönung dieser Anhäufung von Missverständnissen verknüpfte man dieses 'Ende der Welt' mit einem vermeintlichen einmaligen Gericht, das über alle Menschen, die je auf Erden lebten, verhängt werden würde.

Diese Irrtümer entstanden daraus, dass man das Gericht, das Christus – nachdem er nach seinem Kreuzestod zur Hölle niedergefahren und Luzifer besiegt hatte – über den 'Fürsten dieser Welt' hielt, mit jenem Gericht in eins setzte, das jedes einzelne von uns nach dem Abscheiden von der Erde erwartet, und alles zu einem einzigen Endgericht zusammenwarf.

Wohl sagte Paulus: »Die Zeit ist kurz bemessen!« (1. Kor. 7, 29) und »die Gestalt dieser Welt« vergehe für einen jeden bald (1. Kor. 7, 31); aber das heisst keineswegs, dass ein Weltuntergang bevorstünde. Zwar spricht Paulus an einem andern Ort (1. Thess. 5, 2) auch davon, »dass der Tag des Herrn kommt so wie ein Dieb in der Nacht«; doch meinte er damit eindeutig jenen Tag, der dem *einzelnen* näher bevorsteht, als er anzunehmen pflegt, nämlich den Tag, der auf das Abscheiden von dieser Welt folgt und an dem im Namen Christi über jeden einzelnen Menschen Gericht gehalten wird (1. Kor. 1, 8; 2. Kor. 1, 14; Phil. 1, 6 und 10; 2, 16; 1. Thess. 5, 2).

Freilich, schon bald verloren die ersten Christen diesen über jeden einzelnen ganz plötzlich hereinbrechenden Tag aus den Augen, obwohl Paulus gerade davor nachdrücklich gewarnt hatte (1. Thess. 5, 6f.). Als man dann die Worte des Paulus über die *Auferstehung von den Toten* nicht mehr als ein ständig ablaufendes *geistiges* Geschehen begriff, sondern als ein bevorstehendes *irdisches* Geschehen missverstand – das allerdings nie eintraf –, meinte man, *Paulus* habe sich eben mit seiner Naherwartung getäuscht. Nun sprach man von einem Ruhen der Toten bis zu ihrer Auferstehung am Ende der Welt. Dann, am sogenannten Jüngsten Tag (den man folgerichtig eigentlich 'Ältesten Tag' hätte nennen müssen), würden alle Toten aus ihren Gräbern auferweckt; in einem Massengericht würden die Schafe auf die rechte Seite gerufen zum ewigen Leben, die Böcke aber auf die linke Seite (vgl. Mat. 25, 31–34), um sie in die Finsternis zu verstossen, wo »Heulen und Zähneknirschen« (vgl. Mat. 25, 30) ihre ewige Verdammnis begleiten würde.

In Wahrheit sprach Jesus als erstes vom *Engelsturz* von einst, dessen Augenzeuge er war: »Ich sah den Satan wie einen Blitz aus dem Himmel fallen.« (Luk. 10, 18.) In der Finsternis der Hölle, die alle ungehorsamen Gestürzten aufnahm, herrscht wirklich Heulen und Zähneknirschen. Erst danach sind Jesu Worte einzuordnen, er werde die »Schafe« von den »Böcken« trennen und jene mit sich nehmen. Mit den »Schafen« sind all jene Verstorbenen gemeint, die sich in ihrem menschlichen Leben zu Jahwe/Christus bekannt und sich um ihn verdient gemacht haben. Sie durften das Reich wieder ererben, das Christus ihnen »von Grundlegung der Welt an bereitet« hatte (Mat. 25, 34). Dies geschah in den Tagen zwischen der Kreuzigung Jesu und seinem Wiederaufstieg aus dem Reich der Toten, also zwischen dem 27. und dem 29. April des Jahres 28 unserer Zeitrechnung.

Angelpunkt und Grundlage für das richtige Verständnis der geschilderten Weltereignisse ist ihre zeitliche Einordnung.

Ursache allen menschlichen Daseins ist der in Urzeiten erfolgte, also viele Milliarden von Jahren zurückliegende Abfall von Gott und Christus – der *Engelsturz*. Voraussetzung für die Heimkehr der Gestürzten in das Reich Gottes war die *Erlösungstat Christi*: das im tiefsten Wortsinne weltgeschichtliche Ereignis am Freitag, dem 27. April des Jahres 28. Nur mit diesem Wissen werden die Aussagen der Bibel verständlich. An diesem Verständnis fehlt es jedoch bis zum heutigen Tag noch weithin.

Immerhin hat der Basler Theologe Karl Barth (1886–1968) so viel wieder erkannt, dass der *Wille zum Gehorsam* gegenüber Gott Vorbedingung und Prüfstein der Auferstehung ist. Nur noch das sündhafte einstige »Da-Sein und So-Sein des Menschen« wollte er – auf den Punkt gebracht – als dem geistigen Feuer übergeben wissen, so dass wir »vielleicht verwandelt, vielleicht verkohlt, vielleicht geläutert – vielleicht unversehrt bleiben«.[17] Auch verschwieg Karl Barth nicht den Widerspruch, der sich zwischen der kirchlichen Auslegung der Bibel betreffend das sogenannte Endzeitgeschehen einerseits und einer vernünftigen Betrachtungsweise der erwartbaren Dinge andererseits erhebt. Allein, er wusste dazu nur folgenden Rat zu geben: »Sofern wir es wagen, mit unserem Glauben zu rechnen, müssen wir es wagen, auch mit dem durch den Glauben charakterisierten 'Wir', mit dem neuen Menschen, dem Menschen des noch nicht angebrochenen, aber nahe herbeigekommenen Gottestages [des Tages des Herrn], zu rechnen.«[18] Das ist ein Ansatz, der in die richtige Richtung weist, sofern man nicht unvernünftigerweise auch noch das »Ende der Welt« damit zusammenbringt.

Vernünftigerweise muss man sich vielmehr fragen, wieso denn das jeden einzelnen von uns erwartende Gericht erst am Ende der Welt und als gigantisches Massengericht erfolgen sollte, wo doch das Evangelium in aller Deutlichkeit stets von einer *nahen* Zukunft spricht. Das künftige Gericht auf ein in weitester zeitlicher Ferne liegendes Ende der Welt zu verlegen statt auf einen Zeitpunkt bald nach unserem jeweiligen Abscheiden von der Erde, ist reine Willkür und bar jeden Sinns; vielmehr müssen wir mit Paulus lernen, die unermessliche Liebe Christi zu ermessen: »welches [ihre] Breite und Länge und Höhe und Tiefe sei« (Eph. 3, 18); doch ein solches Unterfangen wird von der modernen Theologie kurzerhand mit dem Schlagwort 'Gnosis' etikettiert – also verfremdet, verdunkelt, abgetan.

Das griechische Wort *gnosis*, das wörtlich 'Wissen, Erkenntnis' bedeutet, steht in der Geistesgeschichte für eine ganz bestimmte Strömung, die sich in frühchristlicher Zeit herausbildete und tatsächlich zu einer Gefährdung des christlichen Glaubens wurde. Daher wurde das Eigenschaftswort 'gnostisch' verfemt, und nicht zu Unrecht. Weil nun die moderne Theologie die Meinung verficht, der Epheserbrief enthalte gnostische Aussagen, wurde Paulus kurzerhand die Urheberschaft an diesem Brief abgesprochen.[19] Dies geschah – wir sagten es schon – völlig grundlos und zu Unrecht. Darf man sich angesichts solcher willkürlicher Verkürzung des von Paulus vermittelten Geistesgutes noch wundern, wenn die Menschen heute im dunkeln tappen und keine wahre Erkenntnis, kein Wissen von Raum und Zeit unseres Seelenheils mehr besitzen?

Dabei bräuchte man doch nur die einschlägigen Zeugnisse der Bibel im Lichte der Wahrheit auszuwerten! Denn keines dieser Zeugnisse, die von Christi Wiederkunft handeln, sagt aus, sie werde erst am 'Ende der Welt' geschehen. Freilich: Einer *baldigen* Begegnung mit Christus – darein müssen wir uns fügen – werden nur jene für würdig befunden werden, die trotz grösster Drangsale und Anfechtungen durch die Welt des Widersachers *für Christus einstehen* – so wie Paulus dies tat.

Jesus sprach mehrfach von bevorstehenden Drangsalen. Er prophezeite seinen Jüngern als erstes ein Geschehen der »Furcht und Erwartung der Dinge, die über den Erdkreis kommen werden«, und fügte hinzu: »denn [selbst] der Himmel Kräfte [die Engel] werden erschüttert sein« (Luk. 21, 26). In der Tat musste ja er – der Sohn Gottes! – den über alle Massen schmach- und qualvollen Kreuzestod erleiden. Danach aber, so sprach Jesus weiter, »wird man den Sohn des Menschen kommen sehen mit grosser Macht und Herrlichkeit. Wenn aber dies zu geschehen beginnt, so erhebt eure Häupter [wieder]; denn dann naht eure Erlösung.« (Luk. 21, 27f.)

Die Jünger begriffen nicht, was Jesus mit diesen so bedeutungsschweren Worten meinte. Er kündete damit an, er werde nach seinem Kreuzestod in die Hölle niederfahren, den Satan besiegen und die Abgefallenen von einst erlösen. Diese Erlösung »von der Gefangenschaft des Todes« erwähnt auch Paulus (Eph. 4, 8–10; vgl. Röm. 10, 7); doch schon als Christus an der Spitze der himmlischen Heerscharen in die Hölle eindrang, erblickten deren Insassen den »Sohn des Menschen mit grosser Macht und Herrlichkeit«. Jesus hatte diesen Augenblick, als sein Erscheinen in der Hölle diese flammend hell erleuchtete, seinen Jüngern einmal so vorausgekündet: »Wie der Blitz von Osten ausfährt und bis zum Westen leuchtet.« (Mat. 24, 27.)

Schon der Prophet Hosea (6, 2) hatte die Erlösungstat vorhergesagt: »Nach zwei Tagen wird er uns neu beleben, am dritten Tag uns wieder aufrichten, dass wir leben vor ihm.« (Vgl. 1. Kor. 15, 4; Luk. 13, 32.) Dieses Wort des Propheten Hosea stimmt genauestens überein mit dem, was Jesus seinen Jüngern offenbart hatte: *Man* (also nicht sie, die Jünger!) werde den Sohn des Menschen kommen sehen mit grosser Macht und Herrlichkeit – nämlich dann, wenn Christus in das Reich der Toten eindränge und die Erlösung nahte. Gemäss Jesu Worten (Luk. 21, 28) stand zu dieser Zeit die Erlösung kurz bevor, war jedoch noch nicht erfolgt. Vollendet war sie am dritten Tag nach Jesu Kreuzigung[20], also am 29. April des Jahres 28 unserer Zeitrechnung.

Die von uns angeführten Worte Jesu und Hoseas stimmen überein mit dem, was Paulus in seinem Epheserbrief (4, 8) schreibt. Seine Worte zeigen klar, dass er nicht schon in Jesu Kreuzestod die Erlösung erblickte, sondern erst in der von Christus bewirkten Befreiung aus der Gefangenschaft des Totenreiches. Dies will man in der modernen Theologie aus dogmatischer Verblendung so nicht wahrhaben.[21]

Andrerseits behauptet man, die Glaubensaussagen des Paulus seien auch die eigenen. Man kann gar nicht anders, will man nicht den Anschein erwecken, man gebe das Evangelium preis. Also bestreitet man kurzerhand – wir erwähnten es schon –, dass der Epheserbrief von Paulus stammt. Ein gleiches, wenn auch in geringerem Masse, gilt vom Kolosserbrief, weil dieser es bei der *bereits erfolgten* Auferweckung der Toten bewenden lässt.[22]

Die Pastoral- oder Hirtenbriefe des Paulus (die beiden an Timotheus gerichteten Briefe und der Titus-Brief) werden ihm in Bausch und Bogen abgesprochen. Man meint, man könne dies auf Grund stilkritischer Verfahren beweisen. Dass solche Verfahren versagen müssen, wenn man die Umstände berücksichtigt, unter denen Paulus zur Zeit ihrer Abfassung zu leiden hatte, haben wir bereits früher aufgezeigt. Immerhin findet sich in der theologischen Fachwelt gelegentlich das Eingeständnis, dass alle literarkritischen Analysen der »paulinischen« Briefe sich im Kreise bewegen.[23]

Entscheidend ist diese Tatsache: Paulus wandte sich in seinen Briefen an Menschen, deren Verständnis für Geistiges ungemein verschieden war. So schrieb er beispielsweise im ersten Korintherbrief (3, 1f.): »Ich konnte mit euch nicht reden als mit Geistbegabten,

1. Ko 3

sondern als mit Fleischesmenschen, also mit in Christus Unmündigen. Milch habe ich euch deshalb zu trinken gegeben, nicht feste Speise; denn ihr vertrugt sie noch nicht. Ja ihr vertragt sie auch jetzt noch nicht«…

Trotzdem belehrte er dieselben Korinther: »Jedem [Geistbegabten] wird die Offenbarung des [ihm zugeordneten] Geistes zuteil, soweit es von Nutzen ist. Es sind dies Weisheitsrede, Erkenntnisrede, Erbauungsrede sowie die Gnadengabe des Heilens – alles in dem *einen* Geist [des Herrn]; zum andern wirkungsmächtige Krafttaten, Rede aus Eingebung, Unterscheidung der Geister, [verschiedene] Arten von Zungenreden sowie Auslegung der Zungenrede. Alles aber wirkt ein und derselbe Geist, der einem jeden persönlich zuteilt, [was und] wie *er* will.« (1. Kor. 12, 7–11.)

Hält man sich das Leben des Paulus vor Augen, so, wie wir es geschildert haben, und schenkt man seinen Worten Glauben, erhellt klar: Ihm selber wurden Offenbarungen, Eingebungen und Zungenreden höchsten Ranges zuteil. Mit anderen Worten: Wenn Paulus Weisheit, Erkenntnis und Erbauung predigte, wurden ihm die entscheidenden Gedanken von einem Himmelsgeist eingegeben; ja häufig redete ein solcher »in Zungen« durch ihn. Dass dem so war, sagt Paulus selber (1. Kor. 14, 6).

Angesichts einer so ausserordentlichen Geistbegabung müssen die üblichen Verfahren wissenschaftlicher Stilkritik versagen. Die in und durch Paulus wirksamen Geistkräfte erklären auch, warum wir bei ihm, wenn er in seinen Briefen auf das hohe Geistige zu sprechen kommt, einer einzig dastehenden Ausdrucksweise und einer ganz ungewöhnlichen Sprachgewalt voll dichterischer Schönheit begegnen. Bei Paulus finden sich Wendungen, wie wir sie in der Bibel nirgends sonst antreffen, die aber mit deren ursprünglichem Sinn und Geist voll übereinstimmen und den seine Worte in leuchtenden Farben verlebendigen. Aus diesem Grund vermochte Paulus vor allem jene Griechen anzusprechen, die im Sinne von Platon im Glauben *Weisheit* suchten, während die Juden nur sichtbare Zeichen und Wunder forderten (1. Kor. 1, 22).

Trotzdem wird behauptet, Paulus habe zum religiösen Denken der hohen Griechen, wie etwa eines Platon, in stärkstem Gegensatz gestanden.[24] Als vermeintlicher Beweis dafür wird das Paulus-Wort angeführt: »Hat nicht Gott die Weisheit der Welt zur Torheit gemacht?« (1. Kor. 1, 20.) Allein, mit der Weisheit der 'Welt' meinte Paulus die Weisheit des geistigen 'Fürsten dieser Welt' (Joh. 12, 31 und 14, 30), also des Widersachers Christi, des *Satans* (Röm. 16, 20), sowie der ihm dienstbaren Machthaber der Menschheit.

Paulus verdeutlichte dies im selben Korintherbrief (2, 6f.) mit den Worten: »Weisheit aber reden wir unter den Vollkommenen [den geistig gereiften Christen[25]], jedoch nicht die Weisheit dieser Welt, auch nicht der Herrscher dieser Welt, die zunichte werden, sondern wir reden *Gottes* Weisheit in einem Geheimnis, die verborgene [Weisheit], die Gott von Ewigkeit her zu unsrer [zukünftigen] Herrlichkeit vorherbestimmt hat.«

Adolf von Harnack hat dies in vorbildlicher Klarheit so erläutert: »Paulus war für die Wirksamkeit unter den Griechen durch eine gute Kenntnis der griechischen Übersetzung des Alten Testaments, durch eine nicht geringe Virtuosität in der Handhabung der griechischen Sprache und in steigendem Masse durch die Einsicht in das geistige Leben der Griechen befähigt.« Ferner: »Paulus hat die Verkündigung von Christus an die religionsphilosophische Denkweise der Griechen anzuknüpfen begonnen [wobei Origenes sein berühmtester Fortsetzer wurde]; er hat in der Apologetik [in der Rechtfertigung seiner christlichen Lehrsätze] philosophische Lehren der Griechen zu Voraussetzungen genommen; er hat damit die Projektion des Evangeliums auf die griechisch-römische Gedankenwelt vorbereitet; aber er hat meines Erachtens nirgendwo dieser Gedankenwelt einen Einfluss auf seine *Lehre vom Heil* eingeräumt ...«[26]

Paulus liess in der Tat die griechisch-römische Gedankenwelt auf seine Heilslehre keinerlei Einfluss nehmen; hierin war er ausschliesslich Christi gelehriger Schüler. Wohl aber vermochte Paulus – wie Adolf von Harnack dies dargetan hat – an die religionsphilosophische Denkweise der hohen Griechen anzuknüpfen.

Wie Platon hat auch Paulus es vermieden, seine Glaubensüberzeugung als Ganzes in einer einzigen Schrift zusammenzufassen. Zudem sprach er Aussenstehenden gegenüber vielfach in Rätseln (vgl. Spr. 1, 6), von den höchsten Dingen nur in »Geheimnissen« (1. Kor. 2, 7). Seine Getreuen ermahnte Paulus: »Wandelt in Weisheit gegenüber denen, die draussen sind, indem ihr die geeignete Zeit auskauft! Eure

Rede sei allezeit lieblich, mit dem Salz [des Glaubens] durchwürzt, damit ihr wisst, wie ihr einem jeden antworten sollt!« (Kol. 4, 5f.)

Die Verkündigung von Jesus Christus war für Paulus eine ständige Gratwanderung. Seine Briefe entstanden jeweils aus unmittelbarem Anlass; auch übertraf sein Wirken in der Öffentlichkeit dasjenige aller anderen Apostel. Sagte er aber zuviel, wurde er abgelehnt und verfolgt; sagte er zuwenig, konnten seine Worte missverstanden werden. Dies geschah schon sehr früh.

Daher wird im zweiten Petrus-Brief (3, 15f.) zwar die dem Paulus eigene Weisheit gerühmt, zugleich aber eingeräumt, dass sich in seinen Briefen so manches Schwerverständliche finde; dieses werde dann von Unwissenden und im Glauben noch Ungefestigten genauso verdreht, wie es mit den übrigen heiligen Schriften geschehe.

Unseres Erachtens bezogen sich diese Worte über Schwerverständliches im besonderen auf die von Paulus erwartete Wiederkunft Christi; möglicherweise galten sie auch jener Endzeitvorstellung, die man dem Apostel und den Evangelisten wahrscheinlich schon in sehr früher Zeit unterschob. Dem ist entgegenzuhalten: Jesus sprach nach dem Zeugnis der Evangelisten (Mat. 24, 4–31; Mark. 13, 5–27; Luk. 21, 8–32) von *drei* verschiedenen Drangsalen, die seine Jünger noch miterleben würden, und diese brachen dann tatsächlich auch über sie herein. Die erste Drangsal kam über *Jesus* selber, als er seinen Gegnern in die Hände fiel. Seine Getreuen waren jetzt tatsächlich voller »Furcht und Erwartung der Dinge, die über den Erdkreis kommen würden«. Jesus hatte seinen Jüngern vorhergesagt, der Kampfpreis, den er würde entrichten müssen – nämlich sein Kreuzestod – werde so hoch sein, dass darob selbst »der Himmel Kräfte [die Engel] erschüttert sein werden« (Luk. 21, 26).

Die zweite von Jesus vorherverkündete Drangsal kam über die *Tempeljuden*. Das über sie verhängte Gottesgericht (Luk. 21, 22–24; Mark. 13, 1f.) ereilte sie, weil sie ihre Gesinnung nicht änderten, sondern in ihrer Unbussfertigkeit verstockt blieben. Aus ihrem Hass gegen Christus heraus betrieben sie sogar den Tod eines, der ihren eigenen Reihen entstammte, sich aber bekehrt hatte – nämlich unseres Paulus. Ihr Sinn wurde so hochfahrend, dass sie sich im Jahr 66 offen gegen die übermächtigen Römer erhoben. Dies wurde für sie zum Todesurteil.

Die dritte Drangsal, die Jesus seinen Jüngern vorausgesagt hatte, traf *diese selber* (Luk. 21, 12; Mark. 10, 39; Mark. 13, 12f.). Das erste Opfer war Stephanus; ihm folgten der Zebedäus-Sohn Jakobus und Paulus. Anscheinend als einziger blieb der Zebedäus-Sohn Johannes (des Herrn Lieblingsjünger) an Leib und Leben unversehrt (Joh. 21, 22); doch auch er war »Mitgenosse in der Trübsal« und »kam auf die Insel, die Patmos heisst, um des Wortes Gottes und des Zeugnisses Jesu willen« (Off. 1, 9).

Auch Jesu Prophezeiung, dass in seinem Namen hier und dort falsche Propheten auftreten würden (Mat. 24, 4f. und 24; Mark. 13, 6 und 22; Luk. 21, 8), erfüllte sich. Einem solchen falschen Propheten, nämlich dem Barjesus, begegneten wir bereits bei der Paulus-Reise nach Zypern. Einen weiteren einschlägigen Beleg liefert der jüdische Historiker Flavius Josephus. Er berichtet von einem Jesus, Sohn des Ananus, der ab 62 n.Chr. in Jerusalem auftrat; auch er war wie Barjesus offensichtlich ein Besessener. Er zog die Aufmerksamkeit von Anhängern von Geistbekundungen aus dem Reich der Mächte der Tiefe auf sich, indem er Orakelsprüche hervorstiess und vor dem bevorstehenden Untergang Jerusalems warnte.[27] Die Stadt wurde im Jahr 70 von den Römern zerstört. Diesen Untergang hatte Jesus, der Christus, schon dreieinhalb Jahrzehnte vorher in klaren Worten prophezeit und dabei auch dessen geistige Vorgeschichte ausführlich dargelegt (Luk. 21, 20–24).

Ein weiteres hierhergehöriges Zeugnis überliefert Origenes in seiner Streitschrift gegen den Heiden Kelsos (VII 9). Kelsos hatte nämlich berichtet: »Viele Leute ohne Ruf und Namen gibt es, die mit grösster Leichtigkeit und aus ganz zufälliger Ursache teils in Tempeln, teils ausserhalb von ihnen, einige auch bettelnd und Städte oder Kriegslager heimsuchend, sich so gebärden, als ob sie weissagen könnten. Eine jede dieser Personen pflegt die Worte im Mund zu führen: "Ich bin Gott oder Gottes Sohn oder [ein] göttlicher Geist. Ich bin aber gekommen; denn schon bald geht die Welt zugrunde, und ihr, o Menschen, fahrt wegen eurer Ungerechtigkeit dahin. Ich aber will euch retten, und ihr werdet mich mit himmlischer Macht wiederkommen sehen. Selig ist der, welcher mich ehrt; auf die anderen alle, auch auf Städte und Länder, werde ich ewiges Feuer werfen, und die Menschen, welche die ihnen bevorstehenden Strafen nicht kennen, werden vergeblich bereuen und seufzen; jene aber, die mir Glauben schenken, werde ich ewig aufbewahren."«

Der Zerstörung Jerusalems durch die Römer ging ein geistiger Kampf vorauf, den einige Menschen hellsichtig wahrgenommen hatten. Davon berichtet Flavius Josephus: »Kurz nach dem Fest, am 25. Tag des Monats Artemisios, war eine Erscheinung zu sehen, die kaum zu fassen ist. Man könnte meinen Bericht für ein Ammenmärchen halten, gäbe es nicht Augenzeugen, die ihn bestätigen können, und wäre nicht auch jenes Unheil wirklich eingetroffen, das durch gewisse Vorzeichen angekündigt wurde. Im ganzen Land sah man nämlich vor Sonnenuntergang in der Luft Streitwagen und bewaffnete Kampftruppen durch die Wolken jagen und die Städte umkreisen.«[28]

Als die Römer unter ihrem Feldherrn Titus den Aufstand der Juden niedergeworfen hatten und der Tempel im August des Jahres 70 in Flammen aufging, brach für die Juden, die den Tempel zu Jerusalem verehrten, eine Welt zusammen. Zu ihnen gehörten auch Juden-

Heerlager der Römer am Fuss von Masada

christen, besonders jene unter ihnen, die Paulus als »eingedrungene falsche Brüder« gebrandmarkt hatte (Gal. 2, 4). Gerade sie, die trotz ihres christlichen Bekenntnisses in Wahrheit noch ganz dem jüdischen Gesetz verhaftet waren, scheinen mit ihren Irrlehren dem Paulus an verschiedenen Orten nachgestellt zu haben (Gal. 1, 6; Phil. 1, 28; Kol. 2, 8).

In diesen Zusammenhang gehört das Quellenzeugnis der Offenbarung des Johannes, auch *Apokalypse* genannt (das griechische Wort *apokálypsis* bedeutet 'Enthüllung'). In dieser Schauung, die des Herrn Lieblingsjünger in der Verbannung auf der Insel Patmos erlebte, enthüllte sich ihm das Gottesgericht, das auf die Ursünde des Abfalls von einst folgte – jenes Gericht, das Christus nach seinem Sieg am Kreuz über den Satan in dessen Reich, in der Hölle, über ihn verhängt hatte (Off. 12, 7–11).

Allein, die frühe Christenheit missdeutete das dort beschriebene Gericht des Jahres 28 als 'Enthüllung' eines der Welt vermeintlich erst *bevorstehenden* endzeitlichen Gerichts. So verwundert es nicht, dass sich schon früh die irrige Meinung von einem nahen Ende der Welt und von der sogenannten Wiederkunft (Parusie) Christi verbreitete. Dieser Irrglaube färbte auf die Abschriften des Neuen Testaments ab und wurde kritiklos in dessen Übersetzungen eingeschwärzt. Studiert man jedoch die in Frage kommenden Texte genau und hält man sie mit anderen Quellenzeugnissen zusammen[29], ergibt sich mit aller wünschenswerten Klarheit: Paulus, dem der zweite Petrus-Brief (3, 15) ja bezeugt, er habe »voll von der ihm verliehenen Weisheit« geschrieben, war genausowenig wie Johannes Urheber der unsinnigen Vorstellung von einem bevorstehenden Weltuntergang. Weder hegten sie diese irrige Meinung, noch verbreiteten sie sie.

4. Das göttliche Geistwissen des Paulus

Wir wollen nun die von Paulus verkündete Lehre, nach Personen- und Sachbezeichnungen gegliedert, durchgehen und dabei »die Eigenart seines Evangeliums«, wie Adolf von Harnack es ausdrückte[30], also die von Paulus geprägten Begriffe und Ausdrucksformen, mit den entsprechenden Wendungen der Propheten und Evangelisten vergleichen.

Gott

Für Paulus als Jude war selbstverständlich »Gott [nur] einer« (Röm. 3, 30); daran hielt er auch als Christ unverrückbar fest. Als solcher nannte er Gott *den* Vater Jesu Christi (Kol. 1, 3). Von einem vermeintlichen Gott in drei Personen, einer Trinität Gottes, war bei den ersten Christen überhaupt noch keine Rede. Gebot und Pflicht, sich jeglicher Art von Mehrgötterei unbedingt zu enthalten, war für die frühen Christen genauso selbstverständlich wie für die Juden.

Wer als Christ gegen dieses Gebot verstiess, wurde in den Zeiten vor der Mitte des 3. Jahrhunderts unerbittlich aus der Gemeinde ausgestossen. Erst danach wurde man in dieser Hinsicht nachlässig. Dadurch drang verkappt eine Mehrgötterei ins Christentum ein[31]; die alte heidnische Göttertrias setzte sich als 'Dreifaltigkeit' wieder durch.

In den gängigen Bibelübersetzungen werden Gott und Christus verschiedentlich nicht mehr klar auseinandergehalten. Erst recht wird aus ihnen nicht ersichtlich, wer *der* heilige Geist ist – nämlich Christus. Diese Entstellung der Wahrheit ist – es sei erneut betont – auf das spätere Dreifaltigkeitsdogma zurückzuführen.

Paulus nannte Gott den, »dem die Ehre gebührt in alle Ewigkeit« (Gal. 1, 5), den »unsichtbaren, alleinigen Gott« (1. Tim. 1, 17), »den Vater« (Gal. 1, 1). Nie hingegen bezeichnete Paulus in seinen Briefen Christus als Gott; denn dann hätte er gemäss der griechischen Grammatik den Ausdruck *ho theós* verwenden müssen, mit dem männlichen bestimmten Geschlechtswort *ho*, 'der', oder eine sinngemässe Wendung. Vielmehr bezeichnete er Christus durchgehend lediglich als »ein göttliches Wesen« (griechisch *theós*, ohne den bestimmten Artikel). Dogmatische Verblendung und theologischer Starrsinn führten bis auf den heutigen Tag zu der falschen Übersetzung von griechisch *theós* (ohne den Artikel *ho*) als 'Gott' statt als 'göttliches Wesen'.

Paulus lehrte: Juden *und* Heiden werden einzig durch den *richtigen* Glauben an »Gott, der *einer* ist«, zum Heil geführt (Röm. 3, 21–30). Nicht irgendein Glaube an Gott, der Werke fordert, die von *Menschen* festgesetzt wurden, vermag den Menschen gerechtzusprechen; solches vermag einzig ein *in Gottes Augen richtiger Glaube.*

Dieser Glaube aber kann nur so gelebt werden, wie Jesus als Vorbild es allen vorgelebt hat, nämlich wahrhaftig und unerschütterlich. Nicht das Gesetz der Juden, das die Verrichtung gewisser Werke vorschreibt, wird dem Menschen zur Gerechtigkeit angerechnet; solches bewirken nur der unbeirrbare Glaube eines Abraham *vor* der Beschneidung sowie die seiner *ganzen* geistigen Nachkommenschaft verheissene Gnade (Röm. 4, 12f.16.22).

So gewiss Paulus die Erlösung auf Gott selber zurückführt, so fest stand für ihn, dass die von den Propheten verheissene Gnade allein *Christus* den Menschen gebracht hat. Durch seine uns vermittelte Gotteslehre, durch sein ganz im Einklang mit ihr stehendes Leben und durch sein Sterben als Mensch versöhnte Christus uns mit Gott (2. Kor. 5, 18f.). Damit machte er zugleich den Fluch zunichte, den die Priester am Tempel zu Jerusalem durch ihre Entstellung und Verfälschung des Mosaischen Gesetzes über die Menschen heraufbeschworen hatten (vgl. Sach. 5, 3). Indem Jesus auf Anstiftung der Tempeljuden gekreuzigt wurde, fluchten sie Christus abermals!

Paulus sprach vom »unsichtbaren Gott«. Damit meinte er »sein unsichtbares Wesen« (Röm. 1, 20). Johannes schrieb in seinem ersten Brief (4, 12): »Niemand hat Gott jemals geschaut.« Gemeint ist damit: Kein *Mensch* hat Gott je gesehen. Nicht dass Gott an sich unsichtbar wäre, denn er hat Antlitz (Ps. 68, 3) und Gestalt (Phil. 2, 6); doch kein Mensch vermöchte die Kraft und Macht zu ertragen, die von Gottes Lichtgestalt ausgeht – er müsste sterben (vgl. 2. Mose 33, 20 und 4. Mose 17, 13) und würde nicht nur geblendet und zu Boden geworfen, wie es Paulus geschah, als er die Lichtgestalt Christi erblickte. Auch des Herrn Lieblingsjünger Johannes war von Christi *himmlischer* Gestalt so überwältigt, dass er ihm wie tot zu Füssen sank (Off. 1, 10–17). Anders war es, als Christus den Jüngern in seiner *irdisch* angepassten Auferstehungsgestalt erschien, die wesentlich eine Materialisierung seines Geistleibes als Mensch war (vgl. Mat. 28, 16f.; Mark. 16, 12; Luk. 24, 16; Joh. 20, 17). Wiederum anders war das Erlebnis der drei Jünger Petrus, Johannes und Jakobus auf dem Berg Tabor; damals erschien ihnen Jesus in seiner 'durchlichteten' Menschengestalt (vgl. Mark. 9, 2f.).

Paulus und Johannes, die beide die *himmlische* Lichtgestalt Christi erlebten, wussten also genau, wovon sie sprachen, wenn sie sagten,

Gott sei unsichtbar. Auf Grund ihrer eigenen Erfahrung wussten sie, dass einzig Gott selber niemals von Menschen würde geschaut werden können. Johannes und Paulus kannten natürlich auch jene Bibelzeugnisse, die davon berichten, *Jahwe* sei dem Abraham, dem Mose und anderen Israeliten erschienen (1. Mose 12, 7; 2. Mose 3, 16 und 24, 9f.). Folgerichtig konnten auch diese in Jahwe nicht Gott erblickt haben, sondern »den Engel des Herrn« (vgl. 1. Mose 24, 7), den Mittler zwischen Gott und den Menschen (1. Tim. 2, 5) – also *Christus*. Nur Gott selber blieb also für Menschen stets *unsichtbar*.

Christus

Christus ist nach Paulus »der Erstgeborene vor aller Schöpfung« (Kol. 1, 15). Er ist der einzige *aus* Gott geborene Sohn[32] (vgl. Phil. 2, 5f.; Joh. 1, 18; 1. Joh. 4, 9). Von ihm sagte Paulus: »Er ist das Ebenbild Gottes.« (2. Kor. 4, 4.) »*Durch* ihn – Christus – ist alles geworden, was in den Himmeln und auf Erden erschaffen worden ist, das Sichtbare [Materielle] und das Unsichtbare [Geistig-Feinstoffliche].« (Kol. 1, 16.) Daher ist Christus *der Anfang und das Ende* (Off. 1, 8), der alleinige »Mittler zwischen Gott und den Menschen« (1. Tim. 2, 5).

Der »göttlichen Gestalt« (Phil. 2, 5f.) und seines himmlischen Glanzes entäusserte sich Christus freiwillig, als er die Menschwerdung auf sich nahm (Phil. 2, 6f.). Er bewies damit, dass sein Vertrauen in Gott selbst bei grösster Erniedrigung unerschütterlich war und blieb (Phil. 2, 8). Christus ist »der Herr in der Herrlichkeit des Vaters« (vgl. 1. Kor. 2, 8 und Röm. 6, 4) und trägt zu Recht den Namen, der *über* jedem Namen steht (Phil. 2, 9).

Als »Erstgeborener vor aller Schöpfung« ist Christus also der *Erstling* der Schaffung geistiger Wesenheiten durch Gott. Diese Erkenntnis des Paulus wirft helles Licht auf die Bibelstelle in Sprüche 8, 22: »Der Herr [Gott] schuf mich [Christus], seines Waltens Erstling, als Anfang seiner Werke, vorlängst.« Noch bis ins ausgehende 4. Jahrhundert sahen die Weisen unter den Christen in diesen einst durch Salomo aus Eingebung heraus gesprochenen Worten *eine Aussage Christi über sich selbst.*

Im Buch der Weisheit, das die Bibel ebenfalls Salomo zuweist, heisst es geheimnisvoll verschlüsselt: »Ein menschenfreundlicher Geist ist die Weisheit.« (Weish. 1, 6.) Unter 'Weisheit' ist hier also kein Begriff zu verstehen, sondern eine *Persönlichkeit*. An der Stelle 7, 22 bezeichnet Salomo die 'Weisheit' als »Werkmeisterin aller Dinge«. Mit anderen Worten: Diese 'Weisheit' war Christus. Weiter heisst es bei Salomo (Weish. 13, 5): »Aus der Grösse und Schönheit der Geschöpfe lässt sich durch richtige Schlussfolgerungen auch ihr Schöpfer erschauen.« Auch Paulus sagt vom Schöpfer (Röm. 1, 20): »Sein unsichtbares [geistig-feinstoffliches] Wesen... lässt sich seit der Schöpfung der Welt an seinen Werken mit den Augen der Vernunft deutlich wahrnehmen.«

Wie Salomo (Weish. 6, 12–20 und 7, 22–30) bezeichnete auch Paulus Christus als »die Weisheit Gottes«. Diese der Welt verborgene 'Weisheit' – also Christus – hat »Gott von Ewigkeit her zur [Wiedererlangung] unserer [einstigen] Herrlichkeit vorherbestimmt« (1. Kor. 2, 7). Davon ganz ergriffen, ruft Paulus an anderer Stelle (Röm. 11, 33–36) aus: »O welch eine Tiefe des Reichtums und der Weisheit und der Erkenntnis Gottes! Wie unerforschlich sind seine Entscheidungen, wie unausdenkbar seine Wege!« In diesem Spruch deuten die Wege Gottes auf den 'Reichtum', auf die 'Weisheit' und auf die 'Erkenntnis' Gottes als auf drei verschlüsselte Benennungen für *Christus* hin. Dann fährt Paulus fort:

»Denn wer hat den Sinn des Herrn erkannt,
oder wer ist sein [Christi] Ratgeber gewesen?
Oder wer hat ihm zuvor etwas gegeben,
das ihm vergolten werden müsste?

Denn aus ihm und durch ihn und zu ihm hin sind alle Dinge. Sein ist die Ehre in Ewigkeit!«

Von daher wusste Paulus auch: *Christus* war der Herr, der in Gestalt einer Wolkensäule bei Tag und einer Feuersäule bei Nacht den Israeliten nach dem Auszug aus Ägypten, nachdem er sie beim Durchzug durch das Rote Meer beschützt hatte, den Weg durch die Wüste wies. *Christus* war der geistige Fels, dem das »lebendige Wasser« (vgl. Joh. 4, 10–14) entsprang, das Mose und die Seinen in der Sinai-Wüste tränkte (4. Mose 20, 8–11).

Jesus

Gemäss dem Zeugnis der Evangelisten sprach Jesus von sich als dem *Sohn*; als seinen *Vater* bezeichnete er Gott. Die Pharisäer meinten anfänglich, Jesus verstehe sich nicht als Gottes Sohn in einem besonderen geistig-leiblichen Sinne, sondern als einen Sohn Gottes von höherem Rang im Vergleich zu anderen Menschen – nannten die Pharisäer sich doch in diesem Sinne selber »Söhne Gottes« (vgl. Luk. 20, 36). Darum wurde dem Umstand, dass Jesus sich als Sohn Gottes bezeichnete, zunächst keine besondere Bedeutung beigemessen. Später sagte sogar Paulus: »Denn alle, die vom Geist Gottes getrieben werden, sind Söhne Gottes.« (Röm. 8, 14.)

Zudem hatte sich Jesus über seine Gottessohnschaft nur äusserst zurückhaltend geäussert. Erst im Verlauf seiner dreijährigen Lehrtätigkeit merkten seine Jünger, dass Jesus in einer ganz persönlichen, herausgehobenen Weise von seinem Vater im Himmel sprach und dass er sich wahrhaftig als geistig-leiblichen Sohn Gottes verstand (vgl. Mat. 16, 16).

Indes, das eigentliche Wesen, die Einzigartigkeit seiner Gottessohnschaft, erkannte keiner; sie blieb ein Geheimnis. Darum sprach Jesus zu seinen Jüngern: »Niemand weiss, wer der Sohn ist, als nur der Vater.« (Luk. 10, 22; Mat. 11, 27.) Selbst für Paulus, der zusammen mit dem Lieblingsjünger Johannes von allen Aposteln das tiefste Christus-Verständnis besass, blieb Christus ein Geheimnis. Darum rief er – wir erwähnten es schon – in staunender Ergriffenheit aus: »O welch eine Tiefe des Reichtums und der Weisheit und der Erkenntnis Gottes!« (Röm. 11, 33.)

Als Jesus ein einziges Mal seinen Jüngern gegenüber seine Gottessohnschaft durchblicken liess, geschah es nicht durch ihn selbst. Er hatte seine Jünger gefragt: »Ihr aber, für wen haltet ihr mich?« Kraft göttlicher Eingebung antwortete Petrus: »Du bist Christus, der Sohn des lebendigen Gottes!« (Mat. 16, 15f.) Jesus bestätigte dies, gebot aber den Jüngern streng, es niemandem zu sagen (Mat. 16, 15f. und 20).

Nur Judas Ischarioth hielt sich nicht an Jesu Gebot, sondern verriet das Geheimnis seiner Gottessohnschaft dem Hohen Rat für dreissig Silberlinge, nachdem entdeckt worden war, dass er als Kassenverwalter Geld veruntreut hatte (Mat. 26, 14f.; Joh. 12, 6). Unmittelbar danach wurde Jesus von den Häschern des Hohen Rates verhaftet (Luk. 22, 47–54). Allein, da dies in Gegenwart der Jünger geschah, konnten jene Jesus nicht meuchlings umbringen, wie sie es sonst zu tun pflegten (vgl. Joh. 18, 3 in Verbindung mit Luk. 22, 52).

Da nach römischem Recht den Juden eine *öffentliche* Verurteilung zum Tode verboten war (Luk. 23, 22), beschuldigten die Priester und Schriftgelehrten des Tempels von Jerusalem Jesus fälschlich, indem sie sagten: »Er wiegelt das Volk auf!« (Luk. 23, 5.) Genauso gingen sie später gegen Paulus vor. Mit der falschen Anklage des Hochverrats verhinderten sie, dass der römische Statthalter Pilatus den Fall Jesus als blossen Glaubensstreit innerhalb des Judentums abtat, wie es später im Falle des Paulus durch den römischen Statthalter Gallio in Korinth geschah (Apg. 18, 15f.). Um dem vorzubeugen, behaupteten die Priester und Schriftgelehrten heftig und verbissen, Jesus gebe sich als Gesalbten und damit als König der Juden aus (vgl. Luk. 23, 2).

Deshalb überstellte Pilatus, als kluger Diplomat, Jesus dem Herodes Antipas. Dieser war der von Rom eingesetzte Tetrarch (Vierfürst) von Galiläa und damit Landesherr Jesu; er weilte damals gerade in Jerusalem. Aufgehetzt von den falschen Anschuldigungen der Priester und Schriftgelehrten, verhörte Herodes Antipas »mit vielen Worten« (Luk. 23, 9) Jesus. Dieser verweigerte jedoch jede Antwort auf die Frage nach seinem Königtum. Da trieb der Vierfürst seinen Spott und Hohn mit Jesus, liess ihm ein Prunkgewand überwerfen und schickte ihn wieder zu Pilatus. Der Statthalter nahm mit Befriedigung zur Kenntnis, dass Herodes Antipas die Sache offensichtlich nicht ernst nahm.

Dies brachte die Priester und Schriftgelehrten ausser sich vor Wut. Sie wiegelten den Pöbel auf (Luk. 23, 18), der willfährig mit lautem Geschrei vom Statthalter verlangte, Jesus zu kreuzigen (Joh. 19, 6). Dies war die schändlichste und zugleich qualvollste Todesstrafe im Römerreich. Auf sie hatten die Priester am Tempel zu Jerusalem von Anfang an zielstrebig hingewirkt.

Trotz des von den Juden inszenierten Volksaufstandes wollte Pilatus nicht nachgeben. Daraufhin warfen sie ihm vor: Wenn er Jesus nicht hinrichten lasse, sei er des Kaisers Freund nicht mehr; denn Jesus habe sich zum König aufgeworfen, widersetze sich dem Kaiser und wolle das Volk davon abhalten, dem Kaiser Steuern zu zahlen (vgl. Luk. 23, 2). Damit trafen die Juden den schwachen Punkt des Machtmenschen Pilatus: Die Gunst des Kaisers wollte er unter keinen Umständen einbüssen.

Zwar war dem Statthalter klar, dass keine rechtsbedeutsame Majestätsanmassung vorlag und Jesus niemand davon abhielt, dem Kaiser Steuern zu entrichten (vgl. Mat. 22, 21; Mark. 12, 17). Deshalb war ihm auch bewusst, dass sich die Verhängung der schmachvollsten Todesstrafe unter keinen Umständen rechtfertigen liess[33]; doch ebenso klar war dem Pilatus, dass eine Verdächtigung, er widersetze sich dem Kaiser, nicht auf die leichte Schulter genommen werden konnte.

Dieser innere Zwiespalt erklärt einerseits sein berühmt gewordenes öffentliches Händewaschen in Unschuld, andrerseits sein starrsinniges Festhalten an dem auf falschem Zeugnis beruhenden Schuldspruch wegen Hochverrats. *Darum* liess er am Kreuz über Jesu Haupt in den drei Sprachen Hebräisch, Lateinisch und Griechisch als Begründung des Todesurteils die Aufschrift anbringen: »Jesus, der Nazoräer, der König der Juden.« Vergebens verlangten die Hohenpriester von Pilatus, er solle die Aufschrift abändern (Joh. 19, 19–22). Offenbar befürchteten sie, der Volkszorn könne sich wegen des gänzlich unglaubwürdigen Schuldspruchs und der schändlichen Henkerstat schliesslich gegen sie selber richten.

Der Erlöser

Jesus vermied es, selber von seiner wahren Herkunft zu reden; vielmehr sollten seine *Werke* bezeugen, wer er war. Dieselbe Haltung hatte er schon in der Zeit des Alten Bundes eingenommen, indem er dem Mose als seinen Namen *Jahwe* angab, welcher bedeutet: »Ich bin der, als der ich mich [durch meine Werke] erweise.« Dies erwähnten wir schon. Auch wenn sonst Jesus von sich sprach, tat er dies nur in »Rätseln«, also verschlüsselt (vgl. Spr. 1, 6).

Genau wie Salomo kündete auch Paulus vom Erlöser verschlüsselt als von Gottes 'Weisheit'. Er tat dies mit den Worten: »Wir reden [von] Gottes 'Weisheit' in einem Geheimnis, die verborgene [Weisheit], die Gott von Ewigkeit her zu unsrer [zukünftigen] Herrlichkeit vorherbestimmt hat und die keiner der Herrscher dieser Welt erkannte – denn hätten sie sie erkannt, so hätten sie den Herrn der Herrlichkeit nicht gekreuzigt –, sondern, wie geschrieben steht:

"Was kein Auge gesehen und kein Ohr gehört hat und keinem Menschen ins Herz emporgestiegen ist, was alles Gott denen bereitet hat, die ihn lieben." [Vgl. Jes. 64, 4f.; Jer. 23, 18; Dan. 2, 22f.] Uns aber hat es Gott offenbart durch den Geist; denn der Geist erforscht alles, auch die Tiefen Gottes.« (1. Kor. 2, 7–10.)

Nur jene, die Ohren hatten, zu hören, verstanden Jesus, als er in einem 'Geheimnis' von sich als dem *Messias* sprach: »Selig sind die Augen, die sehen, was ihr seht; denn ich sage euch: Viele Propheten und Könige haben gewünscht, zu sehen, was ihr seht, und haben es nicht gesehen, und zu hören, was ihr hört, und haben es nicht gehört.« (Luk. 10, 23f.)

Paulus besass kraft seiner Geistbegabung eine klare Vorstellung von der Erlösungstat Christi. Seinen Zuhörern und Lesern gegenüber schilderte er sie jedoch nur bruchstückhaft, meist in Gestalt von alttestamentlichen Prophetenworten, deren Wortlaut er frei wiedergab, ja auch zuweilen ineinanderwob.

Dafür ein Beispiel (Eph. 4, 8f.): »Daher heisst es: "Er ist in die Höhe hinaufgestiegen und hat Gefangene weggeführt; er hat den Menschen Gaben gegeben." Das Wort aber: "Er ist hinaufgestiegen" – was bedeutet es anderes, als dass er auch hinabgestiegen ist in die Gebiete unter der Erde?"«

Diese von Paulus angeführten Bibelworte sind in dieser Form nicht überliefert. Entschlüsselt man das von Paulus Gesagte, schält sich folgendes klares Bild der Erlösung heraus:

»Er«, Christus, ist am dritten Tag nach seinem Kreuzestod (vgl. 1. Kor. 15, 4) »in die Höhe hinaufgestiegen« – nämlich *wiederaufgestiegen* aus dem Reich der 'Toten' (vgl. Mark. 9, 10) und hat dabei »Gefangene weggeführt«, heraus aus der Hölle, dem Reich des Widersachers (vgl. 1. Thess. 4, 16). *Das* war für Paulus die Erlösung, die Christus brachte.

Nach dieser Erlösung sehnten sich die reuigen vernunftbegabten Geschöpfe (vgl. Jes. 64, 4); nach ihr lechzte »wie der Hirsch an versiegten Bächen« (Ps. 42, 2) jener ganze dritte Teil der Natur, den beim Engelsturz der Schweif des grossen Drachen, des Satans, aus dem Himmel mit sich gerissen hatte (Off. 8, 7 und 12, 4).

Einst war durch den Ungehorsam *eines* vernunftbegabten Geschöpfs – Luzifers – die Sünde des Abfalls von Gott in die 'Welt' gebracht worden. Durch diese Sünde kam es für die Ungehorsamen zur Trennung von Gott, zum geistigen *Tod*. Genauso wurde durch den Gehorsam *eines* vernunftbegabten Geschöpfs bis zum Tod am Kreuz das *Leben* zurückgegeben denen, die die Knechtschaft der Sünde ablegen und wieder der Gerechtigkeit dienstbar werden, »damit, so wie die Sünde herrschte im Tode, nun die Gnade herrsche durch die Gerechtigkeit zum ewigen Leben durch *Jesus Christus*« (Röm. 5, 12–21).

Ungehorsam gegenüber Gott ist die Ursünde

Nach der Lehre des Paulus war von allem Anfang an die *ewige Kraft Gottes in seinen Werken* für jedes Geschöpf deutlich erkennbar. Anstatt Gott dafür zu danken und *ihn* zu ehren, sind viele seiner Geschöpfe in eitlen Wahn verfallen, und dadurch hat sich ihr Herz verfinstert. Wörtlich sagt Paulus: »Während sie vorgaben, weise zu sein, wurden sie zu Toren und vertauschten die Erhabenheit des unvergänglichen Gottes mit Bild und Gestalt von Geschöpfen, also der vergänglichen Kreatur. Daher gab Gott sie, in den Gelüsten ihrer Herzen und ihrer Befleckung, dahin, durch welche sie ihre [geistigen] Leiber geschändet hatten – sie, die die Wahrheit Gottes mit der Lüge [des Satans] vertauschten und Geschöpfen [Götzen] Anbetung und Verehrung darbrachten anstatt dem Schöpfer [Christus]. Deshalb gab sie Gott dahin...« (Röm. 1, 22–26.)

Paulus spricht hier deutlich in der Vergangenheitsform. Er redet nicht von Schicksalsschlägen, wie Menschen sie durch Krankheit, Unglück, Katastrophen erleiden können. Wohl hüllt sich die Sprache des Paulus hier »in ein Geheimnis« (1. Kor. 2, 7); doch kann trotzdem kein Zweifel bestehen: Er spricht von einem *geistig-jenseitigen Geschehen*, nämlich vom Abfall eines Teils der Engelwelt von Gott. Darüber wusste jeder Jude Bescheid, sofern er die Schriften der Propheten auch nur halbwegs verstand; Bescheid darüber wussten auch jene Griechen, die im Geiste eines Platon gläubig waren.

Überdenkt man die angeführten Worte des Paulus sorgfältig, wird schon jetzt klar: Er spricht mit ihnen vom *ersten* Ungehorsam in der Himmelswelt gegenüber Gott. Es handelt sich dabei um ein weit umfassenderes Geschehen als jenes, das mit dem Ungehorsam von

Adam und Eva verknüpft ist. Diesen Sachverhalt erweisen endgültig die folgenden Worte von Paulus, nämlich: All jene Geschöpfe verfielen dem Tod – der Trennung von Gott –, die »gesündigt *haben*«; der Tod herrschte »von Adam an bis Mose *sogar* über jene, die nicht mit gleicher Übertretung gesündigt hatten wie Adam« (Röm. 5, 12 und 14). Folgerichtig muss die *erste* Sünde des Ungehorsams gegenüber Gott *vor* dem Sündenfall von Adam und Eva im Paradies erfolgt sein.

Die oben angeführte Stelle bei Paulus: »Daher gab Gott sie, in den Gelüsten ihrer Herzen und ihrer Befleckung, dahin, durch welche sie ihre [geistigen] Leiber geschändet hatten« (Röm. 1, 24), wurde später irdisch-sexuell missverstanden; dieses Missverständnis wurde von Abschreibern und Übersetzern in die Schrift eingeschwärzt (vgl. Röm. 1, 26f.).

Gleichwohl ist der *geistige* Sinn auch an dieser Stelle für einen unbefangenen Leser noch deutlich zu erkennen; denn gleich darauf folgen bei Paulus Aussagen, die eindeutig den Geist betreffen. Sie lauten: »Und wie sie es verworfen haben, Gott recht zu erkennen, gab er sie in ihrem verworfenen Sinn, von dem sie erfüllt waren, dahin, der da ist jegliche Ungerechtigkeit, Schlechtigkeit, Habsucht, Bosheit, voll Neid, Mord, Hader, Betrug, Tücke, [ferner jene, die da sind] Ohrenbläser, Verleumder, Gottesfeinde, Frevler, Hochmütige, Prahler, jene, die erfinderisch sind im Bösen, ungehorsam gegen ihre [geistigen] Eltern, unvernünftig, treulos, lieblos, unbarmherzig.« (Röm. 1, 28–31.) Alle diese Worte beziehen sich auf die einstmals gefallenen Engel; doch genauso handeln auch Menschen, selbst »jene, die das Recht Gottes zwar kennen, aber nicht nur selber jenes [vorerwähnte Unrecht] tun, sondern noch dazu ihr Wohlgefallen haben an denen, die es [so wie sie selber] verüben« (Röm. 1, 32).

Dass mit dem kirchlichen – insbesondere mit dem katholischen – Sexualverständnis etwas nicht stimmen kann, wird zwar je länger, je mehr erkannt und verschiedentlich immer wieder auch angeprangert.[34] Allein, auf die Wurzel der Fehlentwicklung greift man nicht zurück. Wohl zieht man die alten Quellen heran, übersieht dabei jedoch, wie sehr diese selber aus kirchlichen Moralvorstellungen heraus bereits verfälscht wurden. Infolgedessen bewegt man sich bei der Darlegung von Beweisgründen in einem 'Teufelskreis' und erliegt dem verhängnisvollen Schluss, die in Frage stehende Sexualmoral sei so alt wie der christliche Glaube selbst. Je mehr Kirchentheologen sich unter Aufwand grosser Gelehrsamkeit mit diesem Fragenkreis befassen, um so häufiger kommt dem kirchenkritischen Christen das Sprichwort in den Sinn: »Je näher der Kirche, um so weiter von Gott!«

Grundlegend äusserte sich Paulus zur Ursünde und zu der dadurch sterblich gewordenen Schöpfung in seinem Römerbrief (8, 19–23):

»In Sehnsucht harren die [ungehorsam gewordenen] Geschöpfe auf das Offenbarwerden der Söhne Gottes [auf das Wiedersehen mit den im Himmel verbliebenen nicht Gefallenen]. Denn der Nichtigkeit wurde das Geschaffene [durch den Abfall von einst] unterworfen – nicht freiwillig, sondern um dessen willen, der es ihr unterwarf, und auf die Hoffnung hin, dass das Geschaffene befreit werden wird und sich auch selbst befreit von der Knechtschaft des Verderbens zur Freiheit der Herrlichkeit der Kinder Gottes. Denn wir wissen, dass *alles* Geschaffene insgesamt [die Natur inbegriffen] seufzt und sich schmerzlich ängstigt bis jetzt. Aber nicht nur das, sondern auch wir selbst, die wir die Erstlingsgabe des Geistes haben [Vernunftbegabte sind], auch wir seufzen in uns selbst und warten auf die Annahme an Sohnes Statt, auf die Erlösung unsres Leibes [von der Sterblichkeit].«

Johannes schildert in seiner Offenbarung das Ausmass des von Paulus erwähnten Abfalls von einst. Der Drache – Sinnbild des Satans, des Widersachers Christi – riss mit seinem Schweif *ein Drittel der Sterne des Himmels* mit sich in die Tiefe (Off. 12, 4), also ein Drittel der Engel (vgl. Off. 1, 20). »Und der dritte Teil der [geistigen] Erde verbrannte [wurde zur Wüste], und der dritte Teil der [geistigen] Bäume verbrannte und alles grüne Gras mit dazu.« (Off. 8, 7.)

Im Buch der Weisheit 2, 23f. heisst es dazu:

Gott hat die vernunftbegabten
Geschöpfe zur Unvergänglichkeit
geschaffen und zum Abbild seines
eigensten Wesens gemacht.
Aber durch den Neid
des Teufels [auf Christus]
kam der Tod in die Welt,

und es erlebten ihn alle,
die jenem angehörten.

Die Ursünde als Abfall von Gott unter Führung des Satans und das daraufhin erfolgte Strafgericht Gottes, wie sie im Alten Testament manchenorts beschrieben werden, erwähnt also auch Paulus. Ansatzweise wurde dies auch von einigen Theologen erkannt.[35]

Das Paradies

Das Paradies – der Garten Eden (1. Mose 2, 15) – war für Paulus eine *geistige* Welt (vgl. Luk. 23, 43). Diese kannte er aus eigener Anschauung (vgl. 2. Kor. 12, 4). Der Sündenfall, bei dem die 'Schlange' – also der Satan, der Verleumder und Widersacher Christi – zuerst die Eva verführte (1. Mose 3, 1) und diese dann den Adam (1. Mose 3, 6 und 17), wodurch *wir alle* Christus verstarben (1. Kor. 15, 22), also dem 'Tod' – eben dem Widersacher – anheimfielen (vgl. Röm. 5, 12), erfolgte somit *nicht* auf Erden.

Die Wiederversöhnung mit Gott durch Christus

Vom Messias ('Gesalbten'), der die Wiederversöhnung der Abgefallenen mit Gott bewirken würde, schrieb der Prophet Habakuk (2, 3f.): »Der Gerechte aber, [der kommen wird][36], wird kraft seiner Treue [zu Gott] am Leben bleiben.« Auch Paulus sagte: »Der aus Glauben [an Gott] Gerechte [der dem Gesetz Gottes Gehorsame] aber wird leben.« (Röm. 1, 17.) Jesus erfüllte die Prophezeiung des Propheten Habakuk. Er hielt unerschütterlich an seinem Glauben an Gott fest, obwohl ihm unsägliches Unrecht und schmerzvollste Qualen zugefügt wurden. Damit erwies er höchst Bedeutungsvolles: zum einen, dass der Mensch fähig ist, selbst bei schwersten Heimsuchungen sein Vertrauen auf Gott zu bewahren; zum andern, dass Christus durch seinen geistigen Sieg am Kreuz sich das Recht errang, den Widersacher in seine Schranken zu verweisen, nachdem dieser sich Rechte herausgenommen hatte, die mit Gottes Gesetz nicht vereinbar sind.

Der Satan sollte künftig nicht mehr wie bisher seine Macht über die mit ihm einst Abgefallenen so schrankenlos ausüben dürfen. Besonders sollte er jene Abgefallenen aus seinem Reich des geistigen Todes freilassen müssen, die ihm zwar einst durch Gottes Strafgericht zugesprochen worden waren, jetzt aber seiner Gefangenschaft entrinnen wollten. Dies erzwang Christus beim Letzten Gericht im Totenreich am 28./29. April des Jahres 28 unserer Zeitrechnung.

Für Paulus war daher die Wiederversöhnung mit Gott nach dessen einstigem Strafgericht nicht mehr ein bloss *künftiges Heilsziel* wie noch zur Zeit des Alten Bundes, sondern durch den Sieg Christi über den 'Tod' und die dadurch bewirkte Befreiung aus der Gefangenschaft des Satans ein bereits teilweise *erreichtes Ziel* (Eph. 4, 8). Seit Christi Erlösungstat hängt es nun von *jedem einzelnen* selber ab, ob er weiter dem Widersacher, dem Satan, anhangen will, den Gott einstmals samt allen anderen Abgefallenen »dahingegeben« – also verstossen – hat (Röm. 1, 24.26.28), oder ob er den von Christus gebahnten Weg heim zu seinem einstigen »Sitz in der Himmelswelt« (Eph. 2, 6) betreten und so die »Unsterblichkeit anziehen« will (1. Kor. 15, 53–55).

Aus dieser Einsicht heraus verstand Paulus den von David an *Jahwe* gerichteten Vers 19 in Psalm 68 als in die Zukunft hinein gesprochen, und zwar als den Höhepunkt des Erlösungswerkes Jahwes.[37] Paulus deutete diese Psalmstelle – wie schon erwähnt – in folgendem Sinne: »Du wirst niederfahren zur Hölle, wirst wieder zur Höhe emporsteigen und dabei Gefangene wegführen.« Dieses Psalmwort wusste Paulus als durch *Christus* erfüllt (Eph. 4, 8). Daraus erhellt zugleich, dass Paulus auch hier hinter dem Namen Jahwe – »Ich bin der, als welcher ich mich erweisen werde« – eben Christus erkannt hatte.

Mehr, als Worte es vermöchten, erweist das *Wirken* Christi seine Herkunft aus Gott. Selbst als er als Jesus auf Erden weilte, handelte und lehrte, trat der Reichtum seines Lebens zutage, das er vom Vater verliehen erhalten hatte. Als die Juden, um Jesus der Gotteslästerung bezichtigen zu können, ihn fragten: »Bist du der Christus, so sag es uns offen!«, konnte er ihnen antworten: »Die *Werke*, die ich tue ..., diese zeugen von mir!« (Joh. 10, 24f.) Origenes gab dazu folgende Erläuterung: »Jesus vermied, von sich selbst zu reden; mehr durch seine Werke als durch seine Worte wollte er kundtun, dass er der Messias war.«[38]

Paulus lehrte: »Alles hat *er* [Gott] seinen [Christi] Füssen unterworfen. Als letzter Feind [als Anführer der von Gott Abgefallenen] wird der 'Tod' zunichte gemacht« – also der Satan und Widersacher Christi besiegt (1. Kor. 15, 26f.). »Im Namen Jesu wird sich [dereinst] ein jedes Knie beugen« (Phil. 2, 10) aus Verehrung und Dankbarkeit für sein Erlösungswerk. Dann wird die Kraft des Gesetzes Gottes die Sünde überwunden haben, wird sich das Wort erfüllen: "Der Tod ist verschlungen im Sieg" und wird man sagen können: "Tod, wo ist dein Stachel?"« (1. Kor. 15, 54f.) »Wenn ihm [Christus] aber alles unterworfen sein wird, dann wird auch der Sohn selbst sich [samt allem] dem unterwerfen, der ihm alles unterworfen hat, damit Gott [wieder][39] alles in allem ist.« (1. Kor. 15, 28.)

Aus all dem, was wir von der Glaubensauffassung des Paulus kennenlernten, erhellt unwiderleglich: Er erkannte Christus in viel höheren Dimensionen und besass über ihn eine viel weitere Sicht als alle späteren Christen – nur Origenes erreichte noch die Grösse und Wirkung des Paulus. Wenn man Paulus unterstellt, er habe in der Erwartung eines nahe bevorstehenden Weltuntergangs und einer Auferstehung der Gestorbenen aus ihren Gräbern gelebt, ist dies ein ebensolcher aus Textverderbnis und aus geistloser Kurzsichtigkeit erwachsener Unsinn wie die Unterstellung, Origenes habe sich selber verschnitten.

Offensichtlich ist es das Los hoher Geister, nicht nur während ihres Erdendaseins verhöhnt und verfolgt zu werden, sondern noch möglichst lange darüber hinaus. Solcher Verhöhnung Glauben zu schenken fällt den meisten Menschen zu allen Zeiten überaus leicht...

Die falsch verstandene Endzeit und wie es zu ihr kam

Wie konnte es damals überhaupt zur Erwartung eines nahe bevorstehenden Weltuntergangs kommen? Welches war der geistige Nährboden einer Endzeiterwartung?

Zur Beantwortung dieser Fragen haben wir von Jesu prophetischen Worten auszugehen. Sie alle bezogen sich auf einen vorhersehbaren Zeitraum.

Eine erste 'Endzeit' betraf den Tempel von Jerusalem. Dass er zerstört werden würde, hatte Jesus seinen Jüngern angekündigt. Auch prophezeite er, diese bevorstehende Endzeit werde mit grossen Drangsalen für die Juden – aber auch für sie, die Jünger, selber –

verknüpft sein. Davon war oben schon die Rede; doch werden wir erneut darauf eingehen.

Schon früher ereigneten sich die von Jesus prophezeiten Erdbeben (Mat. 24, 7). Zu einem ersten Erdbeben kam es, als Jesus am Kreuz verstarb (Mat. 27, 51). Ein weiteres, *grosses* Erdbeben (Mat. 28, 2) ereignete sich am dritten Tag danach[40], also am 29. April des Jahres 28 unserer Zeitrechnung, nämlich als »der Fürst dieser Welt gerichtet wurde« (Joh. 16, 11) und Christus, »unter einem Befehlsruf, unter der Stimme eines Erzengels [gemeint ist Michael] und unter 'der Posaune Gottes' [gemeint ist Gabriel] vom Himmel herabkommend, die 'Toten' in Christus« (1. Thess. 4, 16) auferstehen liess und sie, die »Gefangenen [des 'Todes', des Satans] wegführte« (Eph. 4, 8).

Auch die von Jesus prophezeiten Hungersnöte waren aufgetreten. Sie wüteten, wie früher bereits erwähnt, in den Jahren 44 bis 48.

Im Jahre 66 erhoben sich die Juden gegen die Römer. Ihr Aufstand führte im Jahr 70 zur Zerstörung des Tempels und der Stadt Jerusalem. In den Jahren 132 bis 135 unternahmen die Juden einen zweiten, letzten Aufstand; auch er wurde von den Römern blutig niedergeschlagen. Fortan war es den Juden bei Todesstrafe verboten, Jerusalem wieder zu betreten. Damit war für die Juden in der Tat eine Welt zusammengebrochen. Was die Juden Jerusalems während der Belagerung und beim Fall der Stadt erlitten, war die reine Hölle. Dies erhellt aus dem Werk *Der Jüdische Krieg* des Historikers Flavius Josephus, dem wir bereits im ersten Kapitel begegnet sind, mit aller Deutlichkeit. Jesu Prophezeiung, eine noch nie erlebte Drangsal werde über die Juden in ihrem Land kommen, hatte sich genau erfüllt (Mark. 13, 19; Luk. 21, 23).

Seinen Jüngern, die ja auch allesamt Juden waren, hatte Jesus prophezeit: »Schon vor dieser Zeit [der Zerstörung des Tempels] wird man *an euch* Hand legen und euch verfolgen, indem man euch an die Synagogen und die Gerichtsgefängnisse überliefert, um euch vor Könige und Statthalter zu führen um meines Namens willen« (Luk. 21, 12), »ihnen zum Zeugnis; aber das Evangelium muss unter allen Völkern gepredigt werden« (Mark. 13, 9f.).

Auch das traf genau ein. Noch im Jahr 28 wurde Stephanus gesteinigt, im Jahr 44 Jakobus, der Zebedäus-Sohn und Bruder des Lieblingsjüngers Johannes. Im Jahre 64 wurde Paulus hingerichtet, nachdem er zuvor an die Synagogen und Gerichtsgefängnisse überliefert und Königen und Statthaltern vorgeführt worden war – um Jesu Christi willen. Verfolgt wurden aber auch die anderen Apostel und Jünger, besonders Petrus und Johannes.

Allein, sämtliche erwähnten 'Endzeit'-Ereignisse brachten keineswegs einen Weltuntergang mit sich. Das Evangelium Jesu Christi war während des ersten, vermutlich sogar noch gegen Ende des zweiten Jahrhunderts in weiten Teilen des Römerreiches unbekannt, von anderen Gebieten der Welt ganz zu schweigen. Wie aber hätten die frühen Christen den Auftrag ihres Meisters, an den sie so fest glaubten, in Angriff nehmen können, wenn sie einen nahen Weltuntergang erwartet hätten? Das wäre doch ein Widerspruch in sich gewesen!

Jene indes, die später in der Kirche die Macht an sich rissen und im Namen Jesu Christi auftraten, während sie doch in Wahrheit, wie ihre Werke erweisen, Widersacher Christi waren – sie predigten ständig eine bevorstehende Endzeit mit Weltuntergang und Jüngstem Gericht. Davon vermochte sich die Christenheit bis zum heutigen Tag noch nicht völlig zu lösen. Noch heute werden in den Bibelausgaben die vorerwähnten prophetischen Worte Jesu, obwohl sie sich alle bereits erfüllt haben, mit der Überschrift *Rede über die Endzeit* versehen.

Erweckt dies nicht den Anschein, als seien die Endzeiterwarter von *jenen* inspiriert gewesen, auf die sich in einem noch heute von den Christen gesungenen Lied der Vers bezieht: »Welt ging verloren«? Freilich, die es singen, sind sich der Bedeutung dieser Worte nicht mehr bewusst. Gemeint ist: »Welt ging *ihnen* verloren«, nämlich dem Widersacher und seinen Anhängern. Die Geburt des Erlösers liess *ihnen* in Tat und Wahrheit »die Welt verlorengehen« – jedoch niemals einem wahren Christen.

Das Gesetz

Keiner setzte sich, soweit wir sehen, mit Sinn, Zweck und Gültigkeit göttlichen Gesetzes tiefgründiger und scharfsinniger auseinander als Paulus. Er unterschied dabei drei Gesetze.

Seit Urewigkeit besitzt nach Paulus unveränderte Gültigkeit das »Gesetz Gottes« (Röm. 1, 32; 7, 22) – das *Grundgesetz Gottes*. Es ist jedem Wesen, da es seine Seele von Gott empfangen hat, als *Gewissen* in die Wiege gelegt worden (vgl. Röm. 1, 19–21; 7, 22).

Als zweites sprach Paulus vom jüdischen Gesetz, vom *Gesetz Moses*; er nannte es auch das 'Gesetz nach der Schrift' (vgl. Gal. 3, 21f.). Das dem Mose übermittelte Gesetz des *Alten Bundes* war für Paulus jedoch nur ein Übergangsgesetz (Gal. 3, 19) – gewissermassen die erste Ausführungsbestimmung für die Erlösung.

Dieses Gesetz hat Christus am Tag der Erlösung der Abgefallenen aus der Gefangenschaft des Widersachers aufgehoben, am ersten Tag seines Wiederaufstiegs aus dem Totenreich, also am 29. April des Jahres 28 unserer Zeitrechnung. Damit begründete Christus den *Neuen Bund*, gewissermassen das endgültige Ausführungsgesetz für die Heimführung aller, auch – als des letzten – des Widersachers selbst, des 'Todes'. Paulus nennt dieses neue, dritte Gesetz »das Gesetz des Geistes des Lebens« (Röm. 8, 2).

Paulus hielt diese drei Gesetze streng auseinander. Die Theologen tun dies nicht. Deshalb meinen sie, die von Paulus im Galaterbrief (3, 21) umrissenen Leitgedanken vom Gesetz seien mit denen im Römerbrief (7, 10) unvereinbar.[41]

In Wirklichkeit erklärt Paulus im Galaterbrief (3, 19) das 'Gesetz nach der Schrift' – also das an Mose ergangene Gesetz – als ein blosses Übergangsgesetz, das durch jenes Gesetz abgelöst wurde, das Leben verleiht, also durch das Gesetz Christi (3, 21; Röm. 8, 2). Im Römerbrief (7, 10f.) schreibt Paulus, er sei dem »Gesetz der Sünde und des Todes«, also demjenigen mosaischen Gesetz, das ihm als Pharisäer einst als Gebot des Lebens erschienen war, *erstorben* durch das »Gesetz des Geistes des Lebens«, indem er Jesus als den Christus annahm und sich zu ihm bekannte (Röm. 8, 2). Diese Aussagen lassen sich fugenlos mit seinen Ausführungen im Galaterbrief vereinen; in Wahrheit ergänzen sie sich.

Das Gesetz Gottes besteht seit Ewigkeiten, das »Gesetz der Sünde und des Todes« aber erst seit der Ursünde des Abfalls. Justin der Märtyrer (in Rom gestorben um 165) drückte es so aus: »Die bösen Engel haben bekanntlich den Menschen Gesetze gegeben, die ihrer eigenen Schlechtigkeit gemäss sind, und die ihnen ähnlichen Menschen freuen sich ihrer.«[42]

In seinem Brief an die Galater macht Paulus den dortigen Gemeinden zum Vorwurf, dass sie sich – offenbar von pharisäischen Juden verleitet[43] – so bald nach seiner Abreise wieder der Herrschaft und den heidnischen (!) Sitten des 'Gesetzes' unterworfen hatten (vgl. Gal. 2, 14). Sie hatten sich also wieder in die Knechtschaft desjenigen mosaischen Gesetzes begeben, das eben nicht mehr das unverfälschte »Gesetz Gottes« war; vielmehr ist dieses mosaische Gesetz von den – von Dämonen inspirierten[44] – Priestern am Tempel zu Jerusalem so verfälscht worden, dass sie mit den sogenannten Büchern Moses in Wahrheit dem »Gesetz Gottes« fluchten (Gal. 3, 13).

Paulus hatte also erfahren, dass sich die Galater nach seiner Abreise schon bald wieder durch Einhaltung des mosaischen Gesetzesmachwerks rechtfertigen wollten[45], anstatt – indem sie Abraham nachleben würden (Gal. 3, 7)! – durch ihren *Glauben an Christus* gerechtfertigt zu werden. Dieser Glaube straft das Gesetzesmachwerk der pharisäischen Priester und Schriftgelehrten Lügen (Mat. 23, 2; 23, 16–35). Dieser *Glaube an Christus* zeugt vom wahren »Gesetz Gottes«, das »heilig, gerecht und gut« ist (Röm. 7, 12) und das Gottes Sohn als Mensch in Wort und Tat verkündete.

Paulus hat sich somit gänzlich vom jüdischen Gesetzesverständnis losgesagt (Phil. 3, 7) und allein in Christi Worten und Taten das »Gesetz Gottes« erkannt.

Es ist jedoch eine sinnentstellende, schlimme Verkürzung der Lehre des Paulus, zu meinen, Rechtfertigung – also die Rückkehr ins Reich Gottes – vollziehe sich *allein durch den Glauben* und nicht auch durch ein dazugehöriges *Handeln und Tun*. Eine solche Vernachlässigung der Tat und eine Beschränkung auf den Glauben lehrte Paulus sowenig wie sein Herr und Meister. Sagte Jesus nicht ausdrücklich zu jedem, den er heilte, weil dieser an ihn glaubte: »Gehe hin und sündige nicht mehr!«? (Joh. 5, 14; 8, 11.) Jesus forderte somit zum Glauben auch die entsprechende Tat. Ein Glaube ohne entsprechendes Handeln ist ja bloss ein *vorgespiegelter* Glaube.

Diese Wahrheit verlor an Geltung in dem Masse, wie sich das Christentum verweltlichte und die guten Werke zur Nebensache wurden – ja nicht einmal nur zur Nebensache, sondern oft genug zum blossen Lippenbekenntnis.

Die Auferstehung

Die Ableugnung der Auferstehung von den Toten ist durch *Christus*, den »Erstling der Entschlafenen« (1. Kor. 15, 20), widerlegt worden. Wer behauptet, »dass Tote nicht auferweckt werden, für den ist auch Christus *nicht* auferweckt worden« (1. Kor. 15, 16). Wer behauptet, es sei noch keiner von den Toten zurückgekommen, für den ist Christus nach seinem Kreuzestod auch nicht seinen Jüngern erschienen.

Paulus versuchte, die Denkschwierigkeit seiner Zuhörer bezüglich des Fortlebens nach dem Tode dadurch zu beheben, dass er ihnen den Sterbevorgang als Loslösung des Geistleibes aus dem irdischen Körper deutete: »Es wird 'gesät' ein *irdischer* Leib, es wird auferweckt ein *geistiger* Leib.« (1. Kor. 15, 44.) »Denn dieses [irdisch] Verwesliche muss anziehen das Unverwesliche, und dieses [menschlich] Sterbliche [muss] anziehen Unsterblichkeit. Wenn aber dieses Verwesliche angezogen hat Unverweslichkeit, und dieses Sterbliche angezogen hat Unsterblichkeit, dann wird eintreffen das Wort, das geschrieben steht:

"Der Tod ist verschlungen im Sieg.
Tod, wo ist dein Sieg?
Tod, wo ist dein Stachel?"«
(1. Kor. 15, 53–55.)

Die Auferstehung aller ist für Paulus der Siegespreis Christi, den er errang durch sein »Sühneopfer durch den Glauben in seinem Blut zur Erweisung seiner Gerechtigkeit, weil die vorher geschehenen Sünden [des Ungehorsams gegenüber Gott beim Abfall von einst] unter der Langmut Gottes ungestraft blieben« (Röm. 3, 25).

Die Auferstehung ist für Paulus ein *ständiger* geistiger Vorgang, also keineswegs blosses Ziel einer fernen Zukunft. Sie geschieht in dem Masse, als wir gerechtgesprochen werden aus unserem Glauben »an den, welcher Jesus, unsern Herrn, auferweckt hat von den Toten, *ihn* [Christus], der [von Gott] dahingegeben wurde um unserer Übertretungen willen und der auferweckt wurde, damit wir [durch ihn, Christus] gerechtfertigt würden« (Röm. 4, 24f.).

Darum sagt Paulus: »Denn in *ihm* leben, weben und sind wir.« (Apg. 17, 28.)

Von sich selbst bekannte Paulus: »Nicht dass ich es [das Heilsziel] schon ergriffen hätte oder schon zur Vollendung gekommen wäre; ich jage ihm aber nach, um es zu ergreifen, weil auch ich ergriffen worden bin: von *ihm*, Christus Jesus.« (Phil. 3, 12.)

Der Mensch, der noch erfüllt ist von jenem falschen Sinn, der ihn einst zum Abfall von Gott brachte, verfällt immer wieder dem Gericht Gottes – er entrinnt ihm nie. Gott lässt einem jeden stets vergelten nach seinem *Glauben* und seinen *Werken*. Jenen, die im Wirken des Guten nach Unvergänglichkeit trachten und sich darin mit Ausdauer bewähren, wird er Preis, Ehre und das ewige Leben der Himmelswelt erneut verleihen. Jene dagegen, die sich widerspenstig der Wahrheit widersetzen und so der Ungerechtigkeit anheimfallen, wird die Macht Gottes unausweichlich und immerdar einholen und sie strenger Strafe zuführen (vgl. Röm. 2, 3). »Wie könnte Gott sonst die Welt richten?« fragte Paulus (Röm. 3, 6), da es doch sogar Menschen gibt, die sagen: "Lasset uns Böses tun, damit Gutes daraus komme!" (Vgl. Röm. 3, 8.)

Die Menschen, die das Gesetz Gottes nicht kennen und sündigen, gingen ohne Zutun dieses Gesetzes zugrunde; doch auch sie werden von diesem Gesetz erfasst und der Sühne für ihre Sünden zugeführt. (Dadurch können sie den Wiederaufstieg zu Gott antreten.) Wer das Gesetz Gottes nicht kennt, jedoch *nicht* sündigt, weil er von seiner Natur her das Gesetz hält, gibt damit zu erkennen, dass das Gesetz Gottes in sein Herz geschrieben ist. Daher wird er vor dem Richterstuhl Gottes wegen seiner Unkenntnis des Gesetzes Gottes nicht angeklagt werden, sondern Verteidiger finden, die sein reines Gewissen bezeugen. (Vgl. Röm. 2, 12–16.)

»Fleischlich gesinnte Menschen« (Röm. 8, 5) fassen die Auferstehung fälschlich als eine solche in irdischem Fleisch und Blut auf (vgl. 1. Kor. 15, 35). In Wahrheit vollzieht sich die Auferstehung im feinstofflichen, himmlischen Leib – im Geistleib mit der Seele (1. Kor. 15, 40); diesem feinstofflichen Leib ist in der Himmelswelt bereits ihr Sitz zugewiesen (Eph. 2, 6).

Im Alten Testament war der *Tag des Herrn* jener Tag, da Jahwe Gericht halten würde (Amos 5, 18 und 20; Joel 2, 1; Zeph. 1, 14). Jener Tag war geschichtlich der dritte Tag seit Jesu Kreuzestod. Jesu Sterbetag war Freitag, der 27. April des Jahres 28 unserer Zeitrechnung. Gerichtstag war also spätestens der 29. April jenes Jahres, als Christus in der Hölle (im Hades) Gericht hielt, indem er »die gegen uns lautende Urkunde austilgte« (Kol. 2, 14) und die Gefangenen des 'Todes' befreite (vgl. Eph. 4, 8), »nachdem er die

Gewalten und Mächte [der Hölle] gänzlich entwaffnet hatte« (Kol. 2, 15).

Mit anderen Worten: Christus besiegte nach seinem Kreuzestod den Widersacher und seine Anhänger in der Hölle. Die Urkunde, die Gott dem Satan ausgestellt hatte, wonach alle mit ihm einst Abgefallenen seiner Herrschaft unterstanden, wurde jetzt vom Sieger Christus getilgt und auf jene beschränkt, die freiwillig bei ihm bleiben wollten. Die anderen Gefangenen aber, die das Totenreich verlassen wollten, befreite Christus.

Das ist der wahre Sinn der Erlösungstat Christi. Sie ermöglicht einem jeden Abgefallenen den Weg der Heimkehr in das Reich Gottes.

Paulus spricht jedoch noch von einem *künftigen* Tag des Herrn. Wie ist dies zu verstehen, nachdem das Jüngste Gericht doch bereits stattgefunden hat? Für Paulus ist der künftige Tag des Herrn (1. Kor. 1, 8; 2. Kor. 1, 14; Phil. 1, 6 und 10; 2, 16; 1. Thess. 5, 2) *der* Tag, an dem, sobald wir von der Erde abberufen worden sind, in Christi Namen über jeden von uns Gericht gehalten wird.

Paulus lehrte, nicht alle von uns würden beim Abscheiden von der Erde *entschlafen*, um im Jenseits erst *nach einer gewissen Zeit* (eines längeren oder kürzeren Anpassungsschlafes) wieder zu erwachen; aber *verwandelt* würden wir alle (1. Kor. 15, 51f.), und zwar im Nu, nämlich durch Ablegen des irdischen Leibes und durch ein Weiterleben in unserem geistigen Leib (vgl. 1. Kor. 15, 40).

Von denen, die *vor* Christi Erlösungstat starben und daher wieder in das Reich der geistig Toten, aus dem heraus sie Mensch geworden waren, zurückkehren mussten, seien – so lehrt Paulus weiter – die Umkehrwilligen in dem Augenblick auferweckt und von der Sterblichkeit hin zur Unsterblichkeit verwandelt worden, als die letzte Posaune erschallte (vgl. 1. Kor. 15, 52f.). Dies geschah, als die Herolde des Himmels das Gottesurteil verkündeten, das Christus als Letztes Gericht seinem Widersacher auferlegt hatte und das bis in die letzten Winkel der Hölle allen Abgefallenen kundgemacht wurde. Seither vollzieht sich die Auferstehung von uns Menschen, »die wir doch durch die Übertretungen [des Gesetzes Gottes] 'tot' waren, durch Christus aber wieder lebendig gemacht« worden sind (Eph. 2, 5).

Die Heilslehre

Schlüssel und Kernsatz des Heils war für Paulus die Erfüllung der Verheissung Jahwes [Christi], die der Prophet Habakuk (2, 4) verkündet hatte: »Siehe, der Ungerechte – dessen Seele verschmachtet in ihm. Der Gerechte aber wird kraft seiner Treue zu Gott am Leben bleiben!« Weil die Erlösung – das heisst die Möglichkeit der Rückkehr der Abgefallenen ins Reich Gottes und damit aus dem Reich des 'Todes' ins Leben – durch Christus, wie wir schon mehrfach betonten, am 28./29. April des Jahres 28 verwirklicht worden war, konnte Paulus später sagen: »Der aus Glauben Gerechte wird leben!« (Röm. 1, 17), das heisst der aus inneren Beweggründen Gerechte.

Wir haben schon einmal gerügt, wie unheilvoll und in eitlem Wahn befangen dieses Paulus-Wort missdeutet wurde und noch immer verkannt wird, indem man daraus den Schluss zieht, Rechtfertigung geschehe *nur* durch Glauben, *nicht* aus entsprechendem Tun![46] Indem man dann noch einen Schritt weiter ging und den Glauben mit der Zugehörigkeit zu einer bestimmten Kirche gleichsetzte, konnte man selbst Übeltäter, sofern sie nur dieser Kirche der Welt grosse Dienste erwiesen hatten, als »aus Glauben gerechtfertigt« bezeichnen und sie »selig-« oder gar »heiligsprechen«.[47] Schamloser – Paulus würde gesagt haben: unzüchtiger – konnte man die Mittel den Zweck nicht heiligen lassen.

Paulus lehrte klar: »Richtet euch nicht nach dieser Welt, sondern wandelt euch durch Erneuerung des Sinnes, damit *ihr* zu erkennen vermögt, was der Wille Gottes ist – nämlich das Gute, das *ihm* Wohlgefällige, das Vollkommene.« (Röm. 12, 2.) Er rief die Gläubigen auf: »Eure Liebe sei ungeheuchelt! Verabscheut das Böse, hangt dem Guten an! In Bruderliebe seid einander herzlich wohlgesinnt; in Ehrerbietung schätze einer den andern höher [als sich selbst]! Seid in eurem Eifer nicht lässig, seid vielmehr im Geiste feurig, für den Herrn zum Dienst bereit!« (Röm. 12, 9–11.)

Auch beteuerte Paulus – wir führten die Stelle schon an –: »Der aus Glauben heraus Gerechte wird *leben*!« Mit anderen Worten: Wer in Tat und Wahrheit in sich den Glauben an den Allgerechten, nämlich an Gott, birgt und eben dadurch in *ihm* lebt, wird sich aus diesem Glauben heraus als gerechter Mensch erweisen. Damit schreitet er dem Ziel entgegen – dem ihm seit jeher bereiteten Sitz in der Himmelswelt (Eph. 2, 6), den er einst, beim Abfall, verlor, da er, anstatt Gott und Christus zu ehren und ihnen zu danken, in eitlen Wahn verfiel und ungehorsam wurde.

Von dem uns Abgefallenen wiederbereiteten »Sitz in der Himmelswelt« kündet das von Johannes (14, 2) überlieferte Herrenwort:

In meines Vaters Haus
sind viele Wohnungen!
Wäre dem nicht so,
hätte ich euch dann gesagt,
dass ich hingehe,
euch eine Stätte zu bereiten?

Heilsziel ist die Heimkehr *aller* einst von Gott und Christus Abgefallenen – zuletzt auch des 'verlorenen Sohnes' Luzifer (Luk. 15, 11–24). Die Verheissung des Paulus, in geistgewirkten Worten gesprochen (1. Kor. 15, 54f.): »Der Tod ist verschlungen im Sieg. Tod, wo ist dein Stachel?« gilt für einen jeden. Wir wiederholen Pauli Worte: »Denn "alles hat er [Gott] seinen [Christi] Füssen unterworfen"... Wenn ihm [Christus] aber alles unterworfen sein wird, dann wird auch der Sohn selbst sich [samt allen] dem unterwerfen, der ihm alles unterworfen hat, damit Gott [wieder] alles in allem ist.« (1. Kor. 15, 27f.)

Für Paulus bedeutete es einen tiefen Kummer und einen ständig bohrenden Schmerz, dass gerade die *Juden* den Messias kreuzigten; denn *ihnen* war doch durch die Propheten in deren heiligen Schriften das Kommen eines Messias verheissen worden. Sie hätten daher als erste den Messias erkennen können und das von ihm verkündete Evangelium annehmen sollen (Röm. 1, 16; 2, 10; 9, 1–5). Allein, sie kamen, verleitet durch die Gottlosen und Prophetenverächter, zu Fall, wie schon der Prophet Elia (1. Kön. 19, 10) bitter beklagte. Paulus gibt (Röm. 11, 3) dessen Klage mit folgenden Worten wieder: »Herr, deine Propheten haben sie getötet, deine Altäre haben sie niedergerissen, und ich bin allein übriggeblieben, und sie trachten mir nach dem Leben.« Durch ihre Verstocktheit verhärteten sich die Juden in ihren Herzen. Ihnen musste Jahwe durch seinen Propheten Jesaja vorhalten: »Von denen bin ich gefunden worden, die nicht [als Widerspenstige] mich suchten. Jenen bin ich offenbar geworden, die nicht [rechthaberisch] nach mir fragten.« (Röm. 10, 20; vgl. Jes. 65, 1.)

Trotzdem war sich Paulus dessen gewiss, dass dereinst auch die Juden *vollzählig* in die Seligkeit eingehen werden (Röm. 11, 12). Von ihnen wird keiner verlorengehen (vgl. 2. Petr. 3, 9), ebensowenig wie einer von jenen, die es bisher versäumten, lauteren Sinnes nach Jahwe/Christus zu suchen und in Ehrfurcht nach ihm zu fragen; auch ihnen wird sich Christus in seiner Macht und in seinem Erbarmen erweisen – doch nicht so, wie der Mensch es will, sondern so, wie Gott es in *seiner* Gerechtigkeit will (Röm. 9, 15–21).

Gerade die *Griechen* brachten der Wiederherstellung aller Dinge (der *apokatástasis*), der Heimführung aller Abgefallenen ins Reich Gottes, grösstes Verständnis entgegen (vgl. Röm. 1, 16; 2, 10); denn sie glaubten an eine *Wiedergeburt* im Sinne von mehrfachen Erdenleben, also an Reinkarnation. Diese darf jedoch nicht mit der sogenannten 'Seelenwanderung' verwechselt werden (nach dieser irrigen Lehre sollen Menschen auch als Tiere wiedergeboren werden können).[48]

Wiedergeburt bildete für die Griechen einen unumgänglichen Bestandteil der Wiederherstellung aller Dinge. Aus diesem Glauben heraus verstanden sie die Bibel, die ihnen ja in Gestalt der *Septuaginta* in ihrer Muttersprache zugänglich war. Wenn sie in Salomos Buch der Weisheit (2, 1 und 5) lasen, nur die Gottlosen sprächen in ihrem *verkehrten Sinn*: »Ein vorüberziehender Schatten ist unsere Lebenszeit, und ist sie zu Ende, so gibt es keine Wiederholung!«, empfanden die Griechen dies als eine Bestätigung ihrer Lehre von mehrfachen Erdenleben. Insgesamt sahen sie in der Bibel das reiche Jenseitswissen bestätigt, das sie von ihren geistigen Vätern Hesiod, Homer, Pythagoras, Platon und Hermippos ererbt hatten.

Heiden waren für Paulus nur jene Menschen, die sich dem törichten Wahn hingaben, die geistigen Naturen der Menschen stammten, weil sie so verschieden seien, von verschiedenen Schöpfern ab. Wesensverschiedene Gattungen von Geschöpfen einem einzigen Schöpfer zuzuschreiben erschien diesen Heiden widersinnig.

Auf den ersten Blick mag dieser Sachverhalt tatsächlich widersinnig erscheinen; aber jene Menschen verkannten die *Ursache* dieser Verschiedenheit. Die Ursache der verschiedenen Naturen und ihrer

Mannigfaltigkeit bei den einzelnen Geschöpfen ist vor allem das eigene Tun und Lassen der Geschöpfe.[49]

Zum Heil geführt werden nach Paulus sowohl Juden als auch Heiden einzig durch wahrhaften Glauben an Gott, »der [nur] *einer* ist« (Röm. 3, 29f.). »Wenn wir unverhüllten Hauptes« – also mit offenen Augen und klarer Sicht – »wie in einem Spiegel die Herrlichkeit des Herrn schauen, werden wir alle in ebendieses Bild umgestaltet« (2. Kor. 3, 18).[50]

Paulus hatte sich gefragt, welchen Sinn und Zweck es hatte, dass er nicht von allem Anfang an vom Todesstrudel des Pharisäertums bewahrt bleiben durfte. Antwort auf diese Frage wurde ihm in der Stille des Nachdenkens und der Besinnung gegeben. Diese Antwort erfahren wir mittelbar aus seinem zweiten Korintherbrief (12, 7): Er wurde nicht davor bewahrt, damit er nicht überheblich würde wegen der einzigartigen Offenbarungen, die er für sein Wirken im Dienste Christi erhalten sollte und die er während der drei Jahre seiner inneren Einkehr in der syrisch-arabischen Wüste auch erhielt.

Die Beschneidung

Paulus hatte erkannt: Nicht das ist die von Gott durch Christus vorgeschriebene und gelobte Beschneidung, die äusserlich, also am Fleisch, vollzogen wird, sondern allein jene, die am bösen Herzen vorgenommen wird. Gefordert ist also eine Beschneidung *im Geiste*, nicht eine nach dem Buchstaben des Gesetzes Moses. Eine solche geistige Beschneidung erhält ihr Lob nicht von Menschen, sondern von Gott (Röm. 2, 28f.).

Die Bevorzugung, welche die Juden ursprünglich bei Gott erfahren durften, hatte also keineswegs mit der Beschneidung an der Vorhaut zu tun – von dieser Bevorzugung wäre ja, nebenbei bemerkt, das ganze weibliche Geschlecht ausgeschlossen geblieben –, sondern sie bestand darin, dass um Abrahams willen den Israeliten durch die Propheten verheissen worden war, der Messias werde aus der Nachkommenschaft Davids kommen.

So geschah es dann ja auch in Tat und Wahrheit (Röm. 1, 3). Allein, die Juden begriffen, weil sie im »Dienst des Todes« [des Widersachers] standen, eben nur den *Buchstaben* des Gesetzes, und der tötet (2. Kor. 3, 6). Den lebendig machenden *Geist* des Gesetzes erfassten die Juden sowenig wie die Proselyten, das heisst die zum Judentum übergetretenen Griechen; denn auch diese hielten nur am *Buchstaben* des Alten Testaments fest, wie es ihnen durch die *Septuaginta* in ihrer Muttersprache zugänglich war.

In Wirklichkeit standen alle diese dem Buchstaben verhafteten Juden und Griechen unter der Herrschaft der Sünde. Sie alle tadelte Paulus, indem er (Röm. 3, 10–18) Schriftworte gegen sie schleuderte. Zu diesem Zweck fügte er einzelne Verse aus den Psalmen, aus den Sprüchen Salomos und auch eine Stelle aus Jesaja zu einer flammenden Anklage zusammen:

»Es ist keiner gerecht,
auch nicht einer;
es ist keiner, der verständig ist;
es ist keiner, der Gott mit Ernst sucht;
alle sind abgewichen,
sie sind alle zusammen unnütz geworden;
es ist keiner, der Gutes tut,
es ist auch nicht einer.«
»Ein offenes Grab ist ihre Kehle;
mit ihren Zungen reden sie Trug.«
»Schlangengift ist
unter ihren Lippen.«
»Ihr Mund ist voll Fluchens
und Bitterkeit.«
»Schnell sind ihre Füsse
zum Blutvergiessen;
Verwüstung und Jammer
ist auf ihren Wegen,
und den Weg des Friedens
kennen sie nicht.«
»Keine Furcht Gottes
ist vor ihren Augen.«

Die Gerechtigkeit des Glaubens Abrahams bestand darin, dass er Gott die Ehre gab (Röm. 4, 20f.) und Unglauben und Abgötterei bekämpfte. *Diese* 'Beschneidung' wurde ihm als Gerechtigkeit angerechnet. Dass er später, von einem bösen Geist verführt[51], sich und die Seinen an der Vorhaut beschnitt, war ein Fehltritt; doch wegen seines starken Gottesglaubens hatte Jahwe einst zu Abraham gesprochen (vgl. 1. Mose 12, 2): »So will ich dich zu einem grossen Volk machen!«

Damit waren nicht irdische Völker aus der Nachkommenschaft des Abraham gemeint, sondern es war dies eine *geistige* Verheissung. Sie gilt all jenen, die ihrem Glauben gemäss den Abraham als geistigen Vater betrachten dürfen. »Denn nicht durch das Gesetz wurde dem Abraham oder seinen Nachkommen die *Verheissung* zuteil, dass er Erbe der Welt sein solle, sondern durch die *Gerechtigkeit des Glaubens.*« (Röm. 4, 13.)

Die Geistwirkungen

Als letztes wollen wir den ebenso bedeutsamen wie anspruchsvollen, von Paulus geprägten Begriff der *Geistwirkungen* erörtern. Diese zu verstehen fällt in unserer heutigen, weithin 'entgeistigten' Zeit ganz besonders schwer. Paulus hingegen kannte und beschrieb die Geistwirkungen wie kein zweiter. Daher wollen wir auf diese ausführlich eingehen.

Der Theologe Heinrich Weinel (1874–1936) hat die Geistwirkung wissenschaftlich erforscht und beschrieben; dankbar knüpfen wir an Grundzüge seiner Arbeit an. Nachdem er die Bedeutung der Geistwirkungen für das religiöse Leben der ältesten Christenheit dargelegt hatte, stellte er als ersten Grundsatz seiner weiteren Untersuchung fest: »Es handelt sich bei den Geistwirkungen um *Vorgänge, die sich auf dem Gebiet des menschlichen seelischen und leiblichen Lebens abspielen*; dies muss man zugeben, welche Anschauung vom Wesen des Geistes man auch vertreten mag.«[52]

Gestützt auf unabhängige medizinische Untersuchungsergebnisse, spricht Heinrich Weinel von *sensorischen (die Sinne betreffenden) und von motorischen (Bewegungen auslösenden)* Einflüssen auf den leiblich-seelischen Organismus des Menschen.[53] Die Wahrnehmbarkeit der geistgewirkten Vorgänge hängt ab zum einen von der Wirkungskraft des sich bekundenden Geistes, zum andern davon, wie aufnahmefähig der betreffende Mensch für eine solche Geistwirkung ist. Je höher ein Geist steht, um so grösser ist seine Kraft. Je feinfühliger und ansprechbarer ein Mensch, also je grösser seine Geistbegabung (vgl. 1. Kor. 12, 1 und 6) ist, um so stärker ist die durch ihn und auf ihn erfolgende Geistwirkung (vgl. Apg. 2, 12). Je geistbegabter ein Mensch ist, um so »geisterfüllter« (1. Chr. 25, 1–3) kann er wirken.

Die Bibel und zahllose andere Schriften enthalten eine Fülle von Zeugnissen für Geistwirkungen nicht nur auf Menschen, sondern auch auf die Elemente (Erde, Wasser, Feuer, Luft; vgl. Jes. 41, 18) sowie auf die drei Naturreiche, also auf Steine (2. Mose 31, 18), Pflanzen (Hiob 12, 15) und Tiere (Luk. 8, 33).

In der Bibel werden Geistwirkungen zumeist »Zeichen« genannt. Die Menschen jener Zeiten besassen so reiche Erfahrungen auf diesem Gebiet, dass sie ihnen selbstverständlich waren. Für alles und jedes begehrten die Juden »Zeichen« (1. Kor. 1, 22) »vom Himmel« (Mat. 16, 1), und zwar möglichst viele und grosse (vgl. Jos. 24, 17). Selbstverständlich *sollte* man sich nur einlassen mit einem Engel des Himmels, auch »Engel Gottes« genannt (vgl. Apg. 27, 23), also mit *einem heiligen Geist* – niemals mit einem Totengeist (3. Mose 19, 31), also mit einem Geist aus dem Reiche des Todes, des Widersachers.

In den heutigen Bibelübersetzungen wird überaus häufig die griechische Wendung für »ein heiliger Geist« dem Dogma zuliebe fälschlich mit »*der* heilige Geist« wiedergegeben. Jeder Engel ist ein heiliger Geist. Wenn Jesus (Joh. 14, 15–17 und 26; 15, 26; 16, 7) am Vorabend seines Kreuzestodes verhiess, den Menschen auf alle Zeit »den Geist der Wahrheit« als »Beistand« an seiner Statt zu senden, so ist darunter nicht ein einziger Geist zu verstehen; vielmehr liegt hier ein Sammelbegriff vor, etwa so, wie wenn wir sagen: »Man muss den Arzt rufen« – deswegen meint doch niemand, es gebe nur einen einzigen Arzt! Gemeint ist mit der Verheissung Christi vielmehr, dass er einem jeden Menschen – je nach dessen Aufgaben und Verdiensten – einen oder mehrere Schutzgeister und einen Schutzengel zuordnen werde. Diese alle stehen im Dienste des einen Herrn Jahwe/Christus (1. Kor. 12, 4). *Er* ist *der* heilige Geist, der alles wirkt und einem jeden das Seine zuteilt, so wie *er*, Christus, es will (1. Kor. 12, 11).

Soweit die Propheten oder die Apostel es überhaupt für nötig fanden, ausdrücklich zu erwähnen, dass ein Gotteswort von *dem* heiligen Geist, also von Jahwe/Christus, oder von einem *ihm* dienstbaren heiligen Geist gesprochen wurde, dann geschah dies nur ganz beiläufig.

Greifen wir ein Beispiel heraus! Lukas beispielsweise berichtet in seiner Apostelgeschichte (13, 2) kurz und bündig: »Als sie dem Herrn dienten [d.h. beteten] und fasteten, sprach der heilige Geist: "Sondert mir doch den Barnabas und den Saulus zu dem Werke aus, zu dem ich sie berufen habe!"« Um diese Worte zu äussern, bediente sich der Geist eines geistbegabten Gemeindemitgliedes. An der Veränderung, die sich dabei an Sprache, Gesichtsausdruck und Verhalten dieses Gemeindemitgliedes vollzog, erkannten die erfahrenen Zuhörer sogleich, dass hier ein Geistwesen sich kundgab, sich also nicht das eigentliche Ich des sprechenden Menschen äusserte. Bei solcher Geistwirkung bediente sich also der sich kundgebende Geist eines menschlichen Mittlers, der dabei mit dem Geist eine Partnerschaft, einen Leistungsverbund, einging.

Geistwirkungen, die keines solchen menschlichen Mittlers bedurften, beruhten auf *direkter Stimme*. Ihrer bediente sich auch Gott selbst. Die Evangelien bezeugen dies in zwei Fällen: bei der Taufe Jesu am Jordan durch Johannes den Täufer (Mat. 3, 17; Mark. 1, 11; Luk. 3, 22) und bei Jesu Verklärung auf dem Berg Tabor (Mat. 17, 5; Mark. 9, 7; 2. Petr. 1, 17f.). Gott benötigte begreiflicherweise keinen irdischen Mittler; zudem wäre dieser nicht am Leben geblieben, sprach doch selbst Jahwe/Christus einst zu Mose: »Kein Mensch bleibt am Leben, der mich im Angesicht [im vollen Glanz] schaut.« (2. Mose 33, 20.)

Für die Propheten des Alten Bundes und für die Apostel Jesu verstand es sich von selbst, sich nur mit einem *heiligen* Geist einzulassen – niemals mit einem Totengeist, einem Geist aus dem Reich des Satans. Aufs strengste und genaueste unterschieden sie zwischen Geistern Gottes und Geistern des Widersachers. Allein, die grossen Massen der Menschen waren zu einer solchen Unterscheidung zu keiner Zeit imstande, und sie sind es auch heute nicht. Ihnen war und ist völlig dunkel, was ein heiliger Geist wirklich ist. Schon gar nicht wussten und wissen sie, wer *der* heilige Geist in Tat und Wahrheit ist – nämlich Christus. Bis zum heutigen Tag ist die Unterscheidung der Geister das heikelste Thema geblieben, das es überhaupt geben kann.[54]

Für Platon galt der Leitsatz: Gott ist der Massstab *aller* Dinge.[55] Jedem gottgläubigen Menschen ist zumindest eines klar: Was gut ist und was böse, entscheidet nicht der Mensch, sondern Gott allein. Arglistig verstehen sich Menschen – und erst recht teuflische Geister – darauf, sich als rechtschaffen, ja sogar als gottgläubig auszugeben, obwohl ihre Handlungsweise das Gegenteil erweist (vgl. Joh. 10, 37f.). Die Unterscheidung zwischen echt und falsch wird um so schwieriger, je ausgeklügelter die Verstellungskünste von Mensch und Geist sind. Geister und Menschen passen nämlich ihre Methoden schlau den jeweiligen Zeitströmungen an und 'verfeinern' ihr Vorgehen ständig.

Nicht ohne Grund mahnte daher Paulus die Gläubigen: »Ziehet die ganze Waffenrüstung Gottes an, damit ihr den listigen Anschlägen des Teufels (griechisch: des *diábolos*, des Verleumders [Christi]) standhalten könnt! Denn unser Ringkampf geht nicht wider Fleisch und Blut, sondern wider die Gewalttätigen, wider die Mächte, wider die Beherrscher dieser Welt der Finsternis, wider die Geistwesen der Bosheit!«[56] (Eph. 6, 11f.)

Paulus betonte, man sei »entweder Knecht der Sünde zum Tod« oder »Diener des Gehorsams zur Gerechtigkeit« (Röm. 6, 16). Dies gilt nicht nur für den Menschen, sondern auch für den Geist, und folglich wird sein Wirken dadurch bestimmt. Es gibt keine 'neutrale' Geistwirkung! Die Wirkung eines Geistes ist entweder zum Guten, nämlich dann, wenn er ein Geist im Dienste Christi ist und damit in der Ordnung Gottes steht, oder seine Wirkung ist irreführend und schlecht, wenn der Geist nicht in Gottes Ordnung steht, oder sie ist sogar böse, wenn der Geist im Dienst des Satans steht, also selber ein teuflischer Geist ist.[57]

Um zu erkennen, welcher Ordnung ein Geist untersteht, bedarf es nach Paulus als Voraussetzung einer *besonderen Geistbegabung* (1. Kor. 12, 8–10). Nach seiner Lehre ist die Fähigkeit, Geister zu unterscheiden, eine *hohe* Begabung. Nur damit kann ein Geistbegabter sicher beurteilt werden; denn wen beispielsweise ein menschlicher »Knecht der Sünde zum Tod« für einen 'guten' Geist hält, denselben erkennt ein menschlicher «Diener des Gehorsams zur Gerechtigkeit« als einen bösen Geist. Ob ein Mensch einen Geist als gut oder als böse einstuft, ist somit eine Frage seines geistigen Standes und der ihm möglichen inneren Schau – also, wie Paulus sagte, eine Frage seiner Geistbegabung.

In diesem Zusammenhang sei noch ein Wort zur *Gnosis* eingefügt. Die so bezeichnete geistige Strömung bedeutete für die frühe Christenheit eine schwere Gefährdung, weil die Gnostiker behaupteten, auch *sie* vermittelten geistgewirkte Erkenntnis. Das griechische Wort *gnosis* bedeutet zwar 'Erkenntnis'; aber die sich damit brüstende Geistesrichtung war lediglich der Spiritismus der frühchristlichen Zeit. Die sich dort bekundenden Geistwesen versuchten, ihre Anhänger vom Boden des Evangeliums wegzuführen, indem sie sich ein christliches Mäntelchen umwarfen; doch der geistbegabte Christenführer Origenes verstand es, die Gnosis zu entlarven.

Der geistbegabte Christ der Frühzeit wurde jedoch immer stärker eingeengt und bedrängt. In dem Masse, wie die Kirche in Glaubensfragen dem Druck der heidnischen Volksmassen oder der ebenso heidnischen weltlichen Obrigkeit nachgab, wurden geistbegabte Christen aus der Kirche verdrängt. Für die ersten Christen hatte noch gegolten: »Wo der Geist der Wahrheit [Joh. 16, 13] weht, ist die Kirche.« Jetzt galt vielmehr: »Wo der Bischof ist, da ist die Kirche.«[58] Dadurch kam es zu einer Umkehrung der Werte. Die Kirche wurde zu einem Werkzeug jener Welt, an der Christus keinen Anteil hatte (vgl. Joh. 14, 27) und von der er ausdrücklich sagte: »Die Welt kann den Geist der Wahrheit [nämlich ihn, Christus] nicht empfangen, weil sie ihn nicht sieht und nicht erkennt!« (Joh. 14, 17.)

Daher ist es nicht verwunderlich, dass es in dieser Weltkirche zu bodenlos ungerechten Urteilen und zu grauenhaften Verfolgungen kam. Damit hat diese Kirche für einen »Diener des Gehorsams zur Gerechtigkeit« im Sinne von Paulus ihre Glaubwürdigkeit bis auf den Grund eingebüsst. Für ihn gibt es daher nur einen Weg: den Weg zurück zur Quelle, zu den Wurzeln – mit anderen Worten, zu den *Geistbegabten*. Nur durch *sie* sprechende Gottesboten können ihm ermöglichen, die Geister zu unterscheiden, und ihn darüber belehren, an welchen Verhaltensmerkmalen er sie erkennen kann.

Paulus erwähnte einige der Verhaltensmerkmale jener Geister, die im Dienste des Widersachers stehen: beispielsweise würden irreleitende und böse Geister den Menschen gerne verbieten, zu heiraten[59]; auch schrieben sie scheinheilig vor, sich gewisser Speisen zu enthalten, obwohl diese vor Gott nichts Verwerfliches seien (1. Tim. 4, 2f.).

Genau das befolgte damals die Kirche, und sie tut es bis heute. Sie verbietet ihren 'Geistlichen' sowie ihren Ordensbrüdern und -schwestern die Heirat. Sie schrieb ihnen zum Gedenken an den Kreuzestod Jesu vor, an Freitagen und in der Karwoche kein Fleisch zu essen. Ausserdem verficht sie eine scheinheilige geschlechtliche Enthaltsamkeit. Vor dieser hatte Paulus – um Unzucht zu verhüten – ausdrücklich gewarnt (1. Kor. 7, 2–6) und dafür die Gläubigen aufgefordert, der *Lust am Bösen* zu entsagen, das alles Guten Feind ist und sich durch folgende Eigenschaften auswirkt: Selbstsucht, Geldgier, Prahlsucht, Hochmut, Schmähsucht, Undankbarkeit, Gottlosigkeit, Lieblosigkeit, Unversöhnlichkeit, Verleumdung, Roheit, Verrat, Verwegenheit und Aufgeblasenheit (2. Tim. 3, 2–4).

Paulus bezeichnete die »Unterscheidung der Geister« als eine der »Gnadengaben zu Heilungen in dem *einen* [heiligen] Geist« (1. Kor. 12, 9f.) – also zur Heilsfindung in Christus. Wie weit sind wir von diesem Heil entfernt! Wie viele nennen sich Christen und reden womöglich im Namen Christi daher, indem sie dem Nächsten predigen, er solle ohne Selbstsucht, Geldgier, Hochmut und so weiter leben! Wie viele geben sich äusserlich demütig und spenden gelegentlich auch ein Almosen! In Tat und Wahrheit jedoch sind sie alles andere als Christen.

Paulus war sich des ungeheuren geistigen Kampfes wohlbewusst, der zwischen Christus mit seinen ihm ergebenen Geistwesen auf der einen Seite und dem arglistigen Widersacher, dem Teufel, mit seinen Helfershelfern auf der anderen Seite tobt. Beide ringen um den Menschen. Dieser steht also zwischen den Fronten. Wem er sein Ohr leiht, dessen Gesetz unterstellt er sich.

Beide Seiten verheissen grundverschiedene Früchte (Mat. 7, 16). Paulus lehrte: Die Früchte, die ein Leben im Geiste Christi zeitigt, sind »Liebe, Freude, Friede, Langmut, Freundlichkeit, Gütigkeit, Treue, Sanftmut, Enthaltsamkeit und Gerechtigkeit« (Gal. 5, 22f. und Phil. 1, 11). Die Früchte hingegen, die der Widersacher Christi zu bieten hat, sind nach Paulus »Unzucht, Unkeuschheit, Ausschweifung, Götzendienst, Zauberei, Feindschaften, Streit, Eifersucht, Zornesausbrüche, Ränke, Zwietracht, Parteiungen, Neid, Völlerei, Schwelgerei und dergleichen mehr« (Gal. 5, 19–21).

Die Gesetzlichkeit, auf der alle Geistwirkung beruht, ist für beide Seiten dieselbe – sowohl für die gute Geisterwelt Gottes als auch für die niedere Geisterwelt des Satans. Für beide reicht das Spektrum von den 'stillen', unbewusst fühlbaren, nur innerlich wahrnehmbaren – also den sensorischen – Geistwirkungen bis hin zu Bewegungsabläufen – also zu motorischen Geistwirkungen.[60] Dies deuteten wir oben schon an. *Darum* bedarf es hoher Geistbegabung: um Geister zu entlarven, die nur darauf aus sind, die Menschen in die Irre zu führen.[61]

Zu diesem Abschnitt bringen wir als letztes einen kleinen Abstecher in die Psychologie.

Die Psychologen unterscheiden zwischen Illusion und Halluzination. Diese Unterscheidung ist wichtig. Eine *Illusion* knüpft an einen äusseren, inneren oder einen geistgewirkten Eindruck an – oder an eine Vermengung solcher Eindrücke – und nimmt sie zur Grundlage *eigener* Gedankengespinste wahnhafter Art. Der *Halluzination* hingegen liegt stets die Wirkung eines *bösen Geistes* zugrunde. Diese Einwirkung reicht von foppenden Worten bis zu quälende Angst einflössenden Bildern, die der böse Geist seinem Opfer vor Augen führt, ja es womöglich mit allen Sinnen erfühlen lässt. Illusion ist also Selbsttäuschung, Halluzination dagegen Fremdtäuschung.

Geistgewirktes Heilen

Geistgewirktes Heilen (1. Kor. 12, 10) von Krankheiten und Gebrechen sowie das Austreiben von Dämonen aus den von ihnen besessenen Menschen waren im ersten Christentum tief verwurzelt. Das grosse Vorbild war Jesus selbst. Er hatte den Aposteln den Auftrag erteilt, in gleicher Weise zu wirken (Luk. 9, 1). So vermochte auch Paulus Gebrechen und Krankheiten zu heilen (Apg. 14, 8–10; 19, 11f.) und böse Geister auszutreiben (Apg. 16, 18; 19, 12). Davon haben wir bereits berichtet.

Geistgewirktes Heilen scheint unter den ersten Christen die am meisten verbreitete Geistbegabung gewesen zu sein. Ganze Gemeinden übten sich darin und erzielten grosse Erfolge. Geistgewirktes Heilen wurde damals so selbstverständlich, dass selbst aussergewöhnliche, an Wunder grenzende Heilungen kein besonderes Aufsehen mehr erregten.[62]

Allein, auch Dämonen vermochten durch ihnen hörige Menschen gewisse Krankheiten zu heilen – wenigstens vorübergehend –; meist handelte es sich dabei um Krankheiten, die sie selber verursacht hatten. Darüber wussten die Christen der Frühzeit noch genau Bescheid; dies bezeugen Irenäus, Athenagoras, Tatian und andere Kirchenväter.[63] Wehe jedoch, wenn Menschen ohne hohe Geistbegabung einen bösen Geist im Namen Jesu aus einem Menschen austreiben wollen! Dann kann sich der von einem bösen Geist besessene Mensch auf sie stürzen, gleich zwei auf einmal überwältigen und seine ganze teuflische Kraft an ihnen austoben (vgl. Apg. 19, 13–16).

Für einen heiligen Geist bedeutet Heilen eine Hilfe zur Selbsthilfe. Findet er in einem Menschen die Voraussetzung zur Selbsthilfe nicht vor, vermag er nicht helfend einzugreifen. Für einen Dämonen hingegen bedeutet 'Heilen', die Aufmerksamkeit des Menschen auf sich zu lenken und mit ihm 'ins Geschäft zu kommen'. Früher oder später wird er dem von ihm 'geheilten' Menschen seine Rechnung präsentieren. Diese fordert ein weit höheres Gut als die von ihm bewirkte Heilung, die in Wahrheit blosses Blendwerk ist.[64]

Zungenreden und -singen

Das Reden in Zungen oder Zungenreden bedeutet *geistgewirktes Sprechen*, also Sprechen eines Geistes durch einen entsprechend geistbegabten Menschen. Der aus dem Griechischen hergeleitete Ausdruck dafür ist *Glossolalie*.[65] Weil bei solchem Zungenreden zuweilen auch in einer für die Anwesenden fremden Sprache gesprochen wurde, wird häufig die Meinung vertreten, es handle sich bei Glossolalie *nur* um ein geistgewirktes Sprechen in fremder Sprache.[66] Diese Auffassung ist irrig.

Sie konnte entstehen, weil Lukas (Apg. 2, 4–11) vom Pfingstgeschehen des Jahres 28 eindrucksvoll berichtet, dass aus den Aposteln die einzelnen Geistwesen, die einem jeden von ihnen zugeteilt waren, plötzlich in fremden Sprachen redeten: aus dem einen Apostel auf parthisch, aus einem andern auf elamisch, aus einem dritten auf ägyptisch, und so weiter, entsprechend den aus den verschiedensten Ländern des Römerreiches damals in Jerusalem versammelten Juden.

Doch bemerkt dabei Lukas ausdrücklich, die aus den Aposteln sprechenden Geistwesen hätten »in andern Zungen« (in fremden Sprachen) geredet (Apg. 2, 4). Es handelte sich damals also nicht um die übliche Glossolalie in der aramäischen Muttersprache der Juden, sondern in den verschiedenen Sprachen der 'Auslandsjuden', damit diese begriffen, dass wirklich Geister Gottes aus den Aposteln redeten – nicht letztere selbst.

Für die irrige Meinung von der Glossolalie als einem Sprechen nur in fremden Sprachen wird auch eine Stelle im ersten Korintherbrief (14, 9) herangezogen, wo Paulus schreibt: »Wenn ihr mit der Zunge nicht eine verständliche Rede darbietet, wie soll man dann das Gesprochene verstehen?«

Hier ist jedoch auf drei gewichtige Belegstellen zu verweisen. Die eine findet sich in Apg. 10, 44–46, wo Petrus der Zungenrede von Heiden entnahm, dass durch sie jeweils ein heiliger Geist redete; aus dem Zusammenhang geht klar hervor, dass dieses Zungenreden eindeutig in der Muttersprache der Anwesenden erfolgte. Zum andern sind die Stellen 1. Kor. 12, 10 und Apg. 27, 23 zu beachten. Hier spricht Paulus von verschiedenen »Arten des Zungenredens« sowie von seinem Schutzengel, der Worte der Erbauung und des Zuspruchs an ihn richtete. Hieraus erhellt: Das Zungenreden in fremder Sprache ist lediglich eine besondere *Art* des Zungenredens. Sie bildete die Ausnahme und erfolgte nur, wenn damit ein besonderer Zweck erreicht werden sollte – wie beim Pfingstgeschehen zu Jerusalem.

Dieses Pfingstgeschehen, bei dem zum Wochenfest zahlreiche eine fremde Sprache sprechende Juden nach Jerusalem gekommen waren, darf keinesfalls mit dem Zungenreden des *Paulus* gleichgesetzt werden; sein uns überliefertes Wort schliesst ein Sprechen in einer irdischen Fremdsprache aus (vgl. Kol. 3, 16)[67]; Paulus betonte vielmehr, er rede »in den Zungen der Menschen und der Engel« (1. Kor. 13, 1). An seine Korinther gerichtet, fügte er hinzu (1. Kor. 14, 18f.): »Mehr als ihr alle rede ich [nämlich das Gebet und die Lobpreisung Gottes] in Zungen. Aber zur [versammelten] Gemeinde will ich lieber fünf Worte aus meinem Verstand reden, damit ich auch andere unterweise, als zehntausend Worte in Zungenreden«, bei der man das Gesprochene nicht versteht – sei es, weil es himmlische Worte sind, die niemand versteht (vgl. 1. Kor. 14, 2), sei es, weil es bei einem andern sich um das Gelalle eines bösen Geistes handelt, das dieser als Engelssprache ausgibt; denn offensichtlich versuchten böse Geister, sich in die Gemeinde einzuschleichen, wenn Paulus nicht anwesend war (vgl. 1. Kor. 1, 5–11; 13, 1–3).[68]

Mit Reden in *Zungen der Menschen* meinte Paulus unseres Erachtens ein geistgewirktes Sprechen, das den Menschen ohne weiteres verständlich war; mit Reden in *Engelszungen* meinte er hingegen ein geistgewirktes Reden in der Sprache der Engel und Propheten.

Mit anderen Worten: Was die Zuhörer leicht als nützlich zu erkennen vermögen und zur Besserung der Sitten beiträgt, wird nach dem Willen Gottes ohne jede Verschlüsselung allgemeinverständlich ausgesprochen; alles hingegen, was Heiliges betrifft, zu dessen richtigem Verständnis es der Erkenntnis bedarf, die den Gesichtskreis der Zuhörer übersteigt, wird verschlüsselt ausgesprochen, sei es in »Rätseln« und Bildworten, sei es in sogenannten »dunklen Reden«, sei es in Gleichnissen oder »Sprüchen«[69] (vgl. Spr. 1, 6; 1. Kor. 13, 12).

Sowohl beim Reden in Zungen des Menschen als auch in Zungen der Engel und Propheten versucht das sich bekundende Geistwesen, den »äusseren Menschen« (2. Kor. 4, 16), durch den es redet, zu überwinden und zu durchdringen. Dies gelingt einem Engel in solchem Masse, dass das Antlitz des redenden Menschen sich verschönt, verjüngt, ja verklärt (vgl. Apg. 6, 15; 1. Petr. 1, 8). Führt hingegen ein böser Geist die Zunge eines Menschen, dann täuscht er durch ein *aufgesetztes* Strahlen vor, ein Engel zu sein; gelingt ihm dies nicht, verhässlicht, verfinstert, entstellt sich dessen Gesicht (vgl. Röm. 1, 21; 11, 10; Eph. 4, 18).

Ein Geistwesen bedient sich bei seinen Kundgaben der Fähigkeiten des als Mittler dienenden Menschen. Ein guter Geist wählt sich als Mittler grundsätzlich und von vornherein nur einen Menschen, der – um mit Paulus zu reden – »ein Diener des Gehorsams zur Gerechtigkeit« (Röm. 6, 16) ist. Bei der Durchgabe bedient sich der Geist auch des Gedanken- und Wortschatzes des Mittlers, wenn ihm dies nützlich erscheint oder er darauf angewiesen ist; er wird sich jedoch bemühen, Gedanken und Sprache des betreffenden Menschen zu verfeinern, zu veredeln. Der innere Mensch bekommt so eine durch das Feuer des durchgebenden Geistes geläuterte, 'goldene' Zunge (vgl. Apg. 2, 3) und vermag so, Worte voll dichterischer

Schönheit und hilfreichen Zuspruchs zu äussern (Joh. 15, 26; Röm. 5, 5). Darum sprach Paulus: »Ich will *mit* dem Geist beten...; ich will *mit* dem Geist lobsingen.« (1. Kor. 14, 15; vgl. Apg. 10, 46.) Es besteht somit zwischen dem betreffenden inneren Menschen als Mittler und dem jenseitigen Geist als Kundgebendem ein willentlicher Leistungsverbund höchsten Ranges. Zwar dringt das Zungenreden und -singen nicht in das Bewusstsein des betreffenden *äusseren* Menschen; im *inneren* Menschen hingegen bleibt das Durchgegebene sehr wohl haften. Sofern der Mittler sich geistig so zu sammeln vermag, dass sich sein Inneres dem Geistigen voll erschliesst, vermag er sich die durch ihn gesprochenen Worte in Erinnerung zu rufen. Aus der ihm eigenen göttlichen Erkenntnis heraus oder aus Eingebung durch den betreffenden Geist oder aus der christlichen Lehre heraus ist der Mittler sogar imstande, nachher die Zungenrede »auszulegen« zur »Erbauung, Ermahnung und Tröstung der Gemeinde« (1. Kor. 12, 10; 14, 3 und 13).

Paulus hatte *Gebete* in Engelszungen gesprochen und ebenso auch *Loblieder* gesungen (1. Kor. 14, 15–18; vgl. Apg. 10, 46). Darauf aber wollte er das Reden in Engelszungen beschränkt wissen. Weil die Korinther solches Sprechen in Zungen offensichtlich nicht auf das Eingangsgebet und den abschliessenden Lobgesang begrenzt haben wollten, schrieb ihnen Paulus die vorhin schon angeführten Worte: »Ich sage Gott Dank, dass ich mehr als ihr alle in Zungen rede; aber in der Gemeinde will ich lieber fünf Worte mit meinem Verstand reden, damit ich auch andere unterweise, als zehntausend Worte in Zungenrede [also auf eine den Anwesenden unverständliche Weise].« (1. Kor. 14, 18f.)

Im Gebet und in der Lobpreisung Gottes frohlockt der *geläuterte* Geist (vgl. 1. Kor. 14, 15). Wenn das Zungenreden darauf beschränkt blieb, befürchtete Paulus für die Korinther offenbar nicht, dass sich dunkle Jenseitswesen einschlichen und einem Sprechenden ihre Worte des Trugs 'auf die Zunge legten' oder sich gar gewisser Mitglieder der Gemeinde bemächtigen könnten, um dadurch die ganze Gemeinde mit ihrer bösen Sinnesart zu vergiften; denn am Gebet und an der Lobpreisung Gottes hat ein böser Geist keinerlei Interesse, dagegen liegt ihm sehr viel daran, durch sein Reden das weltliche Ohr des Menschen zu erreichen, um ihn zu verblenden, ihm versteckte

Schlingen anzulegen und Hader zu entfachen (Ps. 140, 3f. und 6). Einziges Ziel solcher böser Geister ist es, die Gemeinde Christi zu Fall zu bringen.

Wegen der Wichtigkeit der Sache kommen wir in teilweiser Wiederholung auf die Art und Weise zurück, wie Paulus die christlichen Gottesdienste abhielt.

Fand er in der Gemeinde Menschen mit Ehrfurcht vor Gott vor, wollte er deren *Seele* ansprechen, erbauen, erheben (vgl. Eph. 4, 23). In solchen christlichen Gemeinden pflegte er offenbar das Gebet[70] zu Beginn der Versammlung sowie die Lobpreisung Gottes am Schluss in Engelszungen zu sprechen oder zu singen (Phil. 2, 11). In der *Predigt* hingegen, in der Paulus den *Menschen* anzusprechen sich bemühte, wollte er nur in 'Zungen des Menschen' reden oder sogar aus seinem eigenen Verstand heraus, um alles auslegen zu können (1. Kor. 14, 5–9).

Ein *guter* Geist fügt sich dem Willen des Menschen, den er als Mittler gebraucht (1. Kor. 14, 32); dem Willen des Paulus und seiner Mitarbeiter aber wurde von vornherein stattgegeben (vgl. Apg. 4, 24–31). Wenn ein guter Geist aus seiner Gottestreue heraus dem Willen eines menschlichen Mittlers *nicht* nachkommen kann, bleibt er weg (Joh. 3, 8). Bei Paulus war dies jedoch nie der Fall.

Ganz anders liegen die Dinge bei einem *bösen* Geist. Die Korinther waren, wie wir von Paulus erfahren, noch stark dem »Fleischlichen« verhaftet. Selbst in der Gemeinde kamen Blutschande, Eifersucht und Streit vor (1. Kor. 3, 1–4; 5, 1). Dabei hielten sich die Gemeindemitglieder gar noch für weise (1. Kor. 2, 1–9; 3, 18), obwohl sie mit Habsüchtigen, Räubern und Götzendienern Gemeinschaft hielten (1. Kor. 5, 10). Also hatte sich in die Gemeinde von Korinth übles Gesindel eingeschlichen. Infolgedessen war die Gefahr überaus gross, dass in ihr ein böser Geist zu Wort kam und die Zunge eines Menschen, die »ein scharfes Schwert« ist (Ps. 57, 5), zur Spaltung der Gemeinde benützte. Ein solcher böser Geist konnte für die Gemeinde zu einer »Geissel« (Hiob 5, 21) werden und ihr »die Knochen brechen« (J.S. 28, 17).

Allen Anzeichen nach hatten sich solche Geister aus dem Reich des Widersachers durch menschliche Mittler in der Gemeinde von Korinth mit hochtrabenden Worten bekundet. Sie brachten ihre

'Weisheit der Welt' mit Reden in einer unverständlichen Sprache, indem sie heimtückisch das Pfingstgeschehen vom Jahr 28 in Jerusalem nachäfften. Davon waren die Korinther stark beeindruckt. Die Geister des Widersachers gaben ihre »unverständliche Rede« als ein Sprechen in Engelszungen aus (vgl. 1. Kor. 13, 1) und entzogen sich dadurch arglistig der Überprüfung ihrer Worte (vgl. 1. Kor. 14, 9–11).

Als Paulus davon Kunde erhielt, warnte er die Korinther eindringlich davor, sich an solcher Zungenrede zu ergötzen. Wer auf ihn hörte, verstand genau, was er damit meinte; wer Paulus kein Gehör zu schenken bereit war, hätte ihn auch nicht begriffen, wenn er sich deutlicher ausgedrückt hätte. Wohl aber hätten sich die ihm übel Gesinnten von ihm beleidigt gefühlt und ihn womöglich vor Gericht gezogen; denn die dunklen Mächte verstehen sich in einer für Menschen unvorstellbaren Weise darauf, ihre Opfer zu täuschen. Wer ihnen Widerstand leistet, dem setzen sie scheinheilig zu und verunsichern ihn, indem sie die Zungenrede guter Geister täuschend nachahmen. Dann aber gehen sie zu hochtrabenden Wendungen und zu einem aufsehenerregenden Gehabe über – die lateinischsprachigen Christen der Frühzeit, welche dieses Gehabe durchschauten, bezeichneten es treffend als *pompa diaboli*, als 'Teufelspomp'.

Auf eitle, einfältige Menschen jedoch machen die Schmeichelreden böser Geister Eindruck. Diese betätigen sich gerne auch als Wahrsager, die staunenerregende Dinge vorherkünden, ferner als Zauberkünstler und Magier; dabei schrecken sie weder vor demagogischen Lügenreden noch vor Betrügereien zurück. Zugleich gehen sie so abgefeimt und durchtrieben vor, dass ihre Zuhörer sich in aller Regel von ihnen täuschen lassen.

Nur wer in seinem Gemüt allem Bösen die Tür verschliesst und es dadurch bösen Gedanken unmöglich macht, in sein Inneres einzudringen und dort Wurzeln zu schlagen, vermag den Unmut eines Gewalttätigen (Pred. 10, 4), der sich gegen einen erhebt, abzuwehren und ihn sich vom Leibe zu halten[71] – dies gilt nicht nur für den einzelnen, sondern für die ganze Gemeinde –; sonst schlägt das dunkle Ungetüm eine Bresche in das geistige Haus der Gemeinde, dringt in es ein, schwächt diese und bemächtigt sich der einfältigen Gemüter ihrer Mitglieder.

Erst wenn ein Besessenheitsgeist entlarvt ist oder wenn ihm nichts daran liegt, sein finsteres, gewalttätiges Wesen zu verschleiern, tobt er sich ungehemmt aus. Erkennbar ist dies daran, dass er unvermittelt stammelnde, lallende, schreiende, ja brüllende Laute, Worte oder Orakelsprüche hervorstösst und der Mensch, von dem dieser Geist 'übermannt' wurde, in Raserei gerät.[72] In einem solchen Fall kann es vorkommen, dass der Besessenheitsgeist plötzlich schreit: »Ein Fluch ist Jesus!« Damit verrät er endgültig seine wahre Wesenheit. Paulus musste den Korinthern eindrücklich klarmachen, dass solches bei »niemand, der in einem Geist Gottes redet«, vorkommen kann (1. Kor. 12, 3).[73]

Bei Bekundungen von Geistern aus dem Reich des Widersachers gibt es eine ganze Stufenleiter böser Geistwirkungen. Sie reicht von furchtbaren Erregungszuständen, wobei der als Mittler dienende Mensch ganz ausser sich gerät und um sich schlägt, bis hin zu wilden Krampfzuständen, wobei sich der besessene Mensch Lippen und Zunge blutig beisst. Der Mensch, den ein solcher böser Geist als Werkzeug benutzt, ist, wenn er wieder zu sich kommt, wie erschlagen und weiss nichts von dem, was mit ihm geschah.

Ganz anders verhält es sich bei der Einwirkung eines *guten* Geistes. Dieses Geschehen lässt bei dem als Mittler dienenden Menschen höchste Fähigkeit zu innerer Sammlung, veredelten Gesichtsausdruck und behutsame, eindringliche Gebärden erkennen. Zwar weiss der Mensch, durch den sich ein guter Geist bekundet, danach auch nicht – oder jedenfalls nicht genau –, was mit ihm vorgegangen ist; aber er vermag, wie wir schon andeuteten, durch starke Verinnerlichung sich das durch ihn Gesprochene ins Bewusstsein zu rufen.

Eingebung

Nach Auffassung der Religionswissenschaftler bedeutet *Eingebung* eine substantielle Übertragung göttlichen Geistes in einen Verkünder.[74] Das vom Lateinischen hergeleitete Fremdwort für 'Eingebung' ist *Inspiration*, wörtlich 'Einhauchung'. Mit anderen Worten: Eingebung ist nach wissenschaftlicher Auffassung die 'Einhauchung' eines Gedankens, einer plötzlichen Erkenntnis, einer erhellenden Idee oder 'Erleuchtung', die den Menschen, besonders bei einer geistigen Betätigung, weiterführt.[75]

Diese Begriffsbestimmung der Eingebung gibt sich wertfrei; doch dies wird dem Sachverhalt nicht gerecht, denn bei der Eingebung gibt es – genauso wie bei jeder anderen Geistwirkung – nicht nur *erhellende*, weil göttliche Geistwirkung, sondern eben auch eine *verdunkelnde*, ja teuflische, nämlich dann, wenn sie auf einen irrenden oder gar einen bösen Geist zurückgeht.

Paulus hat den Unterschied zwischen Reden in Engelszungen und göttlichen Eingebungen, wie die Propheten sie erhielten, sehr schön deutlich gemacht (vgl. 1. Kor. 14, 2–5): »Wer in Zungen [der Engel] redet [beim Gebet und der Lobpreisung Gottes], der redet nicht für die Menschen, sondern für Gott; denn niemand versteht den, durch welchen [der] Geist spricht; vielmehr äussert er 'Geheimnisse'. Wer jedoch aus [göttlich-prophetischer] Eingebung redet, der spricht den Menschen Erbauung, Ermahnung und Tröstung zu. Wer in [Engels-] Zungen redet, erbaut sich selbst [seinen inneren Menschen]; wer aber aus Eingebung redet, erbaut die Gemeinde... Wichtiger indes ist [für die anwesenden Menschen] der, welcher aus [göttlich-prophetischer] Eingebung redet, als der, welcher in [Engels-]Zungen redet, es sei denn, er lege [das Gesprochene] auch aus, damit die Gemeinde davon erbaut wird.«

Ein Mensch mit hoher Geistbegabung, wie Paulus es war, durch den ein heiliger Geist wirkt, vermag aus Eingebung geistgewirkt zu schreiben und geistgewirkt die Schrift auszulegen (1. Kor. 14, 5)[76]; ja er vermag alles zu beurteilen, entzieht sich selbst jedoch der Beurteilung durch nicht geistbegabte Menschen; »denn wer hat den Sinn des Herrn erkannt, dass er ihn unterweise?«. (1. Kor. 2, 16.)

Geistgewirktes Sehen, Hören, Riechen, Schmecken und Tasten

Dass es nicht nur irdisch-leibliche, sondern auch geistgewirkte Sinneswahrnehmungen gibt, zeigte Origenes in seiner Streitschrift gegen Kelsos (I 48):

»Alle, die an eine Vorsehung glauben, sind offensichtlich der Überzeugung, dass viele Menschen im Traum 'Gesichte' [eine geistige Schau] erlebt haben. Diese Gesichte bezogen sich zuweilen auf göttliche Dinge; zuweilen verkündeten sie künftige Lebensumstände, teils klar und deutlich, teils auf dunkle und rätselhafte Weise. Wieso sollte es dann undenkbar sein, dass all jene Kraft, die den

Menschengeist im Traum beeinflusst, ihm auch im Wachzustand durch 'Gesichte' Dinge offenbaren kann, deren Kenntnis für den Empfänger selbst oder für Leute, die später von ihm davon hören, nutzbringend ist? So wie wir im Traum meinen, dass wir [mit unseren Ohren, also 'normal'] hören, also dass wir eine Einwirkung auf unseren Gehörsinn erfahren, und mit unseren Augen sehen, obwohl doch weder unsere menschlich-leiblichen Ohren noch Augen in Tätigkeit treten, also solches nur in unserem Geist [in unserem 'inneren' Menschen (2. Kor. 4, 16)] vor sich geht, so ist es auch keineswegs undenkbar, dass Propheten derartiges erlebt haben – steht doch geschrieben, dass sie wunderbare 'Gesichte' hatten, Worte des Herrn vernahmen oder den Himmel offen sahen.«

Origenes fährt fort: »Es gibt nach den Worten der Schrift eine gewisse allgemeine "göttliche Erkenntnis", welche nur der Selige "zu finden" versteht – heisst es doch bei Salomo [Spr. 2, 5]: "Du wirst göttliche Erkenntnis finden." Von dieser Erkenntnis gibt es aber verschiedene Arten: ein *Sehen*, das Dinge zu schauen vermag, die höher stehen als die anderen Wesen – dies gilt offensichtlich für Cherubim und Seraphim; ferner ein *Gehör*, das fähig ist, Stimmen zu vernehmen, die nicht der Luft [als Schallträger] bedürfen; einen *Geschmackssinn*, welcher "das 'lebendige Brot' kostet, das vom Himmel herabgestiegen ist und der Welt Leben verleiht" [Joh. 6, 33]; ebenso einen *Geruchssinn*, der Dinge wahrnimmt, um derentwillen Paulus von sich sagt, dass "er für Gott ein Wohlgeruch Christi sei" [2. Kor. 2, 15], und endlich einen *Tastsinn*, wie Johannes ihn besass [1. Joh. 1, 1], der von sich sagte, er habe "das 'Wort des Lebens' mit seinen Händen betastet"« – demnach durfte der Lieblingsjünger des Herrn durch geistgewirktes Tastgefühl Christus berühren!

Origenes fährt dann fort: »Die seligen Propheten [hier als Geistbegabte hohen Ranges zu verstehen, nicht unbedingt als *reine* Geister, die am Abfall nicht beteiligt waren] haben diese göttliche Erkenntnis gefunden. Demnach war ihr Sehen, Hören, Schmecken von göttlicher Art; sie rochen mit einem wahrhaftigen Geruchssinn, und sie 'begriffen' mittels des Glaubens das "Wort" so, dass dessen Fülle sich über sie ergoss, um ihnen Heilung zu bringen. Auf solche Weise sahen sie jene Dinge, die sie gemäss ihren Niederschriften geschaut hatten; auf solche Weise hörten sie die Worte, die sie nach ihrer

Aussage vernahmen. Auf solche Weise erging es ihnen auch bei anderen, ähnlichen Dingen, von denen sie berichten, zum Beispiel beim "Verzehren einer dargereichten Schriftrolle" [Ez. 2, 9 bis 3, 3]. Auf solche Weise "roch auch Isaak den Geruch", der von der göttlichen "Kleidung" seines Sohnes ausströmte; Isaak erteilte ihm geistigen Segen mit den Worten: "Siehe, der Geruch meines Sohnes ist wie der Geruch eines vollen Feldes, das der Herr gesegnet hat." [1. Mose 27, 27.] Auf ähnliche – mehr geistige als sinnliche – Weise "berührte" Jesus den Aussätzigen [Mat. 8, 3; Mark. 1, 41; Luk. 5, 13], um ihn – wie ich meine – in doppelter Weise rein zu machen, nämlich so, dass er ihn nicht bloss – wie die meisten meinen – durch körperliche Berührung von seinem körperlichen Aussatz befreite, sondern ihn auch durch seine wahrhaft göttliche Berührung von dem anderen [dem geistigen] "Aussatz" erlöste.« Soweit Origenes zu geistgewirkten Sinnesempfindungen. Paulus spricht von »unaussprechlichen Worten« (2. Kor. 12, 4), die er in der Entrückung vernahm. Diese Wendung bezeugt seine Ehrfurcht vor dem, was er erlebt hatte, und besagt nicht etwa, er habe das Gehörte nicht deutlich genug vernommen, um es wiedergeben zu können; vielmehr vernahm er Worte, die *nicht* für die Ohren ehrfurchtsloser Menschen bestimmt waren. Von daher wird das Wort des Paulus verständlich: »Wir reden Gottes Weisheit in einem Geheimnis.« (1. Kor. 2, 7.)

Um hohe Geistwirkungen wahrnehmen zu können, bedarf es nicht nur einer entsprechenden Begabung des Menschen, sondern er muss ihrer auch *würdig* sein. In diesen Zusammenhang gehört die Verschiedenartigkeit, mit der Geistwirkungen wahrgenommen werden. Derjenige Sinn eines geistbegabten Menschen ist für die Geistwirkung am empfänglichsten, der bei ihm am feinsten entwickelt oder – anders ausgedrückt – am wenigsten verderbt ist.

So erklärt es sich – um ein Beispiel anzuführen –, warum nicht alle Zeugen des Damaskus-Erlebnisses des Paulus das gleiche wahrnahmen. »Die Männer, die mit ihm reisten, standen sprachlos da, weil sie [gemeint sind einzelne] zwar die Stimme [Christi] hörten, aber niemand sahen.« (Apg. 9, 7.) Die anderen hingegen nahmen zwar das Licht wahr und stürzten mit Paulus zu Boden, hörten aber die Stimme Christi nicht (Apg. 22, 9; 26, 13f.).

Da für Lukas eine so verschiedene Art der Wahrnehmung einer

Geistwirkung nichts Besonderes war, fand er es nicht für nötig, näher auf diese Verschiedenheit einzugehen. Es fiel Lukas auch deshalb leicht, weil er grossen Wert darauf legte, die ihm zugänglichen Zeugnisse unangetastet zu lassen.[77]

Beim Pfingstgeschehen des Jahres 28 in Jerusalem waren 120 Personen versammelt (vgl. Apg. 1, 15 und 2, 2), nicht nur die zwölf Apostel (vgl. Apg. 2, 14). »Da entstand plötzlich vom Himmel her ein Brausen, wie wenn ein gewaltiger Wind daherfährt, und erfüllte das ganze Haus, worin sie sassen. Und es erschienen ihnen Zungen, die sich zerteilten, wie von Feuer, und es setzte sich auf jeden unter ihnen.« (Apg. 2, 2–4.) Bestimmt werden nicht alle im Haus Versammelten *alles* wahrgenommen haben. Die meisten mochten wohl das Brausen vernommen, andere das Feuer erblickt haben, und die Geistbegabtesten und Würdigsten unter ihnen nahmen beides wahr. Andrerseits vernahmen aber auch in Jerusalem weilende Juden, die Lukas aus hoher geistiger Sicht heraus als »gottesfürchtige Männer aus jedem Volk unter dem Himmel« einstufte, das Getöse des Brausens (Apg. 2, 5f.).

Wie schwierig es ist, geistgewirkte Erlebnisse ins Alltagsbewusstsein zu bringen und sie darin *festzuhalten*, erfahren wir von Paulus selbst anlässlich seiner Entrückung »bis in den dritten Himmel« und »in das Paradies«. Er wusste nämlich später nicht mehr, ob er, als er dies erlebte, »*im* Leibe oder *ausser* dem Leibe« war (2. Kor. 12, 2–4). Nicht sagen zu können, ob wir »im Leibe oder ausser dem Leibe« waren, ist im *Traum* für uns eine ganz gewöhnliche Erscheinung; aber solches kann auch bei wachem Bewusstsein geschehen.[78] Genauso verhält es sich offensichtlich bei einer Entrückung.

Näheres darüber erfahren wir vom Propheten Ezechiel, der von mehreren Entrückungen berichtet (Ez. 3, 12; 8, 3; 11, 24; 37, 1). An einer Stelle spricht er von einer Entrückung durch eine Feuer- und Lichtgestalt (Jahwes); sie habe ihn »in göttlichen Gesichten nach Jerusalem an den Eingang des Tores zum inneren Vorhof [verbracht], das nach Norden schaut, wo sich das Eifersuchtsbild befindet« (Ez. 8, 2f.). An anderer Stelle (Ez. 37, 1) berichtet er: »Die Hand des Herrn kam über mich, und der Herr führte mich im Geiste hinaus und liess mich nieder inmitten der Ebene.«

Eine solche Entrückung erfolgt also *nur* im Geist, das heisst mit dem *geistigen*, nicht mit dem irdisch-menschlichen Leib (vgl. auch 4. Mose 23, 3; Jer. 1, 11; 24, 1; 38, 21; Amos 7, 7; Sach. 4, 1f.; 5, 1f.). Der *innere* Mensch – um mit Paulus zu sprechen – wird also entrückt, nicht aber der äussere. Dies gilt auch für die Entrückung an verschiedene Orte, die Jesus bei seiner Versuchung durch den Widersacher erlebte (Mat. 4, 5–11), sowie für die Entrückungen des Lieblingsjüngers Johannes (Off. 4, 1f.).

Paulus vermochte sogar geistgewirkten *Geruch* wahrzunehmen und klar zu unterscheiden. So sagt er mit Bezug auf seinen eigenen Geist: »Wir sind für Gott ein Wohlgeruch Christi unter denen, die gerettet werden, wie auch unter denen, die [vorläufig noch] verlorengehen; für diese sind wir ein Geruch des Todes zum Tode, für jene aber [die gerettet werden] ein Geruch des Lebens zum Leben.«[79] (2. Kor. 2, 15f.)

Über das *Schmecken* lesen wir im Hebräerbrief (6, 4–6): »Es ist unmöglich, diejenigen, die einmal erleuchtet worden sind und die himmlische Gabe [der Geistwirkung] geschmeckt haben und eines heiligen Geistes teilhaftig geworden sind und das herrliche Wort Gottes und die Kräfte der auf uns zukommenden [himmlischen] Welt gekostet haben, dann aber abgefallen sind, [in ihrem jetzigen Erdendasein] abermals zur inneren Umkehr zu bewegen; denn sie würden den Sohn Gottes noch einmal kreuzigen und der Schande preisgeben.« Damit ist auch schon klar zum Ausdruck gebracht, was jener harrt, die trotz der ihnen eigenen hohen Geistbegabung dem Widersacher erneut anheimfallen.

Von einer Geistwirkung durch *Berühren* erfahren wir nebst den vorerwähnten Stellen (Mat. 8, 3; Mark. 1, 41; Luk. 5, 13) im Neuen Testament an zwei weiteren Stellen. Die eine steht im Zusammenhang mit der Heilung eines Taubstummen: Jesus »legte ihm die Finger in die Ohren und berührte ihm die Zunge... Da taten sich seine Ohren auf, und die Bindung seiner Zunge [durch den Satan[80]] löste sich, und er redete richtig.« (Mark. 7, 33–35.) Die andere Stelle betrifft die Heilung des Blindgeborenen, dem Jesus einen Brei auf die Augen legte, den er gebildet hatte, indem er Erde mit seinem Speichel befeuchtete (Joh. 9, 6).

Als Paulus »bis in den dritten Himmel« und »in das Paradies« entrückt wurde und »unaussprechliche Worte« hörte (2. Kor. 12, 2 und 4), hatte er gewiss auch unaussprechliche Dinge *schauen* und vermittels seiner übrigen geistigen Sinne noch weiteres wahrnehmen dürfen. Da sich seine inneren Sinne durch Geistwirkung zu öffnen vermochten und er ihre Wahrnehmungen aus seinem Überbewusstsein in sein Alltagsbewusstsein überführen konnte, hätte er sicherlich auch davon berichtet, wenn er es gewollt hätte.

Schlusswort

Wir gaben Paulus zurück, was die modernen Fachgelehrten ihm abgesprochen haben: seine Briefe an die Epheser und an die Kolosser sowie seinen zweiten Brief an die Thessalonicher, ferner die sogenannten Pastoralbriefe, nämlich seine beiden Briefe an Timotheus und seinen Brief an Titus. Sodann konnten wir in allen Teilen Übereinstimmung zwischen den Paulus-Briefen und der Apostelgeschichte des Lukas feststellen.[1] Wir brauchten uns dazu lediglich von der gängigen Meinung zu befreien, wonach Paulus ein nahe bevorstehendes Ende der Welt und ein darauf folgendes Massengericht erwartet habe und wonach er gepredigt habe, unsere Rechtfertigung vor Gott vollziehe sich *allein* durch den Glauben – also durch Nichtstun... Ausserdem billigten wir dem Paulus wieder die ihm eigene robuste körperliche und geistige Gesundheit zu. Schliesslich gaben wir ihm den verständlichen Sinn jenes Geistigen zurück, von dem er kündete, das aber von den Fachgelehrten in mystisches Dunkel abgedrängt worden ist.

Wir erblicken in Paulus neben Johannes den erleuchtetsten Zeugen von Jesus als dem Christus. Origenes nannte ihn *den* Jünger Jesu.[2] Vielleicht bezeichnete Origenes den Paulus als solchen, weil er in ihm den jüngsten Sohn des Gottesstreiters Michael erkannt hatte – den jüngsten Spross des jüngsten Gottessohnes, des Herrn über den dritten Himmel![3]

Paulus war so überwältigt von der Gnade, die Christus ihm – dem einstigen Verfolger seiner Gemeinde – zuteil werden liess, indem er sich ihm persönlich in überirdischem Lichte offenbarte, dass Paulus während seines ganzen späteren Erdendaseins mit Einsatz von Leib und Leben und in nicht überbietbarer Ausdauer Jesus Christus als den Messias verkündete. Paulus beseelte nur das eine Bestreben: der ihm widerfahrenen einzigartigen Gnade gerecht zu werden. Wir wagen zu behaupten, dass er dieser Gnade ganz und voll gerecht wurde durch seinen unerschrockenen Einsatz, durch seine nie versagende

Ausdauer und durch seine grosse Umsicht, mit der er sich ans Werk machte, nachdem er sich auf diese Gnade hin in dreijährigem Wüstenaufenthalt verinnerlicht hatte.

Paulus erwies sich uns indes nicht nur als ein Gottesstreiter, der mit Leib und Leben für seine Glaubensüberzeugung einstand, sondern auch als ein Mann, der wie kein zweiter nach ihm die Scheinmoral, Scheingerechtigkeit und den scheinheiligen Tempelkult bis aufs Messer bekämpfte. Sein nach seinem Damaskus-Erlebnis aus innerster Wahrhaftigkeit heraus gewonnener klarer Blick für das, was in Wahrheit gottgefällig ist und was sich bloss als gottgefällig ausgibt, befähigte ihn dazu, allen Schein – also das Gewand der Lüge – zu durchschauen und mit der Schärfe seines geistigen Schwertes zu bekämpfen.

Weil Paulus sich nach seinem Damaskus-Erlebnis nichts mehr vormachen liess – aber auch gar nichts! –, war er für die allermeisten seiner Zeitgenossen ein höchst unbequemer Mann und, wie wir sahen, ein sehr umstrittener dazu. Das blieb er, von Ausnahmen abgesehen, überall bis etwa 150 n.Chr.[4]

Eine Wende brachte die berühmte Christenschule von Alexandria, die Pantainos um jene Zeit begründete. In dieser Schule wurde Paulus in seiner geistigen Grösse erkannt und gelehrt. Aus dieser Schule ging auch Origenes hervor, dem wir unsere tiefere Sicht verdanken. Origenes sprach von Paulus meist nur als von *dem* Apostel. Mit der Verurteilung des Origenes als Ketzer im Jahre 553 durch die römische Weltkirche wurde freilich zugleich auch die hohe Sicht der Christenschule von Alexandria verdammt. Damit wurde der Weg zum Verständnis des Paulus abgeschnitten. Dies gilt besonders für die aus seinen Briefen zu gewinnende Lehre von der Wiederherstellung aller Dinge – von der Allversöhnung mit Gott.

Allerdings darf man nie vergessen, dass die Briefe des Paulus kein Lehrbuch darstellen, sondern eben *Briefe* sind, die zu bestimmten Zeiten aus einer bestimmten Lage heraus verfasst wurden. Dabei konnte Paulus – im Gegensatz zu heute – bei den Lesern und Hörern seiner Briefe zumeist ein nicht geringes geistiges Wissen voraussetzen. Dies ermöglichte es ihm, ohne Umschweife und langatmige Erklärungen zur Sache zu kommen und seine Gedanken zügig und in weitgespanntem Bogen vorzutragen. Selbst ein gebildeter Mann, wie es der römische Statthalter Festus zweifellos war (vgl. Apg. 25, 25), vermochte seinen Ausführungen jedoch nicht zu folgen, weil sie seine Begriffe überstiegen. Daher hatte er ihm zugerufen: »Paulus, du bist ja von Sinnen! Die grosse Gelehrsamkeit geht mit dir durch!« (Apg. 26, 24.)

Ein weiterer Umstand erschwert es, Paulus zu verstehen. Er betrachtete sich nämlich als »Diener Christi und als Haushalter von Geheimnissen Gottes« (1. Kor. 4, 1). Darum hatte er ja geschrieben: »Wir reden Gottes Weisheit *in einem Geheimnis*« (1. Kor. 2, 7), also verschlüsselt. Auch hatte er, wie wir sahen, bezeugt, er habe in der Entrückung »unaussprechliche Worte« vernommen (2. Kor. 12, 4) – Worte, die er nicht weitersagen durfte und wollte. Paulus hielt sich damit an das Herrenwort: »Gebt das Heilige nicht den Hunden, und werft eure Perlen nicht vor die Schweine, damit diese sie nicht mit ihren Füssen zertreten und jene sich nicht umwenden und euch zerreissen!« (Mat. 7, 6.)[5]

Besonders musste Paulus verhüten, dass Menschen, die am Buchstaben des Evangeliums hafteten und – ähnlich wie die Gesetzesjuden – bar jeder geistigen Sicht waren, seine Verkündigung dadurch einfach abtun und beiseite schieben konnten, dass sie behaupteten, er lehre eine *neue* Offenbarung; zudem habe er Jesus selber ja gar nicht gekannt (vgl. 1. Kor. 3, 21). Daher sprach Paulus bei den ihm zuteil gewordenen Offenbarungen verhüllt von sich in der dritten Person Einzahl (2. Kor. 12, 2). Auch setzte er beim Hörer für die Deutung jener Worte, die ihn sein Geist gelehrt hatte, eine gewisse Geistbegabung voraus (vgl. 1. Kor. 2, 13f.). Damit machte er es jenen, die am Buchstaben des Evangeliums kleben blieben, unmöglich, ihm solche Vorhaltungen zu machen, und er verhinderte so, dass »sie sich umwandten und ihn zerrissen«.

Dieses sein Verhalten rechtfertigte Paulus mit den Worten: »Mag unser Evangelium auch verschlüsselt sein, so trifft dies doch nur auf jene zu, die [noch] verlorengehen, weil in ihnen der Gott dieser Welt [also der Widersacher] die Gedanken zu Unglauben verblendet hat, damit sie nicht erleben können die Erleuchtung durch das Evangelium von der Herrlichkeit Christi, welcher das Ebenbild Gottes ist.« (2. Kor. 4, 3f.)

In seinem Brief an die Römer (15, 18–21) beteuerte Paulus: »Ich werde nicht wagen, von etwas zu reden, das nicht *Christus* durch mich gewirkt hat [vgl. Röm. 12, 1 bis 15, 5], um die Heiden zum Gehorsam [Christus gegenüber] zu bringen durch Wort und Tat, in der Kraft von Zeichen und Wundern, in der Kraft eines heiligen Geistes, so dass ich von Jerusalem an und ringsumher bis nach Illyrien das Evangelium von Christus vollständig verkündigt habe. Dabei setze ich aber meine Ehre darein, das Evangelium in der Weise zu predigen: nicht da, wo Christus [schon] verkündet worden ist, damit ich nicht auf fremdem Grund baue, sondern so, wie geschrieben steht: "Jene, welchen über ihn [Christus] noch keine Kunde ward, die sollen sehen, und jene, die nicht gehört haben, sollen verstehen."« (Vgl. Jes. 52, 15.)

Da Paulus von seiner Gotteserkenntnis, wie erwähnt, nur verschlüsselt redete, vermochte er sich zwar die Heiden vom Leibe zu halten, nicht jedoch die »falschen Brüder« (vgl. 2. Kor. 11, 26; Gal. 2, 4). *Sie* wandten sich gegen ihn und »zerrissen« ihn. Zuerst waren es jene Juden, die ihn verfolgten, weil er den zum Christentum übertretenden Heiden nicht die Beschneidung auferlegte, er also nach ihrer Meinung das Mosaische Gesetz missachtete. Später waren es die Namenchristen, die ihm die Irrlehre von einem baldigen Weltende mit einem bombastischen Massengericht unterschoben, zu dem Christus auf den Wolken herabkommen werde.

Doch in den Herzen der wahren Christen blieb Paulus durch seine Briefe lebendig. Sie bewältigten die ihm unterstellte Irrlehre ganz im Sinne seines Wortes: »Wir aber, die Starken, sind verpflichtet, die Schwachheit der Ungefestigten zu tragen, nicht aber uns selbst zu Gefallen zu leben.« (Röm. 15, 1.)

Für uns ist Paulus – der wiedergeborene Saul – als Gottesstreiter höchsten Ranges wiedererstanden. An ihm – *dem* Apostel, als der er den frühen Christen galt – erfüllte sich Jesu Wort: »Sie werden euch den Gerichten überliefern, und in ihren Synagogen werden sie euch geisseln. Um meinetwillen werdet ihr auch Statthaltern und Königen vorgeführt, ihnen und den Heiden zum Zeugnis [wahren Glaubens].« (Mat. 10, 17f.) An ihm erfüllte sich auch das Herrenwort: »Es wird der Bruder den Bruder zum Tod überliefern.« (Mat. 10, 21.)

Freilich vermochten wir dem Paulus nicht entfernt seinen ganzen ihm eigenen Glanz zurückzuerstatten – *ihm*, der »für Gott ein Wohlgeruch Christi« war und ist. Berufenere werden so manche Aussagen seiner Briefe vertiefter auslegen können. Sie werden so manches, was zwischen den Zeilen steht, aufdecken, das uns noch verhüllt blieb. Sie werden kraft des von Christus verheissenen Geistes das geschwärzte Bild des Paulus wieder in seinem ursprünglichen Glanz erstrahlen lassen und damit die noch leuchtendere, lichterfüllte Herrlichkeit *dessen* erweisen, von dem Paulus bekannte: »In *ihm* leben, weben und sind wir!«

Anmerkungen

I Die Umwelt des Paulus

1 Jochen Bleicken, Verfassungs- und Sozialgeschichte des Römischen Kaiserreiches, Ferdinand Schöningh Verlag, Paderborn 1978, Band 2, S. 9f.
2 Ebenda, Band 1, 1981, S. 221f.; vgl. auch Band 2, S. 10 und 14.
3 Ebenda, Band 1, S. 216f.
4 Ebenda, S. 67–71.
5 Ebenda, S. 72.
6 Jacob Burckhardt, Gesammelte Werke, Schwabe Verlag, Basel 1978, Band IV, S. 224.
7 Der Vater von Herodes I. war Antipater, den Cäsar im Jahr 48 v. Chr. zum römischen Bürger und zum Prokurator in Palästina ernannt hatte. Antipater liess Judäa und Galiläa von seinen Söhnen Phasael und Herodes als Militärgouverneure verwalten. (Biblisch-historisches Handwörterbuch, hrsg. von Bo Reicke und Leonhard Rost, Verlag Vandenhoeck & Ruprecht, Göttingen 1964, Band II, Sp. 696.)

Antipater wurde im Jahre 43 v. Chr. vergiftet. Er war ein Idumäer. Idumäa ist der Name des Gebiets zwischen Hebron und Beerseba, in dem sich seit dem 6. Jahrhundert v. Chr. die Edomiter festgesetzt hatten. Die Mutter von Herodes I., eine Araberin aus dem Hause der Nabatäer, hiess Kypros. (Ebenda, Sp. 696 und 759.)

Die Ernennung Herodes' I. zum König erfolgte in Rom im Jahr 40 v. Chr. Damals hatte Antigonos II., der letzte Hasmonäer, mit Unterstützung der Parther Jerusalem erobert und sich zum König von Judäa und zum Hohenpriester des Tempels von Jerusalem ausrufen lassen. (Ormond Edwards, Herodian Chronology, in: Palestine Exploration Quarterly 114, London 1982, S. 31; Meyers Enzyklopädisches Lexikon, Bibliographisches Institut, Mannheim 1980, Band 2, S. 324 und 341.)

8 Wörtlich »sagten«.

9 Flavius Josephus, Jüdische Altertümer, XV 1; deutsche Übersetzung von Heinrich Clementz, Fourier Verlag, Wiesbaden 1987, S. 291.

10 Flavius Josephus, Der Jüdische Krieg, VII 8, 3–5; deutsche Übersetzung von Herman Endrös, Wilhelm Goldmann Verlag, München 1980, S. 550–553.

11 Siehe auch Yohanan Aharoni / Michael Avi-Yonah, Der Bibel-Atlas, Verlag Hoffmann und Campe, Hamburg 1982, S. 162.

12 Flavius Josephus, Jüdische Altertümer, XX 9, 7; ferner Joh. 2, 20, allerdings mit anderer Zahlenangabe.

13 Flavius Josephus, Der Jüdische Krieg, I 21, 1.

14 Ebenda, II 6, 3.

15 Eine fragmentarische assyrische Quelle berichtet, dass aus dem Gebiet Galiläas 13520 Menschen nach Assyrien verschleppt wurden. Im weiteren berichtet Sargon II. in seinen Annalen: »Ich eroberte Samaria, nahm die 27290 Menschen, die dort lebten, als Kriegsbeute dortselbst 50 [oder 200] Streitwagen, und die restlichen Bewohner siedelte ich in Assyrien an.« (Hayim Tadmor, Die Zeit des ersten Tempels, die babylonische Gefangenschaft und die Restauration, in: Geschichte des jüdischen Volkes, hrsg. von Haim Hillel Ben-Sasson, C.H. Beck'sche Verlagsbuchhandlung, München 1978, Band 1, S. 168 und 171.)

16 Die an die fremden Herrscher gerichtete Warnung galt natürlich erst recht für das eigene Volk.

17 Origenes, Komm. Mat. X 18 und Hom. Jer. XX 9 sowie Kyrillos von Jerusalem, Katechesen, II 14.

18 Origenes, Komm. Mat. XXVIII (GCS XI).

19 Origenes, Contra Celsum, I 15, in Verbindung mit Ps. 19, 15; Jes. 43, 14; 54, 8; 63, 16; Jer. 50, 34. Bruchstücke dieses Erlöserglaubens finden sich auch bei sogenannten Orphikern (Povl Johs. Jensen, Die griechische Religion, in: Handbuch der Religionsgeschichte, Verlag Vandenhoeck & Ruprecht, Göttingen 1975, Band 3, S. 210f.; Jochen Bleicken, Verfassungs- und Sozialgeschichte des Römischen Kaiserreiches, Band 2, S. 113–120).

20 Flavius Josephus, Der Jüdische Krieg, VII 3, 3.

21 Vgl. Platon, 6. Brief, 323d.

22 Unter seinem Sohn Ptolemaios II. (283–246, Mitregent seit 285)

wurde das Werk offenbar vollendet (vgl. Euseb, Kirchengeschichte, VII 32, 16).

23 Die Hexapla des Origenes belegt dies.

24 Vgl. Adolf Harnack, Die Mission und Ausbreitung des Christentums in den ersten drei Jahrhunderten, J.C. Hinrichs'sche Buchhandlung, Leipzig 1915, Band 1, S. 17f.

25 Ebenda, S. 3–6 und 10f.; Shmuel Safrai, Das Zeitalter der Mischna und des Talmuds (70–640), in: Geschichte des jüdischen Volkes, Band 1, S. 341–343. Die Ausbreitung der Juden »bis nach Äthiopien« erweist nicht zuletzt der Bericht Apg. 8, 27f. Zur Zeit des Paulus, also vor der Zerstörung des Tempels und der Vertreibung der Juden aus Jerusalem durch die Römer, kann noch nicht von einer jüdischen Diaspora im modernen Sinne gesprochen werden, also von einer 'Zerstreuung' der Juden über weite Gebiete der Welt hin; denn die Verschleppung von Juden durch die assyrischen Könige Tiglath-Pileser III. (745–727), Salmanassar V. (726 bis 722), Sargon II. (722–705) und durch den babylonischen König Nebukadnezar II. (605–562) bedeutete lediglich eine Zwangsumsiedlung auf assyrisches, medisches und babylonisches Gebiet, noch keine weltweite Zerstreuung oder Diaspora. Die Judengemeinden ausserhalb von Palästina, die es bereits zur Zeit des Paulus gab, führen wir hauptsächlich auf jüdische Handelsniederlassungen aus der Zeit des Königs Salomo zurück. (Robert Sträuli, Salomo – die Königsquelle, ABZ Verlag, Zürich 1989, S. 202–204.) Die Zahl jener Juden, die den heimischen Kriegswirren und Unruhen durch Auswanderung auswichen (wie beispielsweise die Eltern des Paulus), dürfte schwerlich sehr gross gewesen sein.

26 Zwar gibt es Stimmen, die noch von weit mehr Juden sprechen. Es ist die Rede von mehr als einer Million Juden in Palästina; diese Angabe stützt sich auf die von Flavius Josephus angeführte Zahl der im Krieg gegen die Römer gefallenen Juden (Anthony Byatt, Josephus and Population Numbers in First Century Palestine, in: Palestine Exploration Quarterly 105, London 1973, S. 51–60). Doch Josephus schöpfte seine Zahlen offenkundig aus römischen Quellen; Rom aber pflegte seine Siege durch gewaltige Zahlen der feindlichen Verluste stark zu übertreiben. Ein Beleg dafür sind die sagenhaft hohen Verluste, die angeblich die Germanen durch die

Römer erlitten haben. Diese Zahlen dienten der Propaganda und müssen mit grösster Zurückhaltung ausgewertet werden, wenn sie sich auf besiegte Bevölkerungen beziehen. Ein paralleles Beispiel für übertriebene Zahlenangaben sind die angeblichen hohen Verluste, welche die Juden im 2. vorchristlichen Jahrhundert durch die Seleukiden erlitten haben sollen: Nach 2. Makk. 5, 13f. wären bei der ersten Strafaktion des Antiochos IV. binnen drei Tagen allein 80 000 Juden umgekommen!

27 Flavius Josephus, Über das hohe Alter des jüdischen Volkes (Schrift gegen Apion), I, 1.

28 Flavius Josephus, Jüdische Altertümer, XVIII 3, 5; Tacitus, Annales, II 85 (deutsche Übersetzung von Wilhelm Bötticher, Phaidon Verlag, Essen o.J., S. 375), in Verbindung mit Sueton, Caesares: Tiberius 36 (deutsche Übersetzung von Max Heinemann, Verlag Alfred Kröner, Stuttgart 1986, S. 192–194).

29 Adolf Harnack, Die Mission und Ausbreitung des Christentums in den ersten drei Jahrhunderten, Band 1, S. 9.

30 Vgl. Meyers Enzyklopädisches Lexikon, Band 20, 1979, S. 270.

31 Adolf Harnack, Die Mission und Ausbreitung des Christentums in den ersten drei Jahrhunderten, Band 1, S. 11.

32 Karl Heussi, Kompendium der Kirchengeschichte, Verlag J.C.B. Mohr, Tübingen 1981, S. 21.

33 Biblisch-historisches Handwörterbuch, Band I, 1962, Sp. 341.

34 Emil Schürer, Geschichte des jüdischen Volkes im Zeitalter Jesu Christi, J.C. Hinrichs'sche Buchhandlung, Leipzig 1909, Band 3, S. 187. Im Talmud heisst es sogar: »Proselyten sind wie ein Aussatz für Israel.« (Jebamoth 47b.)

35 Barnabas-Brief 9, 6.

36 So gemäss dem Zeugnis des Origenes (Contra Celsum, VI 47). Diese Auffassung lässt sich tatsächlich mit Platons Schriften belegen; denn im Timaios (34a–c) beschreibt er die Schöpfertätigkeit dessen, den Platon im 6. Brief (323d) als göttlichen Urheber des Weltalls bezeichnet, der einen ihm übergeordneten, herrschenden Vater habe.

37 Plotin, Schriften, III 4, 2.

38 Meyers Enzyklopädisches Lexikon, Band 15, 1980, S. 206. Plotins Lehre von den drei 'Hypostasen' lieferte den ideologischen Un-

terbau für das spätere Dreifaltigkeitsdogma der römischen Kirche.

39 Ebenda.

40 Die Schwierigkeiten, die Philons jüdisches Glaubensverständnis im Vergleich zur Lehre des Paulus bereitet (vgl. Hans-Joachim Schoeps, Paulus – die Theologie des Apostels im Lichte der jüdischen Religionsgeschichte, Verlag J.C.B. Mohr, Tübingen 1959, S. 21f.), lösen sich von selbst auf, wenn man die angebliche 'hellenistische Aufstiegsmystik' des Philon im Lichte des Origenes sieht; dann erweist sich die Wiederherstellung nämlich als biblisch.

41 Dass Paulus Christus auch als die zentrale Person des Alten Testaments erblickte, geht aus einem seiner Briefe (1. Kor. 10, 4) mit aller Deutlichkeit hervor.

42 Neben dem äusseren Sinn dieser Bibelstellen gilt es den auf Christus weisenden inneren Sinn zu erkennen.

43 Eduard Nielsen, Die Religion des Alten Israel, in: Handbuch der Religionsgeschichte, Band 2, 1972, S. 111f.

44 Siehe ebenda.

45 Origenes, princ. I 2, 2; Hom. Jer. IX 1; ferner auch schon Klemens von Alexandria, Der Erzieher, III 71, 4. Die Missionserfolge der ersten Christen beruhten nicht zuletzt darauf, dass sie die auf Christus bezüglichen 'abstrakten' Offenbarungsworte der Propheten 'konkret' mit den Worten des geschichtlichen Jesus verknüpften.

46 R. Travers Herford, Die Pharisäer (deutsche Übersetzung aus dem Englischen), Verlag Gustav Engel, Leipzig 1928, S. 36.

47 Ebenda, S. 151.

48 Meyers Enzyklopädisches Lexikon, Band 18, 1978, S. 549.

49 Robert Sträuli, Salomo – die Königsquelle, S. 21–48 und 73–78.

50 Die Unterschiede hat Origenes in seinen Hexapla aufgezeigt, indem er dem hebräischen Text und der griechischen Septuaginta noch drei weitere griechische Bibelübersetzungen zur Seite stellte, nämlich die von Aquila, Symmachos und Theodotion. Aquila gilt einhellig als Jude, und zwar als Proselyt. Symmachos war nach Euseb (Kirchengeschichte, VI 17) Ebionit, gehörte also einer den Paulus ablehnenden Gruppe an, die sich von den ersten Juden-

christen abgespaltet hatte (vgl. Meyers Enzyklopädisches Lexikon, Band 7, 1980, S. 381). Bei Theodotion steht nicht fest, ob er Jude war (vgl. Emil Schürer, Geschichte des jüdischen Volkes im Zeitalter Jesu Christi, Band 3, S. 435).

51 Eine wichtige Abweichung ist bei Jesaja 41, 14 festzustellen, wo die Israeliten in der grossen Jesaja-Rolle von Qumran noch als »Tote Israels«, in der Septuaginta als »Geringe Israels« und im späteren hebräischen Text dann nur noch als »Männer [Menschen] Israels« bezeichnet werden.

52 Vgl. R. Travers Herford, Die Pharisäer, S. 157.

53 Origenes, Brief an Africanus.

54 Gershom Scholem, Über einige Grundbegriffe des Judentums, Suhrkamp Verlag, Frankfurt 1970, S. 121.

55 Claude Tresmontant, Paulus, Rowohlt Verlag, Hamburg 1977, S. 100.

56 Flavius Josephus, Der Jüdische Krieg, II 8, 11.

57 Ebenda, II 8, 9.

58 Vgl. Eduard Nielsen, Die Religion des Alten Israel, in: Handbuch der Religionsgeschichte, Band 2, S. 85.

59 Die Magharier glaubten, »dass Gott zu den Propheten durch einen Engel sprach, den er auserwählt und über alle Geschöpfe gesetzt hatte und den er zu seinem Stellvertreter über sie bestimmt hatte«; ferner »dass es dieser Engel ist, von dem in den vermenschlichten Erzählungen der hebräischen Bibel als von Gott gesprochen wird. Sie sagen, dass es üblicherweise möglich war, dass Gott von all jenen, die bei ihm sind, einen gewissen Engel sandte, ihm seinen Namen verlieh und verkündigen liess: "Dieser ist mein Jünger, und sein Platz unter euch ist mein Platz, und sein Wort und Befehl euch gegenüber sind mein Wort und Befehl, und seine Erscheinung unter euch ist meine Erscheinung." Dies traf auf jenen Engel zu.« (Nach H. A. Wolfson, The Pre-existent Angel of the Magharians and al-Nahawandi, in: The Jewish Quarterly Review 51, Philadelphia 1960/61, S. 92.) Der Gewährsmann Ash-Shahrastani lehrte im weiteren, »dass Arius [um 260 bis 336] bezüglich des Messias darlegte, dass dieser in dem Sinne Gott sei, dass er der Auserwählte der Welt ist; diese Ansicht hat er von ihnen [den Magharieren] übernommen, die

ihm [Arius] um 400 Jahre vorangingen« (ebenda). Die Ansichten der Magharier werden von Kirkisani, einem weiteren Gewährsmann, wie folgt beschrieben: »Da'ud ibn Merwan [al-Mukammas] berichtet in einem seiner Bücher bezüglich der Sadduzäer, sie vermenschlichten den Schöpfer und verwendeten dabei Begriffe, die die Übertragung menschlicher Eigenschaften beinhalten, wodurch die Schrift den Schöpfer in deren wörtlichem Sinne beschreibe. Von den Maghariern hingegen überliefert er [Da'ud] das Gegenteil: sie sprächen von Gott nicht in vermenschlichten Begriffen, beraubten diese [in der Schrift] jedoch nicht ihrer wörtlichen Bedeutung, und zwar aus ihrem Glauben heraus, solche vermenschlichten Beschreibungen bezögen sich auf einen der Engel, und zwar auf jenen Engel, der die Welt erschaffen habe.« (Ebenda, S. 90.)

60 Den Grundstein zu dieser epochemachenden Erkenntnis legte Julius Wellhausen (1844–1918) durch seine historisch-kritischen Forschungen. Der *J*-Bestand geht ins 10. vorchristliche Jahrhundert zurück, der *P*-Bestand in wesentlich spätere Zeit (Biblisch-historisches Handwörterbuch, Band II, Sp. 796; nähere Ausführungen bei Robert Sträuli, Salomo – die Königsquelle, S. 73f. und 334).

61 Durch ihren *P*-Bestand wollten die Priester glauben machen, ihre 'Väter', besonders Salomo, hätten den Tempel bereits zu einem Schlachthaus gemacht; man vergleiche hierzu die unsinnigen Zahlen von »22000 Rindern und 120000 Schafen« als Schlachtopfer in 1. Könige 8, 63, während Salomo doch selbst sagte (Pred. 4, 17): »Sei behutsam, wenn du zum Hause Gottes gehst: Hintreten, um zu hören, ist besser, als wenn die Toren Opfer bringen; denn sie wissen nichts als Böses zu tun!« (Siehe auch Robert Sträuli, Salomo – die Königsquelle, S. 117f.)

62 Zur Zeit des zweiten Tempels war wegen der erstickenden Übermacht der Priester keine Mahnung der Propheten mehr möglich, wie es dies zur Zeit des ersten Tempels noch gab.

63 Die Juden lasen zwar 'Erstgeburt'; aber nach dem ursprünglichen Textbestand *J* war der Sinn 'Neugeburt', denn unmittelbar vorher wird die Befreiung der Israeliten aus der Knechtschaft Ägyptens und der Neubeginn eines Lebens unter der Herrschaft Jahwes erwähnt. Desgleichen dürfte die Wendung »Mir gehört es« eine

spätere, frühestens im 7. Jahrhundert erfolgte Vergröberung durch Priesterhand sein. Daher griffen wir auf das feinere Verständnis zurück, wie es für den Jahwisten (Textbestand *J*) kennzeichnend ist (vgl. Robert Sträuli, Salomo – die Königsquelle, S. 74–78), und übersetzten: »Mir soll alles Neugeborene [wieder] gehören!«

64 Rafael Edelmann, Das Judentum, in: Handbuch der Religionsgeschichte, Band 2, S. 248.

65 Ebenda.

66 Vgl. ebenda, S. 249.

67 Die Auswüchse des Heidentums überwogen freilich: Jochen Bleicken, Verfassungs- und Sozialgeschichte des Römischen Kaiserreiches, Band 2, S. 113–120.

68 Die Überreste des antiken Tarsos liegen etwa 6–7 m unter der heutigen Stadt. Im ehemaligen Hafengebiet dehnt sich jetzt, nach Verlandung der Lagune, ein 885 ha grosser Eukalyptus- und Pappelwald aus (Lothar Rother, Die Städte der Çukurova: Adana – Mersin – Tarsus, Dissertation Universität, Tübingen 1971, S. 28f.).

69 Robert Sträuli, Salomo – die Königsquelle, S. 210–212.

70 Das Bild zeigt einen von mehreren Bewässerungskanälen im heutigen Tarsus, die von seinem Wasserreichtum zeugen.

Kanal von Tarsus

71 Bisher wird diese Namenherkunft allerdings erst für Tartessos in

Südspanien als erwiesen betrachtet (Michael Koch, Tarschisch und Hispanien, in: Madrider Forschungen 14, Walter de Gruyter Verlag, Berlin 1984, S. 6, in Verbindung mit S. 139). Vielleicht kommen dafür aber auch noch die Hafenstädte Tarros an der Westküste Sardiniens und Thasos in der Nordägäis in Frage.

72 Hieronymus, Komm. Philemon, 762 (bei J.P. Migne, Patrologiae Latinae Tomus XXVI, Verlag Brepols, Turnholt, Sp. 653); Hieronymus, De viris illustris, V (in: Texte und Untersuchungen zur Geschichte der altchristlichen Literatur, hrsg. von Oscar von Gebhardt und Adolf Harnack, J.C. Hinrichs'sche Buchhandlung, Leipzig 1896, Band 14, S. 9).

73 Hansgerd Hellenkemper und Friedrich Hild, Neue Forschungen in Kilikien, Verlag der Österreichischen Akademie der Wissenschaften, Wien 1986, S. 95f.

74 Strabon, XIV 5, 13 (deutsch in A. Forbiger, Strabo III, Langenscheidtsche Verlagsbuchhandlung, Berlin 1855–1910).

75 Lothar Rother, Die Städte der Çukurova: Adana – Mersin – Tarsus, S. 34 und 36f.

76 Ebenda, S. 36f.; Hansgerd Hellenkemper und Friedrich Hild, Neue Forschungen in Kilikien, S. 95.

77 Lothar Rother, Die Städte der Çukurova: Adana – Mersin – Tarsus, S. 36f., in Verbindung mit Harald Kürschner, Der östliche Orta Toroslar (Mittlerer Taurus) und angrenzende Gebiete, Ludwig Reichert Verlag, Wiesbaden 1984, S. 31 und 71f.

II Die Lebensdaten des Paulus

1 Robert Sträuli, Herkunft und Bedeutung unseres Kalenders, in: Museion 2000, Nr. 4, ABZ Verlag, Zürich 1991, S. 17–19 und 24.

2 Eduard Lohse, Die Entstehung des Neuen Testaments, Verlag W. Kohlhammer, Stuttgart 1979, S. 31f.

3 Robert Jewett, Dating Paul's Life, SCM Press, London 1979, S. 38–40.

4 Paulus nennt die Frau des Aquila lediglich Prisca (Röm. 16, 3; 1. Kor. 16, 19; 2. Tim. 4, 19); Lukas in seiner Apostelgeschichte (18, 2; 18, 18; 18, 26) hat den Kosenamen Priscilla.

5 »Iudaeos impulsore Chresto assidue tumultuantis Roma expulit.« (Sueton, Caesares: Claudius 25, hrsg. von J.C. Rolfe, LCL 31.38,

London und Cambridge/Mass. 1927; deutsche Übersetzung von Max Heinemann.)

6 Paulus Orosius, Historiae adversus paganos, VII 6, 15, hrsg. von C. Zangemeister, Corpus scriptorum ecclesiasticorum Latinorum 5, Wien 1882, Nachdruck Verlag Hildesheim 1967.

7 Robert Jewett, Dating Paul's Life, S. 39f.

8 Der astronomische Neumond für die Berechnung des Nisanbeginns war im Jahr 31 am 10. April, 14 Uhr 07. Die Neumondsichel war demnach ab 11. April um etwa 20 Uhr sichtbar: 1. Nisan. Das Passafest (15. Nisan) fiel somit auf den 25. April 31.

9 Eduard Schwartz (Gesammelte Werke, Band 5, Walter de Gruyter Verlag, Berlin 1963, S. 131 bzw. 129) verlegt diesen Besuch auf »spätestens im Winter 43/44«, weil er – entgegen Apg. 12, 2 und Off. 1, 9 – des Herrn Lieblingsjünger Johannes und seinen Bruder Jakobus unter Herodes Agrippa I. (dieser starb 44 n.Chr.) hinrichten lässt. Er stützt sich dabei auf Mark. 10, 35 (!) und auf die bei Papias (TU 5, 170) erhaltene Tradition, die die Hinrichtung der beiden Zebedäus-Söhne im Jahr 44 »sicher und unwiderleglich« bezeuge. Dies gilt nur für Jakobus, nicht für seinen Bruder Johannes.

10 Eine alte Quelle (Oratio Encomiastica, in Principes Apostolorum Petrum et Paulum, bei J.P. Migne, Patrologiae Graecae Tomus LIX, Sp. 494) hat 35 Jahre.

11 Gerd Lüdemann, Paulus, der Heidenapostel, Verlag Vandenhoeck & Ruprecht, Göttingen 1980, Band I, Studien zur Chronologie, S. 195f.

12 1. Brief des Klemens von Rom, 5, 6.

III Die Jugendzeit

1 Dafür spricht nicht zuletzt sein hebräischer Name Saul, der in aramäischer Form Sila (gräzisiert: Silas) lautet.

2 Vgl. Hohes Lied 1, 5.

3 Biblisch-historisches Handwörterbuch, Band III, 1966, Sp. 1952.

4 Karl Heussi, Kompendium der Kirchengeschichte, S. 30.

5 Hieronymus, Komm. Philemon, 23; De viris illustris, V.

6 Robert Sträuli, Origenes – der Diamantene, ABZ Verlag, Zürich 1987, S. 292f. und 310–322.

7 Flavius Josephus, Jüdische Altertümer, XVII 9f.
8 Nach der Übersetzung von Martin Luther.
9 Georg Büchmann, Geflügelte Worte, Ullstein Verlag, Frankfurt am Main 1981, S. 43.
10 Robert Sträuli, Salomo – die Königsquelle, S. 39–41.
11 Ebenda.
12 Biblisch-historisches Handwörterbuch, Band III, Sp. 1402.
13 Einerseits wird von einem Paulus »in edler Haltung« und »mit eines Engels Angesicht«, andrerseits aber davon gesprochen, er sei ein Mann von kleiner Gestalt mit krummen Beinen gewesen, der einen Kahlkopf gehabt habe. Diese Stelle der Paulus-Akten (3, 3) kann nicht als ernst zu nehmende Quellennachricht gewertet werden (vgl. Biblisch-historisches Handwörterbuch, Band III, Sp. 1402f.).
14 Wenn Paulus von sich sagt, er sei damals in Jerusalem kein bekanntes Gesicht gewesen (Gal. 1, 22), lässt sich dies scheinbar nicht mit der Aussage des Lukas (in Apg. 8, 3 und 22, 19) vereinbaren; denn wie konnte einer, der in Häuser der Christen eindrang, die Bewohner ins Gefängnis schleppte und sie dort auspeitschen liess, den Betroffenen von Angesicht unbekannt geblieben sein? Der Widerspruch wird hinfällig, wenn wir davon ausgehen, dass sich Saulus bei diesen Aktionen vermummt hatte. Andernfalls hätte er ja hinterher bei den römischen Behörden angezeigt werden können.
15 Biblisch-historisches Handwörterbuch, Band III, Sp. 1440.
16 Dem Paulus erschien er hingegen bereits in einer herrlichen jenseitigen Lichtgestalt. Dies erklärt, warum Lukas diese Erscheinung nicht zu den 'handfesteren' der andern zwölf Apostel zählte (vgl. Jürgen Roloff, Die Apostelgeschichte, Verlag Vandenhoeck & Ruprecht, Göttingen 1981, S. 20).
17 Dass diese Stelle zu den sonstigen zeitlichen Einordnungen in Widerspruch steht, haben Fachgelehrte, allen voran Julius Wellhausen, längst erkannt (vgl. Eduard Schwartz, Gesammelte Werke, Band 5, S. 141f.).
18 Siehe hierzu die Ausführungen in meinem Buch »Salomo – die Königsquelle«, S. 75–77, und – wie bereits erwähnt – Origenes, princ. IV 2, 6; I 2, 2; Hom. Jer. IX 1.

19 Wir beobachten in der Apostelgeschichte des Lukas, wie sie uns heute vorliegt, verschiedene Textbruchstellen, die auf spätere Bearbeitungen und Textumstellungen gegenüber dem ursprünglichen Wortlaut hindeuten. Ein solcher Bruch verläuft unseres Erachtens zwischen Apg. 1, 26 und 2, 1; obwohl die beiden Stellen unmittelbar aufeinander folgen, besteht gar kein innerer Zusammenhang zwischen ihnen. Eine andere Bruchstelle dürfte zwischen Apg. 2, 41 und 2, 42 vorliegen; denn in 2, 41 wird freudig berichtet, an einem einzigen Tag seien in Jerusalem dreitausend Juden gläubige Christen geworden, während es im übernächsten Vers heisst, über jede Seele sei Furcht gekommen.

20 Dieses visionär gesprochene Wort des Stephanus wird verschiedentlich als Beleg dafür angeführt, dass Christus *vor* der Steinigung des Stephanus zum Himmel aufgefahren sein müsse; sonst hätte dieser ihn ja nicht zur Rechten des Vaters stehen sehen können. Allein, dieses Sehen war unseres Erachtens eine aus innerer Gewissheit heraus entstandene geistige Schau; es darf auf keinen Fall als ein Sehen mit menschlichen Augen aufgefasst werden; denn das Zeugnis der Bibel ist eindeutig: Kein Mensch konnte den Herrn in seiner ganzen himmlischen Herrlichkeit schauen, ohne sterben zu müssen (2. Mose 33, 20).

21 Die zeitliche Einordnung dieses Theudas macht Schwierigkeiten. Gamaliel verlegt seinen Aufstandsversuch in die Zeit vor der Erhebung des Galiläers Judas, die wahrscheinlich im Jahre 7 vor Beginn unserer Zeitrechnung erfolgte. Zwar berichtet Flavius Josephus (Jüdische Altertümer, XX 5, 1) von einem falschen Propheten Theudas, den der römische Statthalter wegen Unruhestiftung enthaupten liess; aber seine Zeitangabe, die dem Jahr 44 n.Chr. entspräche, ist viel zu spät. Die Frage des Aufstandsversuchs des Theudas könnte nur durch neue Quellenfunde gelöst werden.

22 Manche Fachgelehrte lassen den Paulus erst *nach* dessen Aufenthalt in der Wüste in Damaskus auftreten, so Hans Lietzmann (Geschichte der alten Kirche, Walter de Gruyter Verlag, Berlin 1975, Band I, S. 103f.). Sie stützen sich dabei auf Gal. 1, 15–17, wo Paulus schreibt: »Als es aber dem, der mich von meiner Mutter Leib an ausgesondert und durch seine Gnade berufen hat, gefiel, seinen Sohn an mir zu offenbaren, damit ich ihn unter den Heiden

verkündigen sollte, da sogleich ging ich nicht mit Fleisch und Blut zu Rate, zog auch nicht nach Jerusalem hinauf zu denen, die vor mir Apostel waren, sondern begab mich nach Arabien und kehrte wieder nach Damaskus zurück.« Hieraus folgt jedoch keineswegs, Paulus sei erst, als er nach seinem Wüstenaufenthalt nach Damaskus zurückkehrte, in der dortigen Synagoge als Prediger für Jesus aufgetreten. Einer solchen Annahme widerspricht Lukas in klaren Worten in seiner Apostelgeschichte (9, 19–22).

23 Gemäss der Übersetzung von Heinrich Karpp (von uns modifiziert).

24 Albert Schweitzer, Gesammelte Werke in fünf Bänden, Verlag C.H. Beck, München 1974, Band 4, S. 28.

25 Ebenda, S. 29f.

26 Hinter dem »mystischen Sein in Gott«, der in den Mysterienkulten seinen Ausdruck findet, steckt freilich meist eine widergöttliche Selbstvergottung (vgl. Robert Sträuli, Origenes – der Diamantene, S. 166).

27 Erst Ernst Benz befreite die Diskussion darüber, was Halluzination und was Vision ist, von den Fesseln einer Deutung aus bloss medizinisch-pathologischer Sicht (Ernst Benz, Die Vision, Ernst Klett Verlag, Stuttgart 1969, S. 86–88). Er verfocht die religiöse Erfahrung als Basis zur Beurteilung von Visionen, liess aber die Frage offen, was religiöse und was dämonische Erfahrung ist.

28 Darauf weist verdeckt des Paulus eigene Äusserung vom Zweig des Ölbaums hin, der wieder eingepfropft worden sei (Röm. 11, 17). Auch in anderer, ihn höchst persönlich betreffender Sache (2. Kor. 12, 2–5) sprach Paulus von sich in der dritten Person, und es heisst vom siebenarmigen Leuchter/Lebensbaum: »Zwei Ölbäume stehen daneben, einer zu seiner Rechten und einer zu seiner Linken.« (Sach. 4, 3.) Weiteres dazu findet sich in meinem Buch »Salomo – die Königsquelle«, S. 369, Anmerkung 158.

29 Robert Sträuli, Salomo – die Königsquelle, S. 80–90.

IV Der Apostel

1 Paulus war in Damaskus von Mördern verfolgt worden. Drei Jahre später, 31 n.Chr., konnte er sich auch in Jerusalem nur fünfzehn Tage aufhalten (Gal. 1, 18), weil die Juden dort ebenfalls

einen Anschlag unternahmen, um ihn zu töten (Apg. 9,29). Daher ist es ganz unwahrscheinlich, dass sich Paulus nach der Rückkehr von Jerusalem längere Zeit in Damaskus hätte aufhalten können. Weil also sein Aufenthalt dort kurz bemessen war und er weder diesmal noch späterhin in Damaskus in Erscheinung trat, erwähnt Lukas diesen zweiten Damaskus-Aufenthalt überhaupt nicht. Möglicherweise hat er davon nie etwas erfahren.

2 Euseb, Kirchengeschichte, III 4, 6.

3 Wie Apg. 10, 3; 5, 19; 8, 26; 12, 7 und 11; ferner 27, 23. Vgl. Apg. 1, 3 in Verbindung mit Mark. 13, 21; denn Christus war damals bereits in den Himmel aufgefahren (vgl. Apg. 1, 2).

4 Namhafte evangelische Theologen haben viel gelehrten Scharfsinn auf die Lösung der Frage verwandt, wie es sich mit den von Paulus angeführten Herrenworten verhalte, die in den Evangelien nicht bezeugt sind. Ihnen gilt als selbstverständlich, dass Paulus diese Herrenworte einzig aus mündlicher Überlieferung der frühen Gemeinden erfahren habe, und sie wundern sich dann, dass Paulus mit diesen Herrenworten oft sehr frei und gegenwartsbezogen umging. Sie sehen die einfache Wahrheit nicht, dass Paulus durch einen Geist Gottes persönlich Herrenworte offenbart wurden – dabei beteuert er dies doch häufig genug. Eine rühmliche Ausnahme macht die Zürcher Zwingli-Bibel (Verlag der Zürcher Bibel, Zürich 1982) in der Anmerkung zu 1. Thess. 4, 15: »In den Evangelien findet sich ein solcher Ausspruch Jesu nicht. Es kann ein Wort des Herrn gemeint sein, das Paulus durch eine innere Offenbarung vernommen hatte.« Vgl. zum gegensätzlichen Standpunkt Eduard Lohse, Jesu Worte im Zeugnis seiner Gemeinde, in: Theologische Literaturzeitung 112, Evangelische Verlagsanstalt, Berlin 1987, Sp. 705–716.

5 Adolf Harnack, Lehrbuch der Dogmengeschichte, Verlag J.C.B. Mohr, Tübingen 1909, reprographischer Nachdruck durch Wissenschaftliche Buchgesellschaft, Darmstadt 1980, Band I, S. 91.

6 Vgl. Hans Lietzmann, Geschichte der alten Kirche, Band I, S. 90–92 und 95f.

7 Vgl. ebenda, S. 90, 93 und 96. Philon teilte alle diese religiösen Überzeugungen; er war jedoch bestimmt mit seinem Glauben nicht allein, obwohl fast keine anderen Schriften dieser Art über-

liefert sind. Auch die Schriften des Philon wären spurlos verschwunden, hätten nicht die Christen in Alexandria sie ausgewertet und in die theologischen Bibliotheken der folgenden Jahrhunderte hinübergerettet. Der Aristeas-Brief aus der Zeit um 140 v.Chr. erweist, dass hellenische Juden auch das jüdische Ritualgesetz vergeistigt auffassten (Hans Lietzmann, Geschichte der alten Kirche, Band I, S. 94f.; siehe dazu auch Adolf Harnack, Lehrbuch der Dogmengeschichte, Band I, S. 62–65 und 122). Das hellenische Judentum löste sich erst auf, als es – als Reaktion auf die christlichen Missionserfolge (vgl. ebenda, S. 63) – aus den Synagogen verbannt und dadurch erst recht in die offenen Arme der Christen getrieben wurde.

8 Vgl. ebenda, S. 101.

9 Dass das nachstehend beschriebene Ereignis um das Jahr 41 erfolgte, ist aus Apg. 12, 1 zu erschliessen. In den Jahren 37–41 erhielt Herodes Agrippa I. allmählich ganz Palästina sowie den Königstitel übertragen; er starb im Jahr 44.

10 Flavius Josephus, Der Jüdische Krieg, VII 3, 3.

11 Siehe dazu meine Ausführungen in »Origenes – der Diamantene«, S. 84–86.

12 Siehe in der Zürcher Bibel die Anmerkungen zu Apg. 11, 27 bzw. zu 1. Kor. 12, 28.

13 So Apg. 11, 28a nach einigen alten Textzeugen; vgl. Zürcher Bibel, Anmerkung zu Apg. 11, 28.

14 Flavius Josephus, Jüdische Altertümer, XX 2, 5; vgl. Jürgen Roloff, Die Apostelgeschichte, S. 182.

15 Hesiod, Theogonie 194; vgl. auch Wolf Wilhelm Baudissin, Adonis und Esmun, J.C. Hinrichs'sche Buchhandlung, Leipzig 1911, S. 74 (bei Wilhelm Wittekindt, Das Hohe Lied und seine Beziehungen zum Istarkult, Orient-Buchhandlung Heinz Lafaire, Hannover 1925, S. 19 und 119).

16 Robert Sträuli, Salomo – die Königsquelle, S. 227.

17 Ebenda, S. 53.

18 'Barjesus' ist die dem Griechischen angepasste Form des aramäischen Namens *Bar Jeschu'a*, 'Sohn von Jesus'. Die Ableitung des Namens 'Elymas' steht noch nicht fest; falls das Vorderglied nicht hebräisch *El*, 'Gott', sein sollte, könnte eine Herleitung vom

Landesnamen Elymais (Elam) erwogen werden. Auch im letzteren Fall verstand man natürlich die Silbe *El* als 'Gott'.

19 Solche falschen Propheten, die vorgeben, durch sie spreche Jesus Christus oder gar Gott persönlich, gibt es bis heute. Sie tauchen immer wieder auf und vermögen mit bombastisch-einfältigen Reden, die sie als Worte Gottes und Christi ausgeben, Menschen in ihren Bann zu ziehen. Damit spotten diese Scheinheiligen der Grösse und Allmacht des Schöpfers.

20 Wörtlich: ho theós.

21 Diese Zahl ist ungeschichtlich.

22 Auch diese Zahl (40 Jahre bis zu Sauls 'Verstossung' durch Jahwe) ist eindeutig ungeschichtlich.

23 Haltlos ist die Behauptung von Jürgen Roloff (Die Apostelgeschichte, S. 207), dieses Gotteswort prophezeie, Gott habe Jesus 'durch Erhöhung' bei seiner Taufe durch Johannes zu seinem Sohn 'gemacht'. Weder lässt Psalm 2, 7 eine solche Auslegung zu, noch liesse sie sich mit der Glaubensauffassung des Paulus vereinen; denn für ihn war Jesus der Christus, der da ist »das Ebenbild des unsichtbaren Gottes, der Erstgeborene vor aller Schöpfung« – also der präexistente (vorgeburtliche) Sohn Gottes (vgl. auch Röm. 8, 3 und Gal. 4, 4) – niemals bloss eine sinnbildliche, erst in Jesu Erdenleben erfolgte 'Erhöhung', die dann erst sein »unverwesliches Leben« (ebenda) begründet haben soll.

24 Hoimar von Ditfurth, der aus naturwissenschaftlicher Sicht seit 1981 an Kirche und Theologie eine Reihe von sehr kritischen Fragen gestellt hatte, sagte bemerkenswerterweise: »Wir [Menschen] erleben den Fortgang der Schöpfung in einer extremen Zeitlupe von innen als die Geschichte dieses Kosmos« (Wolf-Rüdiger Schmidt, Leben ist mehr, Gespräch mit Hoimar von Ditfurth, Gütersloher Verlagshaus Gerd Mohn, Gütersloh 1988, S. 130).

25 In Psalm 16, 10 haben wir es mit einer 'silbrigen Kordel' im Sinne des Origenes zu tun, also mit einer Verflechtung von Irdischem und Geistigem, die mehreres umgreift (vgl. Robert Sträuli, Origenes – der Diamantene, S. 277f.). Liest man: »Du gibst mein Leben nicht dem Tode [dem Reiche Luzifers] preis und lässest deinen Frommen nicht die Grube [das Verderben] schauen«, so bezieht sich der Satz auf David selbst (Robert Sträuli, Salomo –

die Königsquelle, S. 146). Liest man jedoch gemäss der Textwiedergabe des Paulus: »Du wirst nicht zulassen, dass dein Heiliger die Verwesung sieht«, so bezieht sich Psalm 16, 10 eindeutig auf Christus.

26 Auch nach Flavius Josephus (Jüdische Altertümer, XIX 8, 2) war Herodes Agrippa I., nachdem er sich in Caesarea als Gott hatte feiern lassen, erkrankt und starb binnen fünf Tagen. Dies geschah im Jahr 44.

27 Lukas berichtet zweimal von einer Reise des Paulus nach Jerusalem: einmal nach dem Tod des Königs Herodes Agrippa I. (Apg. 12, 25) und einmal anlässlich des Aposteltreffens (Apg. 15, 2 und 4). Da beide Ereignisse im selben Jahr 44 stattfanden, meinen beide Reisen in Wahrheit nur eine einzige. Somit sind die einzelnen Umstände, die Lukas schildert, allesamt auf diese Reise des Jahres 44 zu beziehen. Seine Nachricht, Paulus habe den Johannes Markus von Jerusalem nach Antiochia mitgenommen, findet ihre natürliche Fortsetzung in der Ablehnung des Paulus, den Johannes Markus weiterhin mitzunehmen; dieser durfte ihn also nicht auf seine zweite Missionsreise der Jahre 44–51/52 begleiten (Apg. 15, 37).

Auf jeden Fall sagt Paulus, er sei erst »nach Verlauf von vierzehn Jahren« wieder nach Jerusalem gezogen (Gal. 2, 1). Gemeint ist »im vierzehnten Jahr«, also nach dreizehn Jahren. Vgl. dazu Walter Bauer, Griechisch-deutsches Wörterbuch zum Neuen Testament, Walter de Gruyter Verlag, Berlin 1988, Sp. 360 (II 1b in Verbindung mit II 2) und Sp. 1032. In Gal. 1, 18 schreibt Paulus hingegen nicht »nach Verlauf von drei Jahren«, sondern lediglich »nach drei Jahren«. Insgesamt waren also zwischen der Bekehrung des Paulus und seiner Reise zum Aposteltreffen sechzehn Jahre verstrichen. (Über das Sterbejahr 44 des Herodes Agrippa I. besteht in der Fachwissenschaft Einigkeit. Damit erweist sich Lukas einmal mehr als zuverlässiger Gewährsmann, da wir ja vom Jahr 28 als Sterbejahr Jesu und Bekehrungsjahr des Paulus ausgehen.)

28 Die Vereinbarung gemäss Apg. 15, 20 und 28f. wird allerdings von Theologen als »lukanische Konstruktion« hingestellt (so von Jürgen Becker, Der Brief an die Galater, in: Das Neue Testament Deutsch, Verlag Vandenhoeck & Ruprecht, Göttingen 1985,

Band 8, S. 24), da sich die Aussagen von Lukas und von Paulus unmöglich vereinen liessen (so Jürgen Roloff, Die Apostelgeschichte, S. 226); aber das ist völlig unhaltbar, denn es fehlt nicht an Zeugnissen, die belegen, dass die Übereinkunft beim Aposteltreffen tatsächlich in Geltung war (Off. 2, 14 und 20; bezüglich Unzucht siehe 1. Kor. 6, 12–20). Auch billigte Paulus nie das Essen von Götzenopferfleisch, auch wenn er betonte, für einen Christen gebe es keine Götzen – das heisst: dürfe es keine geben –; denn unmissverständlich gebot er: »Darum, meine Geliebten, fliehet vor den Götzen!« (1. Kor. 10, 14.)

Die Einigung über die strittigen Speisevorschriften lautete offensichtlich so: Der Genuss von Blut und von Fleisch voller Blut blieb (gemäss 3. Mose 19, 26) auch weiterhin verboten; er war sicherlich auch Paulus selber ein Greuel. Dass Lukas die getroffene Vereinbarung in Wendungen wiedergab, die dem Mosaischen Gesetz näher standen als dem, was Paulus zugestanden hatte, erklärt sich daraus, dass Lukas sich eben noch stärker an das Mosaische Gesetz gebunden fühlte als Paulus. Keiner hat eben die Trennung vom Gesetz gedanklich so durchdrungen und vermochte sie so unbedingt zu vollziehen wie Paulus. Im übrigen sei noch vermerkt, dass im ganzen Orient bis heute das 'Schächten' üblich ist, das heisst, auch die Muslime schlachten Vieh durch Kehlschnitt.

29 Vgl. die revidierte Fassung der Übersetzung von Martin Luther (1964), abgedruckt in: Altes Testament hebräisch-deutsch, Württembergische Bibelanstalt, Stuttgart 1974, S. 82. Vgl. ferner 5. Mose 6, 4: »Höre, Israel, Jahwe, unser 'Gott', ist ein Jahwe« ('ist der, welcher sich als der Herr erweisen wird') in Verbindung mit der Wendung: »Sie werden erkennen, dass ich Jahwe bin« bei Ez. 6, 14; 7, 27; 37, 14.

30 Dem widerspricht nicht, dass schon die Propheten vom »Gesalbten Gottes« sprachen (2. Sam. 23, 1), meist allerdings nur vom »Gesalbten«, womit sie ja tatsächlich den Namen 'Christus' ['Gesalbter'] verkündeten. Dem widerspricht auch nicht, dass das israelitische Volk die Namen der vier höchsten Engel des Himmels kannte ('Kriegsrolle' der Funde von Qumran, IX 14–16). Alles dies belegt vielmehr, dass Jahwe/Christus – »der einzige von seinem Vater« (Joh. 1, 14) – sich hinter der herausgehobenen Benennung

'Gesalbter' und hinter dem hebräischen Namen 'Sariel' verbarg (Robert Sträuli, Salomo – die Königsquelle, S. 128–130).

31 Bibel-Lexikon, hrsg. von Herbert Haag, Benziger Verlag, Einsiedeln 1968, Sp. 797.

32 Meyers Enzyklopädisches Lexikon, Band 14, 1980, S. 525.

33 Franz Eckstein, Abriss der griechischen Philosophie, Hirschgraben-Verlag, Frankfurt a.M. 1955, S. 118; Gregor von Nyssa, Gespräch mit Makrina, 2, 3; siehe dazu Robert Sträuli, Origenes – der Diamantene, S. 250.

34 Franz Eckstein, Abriss der griechischen Philosophie, S. 114.

35 Ebenda, S. 115.

36 Jacob Burckhardt, Gesammelte Werke, Band V, S. 231–233.

37 Winfried Elliger, Paulus in Griechenland, Verlag Katholisches Bibelwerk, Stuttgart 1978, S. 178.

38 Gemeint sind wohl im besonderen Hesiod und Homer. Die angeführten Worte beziehen sich auf die Abstammung aller Menschen von Zeus, dem »Vater der Götter und Menschen« bei den Griechen (Hesiod, Theogonie 47).

39 Strabon, VIII 6, 20.

40 Siehe dazu Robert Sträuli, Salomo – die Königsquelle, S. 47 und 326.

41 Karl Hermann Schelkle, Paulus, Wissenschaftliche Buchgesellschaft, Darmstadt 1981, S. 90.

42 Wenn ich »seinesgleichen« sage, so deshalb, weil Paulus mit »wir« spricht (1. Thess. 4, 15). Allerdings bin ich der Auffassung, dass Paulus aus hochsinniger Selbstbescheidung heraus »wir« schrieb; denn diese Verheissung Christi galt meines Erachtens dem Gottesstreiter Paulus. Diesen Sinn lassen im besonderen die folgenden Worte erkennen: »unter einem Befehlsruf, unter der Stimme eines Erzengels und unter [dem Schall] der Posaunen« (1. Thess. 4, 16).

43 Das heisst derjenigen 'Toten' (Gefallenen), die sich in der Hölle Christus anschlossen.

44 Robert Sträuli, Salomo – die Königsquelle, S. 52 und 69f.

45 Da Paulus nach einem siebentägigen Aufenthalt (Apg. 20, 6) von Troas an einem Montag aufbrach (Apg. 20, 11), muss er dort am Dienstag der vorhergehenden Woche eingetroffen sein. Da die

Reise von Philippi nach Troas fünf Tage gedauert hatte, muss Paulus am vorangegangenen Freitag von Philippi abgereist sein. Dieser Freitag folgte unmittelbar auf das Ende des Festes der ungesäuerten Brote (Apg. 20, 6). Das Fest begann am Rüsttag des Passafestes, also am 14. Nisan, und endete demnach am 20. Nisan. So muss der Aufbruch des Paulus von Philippi an einem 21. Nisan erfolgt sein.

46 Nach Robert Jewett (Dating Paul's Life, S. 101) traf Paulus im Jahre 57 in Jerusalem ein: dies geschah jedoch in Wirklichkeit erst im Jahr 59, in dem das Pfingstfest auf den 7. Juni fiel.

47 Wir halten das Wort »Tausende« nach »viele« (Apg. 21, 20) für einen späteren Einschub.

48 Vgl. Flavius Josephus, Jüdische Altertümer, XX 8, 5; Der Jüdische Krieg, II 13, 3–5. In dem auf uns gekommenen Text spricht Josephus allerdings von 30000 Anhängern des Ägypters; allein, der griechische Zahlenbuchstabe für 4000 ähnelt dem für 30000, so dass es sich um einen später begangenen Abschreibefehler handeln dürfte.

49 Unseres Erachtens muss Apg. 22, 9 gelesen werden: »doch die Stimme dessen, der zu mir redete, verstanden sie nicht« – nicht: »hörten sie nicht«; denn gemäss Apg. 9, 7 hatten die Begleiter des Saulus die Stimme gehört, den Sprecher jedoch nicht erblickt. Dies besagt aber nicht, sie hätten *kein Licht* gesehen.

50 Ananias war Hoherpriester von etwa 47 bis 59. »Er war infolge seines Reichtums auch noch nach seiner Absetzung ein Mann von grossem Einfluss, zugleich aber auch wegen seiner Habgier berüchtigt«, schreibt Emil Schürer (Geschichte des jüdischen Volkes im Zeitalter Jesu Christi, Band 2, 1907, S. 272). Schürer stützt sich dabei auf Flavius Josephus (Jüdische Altertümer, XX 9, 2–4).

51 Vgl. Emil Schürer, Geschichte des jüdischen Volkes im Zeitalter Jesu Christi, Band 2, S. 277.

52 Ebenda, S. 276.

53 Tacitus, Annales, XVI 65; Dio Cassius, Römische Geschichte, 62, 14, 3.

54 Tacitus, Historiae, V 9.

55 Flavius Josephus, Jüdische Altertümer, XX 8, 5.

56 Ebenda, XX 7, 2.
57 Robert Jewett, Dating Paul's Life, S. 41.
58 1. bis 2. Tag: Ankunft (Apg. 21, 17) und Besuch der Jerusalemer Gemeinde (Apg. 21, 18); 3. bis 9. Tag: Dauer der sogenannten Reinigung (Apg. 21, 27); 10. bis 11. Tag: Haft in der Burg Antonia (Apg. 22, 30; 23, 13); 12. Tag: Überführung nach Caesarea (Apg. 23, 32); 13. bis 17. Tag: Nach fünf Tagen erscheinen Ananias, Tertullus und weitere in Caesarea (Apg. 24, 1). Die Verhandlung dürfte daher um den 18. Juni 59 stattgefunden haben.
59 Staatsfeindliche Unruhestiftung (*seditio*) galt als Antastung der kaiserlichen Majestät (*crimen laesae maiestatis*), und darauf stand die Todesstrafe (vgl. Apg. 25, 11).
60 Flavius Josephus, Der Jüdische Krieg, II 14, 7.
61 Flavius Josephus, Jüdische Altertümer, XX 7, 2.
62 Ebenda, XX 8, 5, in Verbindung mit: The Jewish People in the First Century, hrsg. von S. Safrai und M. Stern, Verlag Van Gorcum, Assen 1974, S. 319.
63 Ebenda, XVIII 6, 1.
64 Ebenda, XX 7, 3.
65 Ebenda, XX 7, 2.
66 Jürgen Roloff, Die Apostelgeschichte, S. 348.
67 Biblisch-historisches Handwörterbuch, Band I, Sp. 616, in Verbindung mit Karte von Kreta (1 : 200000, Nelles Verlag, München, ISBN 3-88618-601-6).
68 Dies erkannte Heinz Warnecke (Die tatsächliche Romfahrt des Apostels Paulus, Verlag Katholisches Bibelwerk, Stuttgart 1989, S. 19–32). Die Angabe in Apg. 27, 12, die von Phönix als einem Hafen *'von'* Kreta spricht, wurde bisher irrig übersetzt. Phönix war vielmehr ein Hafen *'für'* Kreta, d.h. ein Hafen für den Seeverkehr von und nach Kreta.
69 Die Brandung war im Sturm wohl kaum zu hören, doch ist der veränderte Wellengang infolge stark verminderter Wassertiefe – wegen Erreichens der Grenztiefe (h_k) – auch bei tosendem Sturm von erfahrenen Seeleuten wahrnehmbar.
70 In seinem schon in Anmerkung 68 erwähnten Buch (Die tatsächliche Romfahrt des Apostels Paulus, Kapitel II). Dass Paulus nicht auf Malta gestrandet sein konnte, hätte die Fachwelt schon daran

merken müssen, dass Lukas (Apg. 27, 27) berichtet, sie seien im Adriatischen Meer umhergetrieben worden, was zu Malta nicht passt. Die Beweisführung von Heinz Warnecke ist umfassend und inzwischen auch weithin anerkannt.

71 Heinz Warnecke, Die tatsächliche Romfahrt des Apostels Paulus, S. 113f.

72 Ebenda, S. 108f. Das griechische Wort *echidna* (Giftschlange) bezeichnete damals die Sandviper (*Vipera ammodytes*). Sie ist auf Kephallenia ausgesprochen häufig anzutreffen und wird von den Kephallenen heute noch gefürchtet. Es könnte sich auch um die für den Menschen ungefährliche Europäische Katzennatter (*Tarbophis fallax*) gehandelt haben, die der Sandviper täuschend ähnlich sieht (ebenda, S. 153f.). Auf Malta gibt es, beiläufig bemerkt, keine giftigen Schlangen.

73 Ebenda, S. 123–127.

74 Ebenda, S. 130–133. Noch im vorigen Jahrhundert war Kephallenia wegen Malariagefahr berüchtigt.

75 Ebenda, S. 136.

76 Ebenda, S. 106f.

77 So verdeutlichen einige Handschriften des sogenannten 'westlichen' Textes.

78 Euseb, Kirchengeschichte, III 24, 4.

79 Man beachte den inneren Widerspruch in 2. Tim. 3, 1: Warum sollte dieser Brief dem Timotheus mitteilen, »dass in den letzten Tagen schlimme Zeiten eintreten werden«, wo Paulus doch offensichtlich sagen wollte, dass diese schlimmen Zeiten für ihn *jetzt* eingetreten waren? Eine ähnliche Ungereimtheit begegnet uns im zweiten Thessalonicherbrief (2, 2), wo der nicht eingetretene Weltuntergang dahin korrigiert wird, »als ob der Tag des Herrn unmittelbar bevorstünde«. Beide Ungereimtheiten gehen offenkundig auf spätere Abschreiber zurück.

80 E.J. Bickerman, Chronology of the Ancient World, Cornell University Press, Ithaca (N.Y.), 1968, S. 236.

V Der Künder göttlichen Wissens

1 Meyers Enzyklopädisches Lexikon, Band 23, 1979, S. 406.

2 Karl Hermann Schelkle, Paulus, S. 153.

3 Robert Sträuli, Origenes – der Diamantene, S. 159–162.
4 Adolf Harnack, Lehrbuch der Dogmengeschichte, Band II, S. 373.
5 Rudolf Bultmann, Neues Testament und Mythologie, Verlag Chr. Kaiser, München 1985, S. 12.
6 Das bekannteste Beispiel dafür ist in Vers 7 im 5. Kapitel des ersten Johannes-Briefs – das sogenannte *Comma Johanneum* –, wobei die Fälscher den Satz hinzufügten: »Und drei sind im Himmel, die Zeugnis geben: der Vater, das Wort und der heilige Geist, und diese drei sind eins.« Diese ins 4. Jahrhundert zurückgehende Fälschung hatte bereits Erasmus von Rotterdam (um 1467–1536) aufgedeckt.

Ein weiteres Beispiel ist die Tilgung der Bezeichnung »der Auserwählte [griechisch: *ho eklektós*] Gottes« für Christus, z.B. bei Joh. 1, 34; denn dieser Begriff wies deutlich darauf hin, dass Christus einst von Gott auserwählt wurde, er also nicht urewig oder anfanglos war, wie dies die spätere Kirche lehrte. Der Begriff »der Auserwählte Gottes« wurde so umfassend verdrängt, dass sich bereits im 5. Jahrhundert nur noch spärliche Spuren davon finden (Adolf Harnack, Zur Textkritik und Christologie der Schriften des Johannes, in: Berliner Sitzungsberichte 34, Verlag der Königlichen Akademie der Wissenschaften, Berlin 1915, 2. Halbband, S. 553). Dagegen ist beispielsweise die Übersetzung von Joh. 1, 2: »... und das Wort war Gott« eine grammatisch eindeutig falsche Wiedergabe des auf uns gekommenen griechischen Textes. Durch diese falsche Übersetzung wird der irrige Eindruck erweckt, das »Wort« – also Christus – sei mit Gott identisch. Diese falsche Übersetzung geschah allein dem Dreifaltigkeitsdogma zuliebe. In Wahrheit erklärt Johannes klar und deutlich: »das Wort [Christus] war *bei* Gott« (Joh. 1, 1), wodurch Christus eindeutig von Gott unterschieden wird. Betont wird diese Unterscheidung von Johannes dadurch, dass er in Vers 1 diese Aussage wiederholt; denn dessen grammatisch einwandfreie Übersetzung lautet: »... und das Wort [Christus] war ein Gott.« Weil hier bei dem griechischen Wort *theós* das bestimmte Geschlechtswort *ho* fehlt, muss es wörtlich mit »ein Gott« übersetzt werden. Diese von Johannes verwendete Ausdrucksweise, mit der er den Sohn Gottes als einen Gott bezeichnet, erklärt sich aus dem damaligen hellenistischen

Denken. Gemeint ist damit auf jeden Fall ein hohes himmlisches Wesen. Johannes will also sagen: Christus – hier von ihm als 'das Wort' umschrieben – ist das nach Gott höchste Wesen, das schon im Anfang bei Gott wohnte.

7 Kurt und Barbara Aland, Der Text des Neuen Testamentes, Deutsche Bibelgesellschaft, Stuttgart 1982, S. 109.

8 Origenes-Zitat bei Euseb von Caesarea, Kirchengeschichte, VI 25, 13 und 14.

9 Hans Conzelmann, Die Briefe an Epheser und Kolosser, in: Das Neue Testament Deutsch, Band 8, S. 86f., 97 und 176f.

10 Karl Hermann Schelkle, Paulus, S. 138. Für Andreas Lindemann (Paulus im ältesten Christentum, Verlag J.C.B. Mohr, Tübingen 1979, S. 398) stehen die Dinge bereits so auf dem Kopf, dass er schreiben kann: »Erstaunlich ist im Grunde nicht, dass die paulinische Theologie in den deuteropaulinischen Briefen [die also angeblich nicht von Paulus stammen] nicht voll rezipiert ist; erstaunlich ist im Gegenteil, in wie relativ grossem Umfang sich die Vf [Verfasser] des Kol [Kolosserbriefes] und des Eph [Epheserbriefes] an Paulus orientiert haben. Dieser Vorgang ist in der ältesten Theologiegeschichte ohne Parallele.«

11 Vgl. Alfred Adam, Lehrbuch der Dogmengeschichte, Gütersloher Verlagshaus Gerd Mohn, Gütersloh 1981, Band I, S. 188.

12 Ludwig Ott, Grundriss der katholischen Dogmatik, Verlag Herder, Freiburg i.Br. 1978, S. 578f.

13 Adolf Harnack, Lehrbuch der Dogmengeschichte, Band I, S. 71f., Anmerkung 2.

14 Vgl. Jud. 9; Off. 12, 7.

15 Vgl. Robert Sträuli, Origenes – der Diamantene, S. 280, und Salomo – die Königsquelle, S. 227. Paulus nannte an dieser Stelle die Namen der beiden Erzengel nicht, sondern stellte diese nur verschlüsselt, aber in höchst lebendigen Bildern vor. Er handelte dabei nach seinen eigenen Worten (1. Kor. 2, 7): »Wir reden Gottes Weisheit in einem Geheimnis, die verborgene [Weisheit], die Gott von Ewigkeit her zu unsrer [zukünftigen] Herrlichkeit vorherbestimmt hat.« Durch dieses »Geheimnis« an tief beeindruckender Stelle sorgte Paulus vor, dass falsche Propheten nicht so leicht auf den Gedanken verfallen konnten, unter den Namen dieser Höch-

sten des Himmels aufzutreten, um dadurch die Aufmerksamkeit der Menschen auf sich zu lenken; sie sollten – so wollte es Paulus – nicht mit diesen hohen Namen und mit den gewaltigen Leistungen ihrer Träger ihr eigenes Teufelswerk tarnen und verbrämen können. Ein Beispiel solchen Teufelswerks lernten wir bereits im Falle des Barjesus auf Zypern kennen; ein weiteres Beispiel liefert der Sohn des Ananus von Jerusalem, über den Flavius Josephus berichtet und der uns noch begegnen wird. Solche falsche Propheten, die sich lügenhaft hohe Namen und die Leistungen ihrer Träger zu eigen machen, treten bis zum heutigen Tag immer wieder auf, und immer wieder gelingt es ihnen, ihre Zuhörer zu betören und zu fesseln.

16 Gerhard Friedrich, Der erste Brief an die Thessalonicher, in: Das Neue Testament Deutsch, Band 8, S. 242.

17 Karl Barth, Der Römerbrief, Theologischer Verlag Zürich, Zürich 1922, S. 210.

18 Ebenda, S. 125.

19 Karl Hermann Schelkle, Paulus, S. 138.

20 Siehe auch Rufinus von Aquileja, Kommentar zum Apostolischen Glaubensbekenntnis, 25f.

21 Rudolf Bultmann schreibt in »Neues Testament und Mythologie«, S. 58: »Kann die Rede von der Auferstehung Christi etwas anderes sein als der Ausdruck der Bedeutsamkeit des Kreuzes? Besagt sie etwas anderes als eben dieses, dass der Kreuzestod Jesu nicht als ein menschliches Sterben ins Auge gefasst werden soll, sondern als das befreiende Gericht Gottes über die Welt, das Gericht Gottes, das als solches den Tod entmächtigt?« Bultmann folgt Paulus also insofern, als er die Erlösung als das befreiende Gericht über die Welt betrachtet, das den Tod entmächtigt. Allerdings fasst er dabei den 'Tod' nur im allgemein-menschlichen Sinne auf, nicht zugleich auch als die Bezeichnung des Widersachers Christi, wie Paulus dies tat. Dass der Kreuzestod selbst das Gericht bedeute, ist evangelisch-protestantische Lehrmeinung; diese steht jedoch eindeutig in Widerspruch zu Eph. 4, 6–9. Diese Aussagen des Paulus entziehen sich freilich der 'Entmythologisierung'.

22 Karl Hermann Schelkle, Paulus, S. 138. Eduard Lohse (Die Ent-

stehung des Neuen Testaments, Verlag W. Kohlhammer, Stuttgart 1983, S. 59) bemerkt: »Theologie und Gedankenführung des Eph. weisen deutlich auf nachpaulinische Entstehung des Schreibens hin.« Zum Kolosserbrief äussert sich der führende Theologe (S. 57): »Da der Eph. den Kol. bereits voraussetzt, wird die Abfassungszeit nicht zu spät – d.h. etwa 80 n.Chr. – anzusetzen sein.« Den Epheserbrief verlegt er auf das Ende des 1. Jahrhunderts (S. 60). Paulus starb aber im Jahr 64.

23 Walther Schmithals, Die Briefe des Paulus in ihrer ursprünglichen Form, Theologischer Verlag Zürich, Zürich 1984, S. 9.

24 Zum Beispiel Adolf Schlatter, Paulus und das Griechentum, in: Das Paulusbild in der neueren deutschen Forschung, hrsg. von Karl Heinrich Rengstorf, Wissenschaftliche Buchgesellschaft, Darmstadt 1964, S. 103.

25 Zürcher Bibel, Neues Testament, S. 216, Anmerkung 1.

26 Adolf Harnack, Lehrbuch der Dogmengeschichte, Band I, S. 105f.

27 Vgl. Flavius Josephus, Der Jüdische Krieg, VI 5, 3.

28 Ebenda.

29 Nirgendwo gilt es, das Leitwort »Zurück zu den Quellen!« strikter zu befolgen als bei theologischen Aussagen, wenn einem daran liegt, sich eine verlässliche Meinung über deren Wahrheitsgehalt zu bilden.

30 Adolf Harnack, Lehrbuch der Dogmengeschichte, Band I, S. 105.

31 Adolf Harnack, Die Mission und Ausbreitung des Christentums in den ersten drei Jahrhunderten, Band 1, S. 281.

32 Origenes, princ. I 2, 2.

33 Im Jahre 54 oder 53 v.Chr. sagte M. Tullius Cicero auf dem Forum Romanum, als er den Statthalter G. Rabirius Postumus verteidigte, der angeblich römische Bürger hatte kreuzigen lassen: »Wäre dies wahr, so wäre der Angeklagte nicht zu verteidigen; denn was Kreuz heisst, muss nicht nur dem Leib römischer Bürger ferne sein, sondern auch schon ihren Gedanken, ihrem Auge, ihrem Ohr.« (Pro G. Rabirio 16.) Hieraus erhellt, als welche Schmach auch den Römern die Kreuzigung galt.

34 Zum Beispiel Uta Ranke-Heinemann, Eunuchen für das Him-

melreich, Katholische Kirche und Sexualität, Verlag Hoffmann und Campe, Hamburg 1988.

35 Paul Althaus, Der Brief an die Römer, Verlag Vandenhoeck & Ruprecht, Göttingen 1978, S. 20; Adolf Harnack, Lehrbuch der Dogmengeschichte, Band I, S. 677f.

36 Zürcher Bibel, Anhang zum Neuen Testament, Anmerkung 30 auf Seite 24.

37 Das Hebräische kennt kein Futurum, sondern nur Imperfekt und Perfekt, die als gegensätzliche und weiter gefasste Begriffe als in der lateinischen und griechischen Grammatik verstanden werden. »Das hebräische (semitische) Perfekt bezeichnet im allgemeinen das Abgeschlossene, Vollendete und Vergangene, das Geschehensein und das Gewordene, zugleich aber auch das als vollzogen Vorgestellte, sollte es auch in die Gegenwart hineinreichen oder gar in Wirklichkeit noch zukünftig sein.« (Wilhelm Gesenius, Hebräische Grammatik, umgearbeitet von E. Kautzsch, Georg Olms, Hildesheim 1985, S. 132, Anmerkung 1.) Gerade prophetische, künftige Aussagen werden daher im Semitischen mit Vorliebe im Perfekt wiedergegeben, im *perfectum propheticum*.

38 Origenes, Contra Celsum, I 48.

39 Vgl. Origenes, princ. II 3, 3. Das Wort »wieder« fiel spätestens der Zensur zum Opfer, als die »Wiederbringung aller« (griechisch: *apokatástasis*) der von der katholischen Kirche als Glaubenslehre eingeführten »ewigen Verdammnis« weichen musste. Erkennt man jedoch, dass mit dem 'Tod' (wie etwa in 1. Kor. 15, 26) der Widersacher Christi, also Luzifer, gemeint ist – wie aus vielen Stellen des Alten Testaments, bei Paulus und den frühen Christen hervorgeht (z.B. Hiob 18, 13; Spr. 8, 36; Röm. 8, 2; 1. Kor. 15, 55; Off. 6, 8) –, ergibt sich die Einfügung des Wortes »wieder« aus innerer Notwendigkeit von selbst; nur so lässt sich der einstige Ungehorsam gegen Gott als die *Ursünde*, als Abfall von Gott verstehen.

40 Die Stelle in Mat. 28, 2: »Es geschah ein *grosses* Erdbeben« meint, in diesem Licht besehen, kein örtlich starkes Beben, das Gebäude zum Einsturz brachte, sondern ein *grossflächiges*. Daher und weil sich in diesem Gebiet häufig Erdbeben ereignen (im Schnitt annähernd ein Beben in vier Jahren mit Stärken von durchschnittlich

5.0–6.5 Magnituden) verwundert es nicht, dass darüber keine Berichte auf uns gekommen sind.

41 Hans Hübner, Das Gesetz bei Paulus, Verlag Vandenhoeck & Ruprecht, Göttingen 1978, S. 9–15.

42 Justin, Apologien, II 9, 4.

43 Vgl. Gal. 1, 8 in Verbindung mit Adolf Harnack, Lehrbuch der Dogmengeschichte, Band I, S. 325.

44 Hans Hübner, Das Gesetz bei Paulus, S. 37.

45 Offenbar unter Berufung auf die Worte Jahwes durch Habakuk: »Siehe, der Ungerechte – seine Seele verschmachtet in ihm; der Gerechte aber wird kraft seiner Treue am Leben bleiben.« (Hab. 2, 4.) Als Juden (vgl. Gal. 2, 14) bezogen sie die Treue auf das mosaische Gesetz.

46 Hans Hübner, Das Gesetz bei Paulus, S. 39.

47 Hans Lietzmann, Geschichte der alten Kirche, Band III, S. 152. Lietzmann stellte fest, dass schon Konstantin für seine Morde an seinem Sohn Crispus und an seiner Ehefrau Fausta »mit der damals in der Kirche um sich greifenden Entschuldigung rechnen konnte«. Er führte dazu noch weiter aus: »Man braucht nicht bis zu Philipp, dem Spanier, oder Calvin zu gehen, um die bejahende Antwort … zu finden. Ein hochstrebender Geist … sieht Gut und Böse im Lichte seines Zieles und wird leicht von einer Dämonie erfasst.« Solcher Wahn wird mit hochtrabenden Worten verschleiert, wie man sie nur in der Theologie findet. Ein Beispiel: »Die Botschaft des Paulus von der Rechtfertigung der Gottlosen in Christus ist die Basis aller christlichen Theologie, denn sie ist die angemessene begriffliche Auslegung des Glaubenssatzes, dass Gott sich im Kreuz des Menschen Jesus offenbart hat… Sie [die Rechtfertigungslehre] enthält für alle Theologie den Auftrag, das Wort vom Kreuz in der jeweiligen geschichtlichen Situation sachgemäss auszusagen. Keine theologische Epoche aber darf behaupten, sie habe dieses Wort 'richtig' weitergesagt und habe das Recht, über andere Epochen ein endgültiges Urteil zu fällen.« (Andreas Lindemann, Paulus im ältesten Christentum, S. 403.)

48 Robert Sträuli, Origenes – der Diamantene, S. 385; Salomo – die Königsquelle, S. 39–41.

49 Vgl. Origenes, princ. I 8, 1.

50 Origenes, Gespräch mit Herakleides, 14.
51 Robert Sträuli, Origenes – der Diamantene, S. 85f.
52 Heinrich Weinel, Die Wirkung des Geistes und der Geister (im nachapostolischen Zeitalter bis auf Irenäus), Verlag J.C.B. Mohr, Freiburg i. Br. 1899, S. 65.
53 Ebenda, S. 66.
54 Vgl. ebenda, S. 64f.
55 Platon, Nomoi, 716 c.
56 Der verfälschende Zusatz »in den himmlischen Regionen« geht auf einen späteren Schreiber zurück, der kein Wissen davon besass, dass ein Teil der Engel, von Luzifer verführt, in Ungehorsam fielen und aus den Himmeln verstossen wurden. (Siehe Papyrus P46 aus der Zeit um 200 n.Chr., der die fragwürdige Stelle noch nicht kennt. Nachzulesen bei: Nestle-Aland, Novum Testamentum Graece, Deutsche Bibelgesellschaft, Stuttgart 1988, S. 514; Kurt und Barbara Aland, Der Text des Neuen Testamentes, S. 109.)
57 Heinrich Weinel, Die Wirkung des Geistes und der Geister, S. 67.
58 Hans Lietzmann, Geschichte der alten Kirche, Band II, S. 49.
59 1. Kor. 7, 1 steht keineswegs im Widerspruch zu dem Rat, »kein Weib zu berühren«, wenn man es nicht heiraten will. Paulus empfahl, eine Ehe einzugehen, statt »sich in Begierde zu verzehren« (1. Kor. 7, 9). Paulus widersprach damit offensichtlich der Auffassung, die in Korinth herrschte, ehelos zu leben bedeute noch lange nicht, frauenlos leben zu müssen. Zwar führte Paulus selbst keine Ehe, aber er tat es nur aus dem Grund, weil er seit seinem Jünglingsalter wegen seines unerschrockenen Eintretens für Jesus als den Christus verfolgt wurde. Darum konnte er freilich sagen: »Ich wünschte allerdings, alle Menschen wären [aus dem gleichen Grund ehelos] wie ich.« (1. Kor. 7, 7.)
60 Heinrich Weinel, Die Wirkung des Geistes und der Geister, S. 66.
61 Vgl. ebenda, S. 67.
62 Irenäus, Gegen die Häresien, II 31, 2.
63 Heinrich Weinel, Die Wirkung des Geistes und der Geister, S. 115f.
64 Irenäus, Gegen die Häresien, II 31, 2.

65 Heinrich Weinel, Die Wirkung des Geistes und der Geister, S. 73. Zu beachten ist dabei, dass die mit Glossolalie zusammenhängenden griechischen Ausdrücke keine Neuschöpfungen des Neuen Testaments sind; vielmehr waren sie im Griechischen längst geläufig, und zwar nicht nur für ein Zungenreden in einer für die betreffenden Menschen fremden Sprache (vgl. Walter Bauer, Griechisch-deutsches Wörterbuch zum Neuen Testament, Sp. 324).

66 Vgl. auch Biblisch-historisches Handwörterbuch, Band III, Sp. 2249f.

67 Ebenda, Band III, Sp. 2250.

68 Ebenda. 1. Kor. 7, 5–10 ist unseres Erachtens keineswegs frauenfeindlich, sondern will durch eine oder mehrere Frauen in der Gemeinde von Korinth eine Ehrfurcht vor Gott aufweisen. Die Gemeinde war, so deutet Paulus an, innerlich verunreinigt worden, was er auf den Einfluss eines Dämons zurückführte (vgl. 1. Kor. 1, 10).

69 Origenes, Contra Celsum, VII 10.

70 Vgl. Heinrich Weinel, Die Wirkung des Geistes und der Geister, S. 82.

71 Vgl. Kyrillos von Jerusalem, Katechesen, II 1–3.

72 Vgl. Heinrich Weinel, Die Wirkung des Geistes und der Geister, S. 72f.

73 Die Lesart: »Niemand kann sagen: "Herr ist Jesus!", ausser im heiligen Geist« (1. Kor. 12, 3) erscheint auf Grund von 1. Kor. 12, 10, wonach die Unterscheidung der Geister eine Geistbegabung voraussetzt, als eine ganz tückische Textverderbnis. Der richtige Wortlaut war offensichtlich: »Niemand soll sagen: "Herr ist Jesus!", ausser in einem *heiligen* Geist.«

74 Meyers Enzyklopädisches Lexikon, Band 12, 1980, S. 626.

75 Duden, Band 5: Fremdwörterbuch, Bibliographisches Institut, Mannheim 1990, S. 351.

76 Heinrich Weinel, Die Wirkung des Geistes und der Geister, S. 31f.

77 In der kirchlich-evangelischen theologischen Literatur werden freilich Ströme von Tinte vergossen, um genau das Gegenteil darzutun. Dem Lukas wird ganz übel mitgespielt, indem man behauptet, »dass der Verfasser der Apg. von den spezifischen Zügen

paulinischer Theologie so gut wie nichts aufgenommen habe« (Jürgen Roloff, Die Apostelgeschichte, S. 3).

78 Heinrich Weinel, Die Wirkung des Geistes und der Geister, S. 164.

79 Übersetzung nach Franz Eugen Schlachter (Schlachter-Bibel).

80 Vgl. Luk. 13, 16 in Verbindung mit Anmerkung 48 im Anhang zum Neuen Testament der Zürcher Bibel.

VI Schlusswort

1 Ganz fadenscheinig sind auch die Einwände, auf die wir bisher nicht eingegangen sind und wobei behauptet wird, ein Mitarbeiter des Paulus hätte diesen gewiss als Apostel bezeichnet, ihm also diesen wichtigen Titel nicht vorenthalten – was wahrheitswidrig ist (vgl. Apg. 14, 4 und 14) –, und man meint folgern zu dürfen, Lukas sei nicht der Verfasser der Apostelgeschichte. Man könne sich geradezu fragen, schreibt Andreas Lindemann (Paulus im ältesten Christentum, S. 49f.), »ob dieses offensichtliche Ignorieren des historischen Paulus nicht möglicherweise sogar bedeutet, dass der Verfasser der Apostelgeschichte den Apostel in der Kirche nicht nur nicht propagieren, sondern im Gegenteil ausdrücklich herabsetzen wollte«.

In Tat und Wahrheit trägt das Werk des Lukas den griechischen Titel *Praxeis Apostólon*, also »Die Taten der Apostel«, und mehr als die Hälfte desselben ist allein den Taten des Apostels Paulus gewidmet, wobei ihm Lukas grösste Hochachtung zollt. Freilich, Lukas konnte ja nicht mit dem Bild vertraut sein, das sich die kirchlich-evangelisch geprägten Theologen von Paulus machen, seitdem sie ihn fast zu *ihrem Religionsstifter* erhoben haben. Dieses Bild hat allerdings mit dem Paulus, wie er leibte und lebte, und mit dem, was er lehrte, nicht mehr viel gemein; das haben wir ausführlich erörtert. Weil sich zudem bei der Kommentierung eines lehrbuchhaft angelegten Werks wie der Apostelgeschichte *eigene* Meinungen weniger leicht unterbringen lassen als im Falle der Briefe des Paulus – diese befassen sich mit einer Vielzahl von Einzelheiten, deren innerer Zusammenhang nicht ohne weiteres ersichtlich ist, so dass man leicht darüber hinwegtäuschen kann –, untergrub man die Glaubwürdigkeit der Apostelgeschichte und verleumdete man ihren Verfasser Lukas. Bei der Kommentierung der Briefe des Paulus war es also viel leichter, eigenkirchliche Vorstellungen zur Geltung zu bringen als beim 'Sachbuch' Apostelgeschichte. Freilich verschleiern die Theologen, die sich ihrer Kirche zuliebe den erwähnten Sachverhalt zunutze machen, ihr Vorgehen mit ihrem Schwall gelehrter Fremdwörter und ihrer in Anmerkung 47 des vorigen Kapitels bereits erwähnten Spiegelfechterei über Gut und Böse.

2 Origenes, Contra Celsum, I 48 und II 17.

3 Vgl. Robert Sträuli, Salomo – die Königsquelle, S. 86f.

4 Étienne Trocmé, Le »livre des Actes« et l'histoire, Presses Universitaires de France, Paris 1957, S. 53f.

5 Übersetzt in Anlehnung an Hermann von Lips, in: Zeitschrift für die neutestamentliche Wissenschaft 79, Walter de Gruyter Verlag, Berlin 1988, S. 165–186.

Bildernachweis

Foto-Archiv ABZ Verlag, Zürich / Fotos Heinz Blum: S. 36, 46, 64, 82, 136, 139f., 145, 149 oben, 153, 190 oben, 194, 197 / Foto Edi Stauffer: S. 109 / Fotos Robert Sträuli: S. 27, 49, 95, 107f., 186 / Fotos Heinz Würgler: Umschlagbild, S. 21, 104, 106, 111f., 121, 123f., 134, 149 unten, 157f., 166, 169, 185, 188, 190 unten, 192, 281; Chester Beatty Library, Dublin: S. 207f.; École Française d'Archéologie, Athen: S. 56; Herrad Hinz, Göttingen: S. 221; Israel Museum, Jerusalem: S. 73.

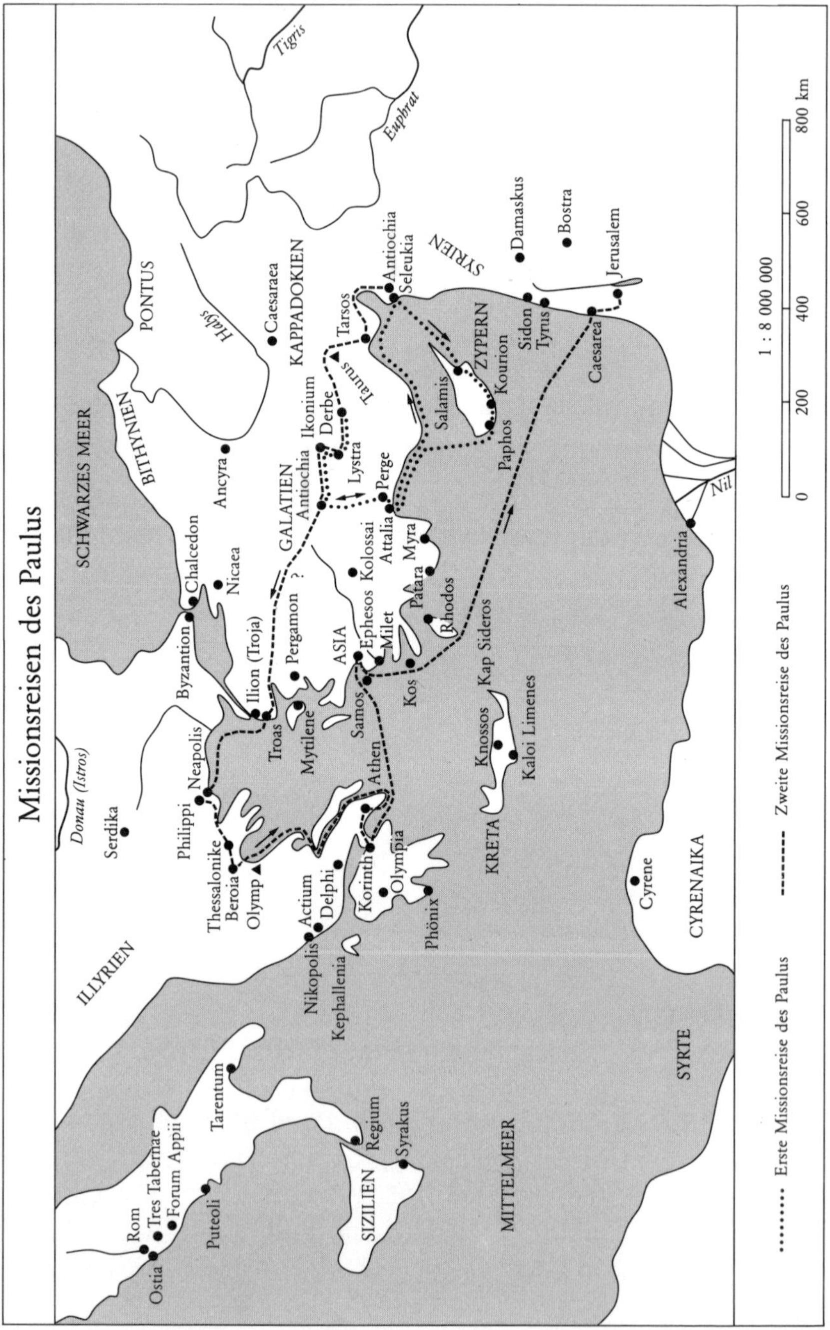

Karte von Heinz Blum

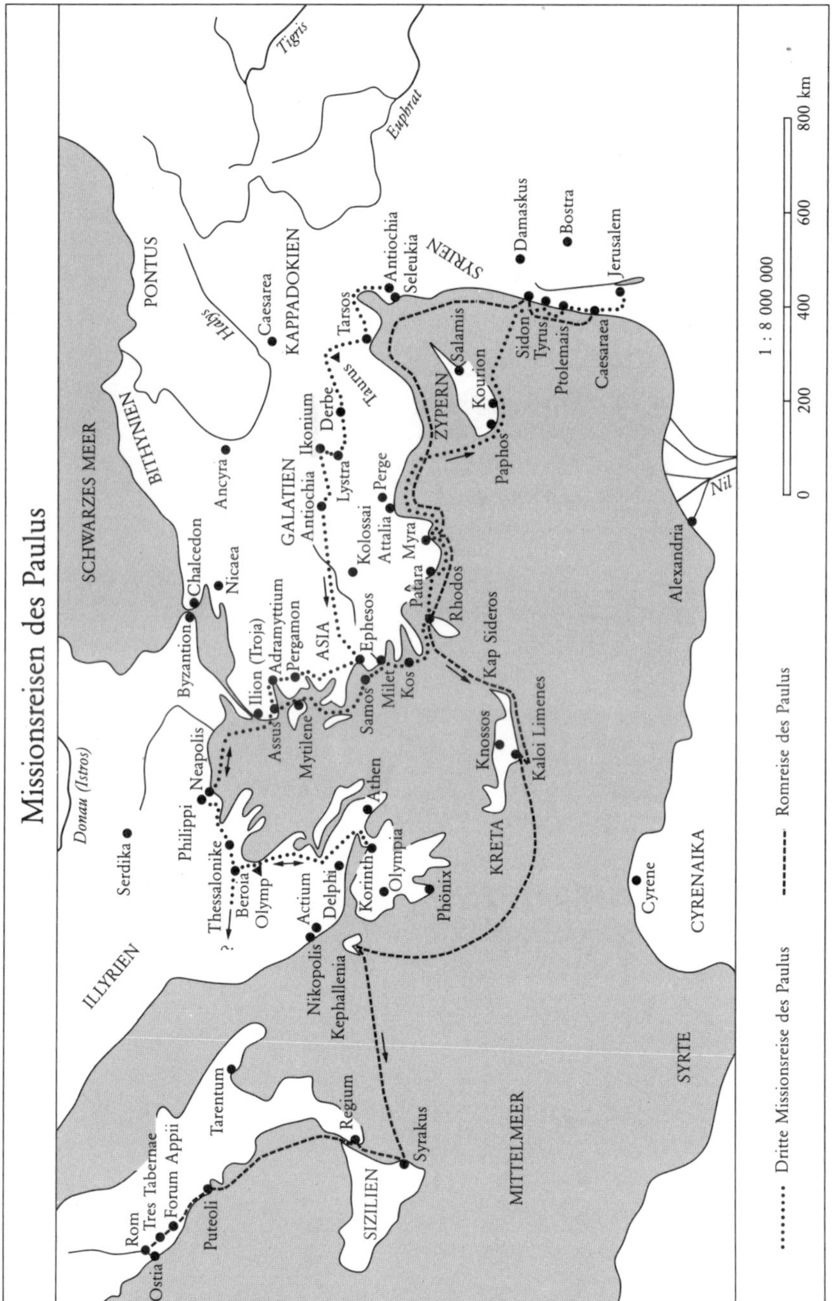

Karte von Heinz Blum

Palästina zur Zeit des Paulus

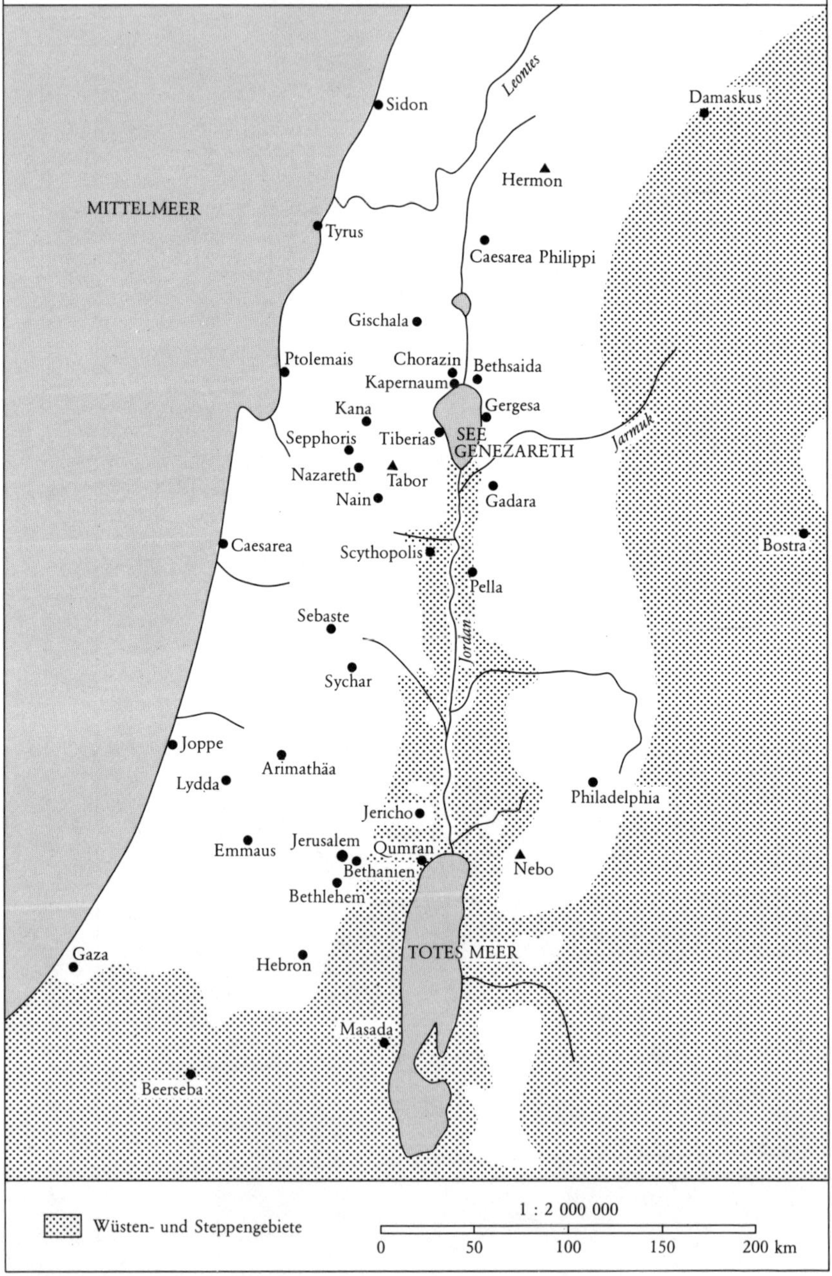

Karte von Heinz Blum

Zeittafel

1244–1204 v.Chr.	Die Israeliten befinden sich mit Mose in der Wüste.
um 1020	König Saul herrscht über die Israeliten.
965	Nach König David übernimmt König Salomo die Herrschaft über Israel.
947	Einweihung des Tempels in Jerusalem.
10. Jh.	Tarsos in Kilikien, die spätere Heimatstadt des Paulus, steht in Handelsbeziehung mit dem Königreich Salomos.
926	Sterbejahr König Salomos.
732–722	Assyrerkönige Tiglath-Pileser III. und Salmanassar V. erobern das nördliche Israel.
720	Sargon II. verschleppt Israeliten nach Assyrien in die Verbannung.
um 700	Griechischer Dichter und religiöser Denker Hesiod.
nach 694	Der Prophet Jesaja wird durch Judas König Manasse und die Priester des Jerusalemer Tempels zersägt.
605–562	Regierungszeit des babylonischen Königs Nebukadnezar II.
597	Eroberung Jerusalems durch die Babylonier.
587	Abermalige Eroberung Jerusalems durch den Babylonierkönig Nebukadnezar II.; Zerstörung von Stadt und Tempel; Babylonische Gefangenschaft der jüdischen Bevölkerung, wobei auch der Prophet Ezechiel nach Babylonien verschleppt wird.
6. Jh.	Pythagoras bringt seine Philosophie von den Juden zu den Griechen.
560–546	Lyderkönig Krösus (griechisch: Kroisos) herrscht über Kleinasien.

559–530 v.Chr.	Regierungszeit des Perserkönigs Kyrus.
538	Kyrus erlaubt den Juden, von Mesopotamien nach Palästina heimzukehren.
522–486	Regierungszeit des persischen Grosskönigs Darius I.
515	Wiedereinweihung des Tempels in Jerusalem.
486–464	Regierungszeit des persischen Grosskönigs Xerxes.
427–347	Platon.
352	Unterwerfung und Befriedung Thessaliens durch König Philipp II. von Mazedonien.
333	Eroberung von Tarsos, der späteren Heimatstadt des Paulus, durch Alexander den Grossen.
316/315	Gründung der Stadt Thessalonike durch Kassandros.
305–175	Tarsos erlebt seine Hochblüte.
304–283	Regierungszeit Ptolemaios' I. in Ägypten, Übersetzung des Alten Testaments ins Griechische (*Septuaginta*).
283–246	Regierungszeit Ptolemaios' II. in Ägypten.
um 175–164	Regierungszeit des Seleukidenkönigs Antiochos IV. Epiphanes.
164	Beginn des Aufstandes von Judas dem Makkabäer.
146	Korinth wird von den Römern erobert und zerstört.
102	Rom erhebt Anspruch auf Kilikien.
um 100	Magharier unterscheiden klar zwischen Gott und Jahwe.
67	Pompejus unterwirft die Provinz Kilikien endgültig dem Römerreich.
63	Pompejus unterwirft Palästina.
um 63	Geburt des griechischen Geographen und Geschichtsschreibers Strabon.
55/54	Beginn der Eroberung Britanniens durch Cäsar.

54 oder 53 v.Chr.	M. Tullius Cicero bezeichnet in Rom die Kreuzigung als Schmach.
48	Antipater, der Vater Herodes' I., wird von Cäsar zum römischen Bürger und Prokurator in Palästina ernannt.
44	Neugründung der Stadt Korinth durch Julius Cäsar.
43	Vergiftung des Antipater.
42	Römische Soldaten werden in Philippi angesiedelt.
40	Der Idumäer (Edomiter) Herodes wird von den Römern zum König in Palästina ernannt.
39–37	Herodes I. setzt seine Herrschaftsansprüche mit Hilfe der Römer durch.
30	Weitere römische Soldaten werden in Philippi angesiedelt.
27	Korinth wird Hauptstadt der neugeschaffenen römischen Provinz Achaia.
27 v.Chr.–14 n.Chr.	Regierungszeit des Kaisers Augustus.
27 v.Chr.–79 n.Chr.	Die Römer unterhalten ein stehendes Heer von 25 bis 30 Legionen mit insgesamt 125 000 bis 175 000 Legionären.
25 v.Chr.	Kaiser Augustus macht Antiochia in Galatien zur römischen Kolonie.
20/19 v.Chr.	Beginn des Um- und Neubaus des Tempels von Jerusalem durch Herodes I.
15/10 v.Chr.	Geburt des jüdischen Religionsphilosophen Philon von Alexandria.
9 v.Chr.–39/40 n.Chr.	Aretas IV., König der Nabatäer.
8 v.Chr.	Ein Engel trägt dem Zacharias im Tempel zu Jerusalem auf, seinen Sohn *Johannes* zu nennen.
Winter 8/7 v.Chr.	Geburt Johannes' des Täufers in einer Stadt des judäischen Berglandes.
7 v.Chr.	Ein Engel trägt dem Joseph zu Nazareth auf, dem Kind der Maria den Namen *Jesus* zu geben.

1.12.7 v.Chr.	Geburt Jesu zu Bethlehem.
6 v.Chr.	Kaiser Augustus macht Lystra in Lykaonien zu römischer Militärkolonie.
4 v.Chr.	Tod Herodes' I.
4 v.Chr.	Geburt des römischen Stoikers Seneca.
7 n.Chr.	Jesus tritt als Zwölfjähriger im Tempel zu Jerusalem auf.
9 n.Chr.	Schlacht im Teutoburger Wald; Niederlage der Römer gegen die Germanen (Verlust von drei Legionen).
um 10	Geburt des Apostels Paulus in Tarsos.
14	Gesamtbevölkerung des Römerreiches: ungefähr 54 Millionen Menschen.
14–37	Regierungszeit des Kaisers Tiberius.
19	Tiberius lässt alle Juden aus Rom ausweisen.
26–36	Regierungszeit des Präfekten Pontius Pilatus.
um 28	Tod des griechischen Geographen und Geschichtsschreibers Strabon.
27.4.28	Sterbedatum Jesu.
29.4.28	Sieg Christi über den Widersacher (Letztes Gericht, Jüngster Tag, Erlösung der Abgefallenen).
29.4.28	Christus erscheint zwei Jüngern auf dem Weg von Emmaus nach Jerusalem.
7.5.28	Christus erscheint den Aposteln in Gegenwart des Thomas.
26.5.28	Steinigung des Stephanus in Jerusalem.
7.6.28	Damaskus-Erlebnis des Paulus.
7.6.28	Auffahrt des Herrn.
17.6.28	Pfingstgeschehen.
zwischen 10. und 17.6.28	Flucht des Paulus aus Damaskus.
28–31	Aufenthalt des Paulus in der syrisch-arabischen Wüste.
Juni 31	Paulus hält sich zur Zeit des Wochenfestes in Jerusalem auf; danach kehrt er nach Tarsos zurück.

31–43 n.Chr.	Erste Missionsreise des Paulus nach Zypern und Kleinasien.
37/38	Geburt des jüdischen Geschichtsschreibers Flavius Josephus in Jerusalem.
37–41	Regierungszeit des Kaisers Caligula.
37–44	Regierungszeit von Herodes Agrippa I. in Palästina.
um 40	Entrückung des Paulus in den »dritten Himmel«.
um 41	Apostel senden Barnabas nach Antiochia am Orontes.
41–44	Herodes Agrippa I. herrscht über das gesamte jüdische Land.
41–54	Regierungszeit des Kaisers Claudius.
43	Steinigung des Jakobus, des Bruders des Apostels Johannes.
44	Tod des Herodes Agrippa I.
Juni 44	Paulus und Barnabas überbringen den Ältesten in Jerusalem Spenden; Aposteltreffen in Jerusalem.
44–48	Hungersnot in Palästina.
44–Herbst 51 oder 52	Zweite Missionsreise des Paulus nach Kleinasien und Griechenland.
45/50	Tod des jüdischen Religionsphilosophen Philon von Alexandria.
um 47–59	Ananias Hoherpriester am Tempel zu Jerusalem (wegen seiner Habgier und seines Reichtums bekannt).
49	Vertreibung von Juden aus Rom unter Kaiser Claudius.
um 49	Lukas stösst in der Troas zu Paulus.
Herbst 49 oder 50	Seefahrt des Paulus von Thessalien nach Athen.
50	Beginn der Herrschaft des Herodes Agrippa II. in Palästina.
50–51 oder 51–52	Aufenthalt des Paulus in Korinth.
51/52 oder 52/53	Gallio in Korinth römischer Statthalter über die Provinz Achaia.

Herbst 51 oder 52	Dritter Besuch des Paulus in Jerusalem.
52/53–59 n.Chr.	Dritte Missionsreise des Paulus nach Ephesos, Griechenland und Illyrien.
52 oder 53 bis Winter 54/55 oder 55/56	Aufenthalt des Paulus in Ephesos.
52/53–61	Amtszeit von Markus Antonius Felix als Statthalter von Judäa.
um 54	Abfassung des zweiten Korintherbriefes durch Paulus.
54–68	Regierungszeit des Kaisers Nero.
um 55	Geburt des römischen Geschichtsschreibers Tacitus.
24.4.59	Abfahrt des Paulus von Neapolis nach Kleinasien.
um 4.6.59	Vierter Besuch des Paulus in Jerusalem; Verhaftung.
59–61	Gefangenschaft des Paulus in Caesarea.
um 18.6.59	Verhandlungen in Caesarea gegen Paulus.
61–62	Porcius Festus Statthalter von Judäa.
Spätsommer 61	Überführung des Paulus nach Rom. Abfahrt von Caesarea.
Mitte Oktober 61	Das Schiff mit dem gefangenen Paulus verlässt Kreta und gerät in ein Unwetter.
um 1.11.61	Strandung der 276 Schiffsinsassen auf Kephallenia.
Ende Januar 62	Weiterfahrt des Paulus nach Rom.
62–64	Paulus in Rom in Haft.
62	Abschluss der Bautätigkeit am Tempel zu Jerusalem unter dem Statthalter Albinus.
62	Kaiser Nero bringt Pallas um, den Bruder des Markus Antonius Felix, des ehemaligen Statthalters von Judäa.
18.–26.7.64	Brand von Rom.
64	Paulus wird in Rom getötet.
65	Tod des römischen Stoikers Seneca.
66–73	Erster römisch-jüdischer Krieg nach Aufstand der Juden, da die Römer den Kaiserkult

	fordern und in Jerusalem eine kaiserliche Kultstätte errichten.
69–79 n.Chr.	Regierungszeit des Kaisers Vespasian.
70	Eroberung der Stadt Jerusalem durch die Römer.
August 70	Der Tempel in Jerusalem geht in Flammen auf.
um 70	Geburt des römischen Geschichtsschreibers Sueton.
81–96	Regierungszeit des Kaisers Domitian.
84	Abschluss der Eroberung Britanniens unter Domitian.
um 100	Tod des jüdischen Geschichtsschreibers Flavius Josephus in Rom.
um 117	Tod des römischen Geschichtsschreibers Tacitus.
132–135	Erneuter jüdischer Aufstand unter Bar-Kochba, der durch den römischen Kaiser Hadrian niedergeschlagen wird. Unter Androhung der Todesstrafe ist es den Juden verboten, in Jerusalem zu wohnen.
um 140	Aristeas-Brief: hellenische Juden fassen das jüdische Ritualgesetz vergeistigt auf.
um 140	Tod des römischen Geschichtsschreibers Sueton.
um 165	Justin der Märtyrer stirbt in Rom.
184/185–253/254	Origenes, grösster christlicher Gelehrter des Altertums.
um 200	Entstehungszeit des bekannten Papyrus P46, der Paulus-Briefe enthält.
3. Jh.	Entstehungszeit des Papyrus P45, der neben Teilen der Evangelien auch solche der Apostelgeschichte enthält.
260	Eroberung von Tarsos durch die Sassaniden.
um 260–336	Arius, berühmtester Gegner der Verselbigung von Gott und Christus.
306–337	Regierungszeit Konstantins I.
325	Konzil von Nicaea: Festsetzung der Verselbi-

	gung von Christus mit Gott unter dem Druck Konstantins I.
5. Jh. n.Chr.	Der Papst (Leo I.) legt sich den altheidnischen Oberpriestertitel *pontifex maximus* bei.
449	'Räubersynode' von Ephesus.
451	Konzil von Chalcedon: Festsetzung der Lehre von einem Gott in drei Personen (Trinitätsdogma).
543	Kaiser Justinian I. erlässt in Konstantinopel ein Bannfluchedikt gegen Origenes und seine Lehre.
553	Verurteilung des Origenes als Ketzer durch die römische Weltkirche.
um 1467–1536	Erasmus von Rotterdam. Er deckt die trinitarische Fälschung aus dem 4. Jh. n.Chr., das sogenannte *Comma Johanneum*, auf.

Bibelstellen

In diesem Verzeichnis sind die im Buch erwähnten Bibelstellen aufgeführt. In Klammern hinter den Seitenzahlen wird auf die mit den entsprechenden Stellen verbundenen Anmerkungen verwiesen (z. B. III 20: Anmerkung 20 zu Kapitel III).

Altes Testament

Neues Testament

Stellen antiker Werke

In diesem Verzeichnis sind die im Buch ausgewerteten Stellen antiker Werke und deren Autoren aufgeführt. Die Abkürzungen in Klammern geben die im Buch verwendeten Abkürzungen wieder. In Klammern hinter den Seitenzahlen wird auf die mit den entsprechenden Stellen verbundenen Anmerkungen verwiesen.

Personennamen